論語本原

黃瑞云 注評

中州古籍出版社
·鄭州·

图书在版编目（CIP）数据

论语本原/黄瑞云注评 . — 郑州：中州古籍出版社，2018.1
 ISBN 978-7-5348-7612-7

Ⅰ . ①论… Ⅱ . ①黄… Ⅲ . ①儒家②《论语》-注释 Ⅳ . ①B222.22

中国版本图书馆 CIP 数据核字（2018）第 015577 号

出版社：中州古籍出版社
 （地址：郑州市经五路 66 号邮政编码：450002）
发行单位：新华书店
承印单位：河南大美印刷有限公司
开本：640mm×960mm 1/16
印张：35.75
字数：462 千字
版次：2018 年 1 月第 1 版
印次：2018 年 1 月第 1 次印刷
定价：59.00 元
本书如有印装质量问题，由承印厂负责调换。

序

（一）

早在二十世纪末，黄瑞云先生就对我说，他的著作，每一部都想请一位同学写篇序，作为同窗情谊的纪念。我自己觉得，对《论语》可能相对熟一点，就说将来我为你的《论语本原》作序。一晃过去了十几年，两个月前，他的《论语本原》书稿寄来了。开始我也没有太在意。不料一读之后，心情立即感到紧张。琢磨了许多天，感到不知所措。自己从小在家乡读《论语》，进武汉大学读《论语》，毕业后当教师教《论语》，时间长达六十多年，原来对《论语》仍然是囫囵吞枣；瑞云在书里发掘的问题，提出的新见，我连想都没有想过。《论语·子张》篇子贡曰："夫子之墙数仞，不得其门而入，不见宗庙之美，百官之富。"翻开《论语本原》，我正有子贡那种感觉，面对这座巍峨的宫殿，不得其门而入。

彷徨了很长时间，我终于找到了打开这座宫殿的钥匙，就是书前的"凡例"。"凡例"五说："没有前人指引，后人会寸步难行。但前代注疏受时代的局限，大多重视文字的训诂，忽视书中前后有关章次的联系，忽视语言的特定环境，忽视文章内在的深层含义，以致有些章句不无误解。"古代经学家这三方面的忽视，恰好是瑞云这三方面的发现，也正是《论语本原》最为重大的特色。

为了行文的方便，后面《论语本原》简称《本原》，凡称《论语》均指《论语》原书。

（二）

《论语》是孔子弟子们对尊师言论分散的记录，孔子去世半个多世纪后才由他的再传弟子们编纂成书。由于没有先例可循，编纂时只是将记录的简牍收到一批即编成一篇，完全没有考虑这些言谈的先后，因而极为混乱。瑞云发现书中不少地方将一段话分编成了两章或三章。古代经学家"大多重视文字的训解"，而"忽视书中前后的联系"。这些分割的章次，要组合在一起才理解得更为准确。兹举《本原》组合的数章为例：

子使漆雕开仕。对曰："吾斯之未能信。"子说，曰："三年学，不至于穀，不易得也。"

孔子叫漆雕开去做官。漆雕开回答说："我对做官还没有很好学习，（现在还不行啊！）"孔子听了很高兴，说："学习了许多年，竟然不想做官，这样的人不易得呀！"（"吾斯之未能信"，何晏集解引孔安国曰："仕进之道未能信者，未能究习。"故译作"还没有很好学习"。）

冉求曰："非不说子之道，力不足也。"
子曰："力不足者，中道而止，今女画。譬如为山，未成一篑，止，吾止也。譬如平地，虽覆一篑，往，吾往也。"

冉求对孔子说:"我不是不爱夫子之道,实在是力量不足。"孔子说:"力量不足,总要到半路才停止,现在你却无故突然中断。我告诉你,譬如我要用土堆山,堆到最后只差一筐土了,如果停止,(山就堆不成了,)还不是我自己停止的。又譬如我要填平空地,哪怕刚倒了一筐土,只要继续进行,(空地肯定可以填平,)还不是我自己完成的。(关键在于自己努不努力,你怎么说是力量不足呢!)"

子曰:"富贵而可求也,虽执鞭之士吾亦为之。如不可求,从吾所好。饭蔬食,饮水,曲肱而枕之,乐亦在其中矣。不义而富且贵,于我如浮云。"

孔子说:"富贵如果是值得求的话,即使是做手执鞭子的随从人员我也干。如不值得求,那就按我的爱好过吧。吃蔬菜饭,喝点水,枕着胳膊睡着,乐趣也在其中。不义的富贵,对我来说,就如天上的浮云,(同我毫不相干。)"

季康子问政于孔子。
孔子对曰:"政者正也。子帅以正,孰敢不正?其身正,不令而行;其身不正,虽令不行。苟正其身矣,于从政也何有?不能正其身,如正人何?"

季康子问孔子如何才能行政。孔子回答说:"行政也就要行正。你带头行正,谁敢不行正?如果自身行正,不用严厉的命令也行得通;如果自身不行正,即使用严厉的命令也行不通。真能自身行正,对于行政还有什么难的;如果不能正自身,怎么能去正别人呢!"(其,犹己也。)

上引四章,我的译解虽然笨拙,意思大致不差。每章内容完整,结构严密,文辞顺畅。其实四章书是由《论语》书中九章组合而成的。

前面每一章是原两章的组合，最后一章是原三章的组合。

还有一种残缺的组合，也举一例：

林放问礼之本。
子曰："大哉问！礼，与其奢也宁俭；奢则不孙，俭则固，与其不孙也宁固。丧，与其易也宁戚；〔易则□□，戚则□，与其□□也宁□。〕"

本章也是两章的组合，然而是残缺的。《八佾》篇"林放问礼之本。子曰：'大哉问！礼，与其奢也宁俭；丧，与其易也宁戚。'"——《述而》篇"奢则不孙，俭则固，与其不孙也宁固"，肯定是"礼，与其奢也宁俭"的进一步说明。由此推测，"丧，与其易也宁戚"后面也应有相应的说明，但在《论语》书中找不到。这只能是编纂《论语》时脱漏了一简。按前段句式推知，脱漏的那三句应该是"易则□□，戚则□，与其□□也宁□。"

在《论语》书中，这种本系一章而割裂成为两章或三章者甚多，古代注释家都只就每一章的文字进行训解，没有谁注意这些被分割章次之间的联系。《本原》将这些被分割而又分散编在不同篇中的章次详加分析并加以组合，部分地复原了两千多年孔子言论的原貌。重新组合，内容更为完整，也更能准确理解。《本原》全书将原分开的五十七章组合成为二十七章。将分割的章次组合，是否改变了《论语》的原文呢？一点也没有。为尊重经典的严肃性，《论语》原文没有做任何改动。所有的组合章全放在相应各章的星评中。

其实书中还有一些本是一章而被分割的章次，彼此内容联系紧密，可能是不同的人所记录，词语不相衔接，因此不能组合在一起，只能在星评中加以说明。

（三）

由于古代注释家们"大多重视文字训诂"，而"忽视语言的特定环境"，以致造成理解的错误，《论语》历代注疏这方面的情况颇不为少。

《学而》篇，子曰："父在观其志，父没观其行。三年无改于父之道，可谓孝矣。"后两句还在《里仁》篇重出。历代注家作过各式各样的曲解。《本原》认为，这话孔子一定是针对某个具体的人的评说；而不是作为一条普遍性的孝道标准。父，有各式各样的父；道，有各式各样的道。如果其父是贤人，"无改于父之道"当然不错。如果其父是坏人，"无改于父之道"怎么能行？考查《子张》篇曾子曰："我闻诸夫子，孟庄子之孝也，其他可能也，其不改父之臣与父之政，是难能也。""不改父之臣与父之政"，正是"无改于父之道"，可知所说是针对孟庄子说的，并不是作为一条普遍性原则。

《子罕》篇，子曰："吾未见好德如好色者矣！"此话还重出于《卫灵公》篇，前面多"已矣乎"三个字。古代注家解释说，这是"孔子疾时人薄于德而厚于色"（何晏集解）。《本原》认为，如此理解极其错误。孔子赞扬过如此之多的贤哲，交往了如此之多的朋友，门下有如此之多杰出的弟子，怎么会说"吾未见好德如好色者"？怎么会用一句话否定全社会的士人？这句话分明见于《史记·孔子世家》。孔子在卫国，卫灵公与夫人南子同车，使孔子为次乘，招摇过市。孔子感到耻辱，就说"吾未见好德如好色者"。话是针对卫灵公说的。身在卫国，公然批评他的国君，所以故意把话说得笼统一点，听者自然明白。然而注释家们却未曾注意，总说是孔子对"时人"的批评。

《卫灵公》篇，卫灵公问陈于孔子。孔子对曰："俎豆之事则尝闻之矣，军旅之事，未之学也。"孔子以诗书礼乐教，说他未闻军旅之事，似乎说得过去。如此注释家们就极力论述孔子不懂军事，还引用

《左传》哀公十一年孔文子要攻打大叔疾，问于孔子，孔子也说"甲兵之事未之闻也"，证明孔子确实不懂军事。话都是孔子亲自说的，还用得着怀疑？其实完全不然。《本原》用了相当多的篇幅，论述了孔子虽不是军事家，但决不是完全不懂军事。他认为"有文事者必有武备"，且有参与指挥战斗的实绩，《论语》书中也不乏战略性的论述。卫灵公"问陈"之时已进入暮年，毫无能为。当时卫国正发生蒲公叔氏的叛乱，孔子极力主张讨伐，卫灵公没有听取。"问陈"也就没有任何意义，故孔子不屑于回答，所谓"军旅之事未之学也"是一种搪塞之辞。注释家们不考虑说话的背景，错会了孔子的意思。本章后面有"明日遂行"一句，这是孔子对卫灵公彻底失望的表现，注家也都没有注意，却极力去解释孔子真不懂军事。注家引用孔文子要攻打大叔疾访于孔子的事，更属荒唐。孔文子怂恿大叔疾"出其妻"，将自己的女儿嫁给他。大叔疾却又引诱前妻的妹妹，因此孔文子要攻打他。这种肮脏不堪的勾当，孔子值得去理会吗？孔子回答"甲兵之事未之闻也"的真正用意非常明白，怎么能说明孔子真不懂军事呢？

这些章例说明注释家们"忽视语言的特定环境"，不看说话当时的客观背景。造成理解的错误，上面举的不过是两例而已。

（四）

由于古代注释家们"大多重视文字训诂"，而"忽视文章内在的深层含义"，这方面的情况也很严重。前段举的孔子说"吾未见好德如好色者矣""军旅之事未之学也"，就很典型。历代注释家，都不注意孔子当时的心境，没有注意到孔子特殊情况下的口气，都只就字面上的意思进行训解，甚至不惮其烦去寻找毫无意义的旁证。

有些看似简单的语句，也长期错误地理解。

如《为政》篇，子曰："温故而知新，可以为师矣。"可以为师矣，注释家无不解释为"可以为人师矣""可以做老师了"。似乎谁都没有想过，如果水平太低，即使"温故而知新"也未必就能做他人的老师。《本原》解释，不是说"温故而知新"即可以作他人的老师，而是说用"温故而知新"这种自学方式，可以作为自己的"老师"。注释家们全都忽视句中精彩的修辞。

《泰伯》篇，子曰："不在其位，不谋其政。"注释家们也都是就"字"论事，解释为"言不在此位则不得谋此位之政"。但孔子一定是针对某种不可能或不应该"谋其政"的环境下说这句话的。在正常情况下，"不在其位，不谋其政"，并不正确。"天下兴亡，匹夫有责"；在自己的祖国，自己的组织，如果眼看到出现了严重问题，难道就可以袖手旁观，任其溃败？孔子本人从来就不是"不在其位，不谋其政"。由于原文没有记录反映语言的背景，注释家就应该进行分析，告诉读者怎样正确地理解这句话的内涵。《本原》对此作了翔实的说明。

《先进》篇中曰："子畏于匡，颜渊后。子曰：'吾以女为死矣！'曰：'子在，回何敢死！'"有些注释者没有看到颜渊这话表现的真挚的情感，却费很大力气去论证，作为弟子在什么情况下当死，什么情况下不当死。把一句无限深情无比精彩的话咀嚼得索然无味。《本原》则说：颜渊这话说得聪明至极，再没有任何语言比这话更能表达他们师徒生死相依的情感，没有任何语言比这话更能表达颜渊对孔子的钦敬。

《八佾》篇，仪封人见到孔子后，出曰："二三子何患于丧乎，天下之无道也久矣，天将以夫子为木铎。"何晏集解引孔安国曰："木铎，施教时所振也。言天将命孔子制作法度以号令于天下。"后来的注释者同孔安国之说也大体相近。注家们意识到了这句话的大致意思，但都未能表达出语言的修辞意蕴。《本原》认为，仪封人的话是比喻性的，谓天将以孔子为木铎，巨大的铎声将震响天下，暗喻孔子之道将影响或改变世界。

《论语》书中诸如此类貌似平淡无奇而实相当深厚的话，《本原》为此作了很大的努力，揭示了不少深刻的内涵。

（五）

瑞云在他的古典文学选注或评注书中，将自己独特的见解，于一般注释之外，另用一种以"★"为标志称之为"星评"的方式表达，《论语本原》也是如此。若干年前，瑞云即写有关于《论语》的独特见解一百好几十条，总称之为《论语管窥》，在多种报刊上发表，现在全纳入《论语本原》的星评。"凡例"六概括星评的内容基本上是四个方面，即"辩正影响较大的误解"，"辨析古人突出的分歧"，"考证有关的史实"，"解说特殊的问题"。

如《里仁》篇，子曰："苟志于仁矣，无恶也。"何晏集解引孔安国曰："苟，诚也。言诚能志于仁，则其馀终无恶。"后来注家的解释也基本相同。《本原》认为"志于仁"便一切皆善，不再有错误，不可能那么绝对，甚至是不可能的。本章应联系上一章理解，两章本应就是一章。上章子曰："唯仁者能好人，能恶人。"又曰："苟至于仁矣，无恶也。"苟，若也。孔子之意，谓只有仁者能亲近人，也能厌弃人。如果人家有志于仁了，就不要厌弃了。

《述而》篇，子曰："自行束修以上，吾未尝无诲焉。""束修"又作"束脩"。本来是两个完全不同的词，两个完全不同的概念。束修，谨束修絜之意。束脩，十脡脯也，即十束干肉。因古籍中"修、脩"二字混用，以致造成误解。《本原》认为孔子收一点进贽之礼，未必只收十条干肉，不收别的，没有这个道理。十条干肉，微不足道，也用不着写进《论语》。孔子"不为酒困"，肯定喝酒，也就会有人送酒，《论语》中毫无反映。送点小小礼品，属于一般生活事务，并不重要；谨束修絜的品格，涉及做人的本质，才是重要的。孔子之意，谓不管是谁，只要谨束修絜而来，我没有不教诲的。辩正影响较大的误解，这两章的解释是典型的例证。

辨析古人突出的分歧，《论语》中也颇不为少，举一个典型的例子。《八佾》篇，子曰："夷狄之有君，不如诸夏之亡也。"本章古人就有两种完全相反的解释。邢昺说：夷狄即使有君主，还不如中原诸侯混乱之时。朱熹引程颐说："夷狄且有君长，有为的君主，不如诸夏之僭乱反无上下也。"直到现在，大多仍相信邢昺之说，杨伯峻先生就翻译为："文化落后地区虽然有个君主，还不如中国没有君主哩！"古代在一般情况下，由于社会历史进程的迟速与文化水平的差异，"夷狄"不如"诸夏"是用不着说的。正是因为夷狄也有杰出的君主，孔子才说这话。但是程颐之说，从原文的语言结构上似乎很难说通。《本原》解释说，问题关键在于不要把"不如"理解为"比不上"，而要理解为"不像"。孔子之意，谓当夷狄"有君"之时，不像中原诸侯混乱之日那么糟。《本原》并引用元代潘荣《通鉴总论》所举许多少数民族的杰出君主作为旁证。这场经历千年的分歧，就彻底解释清楚了。

考证有关的史实，《本原》书中非常之多。如《公冶长》"子谓南容"章，考证南容与南宫适不是同一个人；如"宰予昼寝"章，为宰予的"冤枉"平反；如"宁武子"章，解释为什么说宁武子"其愚不可及也"；如《为政》篇"吾与回言终日"章、《宪问》篇"颜渊死"章论证颜渊死时年四十二，而不是年三十二；《颜渊》"司马牛忧"章，考证孔子弟子司马牛不是桓魋之弟司马牛，如《卫灵公》"臧文仲"章，说明臧文仲"知柳下惠之贤而不予立也"，等等，无不考订翔实，论证充分。

至于解说特殊的问题，全书所在多有。举特殊而又特殊的两章。

一是《宪问》"公伯寮"章："公伯寮愬子路于季孙。子服景伯以告，曰：'夫子固有惑志，于公伯寮，吾力犹能肆诸市朝。'子曰：'道之将行也与，命也；道之将废也与，命也！公伯寮其如命何！'"情况是如此之严重，以致孔子提高到了"道"之将行将废的程度。然而何晏集解所引"孔曰""郑曰"仍然只作一般文字的训诂。只有朱熹在"或问"中提到此事必发生"在堕三都出藏甲之时"，但朱熹集注《论语》时却只字不提。《本原》进行了深入的探讨,说明是鲁定公十四年,孔子"由大司寇行摄相事","与闻国政",以子路为季氏宰;提出"臣无藏甲,大夫无百雉之城",试图削弱三桓特别是季孙的势力,同季桓子发生尖锐的矛盾。孔子知道季孙的矛头是针对他的,如此被迫带领弟子们"去鲁适卫"。这是孔子生平经历最大的转折,一去十三年,终季桓子之世孔子不回鲁国。自古至今研究《论语》的学者叙述孔子"去鲁适卫"都说是孔子周游列国,推行他的政治主张。瑞云先生却说孔子是被迫"出奔"。并将这一重大事件写入《孔子世家》。

二是《乡党》"色斯举矣"章:"色斯举矣,翔而后集。〔子〕曰:'山梁雌雉,时哉时哉!'子路共之,三嗅而作。"本章语言干涩难懂,自来《论语》注家不得其解。朱熹谓"此上下必有阙文"。《本原》对该章逐字逐句进行了分析,总算弄清了它的基本内容,做出了迄今为止最为明白的解释。

《本原》书中三百几十条"星评",内容极其丰富,远不是这四个方面所能包括。例如,由于《论语》系多人记录,记录者水平有高有低,编纂又相当混乱,甚至有简牍脱漏,因此有些章语言不顺。古代注家往往强行解释,最终仍然莫衷一是。如"子罕言利与命与仁"章就是如此。还有若干半截子语句,如"子曰'君子不器'","子曰'以约失之者鲜矣'"等等,内容很不完整。还有一些可能错误的记录。如《阳货》篇"公山弗扰以费叛",内容与史实不符,只可能是传闻之误。如《季氏》篇"益者三友"章、"益者三乐"章、"侍于君子有三愆"章、"君子有三戒"章、"君子有三畏"章、"君子有九思"章等,《尧曰》篇"子张问于孔子"章,这些章语言板滞,内容混乱,与前面孔子言论完全不类。诸如此类的现象,也有若干"星评"加以说明。

(六)

李正宇先生在瑞云《老子本原》序中说:"古籍研究的基础是训

诂,三十年前,余与瑞云从学于训诂名家刘博平、黄燿先、周大朴诸先生门下,而瑞云独步堂奥,得承师门,训诂功力之深,于此书可见一斑。"正宇此序作于一九九〇年,时间过了十七年,瑞云虽已届高龄,而精神矍铄,功力更日益精进。《本原》训诂一丝不苟,根据"不轻疑"也"不轻信"的原则,既充分尊重前人注疏,又纠正不少前人错讹。兹举极为精彩的数例,也以见此书之一斑。

如《学而》篇有子曰"礼之用,和为贵",其后段云,"有所不行,知和而和,不以礼节之,亦不可行也"。注家都不训"知"字,以为是常训,知道、懂得之意。懂得"和"而和,但下句"不以礼节之,亦不行也"就是不懂得"和",两者前后矛盾。《本原》引《礼记·乐记》"知诱于外"郑玄注:"知,欲也。"认为"知和而和"之"知",正应训"欲也",引申为追求之意。无原则地追求"和"而和,"不以礼节之,亦不可行也"。如此训解,文章意思才顺畅。瑞云在《庄子本原·养生主》解释"吾生也有涯,而知也无涯"之"知",也训"知,欲也"。但"知也无涯"之"知"是名词,"知和而和"之"知"是动词,其基本词义则一致。

如《为政》季康子问:"使民敬,忠以劝,如之何?"孔子对曰:"临之以庄则敬,孝慈则忠,举善而教不能则劝。"劝,注家都训为"劝勉"。"举善而教不能则民劝勉",怎么理解都不顺畅。《本原》引《战国策·宋策》"荆王大悦,许救甚劝"高诱注:"劝,力也。"《秦策》"则楚王应之也必劝"高诱注:"劝,进也。"鲍彪注:"劝,乐之也。"《说文》"劝,勉也"段玉裁注:"勉之而乐于相从亦曰劝。"认为"举善而教不能则劝"之"劝",正应训"力也,进也,乐之也,悦从也",句意谓举善而教不能则民乐于相从,努力上进。如此训解,意思就通顺了。

如《里仁》篇,子游曰:"事君数,斯辱矣;朋友数,斯疏矣。"何晏集解曰:"数谓速数之数。"说得不够清楚。如此注家或解作事君交友不能进行得太快,或解作不能过于烦琐,或解作不能过于亲密,

序 11

都不得要领。刘宝楠更解作不能数己之功劳，或数君友的过失，猜谜似的，离题更远。《本原》说，"速数"也者，指其态度而言，没有诚信，变化无常之意。事君数，谓朝奉秦廷而暮游楚国；朋友数，谓今日密昵而明日仇雠。才是事君取辱，交友致疏的根本原因。

如《先进》子曰："才不才，亦各言其子也。"注家都不训"言"字，解释都含糊过去。《本原》说，"言"之为言"念"也。心有所思口出声为念。《法言·问神》："言，心声也。"《释名·释书契》："言，言其意也。"是"言、念"义通。颜渊死，其父请以孔子之车为椁。孔子不肯，说我的儿子死也有棺而无椁。尽管你的儿子有才，我的儿子无才，每个人都是怀念自己的儿子的。引申而言，可以说每个人都是痛惜自己的儿子的。如此训释，"言"字就落实了。

如《宪问》子路问事君，子曰："勿欺也，而犯之。"注家都只解说大致的意思，没有谁训释句中的"而"字。何晏集解引孔安国曰："事君之道，义不可欺，当能犯颜直谏。"后来注家也没有超过孔安国的解释。《本原》注："而，能也。"引《淮南子·原道》"行柔而刚，用弱而强"，高诱注："而，能也。"又，"能"与"宁"一声之转，故两字相通。《诗·小雅·正月》"宁或灭之"，《汉书·谷永传》引作"能或灭之"。"勿欺也，而犯之"，意即对君上不要欺骗他，宁可冒犯他。一个"而"字训诂正确，整章旨意便十分明畅。

如《子张》篇，子游曰："子夏之门人小子，当洒扫应对进退，则可矣，抑末也。本之则无。"子夏闻之曰："噫！言游过矣！君子之道，孰先传焉，孰后倦焉，譬诸草木，区以别矣。君子之道，焉可诬也？有始有卒者，其为圣人乎！"前人对子夏的这段话的训解有好几处值得研究，特别是"孰先传焉，孰后倦焉"究竟是什么意思。何晏集解引包咸曰："言先传业者必先厌倦，故我门人先教以小事，后将教以大道。"后来的注释者都没有超出包咸的理解。连朱熹也说："倦，如诲人不倦之倦。"此纯系望文生义。《本原》据《集韵》"勴，勤力也。或作勷。"《广韵》"勴，或作倦。"是"勴、勷、倦"三字皆通，勤力也，努力进行之意。"孰先传焉，孰后倦焉"，"传"与"倦（勒）"互文；意即哪种学问先传授，哪种知识后进行，有一定的顺序；自然是小事先教育，大道后传授。如此训解，文章含义便豁然贯通。

诸如此类词义的训诂，《本原》中词例多达好几十处。"凡例"中确定"凡提出新的解释"，要做到"词义则必有训诂来源"，"内容则必有事实根据"，"务使文辞更为顺畅"，"并尽可能提供旁证"；《本原》中所有新的训解，都满足了上述四个条件，要求极为严谨。《本原·凡例》仅仅七条，言简意赅。特别是五、六两条，区区两百五十来字，简直比得上一篇研究如何注释古籍的论文。

（七）

《论语》成书至今近两千五百年，可称为儒家学派的第一经典。经过历代经学家的注释疏解，自古至今研究著作多不胜举；而瑞云竟能发掘《论语》书中沉埋两千多年的奥秘，辩正历代注疏中如此之多的误解，提出如此之多的新见，而且论证极为严谨，为《论语》的研究开辟了新的途径。《本原》在"《〈论语〉的编纂及其特点》一文中说，由于汉代郑玄注已经失传，现存主要的《论语》注释大著，三国魏何晏等人的《论语集注》是第一里程碑；南朝梁皇侃《论语义疏》也已不存，北宋邢昺《论语正义》（即邢昺疏）是第二里程碑；南宋朱熹《论语集注》是第三里程碑；清人刘宝楠《论语正义》是第四里程碑。我相信，黄瑞云先生的《论语本原》当之无愧是研究《论语》的第五里程碑，将经历了二十多个世纪的《论语》研究推向了一个新的阶段。

（八）

一九五四年我们考入武汉大学，当时中华人民共和国成立初期，国家一派兴旺景象，同学们绮丽年华，意气风发，感到我们的前景，真是花光百里，灿烂辉煌。瑞云是我们的班长，他既管学习，又管生活,很受同学们爱戴。到三年级时,全班仅二十九名同学,成绩大多相当优秀。毕业在即,前程在望。不料突然发生意外,班上每一个成员都受到严重影响。一九五八年毕业,竟没有一个人留在武大,各自走上了坎坷不平的人生路。瑞云尤为艰苦。他出身山区农民,童年时候即由家庭包办"成了亲",有沉重的家庭负担,又遭受父亲不幸、儿女夭亡的惨痛。在长达二十年的漫长岁月里,同样未能正常地工作。四次下放劳动即有五年待在农村,"文革"时期还在"牛棚"关押了许多年月。瑞云有湖南山区农民的韧性,不管遭遇怎样的坎坷,生活多么艰难,而矢志不渝。哪怕在山林旷野,地角田头,也随身带着书本纸笔,坚持学习。不幸的经历也有"幸运"的一面,扩展了他生活的领域,开拓了他思维的视野,加深了他对社会人生的认识,使他成为当今世界杰出的寓言家。而今十几亿中国人认识黄瑞云的人可能太少,而不认识《陶罐和铁罐》的人可能就不多。但谁知道这两只不朽的罐子正是黄瑞云被关押在牛棚里"深挖洞"时在深深的地洞里发现的!历尽艰难曲折,到"文革"尚未结束,瑞云就得到了解脱,进入了华中师范学院,站上了传授古典文学的讲台。国家拨乱反正,也改变了瑞云的人生。但这时候已到了知命之年,他不得不考虑既没有文化又千里睽离三十年不得相聚的妻子,不得不关注劫后馀生的儿女,于二十世纪八十年代初,挈妇将雏,投奔黄石,进入湖北师范学院。现在他可以放开手工作了,但给予他的工作任务又实在太多。学校行政,社会职务,编辑重担,没有一日或停,而且他从没有脱离教学。他向中国赋会提议整理历代辞赋,随后受邀担任副主编(两位副主编之一),耗费的时间即长达五年,整理自先秦直到清末两千几百年的全部辞赋,填补了古籍整理的一方空白。七十岁退休之后,仍然孜孜不倦夜以继日地工作。"老骥伏枥,志在千里;烈士暮年,壮心不已。"十五年间,他一无助手,二无保姆,三无科研项目经费,甚至请不起打字员,八十岁才自学电脑,孤身苦战,沥血呕心,先后出版了《诗苑英华》《词苑英华》《老子本原》《庄子本原》,这部《论语本原》

即将付梓；其《文苑英华》《赋苑英华》《孟子本原》初稿也都进入电脑。与此同时，其篇目不完全相同的《黄瑞云寓言》先后出了九种版本，有几百篇翻译成多种语言走向了世界。其实他的散文和诗词也足可以卓然成家。当代中国高等学校，人才济济，名家辈出；就文科而论，同时用科学研究和文学创作两支笔左右挥毫都大放光辉，能与黄瑞云先生媲美的可能不是很多。

武汉大学中文系是章黄学派的重要据点，学派的主要传人黄焯先生、胡芝湘先生对瑞云特为赏识。黄焯老逝世前五天，瑞云还到他床前问安聆教；焯老仍嘱咐他继续努力，不要放弃，因为当时瑞云还处于不利的境况。胡芝湘先生自己的诗集特地要瑞云为之作序。到了八十年代，瑞云已经到了黄石，胡先生仍想将他引进武大，其时已不可能。到瑞云这一代，章黄学派传接已是第四代；我相信黄瑞云先生在章黄学派第四代传人中会是杰出的一位，他没有辜负老师们的期望。桑榆未晚，前途还大有可为。

为瑞云的大著作序，我实在没有资格；写一点自己的读后感，为我们六十多年的友谊留个纪念，也算是序吧。

湖南曾世竹
二〇一六年七月五日于大连

曾世竹（1936—），湖南洪江人。一九五八年毕业于武汉大学中国语言文学系，曾任大连教育学院中文系主任。教授，中国训诂学会会员。著有《训诂简释》《中国古代经典作品解析》等书。

目 录

凡例 ······ 1
孔子世家 ······ 3
《论语》的编辑及其特点 ······ 26
"吾道一以贯之"
　　——说孔子的仁学 ······ 44
《论语集解序》注 ······ 69

学而第一 ······ 79
为政第二 ······ 101
八佾第三 ······ 125
里仁第四 ······ 150
公冶长第五 ······ 169
雍也第六 ······ 199
述而第七 ······ 222
泰伯第八 ······ 253
子罕第九 ······ 273
乡党第十 ······ 297

先进第十一 313
颜渊第十二 338
子路第十三 359
宪问第十四 383
卫灵公第十五 427
季氏第十六 454
阳货第十七 470
微子第十八 493
子张第十九 510
尧曰第二十 526

附　录
关于孔子诛少正卯问题 538

后　记 548

凡 例

一、本书原文采用一九七九年中华书局影印本《十三经注疏·论语注疏》，个别章句采用他本者，在注中加以说明。

二、本书使用简化汉字。为避免词义混淆，有少数几个字仍用繁体。以"適"字为例："去鲁適卫"之"適"音室，室隻切（shì）；"无適也，无莫也"之"適"，通"敌"（敵），徒历切（dí）；"杀適立庶"之"適"，通"嫡"，都历切（dí）；"適戍之卒"之"適"，通"谪"，陟格切（zhé）；另外，"南宫适"之"适"，同"括"，苦活切（kuò）。如果都用"适"字，很难理清其中的通假关系，词义容易混淆，理解会非常困难，因此必须保留繁体"適"字。出于同样的需要，书中"餘（饶也，多也，剩也，残也）、幾（微也，殆也，近也，神妙也）、穀（百穀总名，食也，养也，禄也，善也）、億（数词，通臆，意度也，意测也）"等使用繁体。

三、书中僻难字以汉语拼音注音。联绵词注音意在表示其双声叠韵关系。由于语音演变，拼音未能表出其双声抑或叠韵者，加注反切。书中数词除括号中公元用阿拉伯数字外，一律使用汉字，以保持字体统一。

四、注释力求训释准确而文字简明。凡尊用前人注解，皆原文引用；必要时加以疏解。凡注者自己体会，必要时引用前人相近解释以为佐证。

五、没有前人指引，后人会寸步难行。但前代注疏受时代局限，大多重视文字训诂，忽视书中前后有关章次的联系，忽视语言的特定环境，忽视文章内在的深层含义，以致有些内容不无误解。本书充分尊重前人注释，不轻疑；但也不轻信，一切按实事求是的原则对待。凡提出新的解释，词义则必有训诂来源，内容则必有事实根据，务使文辞更为顺畅，并尽可能提供旁证。

六、为辩正影响较大的误解，或辨析古人突出的分歧，或考证有关的史实，或解说特殊的问题，于一般注解之外，另用星评的形式予以表述。全书计有星评三百馀则。根据内容需要，文字不拘一格。

七、《论语》系多人分散记录，编纂极其混乱。有本是同一段话而分割成为两章或三章者，本书在星评中具体说明并加以组合。全书计有五十七章分别组合成为二十七章。为保持经典的严肃性，对原文不作任何改变。

孔子世家①

（一）

孔子，名丘，字仲尼；"其先宋人也"。

周武王灭商以后，封商纣王庶兄微子启于宋，都商丘（今属河南）。第五代宋君曰泯公共，生弗父何，何生宋父周，周生世子胜，胜生正考父，正考父生孔父嘉——孔父嘉上距泯公共已过五代，"五世亲尽，别为公族，姓孔氏"②；故孔父嘉为孔姓之始祖——孔父嘉为宋穆公大司马。穆公九年卒，临终遗命孔父嘉立其兄宣公之子与夷，是为殇公。殇公十年（前710）宋太宰华督杀孔父嘉，并弑殇公③。孔父嘉的子孙受华氏的逼迫出奔鲁国，成为鲁国人④。孔父嘉第五代孙叔梁纥即孔子的父亲。

鲁襄公二十一年（前551）冬十一月⑤，孔子生于鲁陬邑昌平乡之阙里⑥。

孔子父叔梁纥曾为陬邑大夫，孔子出生不久叔梁纥即去世，由寡母颜征在抚养成人，故孔子小时候生活贫困。青年时代做过委吏，为管理仓库的小吏；做过乘田，是主管畜牧的职员⑦。孔子自己曾说："吾少也贱，故多能。"（9.6）⑧鲁是周公的封国。周公辅佐周武王建立周王朝，制礼作乐，是确立周王朝政治体制的奠基人，故鲁国具有诗书礼乐的传统。《左传·闵公元年》，齐仲孙湫曰："周礼所以本也。臣闻之，国将亡，本必先颠而后枝叶从之。鲁不弃周礼，未可动也。"襄公二十九年，吴公子季札来聘，请观于周乐，是鲁国诗乐一次盛大的展示。昭公二年，晋韩宣子聘鲁，"观书于大史氏，见《易》象与鲁《春秋》。曰：'周礼尽在鲁矣，吾乃今知周公之德与周之所以王也。'"鲁国诗书礼乐的传统，给造就孔子成为儒家的圣人提供了条件。

年青时候，孔子经历过艰苦的学习。他曾说，"吾十有五而志于学"（2.4），又说"我非生而知之者，好古敏以求之者也"（7.20）。照说一定有师传。《论语·子张》篇记卫公孙朝问于子贡曰："仲尼焉学？"子贡曰："文武之道，未坠于地，在人。贤者识其大者，不贤者识其小者，莫不有文武之道焉。夫子焉不学？而亦何常师之有？"（19.22）子贡所说，说明孔子广泛地学习各种知识，远挑"文武之道"，"贤者""不贤者"都从之问学；但明确说孔子"何常师之有"。故后来韩愈也说"圣人无常师"。

孔子成年以后即招收弟子，以私人设教的形式将周代为贵族所专有的教育普及到一般民众。任何事物都有一个由开始到逐步发展的过程，私人设教，孔子之前应早已出现。孔子曾从之问礼的老子就有不少弟子。《史记·孟子荀卿列传》谓："慎到，赵人；田骈、接子，齐人；环渊，楚人。皆学黄老道德之术，因发明序其旨意。"《汉书·艺文志》著录《蜎子》十三篇，原注："名渊，楚人，老子弟子。"只是到孔子才大规模招收弟子，发扬光大，形成空前巨大的学派。

《史记·孔子世家》记载："鲁南宫敬叔言于鲁君曰：'请与孔子适周。'鲁君与之一乘车，两马，一竖子俱，适周问礼，盖见老子云。"孔子"适周"的目的任务是什么，《史记》没有清楚的记载，未必仅仅是"适周问礼"。《仲尼弟子列传》谓"孔子之所严事，于周则老子"，"于郑子产"。老子是春秋时代伟大的哲学家，《史记·老子韩非列传》谓孔子曾问礼于老子。《庄子》书中有多个孔子见老子的故事，尽管大多属于传说，但孔子曾问学于老子必是事实。適周必过郑国，在郑国见过子产。子产年长于孔子三十多岁，于孔子为前辈。《史记·郑世家》谓"孔子尝过郑，与子产如兄弟云"。他们是"忘年交"。子产卒于鲁昭公二十年（前522），因此孔子见到子产只可能在与南宫敬叔適周之时，以后没有机会。后来孔子多次论及子产。《公冶长》篇子谓子产"有君子之道四焉：其行己也恭，其事上也敬，其养民也惠，其使民也义"。（5.16）对春秋时代这位杰出的政治家作了很高的评价。

《史记·孔子世家》谓"孔子自周反于鲁，弟子稍益进焉"。

鲁昭公二十年（前522），齐景公与晏婴来鲁国。景公问孔子："昔秦穆公国小处辟，其霸何也？"孔子回答："秦，国虽小，其志大；处虽辟，行中正。身举五羖，爵之大夫，起累绁之中，与语三日，授之以政。以此取之，虽王可也，其霸小矣。"是年孔子三十岁，齐景公竟然向孔子请教，故五年后鲁国发生内乱时，孔子去齐国避难。

鲁昭公二十四年（前518）二月，孟僖子病卒，临终诫其嗣子孟懿子曰："孔丘，圣人之后，灭于宋。""吾闻圣人之后，虽不当世，必有达者，今孔丘年少好礼，其达者与！吾即没，若必师之。"故孟僖子之子孟懿子、南宫敬叔兄弟皆师事孔子。孟僖子卒时孔子三十五岁⑨，可知其时孔子已有很高的声望，并广收弟子。

（二）

鲁国是西周文化最为繁盛的诸侯国。《左传》是鲁史，东周春秋一代史实赖以记载，也说明鲁国文化在当时的地位。但到孔子生活的年代，鲁国公室卑微，三桓擅权。——所谓"三桓"是鲁桓公三个儿子的后代：即庆父的后代孟孙氏⑩，叔牙的后代叔孙氏，季友的后代季孙氏——鲁文公以后，三桓日益强大。鲁襄公十年三桓"三分公室"，并分领三军，实际控制了鲁国的朝政，公室被完全架空。昭公五年再"四分公室"，季孙一家占了一半，势力尤为强大。《左传·昭公二十五年》，宋乐祁曰："（鲁国）政在季氏三世矣，鲁君丧权四公矣"⑪。鲁昭公由于长期和三桓的矛盾，以致一点小的纠葛便酿成一场大乱。

昭公二十五年（前517），季平子与郈昭伯两家斗鸡，"季氏介其鸡，郈氏为之金距"：介其鸡，是在鸡头上装个金属头盔，金距是在鸡脚上装了金属爪子，都是便于伤害对方⑫。双方都严重违规，结果鸡斗演变成为人斗，发展而为武装对抗。郈氏向昭公告难，昭公发兵讨伐季氏。三家内部经过几番周折，终于联合起来共伐昭公。昭公失败出奔齐国。这是昭公与三桓长期明争暗斗的结果，斗鸡事件不过是矛盾爆发的导火索而已。

在鲁国发生这场滑稽剧时，孔子避乱到了齐国，"为高昭子家臣"，见到齐景公，同齐景公有那段有名的对话。齐景公问政，孔子对曰："君君，臣臣，父父，子子。"景公曰："善哉！信如君不君，臣不臣，父不父，子不子，虽有粟吾得而食诸！"（12.11）齐景公欲以尼谿之田封孔子，遭到晏子的反对。晏婴是齐国继管仲之后杰出的政治家，以务实著名，反对儒家的繁文缛节。他说："今孔子盛容饰，繁登降之礼，趋详之节，累世不能殚其学，当年不能究其礼。君欲用之以移齐俗，非所以先细民也。"孔子在齐国时间不长。据《史记·孔子世家》，齐景公曾说："奉子以季氏，吾不能，以季孟之间待之。"这只能是记录者抬高孔子的话，当时的孔子不可能有这样的地位。之后齐大夫欲害孔子，孔子返回鲁国。

（三）

鲁昭公出奔齐国，在齐国折腾了两年，二十八年进入晋国，居于乾（gān）侯；四年之后在乾侯去世。昭公二十五年九月以后，鲁国竟然首尾八年没有国君；政权由三桓主要由季孙（季平子）执掌。

——即使到了春秋末季,中原各诸侯国,大臣仍不敢轻易篡夺国君的位置。所以季孙尽管大权在握,因内部有孟孙叔孙相互制约,外部担心齐晋等大国干预,所以季孙未敢取代昭公成为鲁君。——昭公死后,鲁人立昭公弟宋为君,是为定公。定公五年(前505),季平子卒,季桓子嗣位。季桓子僭于公室,其家臣阳虎(《论语》称为阳货)又控制了季桓子,形成了"陪臣执国命"的离奇局面。阳虎曾试图拉拢孔子,《论语》有"阳货欲见孔子"的记录。定公八年(前502)阳虎作乱,欲尽杀三桓嫡子,更立阳虎所善庶子以代之,阳虎并妄图自己取代孟孙氏⑬。三桓共攻阳虎,阳虎失败,出奔齐国,而后又奔晋国赵氏。

阳虎失败,只是加强了三桓特别是季桓子的实力,鲁定公的处境却更加艰难。《八佾》篇里有一章定公与孔子的对话。定公问:"君使臣,臣事君,如之何?"孔子对曰:"君使臣以礼,臣事君以忠。"(3.19)记录虽然简略,却非同一般,这是他们君臣的交心。定公是昭公之弟,昭公在位长达三十二年,定公即位之时一定不年轻了,他目睹昭公在三桓钳制之下度过的那些年月,昭公最后客死他乡,现在自己为君会是怎样的境况?他想要振作一下,就需要有人扶助。他终于认识了孔子。如此以孔子为中都宰。时在定公九年(前501),是年孔子五十一岁。——五十岁以前,孔子以教学为生。他的弟子来自鲁国全境以及周边几个诸侯国,名闻天下,奠定了他作为儒家开山的基础。

定公以孔子为中都宰后,并快速迁升,由中都宰而司空,由司空而大司寇。定公十年(前500)与齐景公会于夹谷,"孔子摄相事"。("摄相事"之相,杜预注:"相会仪也。")孔子曰:"臣闻有文事者必有武备,有武事者必有文备。古者诸侯出疆,必具官以从。请具左右司马。"定公曰:"诺。"因具左右司马。这是孔子辅佐定公进行的一次重大的外交活动,并取得胜利,迫使齐国归还了"侵鲁之郓、汶阳、龟阴之田"。这次活动最值得一提的是孔子在会前提出"具左右司马",孔子懂得外交需要以武装力量作后盾。即使到了今天也莫不如此，甚至更为重要。

取得了这次外交胜利，孔子也想在内政上有所作为。定公十三年夏，孔子言于定公曰："臣无藏甲，大夫毋百雉之城"⑭。试图收回三家的兵权，维护国君的权力。使子路为季氏宰，准备堕毁三桓的都城。先堕毁了叔孙氏的郈。堕毁费时，遭到反抗，费宰公山不狃和叔孙辄率费人袭击鲁国都城。孔子亲自指挥了这场内战，打败了公山不狃。费是季孙的都邑，何以季桓子也同意堕毁。原来季孙虽势压鲁国，他自家却先有阳虎的擅权，后有公山不狃的反叛；公山不狃以费叛季孙，所以季孙同意堕毁。取得了堕郈堕费的成果，最后堕孟孙成邑时，成邑宰公敛处父在孟孙的暗中支持下武装反抗。公敛处父谓孟孙曰："堕成，齐人必至于北门。且成，孟氏之保障，无成是无孟氏也。我将弗堕。"定公十三年十二月，兵围成邑，却未能攻克⑮。

自定公九年，孔子为中都宰，由中都宰为司空，由司空为大司寇；定公十年相定公会齐景公于夹谷，定公十三年"堕三都"，最终未能成功；到定公十四年"与闻国政三月"。这是孔子在鲁国从政的首尾六年。是孔子一生中仅有的一段从政生涯，但未能改变鲁国的政局。

(四)

《史记·孔子世家》谓孔子"由大司寇行摄相事"，"与闻国政三月"。"齐人闻而惧，曰：孔子为政必霸，霸则吾地近焉，我之为先并矣。""于是选齐国中女子好者八十人，皆衣文衣而舞康乐，文马三十驷"，赠送鲁国。"季桓子受之，三日不朝"。(18.4) 子路曰："夫子可以行矣！"孔子曰："鲁今且郊，如致膰乎大夫，则吾犹可以止。"所谓郊，即在郊祭天。膰（fán），就是祭肉。季桓子接受了齐国的女乐，郊祭之后又没有将祭肉颁发大夫；孔子如此率弟子离开鲁国，前往卫国。——孔子"去鲁适卫"的原因，《史记·孔子世家》就是这样记录的，后世凡提到孔子生平也都这样叙述。其实这并非事情的真正原因。既然孔子处于"与闻国政"的地位，仅仅因为季桓子接受了齐国的女乐，郊祭又不给大夫颁送祭肉，就放弃职责，离开自己的祖国，太不合于情理。真正的原因是，孔子"与闻国政"，使子路为季氏宰，"毁三桓城，收其甲兵"，试图加强公室，削弱私家，触犯了三桓的利益。在孔子受定公信任之时，肯定同季孙矛盾尖锐。举一个例子，据《左传·定公元年》记载，季孙（季平子）深恨鲁昭公，昭公死后，季孙想给昭公一个恶谥，被鲁大夫荣成伯劝阻。季孙又将昭公葬到鲁国先公墓道较远的南边，与先公诸墓隔开；总之是尽量给予侮辱。定公五年，季平子卒，季桓子继位。孔子为大司寇时，特在昭公墓外为沟，扩大墓地的范围，使昭公墓仍在鲁先公墓域之内⑯。孔子维护昭公的尊严，改变季平子的做法，季桓子肯定心怀愤恨。当然，昭墓事件不会是主要的，最关键的在于孔子试图削弱三桓的势力，维护鲁君的权位，明与季孙对立。《论语·宪问》有一章特别的记录，反映了孔子"去鲁适卫"的真相：公伯寮向季孙谗毁子路，季孙对子路早有疑心，于此更加反感。子服景伯告知孔子，并提出由他来干掉公伯寮。孔子知道，季孙的矛头实际是指向他的。如果他赞同子服景伯的行动，杀掉公伯寮，会和季孙发生直接对抗，事情将不可收拾。季孙家族积累了上百年几代人的力量，加上孟孙仲孙的合援，无论是角逐于朝廷还是干戈相向于疆场，孔子师徒都不是敌手。事情发展到如此严重，致使孔子叹息说："道之将行也与，命也；道之将废也与，命也。公伯寮其如命何！"（14.37）孔子将事情提高到道"行"还是"废"的高度，可见情况的严重性。孔子没有接受子服景伯的提议，却采取了一生中最重大的步骤：离开鲁国，前往卫国。这虽是迫不得已却也是慎重的决定。所谓季桓子"受齐女乐，三日不听朝；郊，又不致膰于大夫"，只是表面的原因，甚至只是一种借口；真正的原因是孔子在这场斗争中失败。《左传》有许多"出奔"的记录；所谓"出奔"就是出外流亡。定公十四年孔子"去鲁适卫"，实际就是"出奔"⑰。这一去十三年，终季桓子之世孔子不回鲁国。

孔子离开鲁国后第二年，鲁定公就去世了。鲁定公在历史上算不得成功的君主，却有一项不平常的记录。他是唯一信任过孔子的国君。就君臣关系而论，他是孔子难得的知己。鲁定公在位期间的内政与外交，成功和失败，都同孔子连在一起，命运与共。鲁定公是鲁昭公的弟弟，他对昭公在位三十二年中同三桓的斗争肯定深入骨髓。故他后来任用孔子，由中都宰而司空，而大司寇，而摄相事，而与闻国政；遗憾的是他们失败了！鲁定公即位之时年龄一定不小，又过了十五年已是老迈衰微。实际上孔子走后几个月他就去世了。定公之死与他大政上的失败和孔子的离去有密切的关系，老国君经不起如此沉重的打击。

（五）

春秋后期的卫国都于楚丘（今河南滑县东北），离鲁国很近，首先提出"夫子可以行矣"的是子路，到了卫国，孔子"主于子路妻兄颜浊邹家"。《史记·孔子世家》叙述孔子弟子"身通六艺者七十有二人"之后，举例"如颜浊邹之徒颇受业者甚众"，则颜浊邹也是孔子弟子。可知由于子路的关系，孔子同卫国早有联系。当时卫国有许多贤哲在位，国家比较安定。《左传·襄公二十九年》（前544）吴季札到卫国，"说（yuè）蘧瑗、史狗、史鰌、公子荆、公叔度、公子朝，曰：'卫多君子，未有患也。'"鲁襄公二十九年到孔子于鲁定公十四年（前496）到达卫国之时相距四十八年，这些君子有几位还在，他们于孔子为前辈，其中蘧瑗（即蘧伯玉）与孔子为忘年挚友。当时卫国君是卫灵公，卫灵公生活放荡，但有一个极大的优点，他尊重而且信任贤人。他在位期间，卫国社会安定。《论语·子路》篇记载：子适卫，冉有仆。子曰："庶矣哉！"冉有曰："既庶矣，又何加焉？"子曰："富之。"曰："既富矣，又何加焉？"曰："教之。"（13.9）孔子显然对这个国家抱有希望。

孔子到达卫国，一开始受到卫灵公的欢迎。问孔子"居鲁得禄几何"，孔子对曰"奉粟六万"，卫灵公也给予六万。《史记》正义说"六万小斗，计当今二千石也"，这待遇够优厚的了。但只住了十个月，有人谗毁孔子，孔子便离开卫国前往陈国。

在去陈国的路上，经过匡邑（在今河南睢县境）。据说孔子容貌有点像阳虎，阳虎曾迫害过匡人，匡人误以孔子为阳虎，就把他们师徒拘留起来。孔子曰："文王既没，文不在兹乎？天之将丧斯文也，后死者不得与于斯文也；天之未丧斯文也，匡人其如予何！"（9.5）孔子发出这样的声音，可见当时情况相当严重。《庄子·秋水》里也记载了这一事件。"孔子游于匡，宋人（当作匡人）围之数匝，而弦歌不惙。""无几何，将甲者进。辞曰：'以为阳虎也，故围之，今非也！'请辞而退。"匡人弄清了不是阳虎，向孔子表示歉意就解围了。

孔子没有到达陈国，只在蒲邑（今河南长垣县）逗留了一个多月，又返回卫国，寓居卫大夫蘧伯玉家。卫灵公夫人南子，要求会见孔子，孔子拜会了她。南子是个淫荡妇人，孔子前去会见，子路很不高兴，孔子发誓说："予所否者，天厌之！天厌之！"（6.28）后卫灵公与南子同车，叫孔子为"次乘"，孔子觉得受了侮辱，又一次离开卫国，经过曹国，前往宋国。

在前往宋国的途中，孔子"与弟子习礼大树下"，被宋国司马桓魋发现，"欲杀孔子"。桓魋为宋景公司马，兄弟在宋国权倾朝野。他何以要杀孔子，史籍没有说明，只能猜想，他害怕孔子到宋国去影响他的权势因而采取极端行动。孔子在逃跑途中，弟子们叫他走快一点，孔子说："天生德于予，桓魋其如予何！"

之后孔子经过郑国。《史记·孔子世家》只说"孔子適郑，与弟子相失，孔子独立郭东门"，一个郑国人说他"累累如丧家之狗"。在郑国没有停留，就前往陈国。陈都宛丘，今河南淮阳县。陈是一个小国，在孔子到达的这些年，反复受到晋国、楚国还加上吴国的侵凌。孔子在陈国，《史记·孔子世家》只说他"主于司城贞子家"。他在这个动荡不安的国家待了一段时间⑱，毫无希望，只得又回卫国去。途经蒲邑，正值蒲公叔氏反叛卫国，得知孔子要去卫国，就将孔子围困。弟子中有个公良孺，颇"有勇力"，同蒲人奋力战斗。蒲人让步了，提出如果孔子不去卫国，就放他走。孔子表示同意，与蒲人订立盟约，凭神发誓，不去卫国。但孔子一出蒲邑，立即向卫国走。子贡说，这不违反盟约吗？孔子说，"要盟也，神不听"⑲，意即这是强迫订立的，神不会听，可以不遵守。

卫灵公听说孔子来，亲自出郊迎接。恰好其时发生蒲人叛乱，卫灵公问孔子可否讨伐，孔子极力主张讨伐。但卫灵公只是说一说，并没有采取行动。其时已到了卫灵公四十二年（鲁哀公二年，前493），是这位老国君最后的时日，不存在任用孔子的可能。孔子想投奔晋国赵简子，走到黄河岸上，听说赵简子杀了晋国贤大夫窦鸣犊和舜华，他就不去了。面对滔滔的河水，叹息着说："美哉水，洋洋乎！丘之不济此，命也夫！"他又返回卫国，仍住在蘧伯玉家。没过多久，他又去了陈国。

这年夏天，卫灵公去世。灵公一死，卫国安宁的局面即告终结。先是卫灵公夫人南子与太子蒯聩不能相容，蒯聩欲杀南子，卫灵公发怒，蒯聩出奔，投奔晋赵简子。卫灵公死后，卫人立蒯聩的儿子辄为卫君，就是卫出公。赵简子试图送蒯聩回国，卫人发兵抗拒。为了争夺权力，父子双方竟至兵戎相见。

鲁哀公三年（前492）秋天，季桓子病重，临终承认自己"获罪于孔子"，遗命其嗣季康子待自己死后召孔子回国。其时孔子已行年六十。桓子死后，过些时候，季康子先召回冉求。

鲁哀公四年（前491），孔子离开陈国到达蔡国。春秋时代，蔡都在今河南新蔡县。哀公五年（前490），孔子由蔡国到了楚国叶邑，不久又返回蔡国，流连于陈蔡之间。楚昭王使人聘孔子。陈蔡大夫认为，孔子了解陈蔡的情况，楚是当时的大国，如果"孔子用于楚，则陈蔡用事大夫危矣"。于此发徒役围孔子于野。孔子自离开鲁国，几次遇到危难，这次情况尤为严重。被围期间绝粮，弟子们都饿得不行。孔子使子贡至楚，楚昭王发兵迎孔子，才得免于难。据说楚昭王"将以书社地七百里封孔子"，受到楚令尹子西的阻挠。这一记载未必可靠，孔子近乎逃难到达楚国，连"客卿"的资格都够不上，楚昭王便要以"七百里封孔子"，不太可能[20]。不久楚昭王去世，孔子失掉了依靠，只得又重回卫国。时在鲁哀公六年（前489），孔子六十三岁。

鲁哀公六年"孔子自楚反乎卫"后直到哀公十一年（前484）反回鲁国的五年里，《史记·孔子世家》没有孔子行踪的记载，可以推想这五年孔子一直待在卫国。其时的卫国，出公在位，其父蒯聩流亡在外，随时准备回国夺取君位。孔子滞留于此实无所作为，其心情可想而知。冉求离开卫国时，子贡知道孔子很想回鲁国，送别冉求之时特别嘱咐他回到鲁国后要设法尽快召回孔子。

冉求回到鲁国，为季康子家臣。哀公十一年（前484）齐师入侵鲁国，季康子犹豫不决，冉求坚决主张抵抗。大战于郎[21]，由于孟孙、叔孙两家不予配合，未能取得全胜，但冉求率领的左师打败了齐军。——这次战争冉求取得胜利，最大的作用是促使孔子得到回归鲁国的机会。季康子问冉求的军事本领是从哪里学的，冉求说"学之于孔子"，并乘机建议召孔子回国。

于此孔子返回鲁国。其时孔子已六十八岁。孔子于鲁定公十四年（前496）离开鲁国，到哀公十一年（前484）回来，首尾达十三年之久[22]。

历来叙述孔子生平的文字，都说孔子为了推行他的政治理想，周游列国，似乎是一种壮举。其实孔子是被迫离开鲁国的。所谓"周游列国"，并没有"游"到哪个多有力量有所作为的国家。他曾经想去晋国投奔赵简子，但只走到黄河岸上，只能望着河水发出浩叹。他也曾想去楚国，刚刚到达楚昭王就死了，孔子连脚还没有站稳就只得走路了。——真正接待过他的国君只有一个卫灵公，也并没有真正用他。十三年间，前八年对卫国五进五出，自始至终围绕着卫国打转，其间在陈国逗留时间较长；后五年再没有地方可去，只能困处卫国。卫国有子路的妻兄颜浊邹和孔子的挚友蘧伯玉两家，又有些学生仕于卫国，孔子在这儿生活可以无虞。所谓"周游"也者，其实是在异国流亡；同战国后期孟子、荀子等人真正的周游列国性质完全不同。十三年间，颠连道路，奔走仓皇；拘于匡邑，迫于桓魋，阻于蒲地，厄于陈蔡；好几次遭遇危难，连生命都受到威胁。特别是鲁哀公四年在陈绝粮，病莫能兴，孔子自己也感叹："吾道非邪？吾何为于此！"赖楚昭王发兵救援才得免于难。到了楚国，可以说还没有开始就结束了。在流亡途中，孔子多次受到人们的奚落和讽刺。早年，那个郑国人形容他"累累若丧家之狗"。在楚国，楚狂接舆告诫他"往者不可谏，来者犹可追"。荷蓧丈人指责他"四体不勤，五谷不分"。孔子曾说"苟有用我者，期月而已，三年有成"（13.10），这话与其说是一种自信心，还不如说是一种失落感，叹息没有人用他。

在孔子十三年的流亡生活中唯一使他可以自慰的，是他的几位高足——颜渊、子路、子贡、冉求、樊迟、宰我等，一直跟随着他，患难与共，生死相随。晋文公十九年的流亡生涯有几位忠诚的随从，后来成了他作为霸主的重臣；而孔子的弟子随他一起流亡，意义更为重大，他们后来使孔子的思想流布天下，流传后世。

（六）

鲁哀公十一年（前484）孔子回到了阔别已久的鲁国。其时鲁哀公同样怯弱，由季康子执政。——孔子一生，自始至终与季氏家族处于一种相互摩擦又牵连不断的矛盾状态。他在季武子时代度过童年，在季平子时代做过"委吏""乘田"之类的小吏，之后招收生徒，私家授学。定公九年以后参与国政，同季桓子发生激烈的矛盾，被迫离开鲁国。在外流亡十三年之后，季康子召他重回鲁国。此后孔子再没有担任什么职务。《子路》篇"冉子退朝"章，孔子曰："如有政，虽不吾以，吾其与闻之"。说明其时孔子不在位，仍过问政务，并回答鲁哀公季康子"问政"，有点备员顾问的味道。冉求、子路为季氏家臣，也时常发生矛盾。司马迁说"鲁终不能用孔子，孔子亦不求仕"。"不能用"是真的，"不求仕"则未必，只好继续从事他的教授生涯。

《史记·孔子世家》曰："孔子之时，周室微而礼乐废，诗书缺。（孔子）追迹三代之礼，序《书传》，上纪唐虞之际，下至秦缪，编次其事。""故《书传》《礼记》自孔氏。""书传"应指《尚书》。孔子用古代"书传"教授学生是肯定的，但《尚书》是否孔子所"编次"，得不到足够史料的证实。孔子以礼乐教授生徒也是肯定的，但文中的《礼记》，并非现存的《小戴礼》。现存《小戴礼》到西汉才编定，书中记有大量孔子师徒的行事和言论，自然就不是他们的著作。

孔子最有名的业绩即所谓删定《诗经》。《史记·孔子世家》谓"古者《诗》三千馀篇，及至孔子，去其重"。"三百五篇孔子皆弦歌之，以求合韶舞雅颂之音"。诗三百的来源，主要是两个方面。一是采风得来。《礼记·王制》谓"天子五年一巡狩"，"命太师陈诗以观民风"。《汉书·食货志》说朝廷派"行人振木铎徇于路以采诗，献之大师，比其音律，以闻于天子"。二是朝廷制作。诗三百中的颂诗和大雅中的史诗，无疑是朝廷官员制作的，"比其音律"，用于祭祀或宴享。还有一些特殊人物的个别作品。诗的整理是逐步进行的，整理者就是那些太师（一作"大师"），亦即乐官；不致要到春秋末季，才由孔子来删定。周代朝廷官员引诗赋诗，早在孔子之前几百年就在进行。以《左传》为例，自隐公元年（前722）开始，到哀公之末，两百五十年间从未停过。所有引诗赋诗的篇名词句，除个别字词外，与定本《诗经》是相同的，可知孔子之前早已基本定形。当时诸侯国之间，在外交场合，相互赋诗，赋诗多是断章取义，而彼此都能理解。可知当时各国上层人士，诗是他们的必修课程，也就必然有诗的教材。《左传》记襄公二十九年（前544）吴公子季札聘鲁，请观周乐。所歌"风、雅、颂"的顺序，与《诗经》基本相同，而其时孔子才八岁。

所谓"古者诗三千馀篇"也不会是事实。如果到孔子之时诗真有三千馀篇,由孔子才删至三百零五篇,那么古籍中所记引诗赋诗一定有大量逸诗,然而事实上逸诗极少。仍以《左传》为例。二百五十年间,记录引诗赋诗两百三十馀篇次,其中逸诗仅有十三处。逸诗中三处只有篇名,没有词句[23]。其他十处则只有断句,没有篇名。另外,有些韵语,没有标名是诗,也不妨作逸诗理解[24]。这样的韵语也不多。逸诗如此之少,可知孔子之时诗不会有三千馀篇。孔子对《诗三百》发挥的最大作用是用诗作教材,扩大了诗的影响。《论语·季氏篇》"陈亢问"章孔子曰:"不学诗,无以言"(16.13),《阳货篇》子曰:"小子何莫学夫诗,诗,可以兴,可以观,可以群,可以怨。迩之事父,远之事君;多识于草木鸟兽之名。"(17.9)都可以说明孔子对《诗三百》的重视。孔子也是音乐家,"三百五篇孔子皆弦歌之,以求合韶舞雅颂之音"。孔子自己也说,"吾自卫返鲁,然后乐正,雅颂各得其所"。可知孔子晚年对诗乐的教育更加重视。自战国以至汉代,儒家著作引诗如此之多,都与孔子的教授分不开。

孔子修《春秋》,是孔子晚年最大的一项事业。《孔子世家》谓孔子"为《春秋》,笔则笔,削则削,子夏之徒不能赞一辞"。《春秋》是鲁史,记录自隐公至哀公二百四十二年间的史实,也记录有周各国的大事,是鲁国历代史官的记录。孔颖达《春秋序》云:"周礼有史官,掌邦国四方之事,达四方之志;诸侯亦各有国史。"孔子"笔则笔,削则削",是按一定的义例,对历史事件作或褒或贬的修订。孟子曰:"孔子成《春秋》而乱臣贼子惧。"《春秋穀梁传序》云:"一字之褒,宠逾华衮之赠;片言之贬,辱过市朝之挞。"但《春秋》过于简略,孔子所作的褒贬,到现在意义已不是很大;但他的严谨的"书法",仍有研究的价值和借鉴的意义。

即使到了春秋末季也就是孔子生活的时代,大规模著书立说还没有形成普遍的风气。孔子以古代典籍,诗书礼乐,进行教学。他说自己"述而不作",所以没有留下像后来孟子、荀子那样的大部头个人著作。教学便是"述",《论语》便是弟子们记录他"述"的内容,而实际也是"作",表述的是孔子自己的思想,成为后人学习和研究孔子思想最重要的依据。

(七)

鲁哀公十三年(前482),孔子已进入七十岁的高龄。尽管孔子说他"七十而从心所欲",命运对他的打击却纷至沓来。这一年他的独子伯鱼去世,时年五十岁。此时的孔子经济上颇为拮据,伯鱼死也"有棺而无椁",草草安葬。下一年即哀公十四年(前481)春天,孔子第一高足颜渊又死了,时年四十二岁㉕。《论语·先进》记颜渊死,孔子哭得很伤心,曰:"噫!天丧予!天丧予!"(11.9)颜渊家境贫困,他的父亲颜路请以孔子之车为之椁,孔子曰:"才不才,亦各言其子也。鲤也死,有棺而无椁。吾不徒行以为之椁。以吾从大夫之后,不可徒行也。"(11.8)

但孔子在深悲巨痛之际,仍没有放弃对天下大事的关注。鲁哀公十四年六月,齐陈恒弑齐简公,孔子沐浴而朝于鲁哀公,请求出兵讨伐。当时鲁国政权由季康子为主的"三桓"控制,哀公叫孔子去告诉三桓,结果三桓没有同意,孔子无可奈何地说:"以吾从大夫之后,不敢不告也。"㉖(14.20)

冉有、子路为季氏家臣,季氏将伐颛臾,冉有、子路告知孔子,孔子非常生气,并对赞成讨伐颛臾的冉求严厉指责。子路不赞成讨伐,并因此得罪了季孙。就像定公十四年孔子因和季桓子的矛盾"去鲁適卫"一样,鲁哀公十四年子路也因同季康子的矛盾去了卫国㉗。子路告别孔子,不料这一别竟是他们师徒的永诀。

子路到了卫国,为卫大夫孔悝(kuī)邑宰。卫灵公死后,太子蒯聩出奔在外,蒯聩之子辄即位,是为出公。孔悝是蒯聩的外甥。蒯聩在外流亡十二年之后,伙同他姐姐即孙悝之母孔伯姬,秘密进入孔家

"外圃",劫持孔悝登上"卫台",强迫孔悝盟誓拥立蒯聩为君。子路闻讯,即前往救援。其时高柴也仕于卫,在门口遇到子路,劝子路不要进去。子路回答:"利其禄,必救其患!"子路进去,在台下叫蒯聩释放孔悝。蒯聩恐惧,令武士石乞孟魇手执长戈,下台迎战,将子路击成重伤。子路的冠缨也被斩断,子路临死时说:"君子死,冠不免。"结好冠缨而后死去。终年六十三岁。其时在鲁哀公十五年(前480)。——蒯聩夺得君位,即卫庄公。这回轮到儿子辄"出奔"了,所以后来称为"出公"。出公出奔鲁国。而后到了齐国。卫庄公用尽心计才把自己的儿子赶走,登上卫君这个宝座。但两年之后还是在错综复杂的斗争中毙命。其后有卫襄公之孙公子般师、卫灵公另一个儿子公子起,先后在这个走马灯式的君位上坐了几天。公子起被逐奔齐以后,卫出公又重新回来,继续当了二十一年卫君。孔子论为政,曰"君君臣臣,父父子子";卫灵公以后的卫国真个是"君不君,臣不臣;父不父,子不子",杀戮连连,奔亡相继,国不成其为国!

孔子深知子路的秉性,当卫国内乱发生,孔子闻讯后说:"嗟乎,由死矣!"在《论语》中经常看到孔子对子路的指斥,有时相当严厉。其实子路是孔子的主要臂膀,孔子的重要作为都离不开子路;子路的行动能力,远非颜回曾参等人所可比拟。子路之死对孔子是极大的打击,使他非常悲痛。《公羊传》哀公十四年:"颜渊死,子曰:'噫,天丧予!'子路死,子曰:'噫,天祝予!'西狩获麟,孔子曰:'吾道穷矣!'"(祝,断也,杀也。)《礼记·檀弓上》子贡曰:"昔者夫子之丧颜回,若丧子而无服。丧子路亦然。"是说颜回、子路去世,孔子像对待儿子一样服丧,只是不着丧服;就是所谓"心丧"。对这两位弟子的去世,可见其何等伤心。颜渊死了,子路死了,孔子感到自己的生命也到了尽头。《礼记·杂记下》云:"恤由之丧,哀公使孺悲之孔子学士丧礼。"这一简单的记录,知孔子师生曾为子路举行沉痛的追悼。《礼记·檀弓上》云:"孔子哭子路于中庭。有人吊者,而夫子拜之。既哭,进使者而问故。使者曰:'醢之矣。'遂命覆醢。"醢

(hǎi)，即肉酱。原来子路被杀后，卫庄公将他剁成肉酱，并派使者"馈送"孔子。这个丧心病狂为抢夺君位不择手段的阴贼，对孔子师徒何等愤恨。

三年之间，爱子伯鱼和高徒颜回、子路相继去世，其时孔子已七十二岁。他还是含悲忍痛，最终完成了《春秋》的修订。

鲁哀公十六年（前479）四月己丑，孔子逝世，终年七十三岁。

《礼记·檀弓上》记有孔子去世时的情况："孔子蚤作，负手曳杖消摇于门。歌曰：'泰山其颓乎！梁木其坏乎！哲人其萎乎！'既歌而入，当户而坐。子贡闻之曰：'泰山其颓，则吾将安仰？梁木其坏，哲人其萎，则吾将安放？夫子殆将病也！'遂趋而入。夫子曰：'赐！尔来何迟也？夏后氏殡于东阶之上，则犹在阼也。殷人殡于两楹之间，则与宾主夹之也。周人殡于西阶之上，则犹宾之也。而丘也殷人也；予畴昔之夜，梦坐奠于两楹之间。夫明王不兴，而天下其孰能宗予，予殆将死也！'盖寝疾七日而没。"

《公羊》《穀梁》的《春秋经》终于鲁哀公"十有四年，春，西狩获麟"。孔子修的《春秋》终止之年也应是相同的，即鲁哀公十四年（前481）。而《左传》之《春秋经》多两年，到哀公十六年（前479）为止。是弟子们要将孔子之死记在这部经书上，所以据鲁史加记了两年，以"孔丘卒"三个字作为《春秋》的收结。孔子之死，也可以作为春秋战国的时代界碑。

孔子死后，他的高足们为之服丧三年㉓。"三年心丧毕，相诀而去，则哭，各复尽哀。"子贡又独自于墓畔结庐，再守了三年才离开。

孔子是中国古代伟大的思想家，更是伟大的教育家。《史记·孔子世家》谓"孔子以诗书礼乐教，弟子盖三千焉，身通六艺者七十有二人"。他在三十岁左右即广收弟子，按照"有教无类"的原则进行教育。即使在流亡途中，他的高足们也仍在他的身边。他的弟子来自多个诸侯国，各阶层的人都有，大大发扬了私人设教的社会风尚。弟子"三千"固然是个概数，但足见其弟子之众。自孔子至今两千五百多年间,杰出的思想家教育家代不乏人,但气象之恢弘,影响之深远,没有任何人可与孔子相比。司马迁曰:"天下君王至于贤人众矣,当时则荣,没则已焉。孔子布衣,传十馀世,学者宗之。自天子王侯,中国言六艺者折中于夫子,可谓至圣矣!"到现在早已是百有馀世,影响的范围也远不限于六艺。两千多年间,孔子也遭受过多番重大的打击。但哪怕是焚毁他传授的诗书,坑杀继承他事业的儒生,发动亿万人对他进行咒骂,孔子仍安然无恙地坐在华夏文明神圣的殿堂上。孔子,可谓至圣也已!

①孔子世家,实即孔子传,用《史记·孔子世家》旧题。本文凡引用《史记·孔子世家》原文而无需特别说明者不注出处;如需要特别说明因而引用时,则书名一定用《史记·孔子世家》全称。

②《史记·孔子世家》索隐引《家语》:宋泯公生弗父何,"弗父何生宋父周,周生世子胜,胜生正考父,考父生孔父嘉:五世亲尽,别为公族,姓孔氏"。

③《左传·桓公元年》冬,"宋华父督见孔父之妻于路,目逆而送之。曰:'美而艳!'"二年春,"宋督攻孔氏,杀孔父而取其妻。公怒,督惧,遂弑殇公"。——其实孔、华的矛盾有更深层的原因。宋宣公十九年(前729)病逝,临终将君位不传其子与夷,而传与其弟和,是为穆公。宋穆公在位九年,感激兄长的情意,病重之时,嘱托大司马孔父嘉,将君位传与宣公之子与夷,而不传其子公子冯。与夷即位,就是殇公,公子冯出居于郑。太宰华督为争夺权力,于殇公十年(前710)攻杀孔父,并弑殇公,迎公子冯而立之,是为庄公。庄公立,即以华督为相。妻子也夺得,相位也取到,华督大获全胜,但二十八年之后还是在内斗中丧命。

④《左传·昭公七年》,孟僖子曰:"孔丘,圣人之后,灭于宋。"杜预注:"孔子六代祖孔父嘉为宋督所杀,其子奔鲁。"孔颖达疏引

《家语·本姓篇》云："宋泯公熙生弗父何，何生宋父周，周生世子胜，胜生正考父，考生孔父嘉；其后以孔为氏也。孔生木金父，金父生皋夷父，夷父生防叔。防叔避华氏之逼而奔鲁，生伯夏；伯夏生梁纥，梁纥即生孔子。"（孔颖达疏谓"宋泯公熙生弗父何"，据《史记·宋微子世家》，宋第五代国君曰泯公共，其弟曰炀公熙，故"泯公熙"应作"泯公共"。又，宋国历史上有两位泯公：其第五代曰泯公共，其第十七代曰泯公捷；两者相隔约两个世纪。泯字又作"湣"。）

⑤《公羊传·襄公二十一年》："十有一月庚子，孔子生。"《史记·孔子世家》："鲁襄公二十二年而孔子生。"索隐："盖以周正十一月属明年，故误也。后序孔子卒云七十二岁，每少一岁也。"索隐之意谓《公羊》按夏历，以正月为岁首，故孔子生于十一月在襄公二十一年（前551）。《孔子世家》按周历，以十一月为岁首，故以孔子生属明年，即襄公二十二年（前550）。按，应以《公羊》为准，十一月属之上一年，孔子生于鲁襄公二十一年。

⑥《史记·孔子世家》谓"孔子生鲁昌平乡陬邑"，索隐云："陬是邑名，昌平乡号。孔子居鲁之邹邑昌平乡之阙里。"地在今山东曲阜县东南。（陬、邹，字通。）

⑦《史记·孔子世家》："孔子贫且贱，及长，尝为季氏史，料量平。尝为司职吏而畜养息。"《孟子·万章下》："孔子尝为委吏矣，曰：'会计当而已矣。'尝为乘田矣，曰：'牛羊茁壮长而已矣。'"

⑧括弧中数字表示引文所出《论语》篇章。（9.6）即指《论语·子罕第九》第六章。全书同。

⑨孟僖子嘱咐其子孟懿子师事仲尼，《左传》叙其事于昭公七年（前535）。《史记·孔子世家》谓"孔子年十七，鲁大夫孟僖子病且死，诫其嗣懿子"云云。索隐曰："（昭公）二十四年（前518）僖子卒。贾逵云'仲尼时年三十五矣'，是此文误也。"

⑩庆父又称仲庆父，其后人以"仲孙"为氏。如仲孙蔑即孟献子，仲孙速即孟庄子，仲孙玃（jué）即孟僖子，仲孙何忌即孟懿子，故孟

孙氏又称仲孙氏。

⑪《左传·昭公二十五年》"（鲁国）政在季氏三世矣，鲁君丧权四公矣"，杜预注："（三世）：文子、武子、平子。（四公）：宣、成、襄、昭。"

⑫《左传·昭公二十五年》"季氏介其鸡，郈氏为之金距"，《史记·鲁周公世家》作"季氏芥鸡羽，郈氏金距"，《吕氏春秋·察微篇》作"郈氏介其鸡，季氏为之金距"，《淮南子·人间篇》作"郈氏介其鸡，而季氏为之金距"，内容小有区别。"芥其鸡"，服虔杜预都解作在鸡羽上撒了芥末，鸡跳跃时扬起芥末可以迷乱敌鸡的眼睛。此说非是，迷乱敌方鸡的眼睛，同样可以迷乱自己鸡的眼睛。《淮南子》高诱注："介，甲也。作小铠著鸡头也。"应以高说为是。

⑬《史记·鲁周公世家》谓"阳虎欲尽杀三桓适"。《史记·孔子世家》作"阳虎为乱，欲废三桓之適"。適，通"嫡"。

⑭雉，《周礼·考工记·匠人》"王宫门阿之制五雉"，郑玄注："雉，长三丈，高一丈。"即三方丈。百雉，即三百方丈。《左传·隐公元年》，祭仲曰："都城过百雉，国之害也。"祭仲所言，与孔子"大夫毋百雉之城"内容一致。

⑮本文叙定公十三年孔子使仲由为季氏宰，堕三都，均以《史记·孔子世家》为依据。《左传》叙其事于定公十二年。时间稍有不同。又，《孔子世家》叙述堕成"弗克"之后，还有如下记载："定公十四年，孔子年五十六，由大司寇行摄相事。……诛鲁大夫乱政者少正卯，与闻国政三月。"诛少正卯事，先秦典籍中仅见于《荀子·宥坐》。唐人杨倞谓"此荀卿及弟子所引记传杂事"，清人崔述说"此盖申韩之徒言刑名者"所伪托。按，杨倞、崔述之说甚为正确。《宥坐》中之"孔子"不是儒家的孔丘仲尼，是法家虚构的人物形象。《宥坐》所述少正卯的"罪行"，不是儒家对法家的批判，恰好是法家对儒家的责难。司马迁所记有误。参见附录《关于孔子诛少正卯问题》。

⑯《左传·定公元年》:"季孙问于荣驾鹅曰:'吾欲为君谥,使子孙知之。'对曰:'生弗能事,死又恶之,以自信也,将焉用之?'乃止。秋七月癸巳,葬昭公墓道南。孔子之为司寇也,沟而合诸墓。"荣驾鹅,鲁大夫荣成伯。季孙(季平子)要给昭公一个恶谥,被荣成伯劝止。季孙又将昭公葬在离鲁先公墓较远的南边,故意将昭公墓与鲁先公墓隔开。孔子为鲁司寇时,在昭公墓外边为沟,扩宽鲁先公墓的范围,标示昭公墓在鲁先公墓域之内。

⑰参见《宪问》篇"公伯寮愬子路于季孙"(14.36)章注。

⑱《史记·孔子世家》记孔子第一次至陈国,"居陈三岁",记时有误。按,鲁定公十四年(前496)孔子"适卫"。"居十月,去卫"。"将适陈,过匡","匡人拘孔子"。去匡"即过蒲。月余,反乎卫"。又"去卫,适曹"。"是岁鲁定公卒",时在卫灵公四十年。"孔子去曹适宋。与弟子习礼大树下。宋司马桓魋欲杀孔子,拔其树,孔子去"。"适郑"。"遂至陈,主于司城贞子家"。"孔子居陈三岁"。"陈常被寇",孔子"去陈""适卫"。"卫灵公闻孔子来,喜,郊迎"。"灵公老,怠于政,不用孔子"。"夏,卫灵公卒"。——自卫灵公四十年(前495)孔子"去卫适曹","去曹适宋",又"适郑""至陈",这过程至少也得半年;而卫灵公四十二年(前493)再来卫国,到夏天卫灵公就去世了,其间只有几个月。如此算来孔子在陈的时间充其量也只有一年多,因此决不可能"居陈三岁"。

⑲"要盟也,神不听",被他人强迫订的盟约,神也不会听从;所以即使凭神盟誓,也可以不遵守。按,《左传·襄公九年》郑子孔子蟜曰:"与大国盟,口血未干而背之,可乎?"子驷子展曰:"要盟无质,神弗临也。""明神不蠲要盟,背之可也。"可知"要盟"可不遵守,古人早有此认识,并非孔子的发明。

⑳《史记·孔子世家》谓楚昭王欲"以书社地七百里封孔子",这不可能。《礼记·明堂位》:"成王以周公为有勋劳于天下,是以封周公于曲阜,地方七百里。"《季氏》篇"季氏将伐颛臾"章何晏集解

引孔安国曰:"鲁七百里之封,颛臾为附庸,在其域中。"两相对比,孔子怎么能同周公相并?司马贞也感到不对,便解释说:"书社者,书其社之人名于籍。盖以七百里书社之人封孔子也。"这种解释没有道理,古代封赏决没有不封某地却封某地人的。

㉑郎,鲁邑名,地在今山东鱼台县境。战于郎,《左传·哀公十一年》作"战于郊"。按,郎是地名,郊系泛指,当以"郎"为是。

㉒《史记·孔子世家》"孔子之去鲁凡十四岁而反乎鲁",索隐:"前文孔子以定公十四年去鲁,计至此十三年。《鲁系家》云定公十二年孔子去鲁,则首尾计十五年矣。"按,《鲁周公世家》原文如下:"十二年,使仲由毁三桓城,收其甲兵。孟氏不肯堕城,伐之,不克而止。季桓子受齐女乐,孔子去。十五年,定公卒。"此将定公十二年至十四年这三年中几件大事总在一起简略地记下,紧接着即记"十五年,定公卒";并不说明孔子去鲁在定公十二年。故从《孔子世家》所记定公十四年孔子去鲁不误。

㉓《左传》载,僖公二十三年,秦穆公享公子重耳,公子赋《河水》。襄公二十六年,齐景公、郑简公如晋,齐国子赋《辔之柔矣》。昭公二十五年,宋公享昭子,赋《新宫》。此三篇只有篇名,没有词句。

㉔《左传·庄公二十二年》,陈国大夫懿氏卜妻敬仲,其妻占之,曰:"吉,是谓:'凤皇于飞,和鸣锵锵。有妫之后,将育于姜。五世其昌,并于正卿。八世之后,莫之与京。'"这是卜辞,没有说是诗,理解为逸诗也未尝不可。但《左传》此类韵语也不多。

㉕关于伯鱼、颜渊之死的年代与颜渊的年龄,参见《论语·先进》"颜渊死"(11.8)章注。

㉖陈恒弑简公,孔子沐浴而朝,请讨之。参见《论语·宪问》"陈成子弑简公"(14.21)章注。

㉗季氏将伐颛臾与子路去鲁适卫,参见《论语》"季氏将伐颛臾"(16.1)章注。

㉘《史记·孔子世家》记孔子死后,"弟子皆服三年"。"服"即服丧。《礼记·檀弓上》:"孔子之丧,门人疑所服。子贡曰:'昔者夫子之丧颜回,若丧子而无服,丧子路亦然。请丧夫子,若丧父而无服。'"郑氏注:"无服,不为衰吊服而加麻,心丧三年。"谓弟子们"心丧",即如同父死服丧,但不着丧服。

《论语》的编纂及其特点

（一）

《汉书·艺文志》曰："《论语》者，孔子应答弟子、时人及弟子相与言而接闻于夫子之语也。当时弟子各有所记，门人相与辑而论纂，故谓之《论语》。"这段话简要地概括了《论语》的性质及其成书的过程。

《论语》书名的含义，《艺文志》谓"辑而论纂，故谓之论语"。刘熙《释名·释典艺》："论语，即孔子与弟子所语之言也。论，伦也，有伦理也。语，叙己所欲说也。"《说文·言部》段玉裁注："凡言语循其理得其宜谓之论，故孔门师弟之言谓之论语。皇侃依俗分去声平声异其解，不知古无异义，亦无平去之别也。"友人储庭焕曰："'论'字从侖，侖，次也，有次第也。'侖'造字之原即编辑简册。编《论语》之时即将简册编在一起。《艺文志》所谓'辑而论纂，故谓之论语'亦即此意。刘熙谓'论，有伦理也'，义亦相通。语即言语，无需另作解释。"

《论语》是孔门弟子分散的记录。除少数几章是短小的有叙事内容的散文外，绝大部分是孔子的语录或与他人的对话，也有小部分是孔子几位高足的语录。全书是孔子去世之后才编就的。(二十篇书中,《乡党》是孔子的生活记录,《尧曰》篇相当杂乱,这两篇较为特殊,当作别论。)

《论语》由哪些人在什么时候编纂成书,当时没有具体的记载,但可以在书中寻找内证。

《论语》的叙述语言中对孔子的弟子一般都称字。只有几章例外。《子罕》篇:"牢曰:'子云:吾不试,故艺。'"(9.7)《宪问》篇:"宪问耻。子曰:'邦有道,穀;邦无道,穀,耻也。'"(14.1)牢,邢昺疏:"孔子弟子琴牢也。"①宪,即原宪,孔子弟子。这两章可能是编纂《论语》时琴牢和原宪在提交他们记录的简上记有自己之名,编纂者原简照编,因而留下了他们的大名。另外有关闵损的两章也很独特,都见于《先进》篇。一章云:"子曰:'孝哉闵子骞,人不间于其父母昆弟之言。'"(11.5)一章云:"闵子侍侧,訚訚如也。"(11.13)孔子对弟子总是直呼其名,这里一章竟称闵损的字。另一章记录者称闵损为闵子。这可能是闵损的学生提供的,对自己的老师称"子",而且不将孔子称闵损而记作"闵子骞"。除上述四章外,全书只有有若、冉求和曾参有"有子""冉子"和"曾子"之称。三人虽被称为"某子",但彼此情况有极大的差别。《学而》篇有三章"有子曰"。有若在孔子死后一度受到尊崇。《仲尼弟子列传》谓:"孔子既没,弟子思慕,有若状貌似孔子,弟子相与共立为师,师之如夫子时也。"称为"有子",可能就因为曾一度被尊为师。冉求有两章称为"冉子"。《雍也》篇"子华使于齐,冉子为其母请粟"(6.4);《子路》篇"冉子退朝。子曰:'何晏也?'对曰:'有政。'"(13.14)这两章对冉求称"子",也可能同他的地位有关。但不管情况如何,他们两位与曾参被称为"子"不能相比。曾参,字子舆,《论语》中有关曾子内容的计有十四章,"曾子"之称多达十七次,如此称呼在孔子七十多位高足中是唯一的。有若、冉求虽有两三章称其为子,其他篇章中却直称之为有若与冉求。曾参却没有一次叫他为曾参或子舆。曾参如此受到尊重，因此可以推断，《论语》是由曾参的弟子最后编定的。

《泰伯》篇中记述了曾参的临终，又由此可以大致推断《论语》编定的时间。

《仲尼弟子列传》谓曾子小孔子四十六岁，则生于鲁定公五年（前505）。据《阙里文献考》"曾子年七十而卒"，则卒于鲁元公元年（前436），时上距孔子之卒已四十三年。《泰伯》篇还记述了曾子有疾，"孟敬子问之"。孟敬子即仲孙捷，"敬子"是谥号。《礼记·檀弓下》记载"（鲁）悼公之丧，季昭子问于孟敬子"，鲁悼公三十七年（前431）卒，其时上距孔子之卒已四十八年；而孟敬子之卒必定还在若干年之后，上距孔子之卒过了五十多年。由此可知《论语》的编定已是孔子过世半个多世纪以后。

曾子小孔子四十六岁，到曾子的弟子们编定《论语》之时，孔门弟子一定早都过世，编纂者无法收集到孔子的弟子们分散的记录。《乡党》篇所记孔子日常生活的细则，曾子的弟子们也无从了解得那么详尽。这只有一种可能，即在曾子去世之前，《论语》已有一种稿本，曾子的弟子只是增补成为定本而已。

《论语》主要是孔子的言论，为孔子的弟子所记录。涉及的时间首尾近四十年，涉及的地域极为分散。因此只有弟子们聚在一起，编纂才有可能。

孔子的弟子们什么时候有可能在一起编这部初稿呢？《史记·孔子世家》谓孔子死后，弟子们服丧三年。"三年心丧毕"，才相诀而去。可知孔子去世之后，他的高足曾参、子贡、子夏、子游、子张等人，只有在守丧的几年间能聚在一起。由此又可以推测，在守丧期间，他们把各自记录孔子的言论编在一起，成为《论语》最初的稿本。因为从此以后他们再不可能有如此长聚的机会。而保存这份稿本的人必然是曾参，所以他的弟子们才能最终完成《论语》的编纂。《子张》篇辑有孔子弟子子张、子夏、子游、子贡、曾子五人的语录，其中四人都称字，只有曾子称为"子"，并有曾子弟子"问于曾子"的一章，更可以推知《论语》最终是曾参弟子所编纂。

友人储庭焕曰："曾子第一高足是乐正子春，曾子去世时乐正子春与曾子的儿子曾元、曾申为之送终。见《礼记·檀弓上》。可知其关系之密切。乐正子春后来大有成就，乐正氏之儒是战国时代儒家八派之一。《论语》是曾子的弟子集体编纂的；如果有一位总编辑，一定就是乐正子春。"储君之说不失为聪颖的推想，但只是推想，不能作为定论。

据《汉书·艺文志》，"论语"其名编纂之时即已确定，但汉人亦称之为"孔子"。《史记·田叔传赞》："《孔子》称曰'居是国必问其政'，田叔之谓乎！"此《学而》篇子禽问于子贡语，原文作"夫子至于是邦也必闻其政，求之与？抑与之与？"（1.10）《汉书·历律志》："《孔子》称后王之法曰：'谨权量，审法度，修废官，举逸民，四方之政行矣。'"此《尧曰》篇文（20.4），文句颇有出入，原文未标明何人所言。《公羊传·昭公三十二年》何休注亦引此，称为"《孔子》曰"。《汉书·艺文志》引"所重民食"，此《尧曰》篇文，原文亦未标明何人所言。又引"《孔子》曰：'虽小道，必有可观者焉。致远恐泥，是以君子弗为也。'"此《子张》篇子夏之言。（19.4）《后汉书·蔡邕传》亦引此文，称为"《孔子》曰"。刘向《说苑》引《孔子》曰"君子务本"，又引《孔子》曰"恭近于礼"。两句均出自《学而》篇，皆有子之言。《后汉书·章帝纪》引"《孔子》曰：'博学而笃志，切问而近思，仁在其中矣。'"此亦《子张》篇子夏之言。（19.6）这些引文的"孔子"应理解为书名，因为事实上并非孔子之言。王充《论衡·率性篇》云："孔子道德之祖，诸子中最卓者也。"是等孔子于诸子；因亦称《论语》为《孔子》，如孟子之书为《孟子》，荀子之书为《荀子》也。

（二）

自先秦以至西汉，许多儒家著作如《左传》《国语》《孟子》《荀子》《孝经》《易系辞》《韩诗外传》《尚书大传》《大戴礼》《小戴礼》以至《说苑》《新序》等书皆大量引用孔子之言。然这些引用，或者有根，或者无据，甚者实系传闻。道家、法家、杂家著作也有大量孔子云云，更多系虚构，尤不足为据。唯独《论语》，出自孔子弟子的记录，亲聆面受，是孔子言论相对实在的记录，因而是研究孔子思想最主要的资料。《论语》书中也有若干章次编纂有误，自当别论。

但《论语》出自多人的记录，而编纂《论语》之时，无先例可资借鉴，编纂者只是将孔子的弟子们记录的简牍收集起来编在一起。看来是收到一批，即串成一篇；再收到一批，再串成一篇。因而这部经典的编排相当混乱。由不同的人分散记录，记录的时间先后错乱，绝大多数没有反映具体的语言环境。

书中有些章内容完全相同，却在不同的篇中重复出现。如："子曰：巧言令色，鲜矣仁。"既在《学而》篇（1.3），又在《阳货》篇（17.17）。如："子曰：不在其位，不谋其政。"既在《泰伯》篇（8.14），又在《宪问》篇（14.26）。有些内容实际相同，或者说本是一段话，却分成两章，只是字数或句数小有差别。如《子罕》篇，子曰："吾未见好德如好色者也"（9.18），又见于《卫灵公》篇，子曰："已矣乎！吾未见好德如好色者也"（15.13）。《学而》篇，子曰："君子不重则不威，学则不固。主忠信，无友不如己者。过则勿惮改"（1.8），又见于《子罕》篇，记作子曰："君子不重则不威。无友不如己者。过则勿惮改"（3.25）。又如《学而》篇，子曰："父在观其志，父没观其行。三年无改于父之道，可谓孝矣"（1.11），又见于《里仁》篇，子曰："三年无改于父之道，可谓孝矣"（4.20）。

有的若干章内容基本相同，只有个别词语小有差别。如同样是教导弟子们严格要求自己，提高自己，而不必担心"人莫之知"，却先后在四章中出现：

《子而》子曰："不患人之不己知，患不知人也。"（1.16）

《里仁》子曰："不患无位，患所以立。不患莫己知，求为可知也。"（4.14）

《宪问》子曰："不患人之不己知，患其不能也。"（14.30）

《卫灵公》子曰："君子病无能焉，不病人之不己知也。"（15.19）

如同样是要求君子慎于言辞，敏于行动，却先后在六章中说到：

《学而》子曰："君子食无求饱，居无求安；敏于事而慎于言，就有道而正焉。"（1.14）

《为政》子曰："君子先行其言而后从之。"（2.13）

《里仁》子曰："古者言之不出，耻躬之不逮也。"（4.22）

《里仁》子曰："君子欲讷于言而敏于行。"（4.24）

《宪问》子曰："其言之不怍，则为之也难。"（14.20）

《宪问》子曰："君子耻其言而过其行。"（14.27）

这有两种可能，一是孔子多次谈过某个问题，内容角度或小有不同。二是孔子一次谈话，几位弟子作了不完全相同的记录。为其小有不同，将几章联系起来，会理解得更为深切。

有的叙述同一事件，或论述同一问题，却分记在不同的两章之中，必须将两章连在一起才能理解。如《公冶长》篇"子谓南容'邦有道不废，邦无道免于刑戮'，以其兄之子妻之"（5.2）。孔子对南容为什么会有这种看法，答案原来在《先进》篇，"南容三复《白圭》，孔子以其兄之子妻之"（11.6）。诗《白圭》云："白圭之玷，尚可磨也；斯言之玷，不可磨也。"南容三复此诗，可知其人慎重，故能够在邦有道时"不废"，邦无道时"免于刑戮"，故孔子"以其兄之子妻之"。两章无疑是一章，两位记录者分记成了两章。

再如《阳货》篇，子曰："礼云礼云，玉帛云乎哉？乐云乐云，钟鼓云乎哉？"（17.11）孔子说，所谓礼乐，难道就是玉帛钟鼓这些表面形式吗？不在表现形式，实质应该是什么呢？答案就在《八佾》篇。该篇云："子曰：人而不仁，如礼何？人而不仁，如乐何？"（3.3）礼乐的内在实质在于"仁"。本章虽用的反问形式，实际是前章的答案。同样是孔子论述一个问题，而记录者分开作了记录。

又如《子路》篇，子曰："善人教民七年，亦可以即戎矣。"（13.29）又曰："以不教民战，是谓弃之。"（13.30）说的是"教民七年"乃可"即戎"；如果"以不教民战是谓弃之"。从正反两面说明同一个问题，尽管相连编在一起，却分成了两章。又如《宪问》篇，子曰："君子耻其言而过其行。"（14.28）又曰："其言之不怍，则为之也难。"（14.20）孔子说君子以其言过其行为耻；如果大言不惭，行动起来就难以成事。也是论述一个问题，却分成了两章，虽编在同一篇，却相隔甚远。

也有同时发生的事，内容紧相关联，却编在不同的篇内。如《子罕》篇："子畏于匡，曰：'文王既没，文不在兹乎？'"（9.5）《先进》篇："子畏于匡，颜渊后。子曰：'吾以女为死矣！'"（11.23）子畏于匡，是一次事件。又如，《述而》篇："子疾病，子路请祷。"（7.35）《子罕》篇："子疾病，子路使门人为臣。"（9.12）也可能是一次事件。

也有相隔甚远的两章，表面看来内容并不相关；细加考察，发现是被分割的同一章书。如《子罕》篇，子曰："譬如为山，未成一篑，止，吾止也。譬如平地，虽覆一篑，进，吾往也。"（9.19）任何人说话绝对没有无缘无故就说"譬如"的,"譬如"一定是紧承上文而来。考查《雍也》篇"非不说子之道"章与"譬如为山"章正相衔接。冉求曰"非不说子之道,力不足也",子曰:"力不足者中道而废,今女画",然后用两个"譬如"来加以说明。前后内容紧密相承,两章显然是一次谈话的内容。又如《子张》篇第四章,子夏曰:"虽小道,必有可观者焉。致远恐泥,是以君子不为也。"(19.4)"虽小道",什么小道?也必是承上文而来。同篇后面第七章,子夏曰:"百工居肆以成事,君子学以致其道。"(19.7)可知"小道"即指百工之事,与君子之"道"相对。子夏之意,谓"百工居肆以成其事,君子学以致其道";百工之事"虽小道,必有可观者焉。致远恐泥,是以君子不为也"。两章内容前后相承,也是明显的。

　　前面说的是同一段语录或同一事件却分记成了两章,换言之即本属一章却分割成了两章;更有本是一章而分割成为三章者。

　　如《学而》篇,子曰:"君子食无求饱,居无求安;敏于事而慎于言,就有道而正焉,可谓好学也已。"(1.14)《里仁》篇,子曰:"士志于道而耻恶衣恶食者,未足与议也。"(4.9)《宪问》篇,子曰:"士而怀居,不足以为士矣。"前一章从正面论述,后两章从反面说明;前一章"食无求饱,居无求安",与后两章"耻恶衣恶食"、"士而怀安",正反相对。前者主语称"君子",后者主语称"士"。内容论证严谨,称呼界别分明,三章无疑本应是一章。

　　之所以造成这种情况,一种可能是孔子讲的某一段话,不同的记录者分别记录了其中的一句或几句;更有可能是原来记录在几简上,编辑时把这些简打乱了,即所谓"错简",因而分成了两章或三章,而又编排在不同的篇中。由于上述原因,故《论语》有些章意思表述不完整,甚或内容残缺。了解这种情况,对于理解《论语》十分重要。必须将本是一章而分割成为两章或三章者联系起来解读才准确。

　　本书考察了《论语》全书,对本是一章而分割成了两章或三章者,进行了具体的分析,并将内容紧密相关的两章或三章组合成一章。计有五十七章组合成为二十七章。这些组合绝大多数内容衔接，文辞顺畅，完美无缺。只有少数组合，可能原来并非同一个人的记录，词句未能完全吻合，但内容是衔接的。本书将这种组合，全放在相关章次的星评中②。为尊重经典的严肃性，《论语》原文不作任何改动。万一某一组合不完全正确，也不会产生负面影响。

（三）

自《论语》于战国前期成书，儒家奉为经典，到汉代传授训解者产生了许多大家。郑玄是其中集大成者。但郑氏《论语注》已经亡佚（在敦煌和日本发现者也只剩部分唐写本残卷），现存最早最完整的《论语》训释是三国魏何晏等人集孔安国、包咸、周氏、马融、郑玄、陈群、王肃、周生烈之说，为《论语集解》③，该书便成为现存《论语》注解的第一里程碑。南朝梁皇侃作《论语义疏》，宋真宗咸平二年诏邢昺就皇疏重新改定，去其冗蔓，兼采诸儒之说，成《论语疏》。由于皇疏也已亡佚（清乾隆时得之于日本者，已有窜乱，非皇氏之旧），邢昺疏乃成为现存《论语》注释的第二里程碑。南宋朱熹作《四书集注》④，其中有《论语集注》。尽管朱注中掺入了一些理学家的附会，但朱熹毕竟颇有创见，且注文简明扼要，不失为《论语》注释的第三里程碑。清王朝是中国古代文化近乎收结的时代，许多方面都取得重大成就，经学小学尤为辉煌，《论语》注解自然也在其列，产生了多种注释考订之作。清道光时宝应刘宝楠氏作《论语正义》，"存魏晋人著录之旧，而郑君遗注悉载疏内。至引申经文，实事求是，不专一家"⑤。刘宝楠全家研究经学，特别注重《论语》。其父刘履恂有《秋槎杂记》，叔父刘台拱著《论语骈枝》，长兄刘宝树撰《经义说略》，刘宝楠于《论语》则总其大成。所著《论语正义》，未及完成，即因病去世，由其子刘恭冕续完。该书乃成为现存《论语》注释的第四里程碑。

由于历代经学家的努力，使我们今天能读懂《论语》；如果没有前人的指引，我们会寸步难行。但古人注释也有其不足。孔子的弟子们大多只是孤立地记录孔子的言论，很少记述说话的具体背景，其再传弟子编排又相当混乱。前面举了若干本应是一章而割裂成为两章或三章的例子，只要将分割的章次连在一起，意思就清楚明白。即使不连在一起，意思也还是能够理解，不会太离谱。还有一类情况就要严重得多。因为汉魏注家大多重视章句文字的训解，忽视书中章次之间的联系，更不注意追索原文的语言环境。后来的注释者虽偶尔提及内容背景，大多仍遵循前人的训解方式，往往造成不少错误的解释。

如《里仁》篇第二章子曰："不仁者不可以久处约，不可以长处乐。仁者安仁，知者利仁。"（4.2）历代注家无例外都认为孔子说的是"不仁者"本人不可以久处穷困，不可以长处安乐，却忽视和前一章的联系。前章子曰："里仁为美。择不处仁，焉得知。"（4.1）说的是住居在仁风之所乃是美的；如果选择住居不在仁风之所，焉得为智？接着就说："不仁者不可以久处约，不可以长处乐。仁者安仁，知者利仁。"意思是不仁的人不可与之久处困乏，也不可与之长处安乐；只有仁者才能安于仁，智者才能利于仁。两章应为一章，都是说明选择住居必须慎重。

还是《里仁》篇，其第四章子曰："苟志于仁矣，无恶也。"（4.4）历代注家也无例外理解为人诚能有志于仁，其他行为就不会有错。有志于仁，就什么都好，不会有任何错误，说得过于绝对，实际是不可能的。理解之所以错误，同样是忽视同前一章的联系。前章子曰："唯仁者能好人，能恶人。"（4.3）后一章"苟志于仁矣，无恶也"是紧承"能恶人"说的。两章说的都是仁者待人的态度；谓仁者能亲爱人，也能厌弃人。被厌弃的自然是不仁的人，如果别人"有志于仁"，就不要厌弃了。两章也实为一章，联系起来，意思就清楚了。像这样紧密相连的两章，注家们也"睫在目前长不见"，仍然只就每一章进行词语的训诂，而不连起来解释，以致造成长期的误解。

本是一章而割裂成为三章，注释家未能联系起来理解而不得其解或造成误解者亦不乏例。如《八佾》篇第九章子曰："夏礼吾能言之，杞不足征也。殷礼吾能言之，宋不足征也。文献不足故也。足，则吾能征之矣。"（3.9）既然文献不足，杞宋又不足征，那么孔子所谓"吾能言之"的根据是什么？历代注家都没有作出回答。《八佾》第十四章，子曰："周监于二代，郁郁乎文哉，吾从周。"（3.14）二代，注家猜到必指夏殷，但文中并未指明。监于二代，监于二代的什么？文中也未说明，注家同样没有回答。必须联系《为政》篇第二十三章才能找到上两章的答案。该章子张问："十世可知也？"子曰："殷因于夏礼，所损益可知也；周因于殷礼，所损益可知也。其或继周者，虽百世可知也。"（2.23）因下一朝对上一朝的礼，有一定的继承关系，有所"损"，也有所"益"，损了哪一些，益了哪一些，由此可以推知上一朝的礼，故"吾能言之"。孔子进一步说明，"周监于二代，郁郁乎文哉，吾从周"。"其或继周者，虽百世可知也"，便是对子张问"十世可知也"的回答。三章显然是孔子同子张的一次对话，记录者分记成了三段，分成了三章，而且不编在同一篇。

再如《子路》篇第六章，子曰："其身正，不令而行；其身不正，虽令不从。"（13.6）第十三章，子曰："苟正其身矣，于从政乎何有？不能正其身，如正人何？"（13.13）话当然是正确的，但孔子在什么情况下发表这些高见，注释家们似乎概未考虑。将这两章同《颜渊》篇"季康子问政"章（12.17）联系起来，就知道孔子是有所为而发，有特定的针对性，并非一般的论述。三章可以组合成如下形式："季康子问政于孔子。孔子对曰：'政者正也。子帅以正，孰敢不正。其身正，不令而行；其身不正，虽令不从。苟正其身矣，于从政乎何有？不能正其身，如正人何！'"组成一章，将为政需正己才能正人的道理，论述得极为完满。并由此可以推知，这是鲁哀公十一年（前484）孔子自卫返鲁之后对季康子"问政"的回答，表现出孔子对国家政务的关切，话中对季康子这位年青当政者教导的口气相当明显，与单看一章给人的感受大不相同。

《论语》全书绝大多数章次语言规范,文辞通顺。但也有少数几章有的语言干涩格呐,意思不够明畅;有的章句残缺,内容不够完整。如《为政》篇子曰:"君子不器。"(2.12)如《里仁》篇子曰:"以约失之者鲜矣。"(4.23)如《雍也》篇子曰:"谁能足不出户?何莫由斯道也?"(6.17)如《先进》篇子曰:"论笃是与,君子者与?色庄者与?"(11.22)诸如此类的情况或者本来就记录不完整,或者是记录的一简或几简失落,因而成了半截子语句。还有如《子罕》"子罕言利与命与仁",很可能本身就是错误的记录。注释家们尽量去捉摸它们的含义,总未能解释得明白顺畅。《论语》是经典,经典也是人记的,也是人编的,其中有某些缺陷,没有必要为之回护;干脆说清楚,更有利于对全书的理解。

(四)

任何言语总是在具体的环境下针对具体的人具体的事说的,了解当时的背景,才能正确地认识其内涵。脱离具体的语言环境去理解孔子之言,就未必正确,甚至是错误的。《礼记·檀弓上》有一段有子与曾子的对话:

> 有子问于曾子曰:"闻丧于夫子乎?"
> 曰:"闻之矣。丧欲速贫,死欲速朽。"
> 有子曰:"是非君子之言也。"
> 曾子曰:"参也闻诸夫子。"
> 有子又曰:"是非君子之言也。"
> 曾子曰:"参也与子游闻之。"
> 有子曰:"然,然则夫子有为言之也。"
> 曾子以斯言告于子游。
> 子游曰:"甚哉,有子之言似夫子也。昔者夫子居于宋,见桓

司马自为石椁，三年而不成。夫子曰：'若是其靡也，死不如速朽之愈也。'死之欲速朽，为桓司马言之也。南宫敬叔反，必载宝而朝。夫子曰：'若是其货也，丧不如速贫之愈也。'丧之欲速贫，为敬叔言之也。"

曾子以子游之言告于有子。

有子曰："然。吾固曰非夫子之言也。"

这段对话对我们理解《论语》中孔子之言很有启发。有子所谓"夫子有为言之也"，就是说孔子之言是针对具体的人具体的事说的；换言之即任何语言，不能脱离具体的背景。古人注释，大多重视文字训诂，而忽视语言的特定环境，因而容易造成误解。

前文提到的《子罕》篇子曰："吾未见好德如好色者也！"（9.18）这话如果针对整个社会，作为一种普遍性判断，否定面太宽，就并不正确，甚至极为错误。孔子赞扬过如此之多的先哲，交往了如此之多的贤人，门下有如此之多杰出的弟子，怎么会说"未见好德如好色者"呢？据《史记·孔子世家》，鲁定公十五年（前495），孔子"居卫月馀，灵公与夫人同车，宦者雍渠参乘，出，使孔子为次乘，招摇市过之。孔子曰：'吾未见好德如好色者也！'于是丑之，去卫。"可知这话是针对卫灵公说的。身居卫国，公然批评他的国君，所以故意把话说得笼统一点；在事情发生的当时，所指为谁，人家一听就明白。了解了具体背景，就不致误解其中含义了，不致误认为孔子对全社会的人都如此否定。孔子针对卫灵公说的这句话，《孔子世家》谈得清楚明白，而注家们仍然说是"疾时人薄于德而厚于色，故发此言"，实在有点难以理解。

同样涉及卫灵公的另一章也能说明问题。《卫灵公》篇，卫灵公问陈于孔子。孔子对曰："俎豆之事，则尝闻之矣；军旅之事，未之学也。"明日遂行。（15.1）孔子"以诗书礼乐教"，自己说"军旅之事,未之学也",似乎也符合实际。历代注家正是这样看的,他们从不考虑,孔子这话是否另有内涵。注家们还尽量补充内容,如邢昺疏即引《左传》哀公十一年孔文子将攻太叔疾,访于孔子,孔子回答"胡簋之事则尝学之矣,甲兵之事,未之闻也",证实孔子确实不闻军事。——事实完全不然。鲁定公十年(前500)与齐景公会于夹谷,孔子摄相事,曰:"臣闻有文事者必有武备,有武事者必有文备。古者诸侯出境,必具官以从,请具左右司马。"正是由于孔子准备了军事后盾,才在会上取得胜利。定公十三年(前497)公山不狃反叛,率费人袭鲁。孔子指挥平定了那场叛乱,打败了公山不狃。鲁哀公十一年(前484)春,齐国书帅师伐鲁。孔子弟子冉求率军迎战,打败了齐军。季康子问冉求从谁学的军事,冉求回答,"学之于孔子"。冉求可能有推重孔子之意,但也不会是毫无根据。《颜渊》篇子贡问政,子曰:"足食,足兵,民信之矣。"(12.7)《子路》篇孔子曰:"善人教民七年,亦可以即戎矣。"(13.29)又曰:"以不教民战,是谓弃之!"(13.30)这些内容都属战略性见解。孔子不是军事家,但也并非不闻"军旅之事"。卫灵公问陈于孔子,时在灵公四十二年,已是这位老国君最后的时日,国事已混乱不堪。这年春上,公叔氏在蒲叛乱,孔子极力主张讨伐,卫灵公没有采取行动。孔子主张讨伐公叔氏,就是与闻"军旅之事",怎么说"未之闻也"?在卫灵公毫无作为的情况下,再来问军旅之事,已没有什么意义,因此孔子回答"军旅之事,未之学也",是最好的搪塞之辞。随后孔子就离开了卫国,态度非常明白。至于邢昺所引卫孔文子欲攻太叔疾,孔子回答"甲兵之事未之闻也"尤不足以说明问题。先是孔文子叫太叔疾"出其妻",将自己的女儿嫁给他。太叔疾娶了孔文子之女,却又引诱前妻的妹妹,"而为之一宫,如二妻"。孔文子非常生气,欲攻打太叔疾。访于孔子。这种肮脏不堪的争斗,孔子用得着为他出谋划策吗?孔子拒绝孔文子之后,自己立即"退,命驾而行",不屑于理会孔文子的态度也非常明显;怎么能够以此证明他真的不懂军事呢?注释家们不考虑当时的背景所作的注释,与孔子的本意大相径庭。

还有一些言论，如不了解原来的背景，就更难理解。如《学而》篇第十一章，子曰："父在观其志，父没观其行。三年无改于父之道，可谓孝矣。"（1.11）最后两句还在《里仁》篇中重出。父，有各式各样的父；道，有各式各样的道。圣贤有道，盗亦有道。句中没有说明什么样的父，也没有说明什么样的道，笼而统之要求"三年无改于父之道"就很成问题。历代注家都注意到了这一点，如此注家们就说孔子所谓"于父之道"，指"正道""善道"，杨伯峻先生译为其父的"合理部分"。这是注释家们明知这话并不正确，又要维护孔子的权威，如此曲为解释。原文一个"道"字并未表示其为"正道""善道"或"合理部分"。如此为之回护，丝毫无济于事。有幸在《子张》篇里曾子为这道难题提供了答案。曾子曰："吾闻诸夫子：孟庄子之孝也，其不改父之臣与父之政，是难能也。""不改父之臣与父之政"，正是"无改于父之道"。说明孔子所说有明确的对象，并非作一条普遍性原则。这段话就好理解了。

还有些章简要地记述了当时的情况，注释家们不太注意其中反映的历史事件，因而忽视了那些章次的重大意义。最典型的莫过于《宪问》"公伯寮"章。"公伯寮愬子路于季孙。子服景伯以告，曰：'夫子固有惑志，于公伯寮吾力犹能肆诸市朝。'子曰：'道之将行也与，命也！道之将废也与，命也。公伯寮其如命何！'"（14.38）前文《孔子世家》中对本章作了较为详尽的分析，知道本章反映的是定公十三年孔子为大司寇，提出"臣无藏甲，大夫无百雉之城"。使子路为季氏宰，将堕三都，削弱三桓势力，与季桓子发生激烈矛盾，迫使孔子"去鲁适卫"，走上自我流亡的道路，是孔子一生最重大的转折。如此重大事件，历史缺乏必要的记载。"公伯寮"章留下了这一点影迹，却为注释家们所忽视。何晏集解所引"孔曰""郑曰"仍只作一般的训诂，丝毫不涉及事情的原委。直到宋代朱熹在答"或问"时才料想此事必发生"在堕三都出藏甲之时"，但慎重的朱文正公在《论语》集注中仍只字未曾提及。"答问"毕竟给我们以启发,使我们得以追索历史的真相。

重视训诂,却忽视史实,不从整体上研究孔子的言论,孤立地一条一条注释孔子的语录,该联系的没有联系,可以发掘的没有发掘,将具有特定内涵的语言理解为普遍性原则,以致不少地方造成对孔子言语的误解。这是古代注家相当普遍存在的不足。唯其如此,所以对《论语》的注解仍有深入的必要,大有文章可做。

(五)

本文对《论语》篇章的情况作了一些分析,揭示孔门弟子所作记录有的不够完整,后来的编纂者又未能科学地编排,因而相当混乱。这是客观的事实。但绝不意味着我们可以苛责古人,可以贬损这部经典的价值。孔子的弟子们将尊师的言论,后来编辑成书。"看似寻常最奇崛,成如容易却艰辛。"不妨考查一下这些记录涉及的时间。《颜渊》篇"齐景公问政于孔子"(12.11),时在鲁昭公二十五年(前517),时孔子三十五岁。《宪问》篇"陈成子弑简公,孔子沐浴而朝,告哀公曰:'陈恒弑其君,请讨之。'"时在鲁哀公十四年(前481),时孔子七十一岁。可知孔子三十多岁即有弟子记录他的言谈,而到七十多岁这种记录一直没有中断,据书中现存可考的记录,前后时间相距三十六年。再看记录涉及的地域。东到齐国,南到楚国,最多的当然是鲁国和卫国,以及陈国与蔡国。孔子外出,总有弟子随从,也就都有记录。记录者主要是他的高足,富有文采。所以《论语》多数章次文辞通顺,逻辑严密;许多格言警句,辉耀千秋。在两千五百年前的古代,孔子的弟子们将师尊平常时候的教导,特殊情况下的言谈,颠沛流离时的对话,如此精心地记录下来,涉及的时间如此之长,而后又过了几十年将这些分散的记录编纂成为经典。这是人世间的奇迹,历史上没有第二个人享有这样的尊荣。《论语》保存了孔子当年真实的言语，确立了孔子在思想史上的崇高地位，并使儒家成为无与伦比的学派，在中华历史上发挥了极大的作用。如果没有《论语》，这一切都不可想象，儒家学派未必能够形成，孔子学说也可能因而湮没。因此，《论语》尽管编排上有不少问题，仍然是儒家第一经典。要研究儒家学说，离不开《论语》；要研究中国古代的学术思想，研究中国传统的文化，同样离不开《论语》。

在战国以至汉代，有许多古籍引用有大量的"孔子之言"，数量之大，是《论语》的许多倍。那些引用孔子的书，大体上可以分为三个类型。一是被认为是正统的儒家典籍，如收入《十三经》的《易系传》《礼记》《孝经》《左传》《孟子》，即使是这些书，也只能作为《论语》的辅翼，其真实程度也远不如《论语》。第二类通常也算儒家系统的著作。如《荀子》《尚书大传》《韩诗外传》《大戴礼记》《说苑》等。这些书中的"孔子曰"，上距孔子年代久远，辗转传闻，也不无虚构，连真假参半都很难说。如果把那些"孔子之言"搜集起来，很难理出一个头绪[⑥]。第三类是非儒著作。如道家《庄子》、法家《韩非子》、杂家《吕氏春秋》等，那些书中的"孔子"是虚构的"孔子"，那些"孔子曰"是捏造的"孔子曰"，大多是对孔子的丑化和污辱，绝对不可相信。由此可知，由弟子们当时的记录，后来编纂成为《论语》，实在是伟大的创举、不世的功勋，怎样评价都不为过分。

①《子罕》篇"牢曰"，邢昺疏："牢，孔子弟子琴牢也。"然《仲尼弟子列传》并无琴牢其人。按，《孔子世家》谓孔子"弟子盖三千焉，身通六艺者七十有二人"。三千，概而言之，未必实有三千。《仲尼弟子列传》中"显有年名及受业闻见于书传"者三十五人；"无年及不见书传者"四十有二人；共计七十七人。还有许多弟子未有记录，琴牢或即其中之一。

②凡本文所举章例，本书各章注释与星评中，有较为详尽的解说，可以参看。

③何晏集解，参见《论语集解序》。

④朱熹取《礼记》中《大学》《中庸》两篇，合《论语》《孟子》，称为"四书"，作《四书集注》。

⑤见刘宝楠《论语注疏》凡例。刘宝楠之子刘恭冕述。

⑥历代曾有多人辑录过战国至汉代典籍中孔子的"言论"。其中有梁武帝《孔子正言》二十卷、王勃《次论语》十卷、杨简《先圣大训》十卷、薛据《孔子集语》二卷、潘士达《论语外篇》二十卷。清人孙星衍在宋人薛据所辑基础上，"博蒐群籍，纵覈异同，增多薛书六七倍"，仍名为《孔子集语》，凡十七卷。（见严可均《孙氏孔子集语序》，严可均本人实参与整理编辑。）所辑以《荀子》《尚书大传》《大戴礼记》《韩诗外传》《吕氏春秋》《说苑》等书为主，也旁及其他许多著作。该书收入清光绪初年浙江书局辑刊的《二十二子》。一九八五年上海古籍出版社据初刊本影印出版。

"吾道一以贯之"
——说孔子的仁学

（一）

侯外庐先生《中古代思想史》认为《老子》的作者不是"孔子问礼的老聃"。照侯先生之见，老子不是老聃，但他没有这么明说，侯先生重在说明，"'仁'是儒家孔子的观念生产"（原文如此）。并用揶揄的口气说："老子却在'仁'未发现的时候便会反对仁义，所谓'大道废，有仁义；智慧出，有大伪'，'天地不仁……圣人不仁……'，这是奇迹。"① 与侯先生相同或相近的看法，自清人汪中、崔述，一直到近代冯友兰、范文澜等，大有人在；侯先生只是话说得最为突出的一位。

拙见完全不同，认定老子就是老聃，与孔子同时而略早。《老子》是老子的著作，书以歌诀的形式流传，到战国时代才定型，故掺入了一些战国时代的词语。拙著《老子本原》有较为翔实的说明，兹不具论。这里只就侯先生所说"'仁'是儒家孔子的观念生产"，"老子却在'仁'未发现的时候便会反对仁义"作点辩正。

"仁"的概念出现的时间很早。甲骨文中就有了这个词②。《尚书·泰誓中》曰:"虽有至亲,不如仁人。"今本《泰誓》是伪古文《尚书》,但孟子曾引用《泰誓》③,可知原本有《泰誓》篇,秦火后亡佚。伪古文《尚书》仍用了《泰誓》篇名。其中"虽有至亲,不如仁人"两句出自《论语·尧曰》篇"周有大赉"章。"周有大赉"章虽无法确定是否原本《泰誓》中语句,但必定出自西周史籍。可知西周时代即有"仁"的概念,而且已有贤者被称为"仁人"。又,《诗·郑风·叔于田》云:"叔于田,巷无居人。岂无居人,不如叔也,洵美且仁。"《诗·齐风·卢令令》:"卢令令,其人美且仁。"毛诗序谓《叔于田》为刺郑庄公之诗,固然不足信,但产生于春秋前期是可能的。诗中"美"与"仁"对举,其人外貌则美,内心则仁。

至于春秋史籍中"仁"更所在多有,单《左传》中就三十多出,《国语》更多达六十出。

《国语·周语上》内史兴告周襄王曰:"礼,所以观忠信仁义也。"《周语中》富辰谏周襄王曰:"章怨外利不义","以怨报德不仁"。"夫义所以生利也","仁所以保民也";"不义则利不阜","不仁则民不至"。《周语下》:晋孙谈之子周适周,事单襄公。"言仁必及人,言义必及利。"又,单襄公有疾,召顷公而告之曰:"仁,文之爱也;义,文之利也。""爱人能仁,制利能义。"韦昭注:"博爱于人为仁。"《左传》隐公六年,陈公子佗曰:"亲仁善邻,国之宝也。"庄公十年引君子曰:"酒以成礼,不继以淫,义也。以君成礼,仁也。"襄公十年,晋韩穆子曰:"恤民为德,正直为正,正曲为直;参和为仁。"杜预注:"德、正、直,三者备,乃为仁。"连孔子的名言"克己复礼为仁"也是古已有之,而且是孔子本人说的。《左传》昭公十二年,引孔子曰:"古也有志,克己复礼,仁也。""出门如见大宾,使民如承大祭"也是古已有之。《左传》僖公十三年,晋臼季曰:"臣闻之,出门如宾,承事如祭,仁之则也。"举此数例,足以说明,春秋时代,"仁"已是社会人们公认的道德观念,而且往往"仁义"并提。"仁"怎么是"孔子的观念生产"呢?老子怎么是"在'仁'未发现的时候"反对仁义呢？

任何事物，任何思想体系，都有一个发生发展的过程。孔子自己说他"述而不作"，按事物发展的规律，"仁"早在孔子之前几百年即已产生，他确实是"述"。但凡属总结性的"述"就必然有"作"。所以实际上孔子是"述"而又"作"，而且发扬光大，成为一个以"仁"为中心内容极为深厚的思想体系。

侯外庐先生说要揭开老子反对仁义的"烟幕"，才能论述先秦的学术思想。在下倒恰好认为要扫除所谓"'仁'是儒家孔子的观念生产"，老子是"在'仁'未发现的时候便会反对仁义"的烟幕，才能论述孔子的仁学。

（二）

《礼记·中庸》曰："仁者，人也。"《说文·人部》："仁，亲也；从人，从二。"可知"仁"作为道德伦理概念，其造字之始，即表示人与人之间的关系，表示人与人应互相亲爱。人类，从一般动物脱颖而出，即逐渐成为世界的主宰。从原始社会进入到文明社会，在漫长的发展过程中，产生过不少的头领和智者，认识到一个根本的道理，人必须有一定的道德规范、行为准则，社会才能和谐稳定，要不然就会混乱不堪。同任何事物一样，道德规范、行为准则也是逐步发展的。世界上凡是文明古国，到一定的时期，都会产生杰出的圣哲，将长期形成的道德规范、行为准则加以总结，发扬光大成为完整的体系。孔子正是这样的典型。

春秋战国是中国古代大变动的时代。周王朝自平王东迁，以周天子为中心诸侯围拱的国家结构开始动摇，王室的权威逐渐衰落，诸侯强大，互相攻伐，齐桓晋文先后称霸天下。中国历史在艰难地寻找前进的方向，如此产生了许多政治家、思想家。其中最伟大的莫过于老子和孔子。老子研究的是"有生于无"的宇宙自然，较孔子的学说更为深邃。但孔子阐述的是社会人生的道德伦理，较老子更为现实，影响也更为巨大；故孔子成为独一的"圣人"。

孔子首先是教育家。《史记·孔子世家》谓"孔子以诗书礼乐教"，他通过诗书礼乐，教授传统的知识。《论语·里仁》篇，孔子曰："君子无终食之间违仁，造次必如此，颠沛必如此。"（4.5）《卫灵公》篇，孔子曰："民之于仁也，甚于水火。"（15.35）又曰："志士仁人，无求生以害仁，有杀身以成仁。"（15.9）孔子如此珍视"仁"的价值，甚至重于生命，故其学说的核心是"仁"。《礼记·中庸》："仁者，人也。"《孟子·离娄下》："仁者，爱人。"这是对"仁"最经典的训解；故孔子的"仁学"可以称为"人学"。

（三）

孔子曾对子贡曰："赐也，女以予为多学而识之者与？"子贡曰："然，非与？"孔子曰："非也，予一以贯之。"（15.3）孔子感到子贡没有理解，又对曾参曰："参乎，吾道一以贯之。"曾子曰："唯。"门人问曰："何谓也？"曾子曰："夫子之道，忠恕而已矣。"（4.15）"忠恕而已矣"，便是曾子对"仁"的理解。

按，"仁，亲也。""仁者，爱人。"人与人应该相爱；就每个人而言即己与人应该相爱。曾子所谓"忠恕而已矣"：忠，谓严格要求自己；恕，谓宽厚对待别人，正是己与人应该相爱。如此和谐相处，世界才会安宁，社会才能发展。

忠，从中，从心，尽中心也。《左传·桓公六年》"忠于民"，孔颖达疏："于文，中心为忠，言中心爱物也。"《八佾》篇，定公问："君使臣，臣事君，如之何？"孔子对曰："君使臣以礼，臣事君以忠。"（3.19）《学而》篇，曾子曰："吾日三省吾身，为人谋而不忠乎？与朋友交而不信乎？传不习乎？"（1.4）《颜渊》篇，子张问政，子曰："居之无倦，行之以忠。"——总而言之，事君要忠，待人要忠，行事要忠；无论对人对事都要全心全意，认真负责。

《卫灵公》篇，子贡问曰："有一言而可以终身行之者乎？"子曰："其恕乎，己所不欲，勿施于人。"（15.24）这是孔子对"恕"的解释。《雍也》篇孔子曰："夫仁者，己欲立而立人，己欲达而达人。"（6.30）两章所述，谓对待他人，从消极的角度说，自己不愿做的事，也不要让别人去做；自己不愿承受的境况，也不要让别人去承受。从积极的方面说，自己能成立，要让别人也能成立；自己要通达，要让别人也通达。两者都是推己及人之意。

《里仁》篇，子曰："君子之于天下也，无適也，无莫也，义之与比。"（4.10）便是宽以待人亦即"恕"的体现。但，是有原则的，必须是"义之与比"，亦即唯义是从。无论"適"（敌）还是"莫"（慕），必须考虑是否合乎"义"。《颜渊》篇，子曰："君子成人之美，不成人之恶。"（12.16）同样是有原则的，只能是成人之"美"，不能成人之"恶"。还是《里仁》篇，子曰："唯君子能好人，能恶人。"（4.3）又曰："苟志于仁矣，无恶也。"君子亲爱善人，厌弃不善之人。但如果别人"志于仁矣"，就不要再厌弃，要允许人改恶从善。

孔子是教育家，他前后教育数以千计的弟子，"有教无类"，高低贵贱各方面的人都有。教育学生也是全心全意，全力以赴，"为之不厌，诲人不倦"（7.34）。《述而》篇，孔子曰："自行束脩以上，吾未尝无诲焉。"（7.7）任何人只要自行检束修谨而来，他没有不教诲的。即使有缺点，只要能改正，即不拒绝。《述而》篇中曰："互乡难与言童子见，门人惑。子曰：'与其进也，不与其退也。唯何甚！人絜己以进，与其絜也，不保其往也。'"（7.29）这位"难与言"童子，一旦改正缺点，孔子就接待他。人家修谨而来，就应该赞许他的修谨，不必抓住他的过去。这是孔子"忠恕"精神在他的教育思想中的体现。

（四）

《阳货》篇，子曰："礼云礼云，玉帛云乎哉！乐云乐云，钟鼓云乎哉!"(17.11)人们常说到礼乐，难道就是玉帛钟鼓这些物质形式吗？如果不是，又是什么呢？《八佾》篇，子曰："人而不仁，如礼何？人而不仁，如乐何？"(3.3)同样用问句出现，实际正是前一章的回答。两章问答，说明了"仁"与"礼"的关系："仁"是内在的实质，"礼"是外在的表现。

《颜渊》篇，颜渊问仁，子曰："克己复礼为仁。一日克己复礼，天下归仁焉。为仁由己，而由人乎哉！"颜渊曰："请问其目？"子曰："非礼勿视，非礼勿听，非礼勿言，非礼勿动。"(12.1) 克己，就是克制自己。人生来都是有欲望的，必须自我克制；复礼，便是"克己"的方式。颜渊曾说，夫子"博我以文，约我以礼"；"约我以礼"，正可以作为"复礼"的疏解，即以礼来约束自己的行动。

《荀子·大略》云："礼者，履也，人之所履也。"《白虎通义·礼乐》："礼之为言履也，可以践履而行。"所谓"履也"，即表示如何站住，如何行动。《法言·问道》："礼，体也。"《礼记·中庸》"非天子，不议礼"，朱熹集注："礼，亲疏贵贱相接之体也。"《大戴礼记·曾子大孝》"礼者，体此者也"孔广森补注："分布于事各有条理之谓礼；故礼者，体也。"所谓"体也"即行事得体。《礼记·仲尼燕居》："礼也者，理也。"《孔子家语·论礼》："礼，理也。""礼"与"理"，义实相通：为人处世，合乎礼也就合乎理。综合上述各种训解，礼者，履也，体也，理也。《管子·心术上》："礼者，因人之情，缘义之理，而为之节文者也。"可以作为上述诸训的总结。用现在的概念，礼，就是社会人的行为规范。

克己复礼为仁，实质就在于按礼的规范严格要求自己。这一主题，《论语》中有翔实的论述。

《学而》篇，子曰："不患人之不己知，患不知人也。"(1·16)《里仁》篇，子曰："不患无位，患所以立。不患莫己知，求为可知也。"(4.14)《宪问》篇，子曰："不患人之不己知，患其不能也。"(14.30)《卫灵公》篇，子曰："君子病无能焉，不病人之不己知也。"(15.19)这些言论中,说的是两个内容。一是不要怕别人不了解自己,重要的是怕自己不了解别人。二是不要怕自己没有职位,重要的是怕自己没有能力。两者说的都是要严格要求自己。

《为政》篇,子曰:"君子先行其言而后从之。"(2.13)《里仁》篇,子曰:"古者言之不出耻躬之不逮也。"(4.22)又曰:"君子欲讷于言而敏于行。"(4.24)《宪问》篇,子曰:"君子耻其言而过其行。"(14.23)又曰:"其言之不怍,则为之也难。"(14.20)这些言论,都是说君子必须慎于言辞,敏于行动,同样是严格要求自己。

《里仁》篇,子曰:"见贤思齐焉,见不贤而内自省也。"(4.17)《述而》篇,子曰:"三人行,必有我师焉。择其善者而从之,其不善者而改之。"(7.22)人总是各式各样的,有贤有不贤,有善有不善。见到贤者善者,就要想到向他们学习;见到不贤不善者,就要想到自己是否也有类似的欠缺,如果有就应该改正。

《学而》篇,子曰:"君子食无求饱,居无求安,敏于事而慎于言,就有道而正焉。"(1.14)《里仁》篇,子曰:"士志于道而耻恶衣恶食者,未足与议也。"(4.9)《宪问》篇,子曰:"士而怀居,不足以为士矣。"(14.2)这些言论,说的都是修养仁德,应如何对待生活。

《学而》篇,子贡曰:"贫而无谄,富而无骄,何如?"子曰:"可也,未若贫而乐道,富而好礼者也。"(1.15)《里仁》篇,子曰:"富与贵,是人之所欲也,不以其道,得之不处也。贫与贱,是人之所恶也,不以其道,得之不去也。君子去仁,恶乎成名?君子无终食之间违仁,造次必于是,颠沛必如是。"(4.5)《宪问》篇,宪问耻,子曰:"邦有道,穀;邦无道,穀,耻也。"这些言论,谓君子如何对待富贵与贫贱。换言之,即如何对待人生的遭遇。

孔子诸如此类的言谈,都关系到做人的根本,都可以作为"克己复礼为仁"的疏解。

（五）

《子路》篇，樊迟问仁，子曰："居处恭，执事敬，与人忠。虽之夷狄，不可弃也。"（13.19）《颜渊》篇，樊迟问仁，子曰："爱人。"问知，子曰："知人。"樊迟未达，子曰："举直措诸枉，能使枉者直。"（12.22）

同一个樊迟，同样是问仁，两处孔子的回答内容却不同。《子路》篇，樊迟"问仁"，孔子回答的是居家要严肃庄重，做事要勤谨负责，待人要诚实尽心；三者概括了为人应有修养的全部内容。《颜渊》篇，樊迟先"问仁"，孔子回答要"爱人"；后"问知（智）"，孔子回答要"知人"。爱人，是孔子政治学说的核心；不爱人，仁政就无从谈起。问知（智），问的是用人之智；故孔子解释说，举用正直的人，能使那些邪曲的人变得正直。他们师徒两处问答的实质，前者是做人如何修养仁德，后者是为政如何实行仁政。

在《论语》中孔子回答弟子"问仁"，总是这两个方面的内容：一是如何修身，二是如何为政。将修身与为政紧密联系起来，是孔子仁学最大的特点。

《子路》篇，子贡问君子。子曰："修己以正。"曰："如斯而已乎？"曰："修己以安人。"曰："如斯而已乎？"曰："修己以安百姓。修己以安百姓，尧舜其犹病诸。"（14.43）《雍也》篇，子贡曰："如有博施济众，如何？可谓仁乎？"子曰："何事于仁，必也圣乎！尧舜其犹病诸！"（6.30）两章都是子贡发问。前一章子贡问君子，实际是问君子如何修养仁德。孔子的回答，由"修己"到修己"以安人"到修己"以安百姓"。后一章子贡所问，实际是问如何实行仁政，谓如能"博施济众"则如何。孔子回答如能"博施济众"，不只是"仁"，甚至达到了"圣"的境界。两处孔子都说"尧舜其犹病诸"，可知"修己以安百姓"，做到最高程度就是"博施济众"：平安之时，广施恩惠于民；急难之时，尽心周济民众。——仁政之要在于"爱人"。修身到"修己以安百姓"，为政到"博施济众"，便是对"爱人"最好的诠释。

《颜渊》篇，季康子问政于孔子，孔子对曰："政者，正也。子帅以正，孰敢不正？"（12.17）"其身正，不令而行；其身不正，虽令不行。"（13.6）"苟正其身矣，于从政乎何有？不能正其身，如正人何！"（13.13）正，正直，正派；公正不阿，廉正不贪，都属"正"的内涵。孔子虽是针对季康子的实际作的回答，但具有普遍的意义。——仁政之要在于"爱人"。必须身正，才可能"爱人"；如果其身不正，"爱人"也就无从谈起。

孔子于仁政，《论语》中有相当原则但实在的论证。

《学而》篇，子曰："道千乘之国，敬事而信，节用而爱人，使民以时。"（1.5）本章必是某执政者问如何为政。孔子作的回答是，严肃认真地做事而且诚信待人，节约用度而且爱护民众，役使民众要在适当的时间，有一定的时间限度；三者都是对执政者的约束。统治者如果做到这三条，必然天下清平，社会稳定。

《子路》篇，子路问政。子曰："先之劳之。"请益，曰："无倦。"（13.1）作为官长，凡是民众的事务，自己必须带头行动，"以身先之"；不怕劳苦，"以身劳之"。而且要坚持不懈，不知疲倦。话虽简单，而要求实际很高。还是《子路》篇，仲弓为季氏宰，问政。子曰："先有司，赦小过，举贤才。"（13.2）先有司，即严格要求自己，在官员中起模范带头作用。赦小过，即宽容对待他人，不追究犯小过失的人员。举贤才，任用官员，必须举用贤才。两章所述，都是说明为政者要勤于政务，处理好与民众的关系和统治者内部的关系。

《子路》篇，子适卫，冉有仆。子曰："庶矣哉！"冉有曰："既庶矣，又何加焉？"曰："富之。"曰："既富矣，又何加焉？"曰："教之。"（13.9）这是鲁定公十四年孔子前往卫国途中，同冉求的谈话。富之，使民众生活富裕。教之，对民众进行教育。前者属于物质生活，后者属于精神生活；两者都是民众最基本的实际也是最根本的生存需求。在春秋时代,提出对民众必须"教之",是一个全新的课题。"教之"仅仅两个字,却是孔子思想中极为重要的内涵;对民众进行教育,对社会安定团结,提高国民素质,促进历史发展,具有重要的意义。在我们现在看来,治国必须重视教育,是理所当然的事。但在古代,教育是贵族的专利,与普通民众无关。先秦思想界对民众要不要进行教育,相互对立,极为严重。《老子》第六十五章曰:"古之善为道者,非以明民,将以愚之。民之难治,以其智多。"不仅不要教育,公然主张愚民。《韩非子·五蠹》云:"故明主之国,无书简之文,以法为教;无先王之语,以吏为师。"同样反对教育民众。而孔子大力提倡教育,而且身体力行。孔夫子私家设教,规模如此之大,学子如此之多,是划时代的伟大事件,对后世具有长远的影响。

《颜渊》篇,子贡问政,子曰:"足食,足兵,民信之矣。"(12.7)足食,生活有依靠;足兵,安全有保障。两者齐备,可以取信于民。

《子路》篇,子曰:"善人教民七年,亦可以即戎矣。"(13.29)又曰:"以不教民战,是谓弃之。"(13.30)即戎,即进行战争,抵抗侵略。本章是"足兵"的重要内涵,旨在说明军队必须经过长时间教练才能作战,让他们仓促上阵必然失败。所以特别说明,用未曾教练的民众去作战,等于让他们白白送死。鲁定公十年,孔子辅佐定公与齐景公会于夹谷。齐国远比鲁国强大,孔子提出"有文事者必有武备",如是"具左右司马",亦即以武力作后盾,因此取得会盟的胜利。与本章论述军队必须经过长时间教练才能作战,是同样的指导思想。

《颜渊》篇,子曰:"听讼吾犹人也,必也使无讼乎。"(12.13)话也仅仅两句,表述的实在是治国安民的最高境界。官府公平廉正,百姓安居乐业。无饥寒之虞,无盗贼之患。通过教育,人民道德高尚,彼此相安无事,自然就没有狱讼。但"必也使无讼乎"只是一种理想。春秋时代,战乱频仍,官贪民盗,讼狱也就频繁,那又该如何对待?

《子张》篇，记孟氏使阳肤为士师，问于曾子。曾子曰："上失其道，民散久矣。如得其情，则哀矜而勿喜。"（19.19）《尚书大传》记有另一段孔子曰："听讼虽得其指，必哀矜之。死者不可复生，绝者不可复续也。《书》曰：哀矜折狱。"曾子之言必原于孔子。任何人都不是生来就愿意去做盗贼，社会逼着他去犯罪，又从而刑之，怎能不令人哀怜！孔子有关刑狱的论述，无不体现着"仁者爱人"的崇高主旨。《尚书大传》还记有孔子另一段重要论述，曰："今之听民者求所以杀之；古之听民者求所以生之，不得其所以生之之道乃刑杀。"（"听民者"《汉书·刑法志》引作"听狱者"，更为准确。）审讯犯罪嫌疑人，不是要尽量论证他有罪，而是要尽量论证他无罪，只有确实无法证明他无罪才判刑。这种刑法理论，即使现代世界上最先进的法学理论也无以过之。

考察一下孔子对弊政的批判，对理解孔子的政治思想会更为全面。仅举鲁哀公与季康子问为例。

《为政》篇，哀公问曰："何为则民服？"孔子对曰："举直错诸枉，则民服；举枉错诸直，则民不服。"（2.19）孔子之意，谓举用正直的人，废置邪曲的人，则民敬服；反之，举用邪曲的人，废置正直的人，则民不服。同篇，季康子问："使民敬，忠以劝，如之何？"子曰："临之以庄则敬，孝慈则忠，举善而教不能则劝。"（2.20）季康子问：如何才能使民众严肃认真，尽心竭力，而又努力上进？孔子回答：你自己庄重，清明廉正，不贪不腐，民众才严肃认真。自己对民众尊老爱幼，民众才会忠诚。举用善人，教育不善之人，民众自会努力上进。

《颜渊》篇，哀公问有若曰："年饥，用不足，如之何？"有若对曰："盍彻乎。"曰："二，吾犹不足，如之何其彻也？"对曰："百姓足，君孰与不足？百姓不足，君孰与足？"（12.9）彻，是十分抽一的税。二，是十分抽二的税。鲁哀公因年成饥荒，他用度不足，问有若有什么办法。有若建议他采用十分抽一的税率。哀公说十分抽二他尚且不足,怎么可能只十分抽一呢!有若认为,正因为年成饥荒,如果统治者感到用度不足,老百姓会更加困难。因此应降低税率,而不应该加重税收。统治者不能只想到自己"用不足",而不顾老百姓的死活。这章书在中国税收史上都很有价值,对任何统治者都很有教育意义。《颜渊》篇,季康子患盗,问于孔子。孔子对曰:"苟子之不欲,虽赏之不窃。"(12.18)季康子又问:"如杀无道,以就有道,何如?"孔子对曰:"子为政,焉用杀?子欲善而民善矣。"(12.19)患盗,季康子考虑的唯一办法便是镇压。孔子告诉他,如果你不那么贪,老百姓即使怂恿他们也不会为盗。孔子师徒论述为政,全是对于民众的惠爱;而鲁哀公和季康子君臣考虑的全是对民众的剥削与镇压,两者形成鲜明的对比。

孔子在鲁定公之时,曾短时间"与闻朝政",在与季桓子的较量中失败,被迫离开鲁国。"出奔"在外十三年之后回来,面对的是鲁哀公和季康子这样的统治者,自然再无能为力;他的仁政思想就只能留在《论语》书中垂之后世了。

(六)

先秦百家争鸣,最大的是儒法道三家。就政治思想而论,又以儒法两家最为重要。《为证》篇孔子将儒法两家进行对比,曰:

道之以政,齐之以刑,民免而无耻;
道之以德,齐之以礼,有耻且格。

"道之以德"与"道之以政"即所谓"德治"与"法治"。孔子将两者加以对比,无疑是主张德治而否定法治。但为政治民,将两者对立是不行的。单一的"道之以政,齐之以刑",其结果未必是"民免而无耻",很可能导致官逼民反。秦王朝的历史就是明证。贾谊总结秦王朝的教训说:"仁义不施,攻守之势异也"。在长期的战乱之后,用强大的军力打平天下是可能的,统一之后仍然用残暴的方式进行统治就不行了。"马上得之,不可以马上治"。至于单一的"道之以德,齐之以礼",这种局面历史上从来就没过。"为政以德,譬如北辰,居其所而众星共之"(2.1),只是孔子的理想,甚至是幻想。

但孔子只是将两种为政治国的理念加以对比,付诸实际时不能如此对立。《左传》昭公二十年,子产去世之前,嘱咐他的继承者子大叔曰:"唯有德者能以宽服民,其次莫如猛。夫火烈,民望而畏之,故鲜死焉。水懦弱,民狎而玩之,则多死焉。故宽难。"子产的这份遗嘱,已是法家理论。子大叔没有听取,采取宽的治理,结果盗贼蜂起,子大叔不得不进行军事镇压。对此孔子评论说:"善哉!政宽则民慢,慢则纠之以猛。猛则民残,残则施之以宽。宽以济猛,猛以济宽,政是以和。"这段宽猛相济的理论,实际就是刑礼兼用,相互协调。可知纯用"道之以德,齐之以礼",只是一种理想,并不能付诸为政治国的实际。

荀子论为政治人,曰:"必将待师法然后正,得礼义然后治。今人无师法,则偏险而不正;无礼义,则悖乱而不治。"(《性恶》)荀子的政治思想仍属儒家而融入了法家的因素,是封建社会相对平稳的理论。历史上儒法两家似乎水火不能相容,其实恰好是两者协调,相互为用,社会才得一定时期的安宁。汉代文景之治,唐朝贞观之治,在一定程度上是这种融合协调的结果。

与儒法相比,道家的政治思想严重地脱离实际。老子的"无为"政治,主张"小国寡民","民至老死不相往来",是不现实的。人生社会总在不断发展,即使是战乱频仍,混乱不堪,也仍在发展,不可能回到荒莽的原始社会去。特别是老子反对对民众进行教育,与孔子主张教育民众的思想刚好相反。但老子的政治思想中,取其精华,也有极其宝贵的因素。一是要求统治者不扰民。《老子》六十章云:"治大国,若烹小鲜。"这个独特的比喻,相当精彩。"烹小鲜"如果不断地翻搅，就会翻得粉碎；为政如果不断地扰民，百姓便无法生存。《诗·桧风·匪风》"谁能亨鱼"，毛氏传："亨鱼烦则碎，治民烦则碎，知亨鱼则知治民矣。"（亨，同烹。）传文是"治大国，若烹小鲜"最好的注释。二是要求统治者不居功。《老子》二章云："圣人处无为之事，行不言之教；万物作焉而不辞，生而不有，为而不恃，功成而弗居。"十七章云："功成事遂，百姓皆谓我自然。"统治者不要把一切功劳一切成就都捞到自己身上。三是要求统治者不贪腐。《老子》四十六章云："罪莫大于可欲，祸莫大于不知足，咎莫大于欲得。"五十三章云："朝甚除，田甚芜，仓甚虚；服文采，带利剑，厌饮食，财货有馀，是谓盗夸！"对统治者这种贪腐行为，老子愤恨之情，溢于言表。任何时候，任何统治者，记住老子这些教导，都是有益的。

孔子首先是教育家，而后才是政治思想家。因此对民众进行教育，成为孔子仁政的重要组成部分。孔子将古代贵族所专有的诗书礼乐之类的学问，普及到民间。私人设教，可能并非孔子首开风气，但到孔子才大力发扬，成为空前甚至后世也难以企及的规模。《史记·孔子世家》记载其"弟子盖三千焉，身通六艺者七十有二人"。诸多弟子来自各个阶层，有相当数量出身贫贱。他的第一高足颜渊，过着"一箪食，一瓢饮，在陋巷"的生活，无疑来自平民。冉雍（仲弓）其父是"贱人"，仲由（子路）为"卞之野人"。可知他有不少普通民众的弟子，后来都大有成就。孔子通过自身的实践，深知对普通民众进行教育的重要意义。因此他主张治民必须"富之"而又"教之"，治军必须"教民"才能"即戎"。"道之以德，齐之以礼"，就包含着对民众的教育。这种治民重教的理念，对后世具有极其深远的影响。

（七）

《公冶长》篇，子贡曰："夫子之文章可得而闻也，夫子之言性命与天道不可得而闻也。"（5.13）子贡一定是问过这方面的问题，没有得到回答他才这么说。《先进》篇,季路问事鬼神。子曰:"未能事人,焉能事鬼?"曰:"敢问死。"曰:"未知生,焉知死?"(11.12)子路是问过,孔子明确回答他不知道。孔子生活在一个迷信天道鬼神的时代,统治者假用天命维护自己的权力,《尚书》《左传》等史籍中不绝于书。孔子却采取存疑的态度。孔子非常重视祭祀,但《雍也》篇,樊迟问仁,孔子却说:"务民之义,敬鬼神而远之。"(6.22)《八佾》篇,也记载孔子祭祀时极为虔诚,"祭如在,祭神如神在"。并且说:"吾不与祭,如不祭。"(3.12)可知孔子虔诚地进行祭祀,只是一种礼仪。孔子是一个脚踏实地的思想家,对他未曾了解未能证实的事物,采取"君子如其所不知则付诸阙如"的态度,明确地说他不知道。他关注的是现实的社会人生,他的全部学说,"一以贯之",都是修身与为政。

但在孔子关于天道天命的言谈中,也存在着矛盾。鲁定公十四年(前496),孔子"由大司寇行摄相事","与闻国政三月"。结果与三桓特别是季桓子发生激烈的矛盾,孔子被迫"去鲁适卫",竟发出不无忧伤的感叹:"道之将行也与,命也!道之将废也与,命也!"在卫国时曾前往陈国,中途受到匡人的拘禁。孔子曰:"文王既没,文不在兹乎?天之将丧斯文也,后死者不得与于斯文也;天之未丧斯文也,匡人其如予何!"(7.23)鲁哀公三年(前492),孔子由曹回卫,中途受到宋司马桓魋的威胁。孔子在逃亡中说:"天生德于予,桓魋其如予何?"(7.23)可知在急难之时,潜意识中的天命观念就会冒了出来。孔子在卫国会见了卫灵公夫人南子,子路不悦,孔子竟发誓,曰:"予所否者,天厌之!天厌之!"(6.18)鲁哀公十四年颜渊不幸去世,孔子极为悲痛,曰:"噫!天丧予!天丧予!"(11.11)司马迁曾说:"夫天者,人之始也,父母者,人之本也。人穷则反本,故劳苦倦极未尝不呼天也;疾病惨怛未尝不呼父母也。"④孔子是圣人,也是普通人,情伤情急之时,也呼天叫地:这不是理性的认识,而是感性的情不自禁的表现。

人的本性究竟如何，也是古人研究的课题。《阳货》篇，子曰："性相近也，习相远也。"（17.2）又曰："唯上知与下愚不移。"（17.3）孔子认为人先天的本性是相近的，后天在生活环境的染习中变得相远了。生活在不同的环境，受到不同的影响，本性就会变易。这一论断无疑是正确的，符合客观的实际，所以孔子强调教育的重要。但"唯上知与下愚不移"就成问题。《季氏》篇，孔子把人的资质分为四等，曰："生而知之者，上也；学而知之者，次也；困而学之，又其次也；困而不学，民斯为下矣。"（16.9）所谓"上知"无疑就是"生而知之者"。这样的"上知"是不存在的，孔子自己就说"我非生而知之者"，也就不存在移不移。至于所谓"困而不学"的"下愚"，把这部分人绝对化是有害无益的。

（八）

在孔子七十三年的生命历程中，道路并不平坦。小时候家境贫困。年十有五即志于学。经过艰苦的学习，使他具有诗书礼乐丰富的知识。三十岁前后即招收弟子，私家设教。"有教无类"，"诲人不倦"。在他五十岁以前，尽管声望很高，仍只是一个"士"的地位。

鲁定公九年（前501）孔子被任用为中都宰，时年五十一岁。由中都宰而为司空，而为大司寇，而摄相事，到"与闻国政三月"。孔子采取措施，试图削弱三家的势力，维护国君的权威。结果同季孙发生激烈的矛盾，于鲁定公十四年被迫离开鲁国。这是孔子一生仅有的一段从政生涯，然以失败告终。

自鲁定公十四年（前496）到鲁哀公十一年（前484），十三年间，孔子带着他的几位高足，在外过着漂流不定的生活，转来转去都离不开卫国，期间也到过周边陈、蔡等小国。鲁哀公六年（前489）到过楚国，脚还没有站稳就被迫离开。最后五年他只能困处混乱不堪的卫国。孔子当然希望实现他"道之以德，齐之以礼"的政治理想，但都无所际遇。真正接待过他的就一个卫灵公,也并没有用它。

孔子一生在政治上是失败的。

但作为教育家,孔子却取得了极大的成功。

《史记·孔子世家》谓"孔子以诗书礼乐教,弟子盖三千焉,身通六艺者七十有二人"。在《仲尼弟子列传》中实际列名的弟子七十七人,这是实实在在的。"盖三千焉"是个概数,即或有所夸大,数量也够惊人的。他培养了这支庞大的学术大军分布在中原大地上。不少弟子自己又有弟子,分支成了新的学派。《韩非子·显学篇》记载儒家分成八派,"有子张之儒,有子思之儒,有颜氏之儒,有孟氏之儒,有漆雕氏之儒,有仲良氏之儒,有孙氏之儒,有乐正氏之儒"。韩非作此文时,上距孔子之卒已二百四五十年,孔子学说竟如此强大,他的后学已布满天下。

孔子私家设教,规模如此之大,弟子如此之多,把文化知识推广到普通百姓,改变了整个时代的教育风尚,培养了大批来自民间的人才,使他们得以逐步跻上国家的政治舞台。试看《左传》中各诸侯国的大夫卿相,大多使用字号,难得看到他们的姓名。因为基本上都是贵族内部的"自己人",提到字号就知道是谁。翻开《战国策》就大不一样,大量的政治军事人物直接以他们的姓名出场,孙膑、吴起、剧辛、乐毅、苏秦、张仪、范雎、蔡泽、廉颇、蔺相如,比比皆是,就因为他们来自民间。他们的文化知识大多即由私家设教得来。这种风气的改变,孔子私家设教的影响发挥了极大的作用

任何学说在流传过程中总会有所发展,有所变化。考察以下孔门后学的发展变化是很有意义的:

一、《汉书·儒林传》:"仲尼既没,七十子之徒散游诸侯,大者为卿相师傅,小者友教士大夫,或隐而不见。故子张居陈,澹台子羽居楚,子夏居西河,子贡终于齐。如田子方、段干木、吴起、禽滑釐之属,皆受业于子夏,为王者师。"这只是概而言之,亦可见孔子弟子已散居各诸侯国;规模之大,人士之众,天下无与伦比。《汉书·艺文

志》著录孔子后人与弟子的著作，有《子思》二十三篇，《曾子》十八篇，《宓子》十六篇；著录孔子再传弟子的著作，有《魏文侯》六篇，《景子》三篇，《世子》二十一篇，《李克》七篇，《公孙尼子》二十八篇，《芉子十八篇》；更后的有《孟子》十一篇与《孙卿子》三十三篇。经历秦火之后，尚有如此之多的儒家著作流传到汉代，可以想见儒家风行天下的盛况。其中《子思》作者为孔子之孙孔伋，字子思，为鲁缪公师。《史记·孟子荀卿列传》谓孟子"受业于子思之门人"[7]，故孟子是孔子的嫡传。孟子发展了孔子的"仁政"学说 成为儒家的又一位大师。孙卿子即荀子，是差可与孟子并肩的儒家大师。《孟子荀卿列传》没有提及荀子的师传。《荀子·非十二子》篇，连子思、孟子都在所非之列，唯独不非仲弓，而且将仲弓与仲尼并称之为"是圣人之不得势者也"，推崇之无以复加。由是推想，荀子出自仲弓。韩愈谓孟子"醇乎醇者也"，谓荀子"大醇而小疵"[8]。韩愈之所谓"小疵"恰好是荀子对孔学的发展。其《劝学篇》云："礼者，法之大分，类之纲纪也。"以典法律条对"礼"进行解释，故荀子成为先秦由儒入法的桥梁。

二、《韩非子·显学篇》所说的"显学"为儒家与墨家。《淮南子·主术篇》谓"孔丘、墨翟修先王之术，通六艺之论。口道其言，身行其志，慕义从风。"文中"儒墨"并提，都"修先王之术，通六艺之论"，似墨家与儒家简直没有区别。《要略篇》更说"墨子学儒者之业，受孔子之术"。则墨子原出于儒家。孙诒让《墨子闲诂》附《墨子传略》曰："墨子之学，盖长于《诗》《书》《春秋》。故本书引《诗》三百篇，与孔子所删同；引《尚书》如《甘誓》《仲虺之诰》《说命》《大誓》《洪范》《吕刑》，亦与百篇之书同。"但孙氏又曰：墨子"于礼则法夏绌周，乐则又非之，与儒六艺之学不合。《淮南》所言，非事实也。"按，墨子生于孔子之后，又是孔子的同乡[9]，那么墨子年轻时"学儒者之业，受孔子之学"就很自然。故墨子书中引《诗》三百与《尚书》皆与儒家相同。《北堂书钞》引《新序》云：

"齐王问墨子曰：'古之学者为己，今之学者为人，何如？'对曰：'古之学者得一善言以附其身，今之学者得一善言务以悦人。'"（附，益也。）这是墨子对孔子之言的理解，是墨子受孔子之学的实例。但后来墨子不满意儒家的礼乐而别树一帜。其实《淮南子·要略篇》说得相当清楚，先说墨子"学儒者之业，受孔子之术"，接着说墨子"以为其礼烦扰而不说，厚葬靡财而贫民，服〔丧〕伤生而害事；故背周道而用夏时"。说明墨子原出于孔学，其后脱出儒学而自成一家，而且成为显学[⑬]。《汉书·儒林传》谓墨子的高足禽滑釐"受业于子夏"，可知其师徒原皆出于儒家。

三、出自儒家的不只有墨家。《史记·仲尼弟子列传》谓："孔子既没，子夏居西河教授，为魏文侯师。"《吕氏春秋·察贤篇》曰："魏文侯师卜子夏，友田子方，礼段干木，国治身逸。"又，《当染篇》曰："子贡子夏曾子学于孔子，田子方学于子贡，段干木学于子夏，吴起学于曾子。"《汉书·艺文志》著录《李克》七篇，注："子夏弟子，为魏文侯相。"可见当时的魏国，成为儒家的重要据点之一。其中李克后来成为有名的法家，吴起既是法家，又是杰出的军事家，都出自儒家而后各自成家。

四、战国后期法家韩非与李斯同样出自儒家。《史记·老子韩非列传》谓韩非"与李斯同事荀卿"。荀子这两位高足，在战国末年声名赫烈；韩非成了先秦法家之集大成者，而李斯则是法家政策的制定者和执行者。

五、在战国时代百家争鸣的文苑之林中，孔子无处不在。在儒家系统的典籍中，《易系传》《国语》《左传》《公羊》《穀梁》《孟子》《荀子》《尚书大传》《韩诗外传》《大戴礼》《小戴礼》等等都大量引用孔子的言论。也许有些系传闻或者虚构，但他们站在孔子的大纛之下，向这个干戈扰攘的世界假用孔子的名义大声呼喊，却是热烈而真诚的。在非儒著作中，如道家的《庄子》、法家《韩非子》、杂家的《吕氏春秋》，等等，孔子的身影也无处不在。但大多是他们塑造的

"孔子",有时让"孔子"代他们自己发表高论,有时把"孔子"拉出来进行批斗,加以侮辱。不管是哪一种情况,毕竟是因为孔子的大名笼罩了那个时代,才值得他们或者加以利用,或者加以讨伐。《庄子》书中《盗跖》《渔父》两篇最为典型,篇中把"孔子"塑造得猥琐不堪,极尽污辱之能事。需要说明的是,《盗跖》《渔父》的作者并不是宋国那位做过漆园吏"齐万物,一生死"的庄周,真正的庄子是个高尚的哲人,决不那样卑鄙。

综上所述,可以概见孔子之学在战国时代流传发展的盛况。——鲁国深厚的诗书礼乐的传统,成就了孔子成为儒家的圣人。孔子又通过他数以千计的学生把他的学说播散到整个天下,从而产生了孟子荀子这样的儒家大师,并派生出墨家法家等诸子百家。故孔子洙泗设教,成为战国诸子蜂起百家争鸣的始原,创造了中国古代文化发展举世无双的繁荣。

(九)

秦始皇统一天下,结束了春秋战国五百多年诸侯分割的局面;"一法度衡石丈尺,车同轨,书同文字";奠定了中华大一统的基础,在华夏历史的进程中具有重要的意义。但这是客观的作用。秦始皇本人唯一关注的是自己万世一统的权力。天下统一以后,采取法家李斯的极端政策,严刑峻法,进行残暴的统治。试看修长城,修坟墓,修阿房宫,动辄"刑徒"数十万,可知其刑法多么残酷。在他成为"始皇帝"的十一年间,大部分时间在外巡游,威压天下,所到之处,刻石纪功,为自己歌功颂德。始皇三十四年(213)朝廷发生争执,始皇下其议。丞相李斯曰:"今天下已定,法令出一,百姓当家则力农工,士则学习法令辟禁。""今皇帝并有天下,别黑白而定一尊。私学而相与非法教。人闻令下,则各以其学议之。入则心非,出则巷议,夸主以为名,异取以为高,率群下以造谤。如此弗禁,则主势降乎上,党羽成乎下。禁之便。臣请史官非秦记皆烧之。非博士官所职，天下敢有藏诗书百家语者，悉诣郡守尉杂烧之。有敢偶语诗书者弃市。以古非今者族。吏见知不举者与同罪。令下三十日不烧，黥为城旦。所不去者，医药卜筮种树之书。若欲有学法令者，以吏为师。"始皇制曰："可。"⑩

按照李斯的高论，"百姓当家则力农工"，对老百姓唯一需要的就是强迫他们劳动，压根儿不需要什么教育。"士则学习法令辟禁"，士人唯一的任务就是学习法令，根本不需要什么文化知识。"诗书百家语"尽皆焚毁，"偶语诗书者"就地处决。根据李斯的奏议，始皇帝一声"可"，便"可"掉了春秋战国几百年来之不易的文化繁荣，先秦百家争鸣，到此便戛然而止。

始皇三十五年，坑杀诸生四百六十馀人于咸阳。秦始皇长子扶苏谏曰："天下初定，远方黔首未集。诸生皆诵法孔子。今上皆重法绳之。臣恐天下不安。唯上察之。"⑪这是历史仅有的一次听到扶苏发出的声音。寥寥六句话，三十四个字，其价值实不下于一篇《过秦论》。他了解当时的严峻形势，"天下初定，远方黔首未安"；他知道孔子的巨大影响，"诸生皆诵法孔子"；他反对始皇的残暴作为，"今上皆重法绳之"；他预见到后来的结局，"天下不安"；为此他请求"唯上察之"！始皇大怒，当即贬遣扶苏去上郡监督蒙恬。这是发生在秦王朝内部的儒法斗争。焚毁诗书，坑杀儒生，使孔子的学说第一次受到沉重的打击。但真正惨败的不是冥冥中的孔子，恰恰是骄横不可一世的秦始皇帝：焚书坑儒之后不到五年这个貌似强大的王朝便灰飞烟灭，秦始皇帝的子孙被杀得一个不剩，而且绝大多数是他们自家杀掉的！

刘邦建汉以后，有一个相当长的时间需要安定天下，重整江山，无暇费太大的力气去进行文化的建树。但至少不会继续摧残文化。直到汉武帝时，才"建藏书之策，置写书之官，下及诸子传说，皆充秘府"。至成帝时，更使谒者"广求遗书于天下"⑫。任何事物，破坏总比建树容易，先秦几百年间积累的诗书诸子百家，李斯秦始皇命令三十日之内必须全部焚毁。而收拾馀烬，重新整理，却历时一百多年之久。但尽管如此，仍然说明先秦文化顽强的生命力。凶残的统治者采用如此暴虐的手段进行摧残，当其从地下冒出来的时候，残馀的典籍仍如此丰富。而孔子的《论语》是基本完整的，竟有鲁《论》、齐《论》两种版本。"武帝末，鲁恭王坏孔子宅欲以广其宫，而得古文《尚书》及《礼记》《论语》《孝经》，凡数十篇，皆古字也。"⑬这肯定是秦始皇焚书之时，孔子后人暗藏在住宅壁中的。有汉一代，就有许多杰出的经学家讲授或注释。汉末郑玄为作《论语注》，之后三国魏何晏等人又作《论语集解》，历代经学家研究注解《论语》者不胜枚举，使孔子的仁学光照天下，垂耀千秋。孔子私家设教的榜样，在后世遍地开花，普及到千村万落，成为封建社会重要的教育方式，历朝历代培养了无以数计的人才。隋代以后，来自下层民众通过科举出身的人士，绝大部分出自私家设教。当然，即使不由孔子开始，私家设教也会产生，但孔子毕竟首开风气，成为历代教育家尊崇的典范。

自汉代到清末，两千多年间，不断地改朝换代，但由先秦百家争鸣积淀的中原文化，仍在逶迤起伏地发展，未曾一日中断。两千多年间，基本上是以孔子的儒家学派作为主流。从官办学府到乡村私塾，在使用的教材中《论语》总居于第一的位置。因此孔子修身治国的道德伦理思想，教育了世世代代千千万万的文人学子以至普通民众。

《论语》一书由弟子多人记录，编纂又相当混乱。其中《乡党》与《尧曰》两篇多数内容意义不大，馀十八篇中也间有阙误，有些章次差逊。但整体而言，文章逻辑严密，风神典雅，语言平易而思想精深。许多语句成为千古名言。如：

　　　　己所不欲，勿施于人。(12.2)
　　　　己欲立而立人，己欲达而达人。(6.30)
　　　　学而不厌，诲人不倦。(7.2)
　　　　不患人之不己知，患不知人也。(1.16)

不患人之不己知，患其不能也。(14.30)

君子食无求饱，居无求安。敏于事而慎于言，就有道而正焉。(1.14)

学而不思则罔，思而不学则殆。(2.15)

知之为知之，不知为不知，是知也。(2.17)

君子耻其言而过其行。(14.27)

见贤思齐焉，见不贤而内自省也。(4.17)

三人行，必有我师焉。择其善者而从之，其不善者而改之。(7.22)

朝闻道，夕死可矣。(4.8)

志士仁人，无求生以害仁，有杀身以成仁。(15.9)

知者不惑，仁者不忧，勇者不惧。(9.30)

君子成人之美，不成人之恶。(12.16)

君子不以言举人，不以人废言。(15.23)

君子坦荡荡，小人长戚戚。(7.37)

三军可夺帅也，匹夫不可夺志也。(9.26)

逝者如斯夫，不舍昼夜。(9.17)

不义而富且贵，于我如浮云。(7.16)

岁寒然后知松柏之后凋也。(9.29)

诸如此类的格言，永远给人以教育和启迪。自战国以至清代两千多年间浩如烟海的典籍中，引用先秦思想家、理论家的言语，频率之高，数量之大，没有任何人可与孔子相比。

中华民族从来就是多个民族的融合。自秦代统一中国以后的两千多年间，神州大地上各个民族之间，时而友好相处，时而兵戎相见。周边地区前前后后建立了不少的少数民族政权；元蒙与清两代更建立了全国政权。多个民族最终融合成为伟大的中华民族。以儒家学派为主流的中原文化对民族的融合起了极其重大的作用，孔子正是这一伟大事业的象征。从汉代开始的各个王朝,封赠了孔子各种称号,其中有不少是少数民族政权封赠的⑭。不能简单地理解为少数民族统治者笼络人心,须知对孔子的封赠,对加强民族的凝聚力,具有重要的作用。

一九一九年爆发的"五四"运动,是近代中国人民反对帝国主义和封建主义的革命行动。但当时有人提出"打倒孔家店"则并不正确。绵延了两千多年的封建社会已经腐败不堪,归罪于两千多年前的孔子绝对没有道理。二十世纪孔子不断遭到一些所谓学者的批判,即从打倒孔家店开始。发展到七十年代"文化大革命"中"评法批儒"达到极点。那已经无所谓批判,而是疯狂的谩骂。对古人留下的遗产,应该是取其精华,弃其糟粕,对圣人也不例外。孔子当年维护旧的社会体制,那是时代使然,早已成为过去。儒家烦琐的礼仪,当时就受到晏子、墨子的批判,时间过去了两千多年,到今天已没有什么意义。但孔子创立的以"仁"为核心的道德伦理,孔子的积极进取精神,孔子有关修身治国的格言,孔子在历史上发挥的作用,永远是中华民族甚至是全人类宝贵的精神财富。一个没有圣哲的民族是落后的民族,而无端否定古代的圣哲是愚蠢的行为。中共十一大做出了正确的结论,否定了"文化大革命"的错误,拨乱反正,使中国的社会主义革命重新走上正确的道路;对孔子的无端攻击也就自然了结。于今在世界各地创办了数以百计的孔子学院,孔子作为中华民族文化的象征将永远光照环球。

①侯外庐《中国古代思想史》,辽宁教育出版社,一九九八年第一版。

②《甲骨文编》卷八·一,中国社会科学院考古研究所编。中华书局一九六五年出版。

③《孟子·万章上》。

④《史记·屈原列传》。

⑤《孟子·告子上》。

⑥《荀子·性恶》。

⑦《史记·孟子荀卿列传》谓孟子"受业于子思之门人"。《汉书·艺文志》著录《孟子》十一篇,注:"子思弟子。"按,伯鱼于鲁哀公十三年(前482)去世,其时子思二十五岁左右。《孔子世家》谓"子思年六十二",则去世当在鲁悼公二十二年(前445)前后。孟子鲁共公四年(372)前后才出生,上距子思去世已七十多年,不可能受业于子思,当以"受业于子思之门人"为是。

⑧《韩昌黎集·读荀》。

⑨《史记·孟子荀卿列传》提到墨翟,谓为"宋之大夫"。《吕氏春秋》中《当染》《慎大》高诱注墨子为"鲁人"。孙诒让《墨子传略》也推定墨子为鲁人。

⑩⑪引自《史记·秦始皇本纪》。

⑫⑬引自《汉书·艺文志》。

⑭封赠孔子从汉代开始。西汉平帝原始元年(1)封孔子为褒成宣尼公,东汉和帝永元四年(92)封为褒成侯,北魏孝文帝太和十六年(492)封为文圣尼父,北周静帝大象二年(580)封为邹国公,隋文帝开皇元年(581)封为先师尼父,唐太宗贞观二年(628)封为先圣,唐高宗乾封元年(666)封为太师,武则天天授元年(690)封为隆道公,唐玄宗开元二十七年(739)封为文宣王,命天下州郡建文宣王庙,后周太祖广顺二年(952)封为至圣文宣师,西夏仁宗人庆三年(1146)封为文宣帝,宋真宗大中祥符元年(1008)封为玄圣文宣王,大中祥符五年(1012)改称至圣文宣王,元成宗大德十一年(1307)封为大成至圣文宣王,明世宗嘉靖九年(1530)封为至圣先师,清世祖顺治二年(1645)封为大成至圣文宣先师,中华民国二十四年(1935)尊称为大成至圣先师。

《论语集解序》注

[题解]

三国魏何晏等人集汉魏经学家《论语》训解,加上他们自己的解释,称为《论语集解》。魏齐王正始中上于朝廷,书前有说明汉魏经学家传授训解《论语》原委的叙录。叙,亦称序。本文即为《论语集解序》作注。

邢昺疏曰:"序者,何晏次序传授训说之人,乃已集解之意。序为《论语》而作,故曰'论语序'。"("乃已",当作"及己")。邢昺疏解何晏集解序,题为《论语注疏解经序》。

南朝梁皇侃作《论语义疏》,宋真宗咸平二年诏邢昺重新改定,去其冗蔓,兼采诸儒之说,成《论语注疏》。疏,也叫正义,故又称《论语正义》——《十三经注疏》中《论语注疏》即"何晏注,邢昺疏"。其实是何晏等五人注(见后)。

皇侃(488—545)南朝梁吴郡(今江苏苏州)人。曾任国子助教、官员外散骑侍郎。《南史》《梁书》并有传。皇侃所撰《论语义疏》。南宋时佚。清乾隆时在日本发现,但已有窜乱。另有《礼记讲疏》《礼记义疏》《孝经义疏》,均佚;清马国翰《玉函山房辑佚书》有辑本。

邢昺(932—1010),字叔明,济阴(今山东曹县西北)人。宋太宗时擢九经及第。真宗初，置翰林侍讲学士，昺即任此职。官至礼部尚书。《宋史》有传。所撰《论语正义》《孝经正义》《尔雅义疏》，并收入《十三经注疏》。

叙曰^①：

汉中垒校尉刘向言^②：鲁《论语》二十篇，皆孔子弟子记诸善言也。太子太傅夏侯胜^③、前将军萧望之^④、丞相韦贤及子玄成等传之^⑤。

齐《论语》二十二篇^⑥。其二十篇中，章句颇多于鲁论。琅邪王卿及胶东庸生^⑦，昌邑中尉王吉^⑧，皆以教授。

故有鲁论，有齐论。

①叙曰，邢昺疏："叙与序，音义同。曰者，发语辞也。"

②刘向（前77—前6），原名更生，字子政，汉高祖少弟楚元王刘交四世孙。宣帝时任散骑谏大夫。元帝时因反对宦官弘恭石显，被捕下狱，免为庶人。成帝即位，复得起用，更名向，迁光禄大夫，为中垒校尉。著有《说苑》《新序》《列女传》等书。哀帝建平元年卒，年七十二。《汉书》有传。秦始皇统一天下后，焚毁先秦典籍。由于秦王朝为时短暂，仍有不少书暗藏于民间。汉朝建立以后，"大收篇籍，广开献书之路"。汉武帝时，"建藏书之策，置写书之官，下及诸子传说，皆充秘府"。汉成帝时，"诏光禄大夫刘向校经传诸子诗赋，步兵校尉任宏校兵书，太史令尹咸校数术，侍医李柱国校方技。每一书已，向辄条其篇目，撮其指意，录而奏之"。（《汉书·艺文志》）向并将全部书目，编为《别录》。刘向死后，汉哀帝复使向子刘歆继承父业。刘歆在乃父《别录》基础上编为《七略》，即《辑略》《六艺略》《诸子略》《诗赋略》《兵书略》《术数略》《方技略》。东汉班固将《七略》补充修订，编为《艺文志》，成为中国古代第一部图书目录著作。刘向

刘歆父子整理先秦典籍作了伟大的贡献。

③夏侯胜，字长公，东平（今山东东平）人。习《尚书》，征为博士。汉宣帝立，大将军霍光令胜用《尚书》授太后（即昭帝上官皇后，上官桀孙女，霍光外孙女，为皇后时年方六岁，所谓太后，其实年才十四五岁。）胜因此迁长信少府，赐爵关内侯。胜刚直敢言，认为汉武帝"虽有攘夷广土之功，但亡德泽于民，不宜为立庙乐"，与丞相长史黄霸同下狱。胜于狱中授黄霸《尚书》。后遇赦出狱，复为长信少府，迁太子太傅，受诏撰《尚书说》《论语说》。年九十卒于官。

④萧望之（前106—前41），字长倩，东海兰陵（今山东苍山县兰陵镇）人，徙杜陵。家世以田为业，望之好学，从后苍受《齐诗》，又从夏侯胜问《论语》。汉宣帝时累官至谏大夫，御史大夫。以忤宣帝意，左迁太子太傅，为太子（元帝）授经。宣帝疾笃，拜望之为前将军光禄勋，与大司马车骑将军史高、光禄大夫周堪，受遗诏辅政。元帝即位，望之以师傅见重。后为宦官弘恭石显所害，饮鸩自杀，时年六十有六。

⑤韦贤（前148—前60），字长孺，鲁国邹（今山东邹县）人。贤为人质朴少欲，笃志于学，兼通《礼》《尚书》，以《诗》教授，号称邹鲁大儒。征为博士，给事中，为汉昭帝授《诗》，迁光禄大夫詹事，至大鸿胪。昭帝死后无嗣，霍光与公卿共立宣帝，贤参与谋议，赐爵关内侯，徙为长信少府，以先帝师甚见尊重。本始三年为丞相，封扶阳侯，时年已七十馀。为相五年，地节三年致仕。汉代丞相致仕，自韦贤始。宣帝神爵二年卒，年八十二，谥节侯。其少子韦玄成，字少翁，复以明经位至丞相。故邹鲁间谚曰："遗子黄金满籝，不如一经。"

——上述诸人，按年代先后韦贤在前，次夏侯胜，次萧望之。《汉书》并有传。

⑥齐《论语》二十二篇，即多《问王》《知道》二篇（见后），此二篇已佚。

⑦王卿，《汉书·武帝纪》天汉三年（前98）"春二月，御史大夫

王卿有罪自杀"。又，《百官公卿表》："天汉元年济南太守琅邪王卿为御史大夫，二年有罪自杀。"其人仅见于此。庸生，《汉书·儒林传》记，都尉朝以古文《尚书》"授胶东庸生，庸生授清河胡常少子。"（都尉朝，姓都尉，名朝。胡常少子，胡常，字少子。）又，《张禹传》记张禹从"胶东庸生问《论语》"。

⑧王吉（？—前48），字子阳，琅邪皋虞（今山东即墨县东北）人。少时好学明经，举贤良为昌邑中尉。昌邑王刘贺"好游猎，驱驰国中，动作亡节"。王吉上疏切谏。汉昭帝死后无嗣，大将军霍光迎立昌邑王，即位二十馀日因行为淫乱被废，臣下多被诛，唯王吉"以忠直数谏得减死，髡为城旦"。后起为益州刺史，因病去官，复征为博士谏大夫。数上书言得失，宣帝以其迂阔，不甚宠信，吉遂谢病归琅邪。《汉书》有传。王吉兼通五经，以《诗》《论语》教授。

　　鲁共王时尝欲以孔子宅为宫，坏，得古文《论语》①。齐论有《问王》《知道》，多于鲁论二篇；古论亦无此二篇。分《尧曰》下章"子张问"以为一篇，有两《子张》②；凡二十一篇，篇次不与齐、鲁论同③。

①鲁共王，即汉景帝子刘馀。《汉书·艺文志》："武帝末，鲁共王坏孔子宅，欲以广其宫，而得古文《尚书》及《礼记》《论语》《孝经》，凡数十篇，皆古字也。"秦始皇统一以后，焚毁古代典籍，故孔子后人将部分古文典籍藏于住宅壁中以免焚毁，一百多年之后被鲁共王偶然发现。（其中古文《尚书》于晋永嘉之乱时亡佚。晋元帝时豫章内史梅赜（zé）献古文《尚书》，有孔安国传。自宋代以来即有人怀疑，清代阎若璩作《古文尚书疏证》，翔实考证其为伪作。）

②两《子张》，《论语》第十九篇为《子张》，古《论语》分《尧曰》篇最后"子张问于孔子曰"章以下另作一篇，故有两《子张》。

③篇次不与齐鲁论同，邢昺疏引《新论》云："文异者四百馀字。"

安昌侯张禹本受鲁论，兼讲齐说，善者从之，号曰《张侯论》①，为世所贵。包氏周氏章句出焉②。

古论唯博士孔安国为之训解，而世不传③。至顺帝时南郡太守马融亦为之训说④。

汉末大司农郑玄就鲁论篇章，考之齐古，为之注⑤。

近故司空陈群⑥、太常王肃⑦、博士周生烈，皆为义说⑧。

①张禹（？—前5），字子文，河内轵（今河南济源）人。曾从施仇受《易》，从王阳（即王吉）庸生问《论语》。举为郡文学，应试为博士。元帝初元中授太子（成帝）《论语》，迁光禄大夫。成帝即位，赐爵关内侯。河平四年（25）为丞相，封安昌侯，为相六年致仕。《汉书》本传谓张禹之前，"鲁扶卿及夏侯胜、王阳、萧望之、韦玄成，皆说《论语》，篇第或异。禹先事王阳，后从庸生，采获所安，最后出而尊贵。"即所谓"本受鲁论，兼讲齐说，善者从之，号曰'张侯论'。"汉灵帝时所刻熹平石经，《论语》用的就是"张侯论"。

②包氏，即包咸（前6—65），字子良，会稽曲阿（今江苏丹阳）人。少为诸生，受业长安，习鲁《诗》、《论语》。举孝廉，除郎中。东汉光武帝建武中，"入授皇太子（明帝）《论语》，为《论语》章句。拜谏议大夫、侍中、右中郎将。明帝永平五年，迁大鸿胪。"永平八年卒，年七十二。见《后汉书·儒林传》。周氏，邢昺疏："不详何人。"章句，注解章节与词句，与注解、训解实同义。

③孔安国，《史记·孔子世家》记孔安国为孔子十一代孙，为汉武帝博士，官至临淮太守。《汉书·刘歆传》载刘歆遗太常博士书曰：

"鲁恭王坏孔子宅，欲以为宫，而得古文于坏壁之中，《逸礼》有三十九，《书》十六篇。天汉之后，孔安国献之。"《孔光传》记："安国、延年皆以治《尚书》为武帝博士，安国至临淮太守。"（延年安国为兄弟）《儒林传》记："孔氏有古文《尚书》，孔安国以今文读之。""安国为谏大夫，授都尉朝，而司马迁亦从安国问故。"《后汉书·儒林传》记："自安国以下，世传古文《尚书》《毛诗》。"按，《史记》《汉书》《后汉书》凡涉孔安国皆言其传《尚书》，而何晏集解叙谓孔安国训解古文《论语》，今集解所引汉魏经学家训解凡八百八十馀条（不包括何晏等人的训解），孔安国将近一半；然叙又言安国训解"而世不传"，则所引从何而来？叙文交代不清。故清代学者陈鳣《论语古训·自序》、沈涛《论语孔注辨伪》、丁晏《论语孔注证伪》等怀疑孔安国训解为伪作。按，所谓"辨伪""证伪"是论证其是否孔安国所作，并不影响训解本身的价值。即使不是孔安国，也是汉代经学家。就研究者而言，只考察其正确与否，无需计较其作者是谁。

④马融（79—166），字季长，扶风茂陵（今陕西兴平）人。安帝时为校书郎中，于东观典校秘书。桓帝时为南郡太守。融才高博洽，为世通儒，教养诸生常以千数。善鼓琴，好吹笛。达生任性，不拘儒者之节。常坐高堂，前授生徒，后列女乐。弟子以次相传，少有入其室者，卢植郑玄并出其门。桓帝延熹九年卒，年八十八。《后汉书》有传。

⑤郑玄（127—200），字康成，北海高密（今属山东）人。曾入太学习《京氏易》《公羊春秋》《三统历》《九章算术》，又从东郡张恭祖受《周官》《礼记》《左氏春秋》《韩诗》《古文尚书》。以山东无足问者乃西入关，事扶风马融。在马融门下，三年不得见，乃使高业弟子传授于玄。玄日夜诵读，未尝怠倦。辞别马融时，马融叹曰："郑生此去，吾道东矣！"玄游学十馀年始归乡里，教授生徒。又遭党锢之祸，遂杜门不出，隐修经业。孔融为北海相，深敬郑玄，告高密令为特立一乡，称"郑公乡"。弟子自远方来者多至数千人。汉末征为大司

农，玄以病自乞还家。汉献帝建安五年卒，年七十四。《后汉书》有传。郑玄集汉代经学之大成，自西汉以来，儒生大多专治一经，唯郑玄学问博洽，遍注群经，惜大多亡佚，今所存者尚有《毛诗笺》《周礼》《仪礼》《礼记》注。所作《论语注》不专取一家。"就鲁论篇章，考之齐古"，意即以鲁《论语》篇章为基础，同时参考齐《论语》与古文《论语》。其《论语注》亦久失传，近代在敦煌与日本发现部分写本残卷。

⑥近，指三国曹魏之时。陈群（？—236），字长文，颍川许昌（今属河南）人。先为刘备别驾，曹操辟为司空西曹掾属，后为治书侍御史。魏文帝即位，迁尚书仆射，加侍中，徙尚书令，进爵颍乡侯，为镇军大将军。文帝临终，召陈群与曹真、曹休、司马懿，并受遗诏辅佐明帝。明帝青龙四年卒，谥靖侯。《三国志·魏书》有传。

⑦王肃（195—256），字子雍，东海郯（今山东郯城）人。魏司徒王朗之子。魏文帝黄初中为散骑黄门侍郎，明帝太和中拜散骑常侍。齐王正始元年，出为广平太守。后迁中领军，加散骑常侍。高贵乡公甘露元年卒，年六十二。其生平附于《三国志·魏书》王朗传。王肃本善贾逵马融之学，汉末郑玄集汉代今古文经学之大成，肃欲与之争胜，撰《圣证论》以攻击郑氏，并伪托孔安国《尚书传》、《论语》、《孝经》注、《孔子家语》、《孔从子》以佐其说，遍注《尚书》《诗》《论语》《三礼》《左传》。因司马昭为其女婿，外孙司马炎篡魏建晋，即晋武帝，故王肃之书在西晋得列于学官。其书后多亡佚。《汉书·艺文志》著录《孔子家语》二十七卷，至唐代亡佚；今本《孔子家语》十卷，即为王肃伪托。

⑧周生烈，《王肃传》结尾处谓"魏初征士敦煌周生烈、明帝时大司农弘农董遇等，亦历注经传，颇传于世"。邢昺疏亦谓"周生烈敦煌人"；并引《士录》云："字文逸，本姓唐，魏博士，侍中。"——前文叙《张侯论》有"周氏章句出焉"，后又有"博士周生烈为义说"，致使集解引"周曰"，无法判断是哪一"周"。

前世传授师说虽有异同,不为训解。中间为之训解,至于今多矣,所见不同,互有得失①。今集诸家之善,记其姓名;有不安者颇为改易②。名曰《论语集解》。

①前世,指西汉鲁《论语》、齐《论语》、古文《论语》并存之时,经师传授虽有异同,但不做训解。中间,指《张侯论》出现以后,包氏、周氏、马融、郑玄等乃为章句训解。
②今集诸家之善,指集汉代以至曹魏当代诸家之善,即集解所引"孔曰、包曰、马曰、郑曰"之类。有不安者颇为改易,《国语·晋语一》"君父之所安也",韦昭注:"安,犹善也。"意谓古注有不善者,集解者为之改易,即何晏等人自己的解释。

光禄大夫关内侯臣孙邕①,光禄大夫臣郑冲②、散骑常侍中领军安乡亭侯臣曹羲③、侍中臣荀𫖮④、尚书驸马都尉关内侯臣何晏等上⑤。

①孙邕,《三国志·魏书·鲍勋传》记黄初七年,文帝"从寿春还,屯陈留界,太守孙邕见"。《卢毓传》记侍中卢毓向文帝举荐郑冲孙邕。《管宁传》记齐王正始二年侍中孙邕曾参与举荐管宁。《三少帝纪》记嘉平六年司马师废齐王曹芳,上奏皇太后群臣中有光禄大夫关内侯孙邕。此孙邕生平之见于纪传者。邢昺疏:"孙邕,字宗儒,青州人。"
②郑冲(?—289),字文和,荥阳开封(今属河南)人。魏文帝为太子,命冲为文学。累迁尚书郎,出补陈留太守。曹爽引为从事中郎,转散骑常侍,光禄勋。齐王嘉平三年拜司空、封寿光侯。晋武帝"践阼",拜太傅,进爵为公。太康十年卒。《晋书》有传。

③曹羲（？—249），魏宗室曹真次子，大将军曹爽之弟，为中领军。齐王曹芳正始十年，曹爽与司马懿权力斗争中失败，"皆伏诛，夷三族"，曹羲亦在其内。见《三国志·魏书·曹真传》。

④荀颛，字景倩，颍川颍阴（今河南许昌）人，尚书令荀彧之子。其生平散见于《三国志·魏书》荀彧等传中。

⑤何晏（190—249），字平叔，大将军何进之孙。汉少帝光熹元年（189），何进谋诛宦官，反被宦官杀害。何家败没之时，曹操纳何晏之母尹氏为夫人，晏由此成为曹操养子。而后又尚操女金乡公主，成为曹操女婿。魏正始初，何晏"曲合于曹爽，爽用为散骑侍郎，迁侍中尚书"，与邓飏、李胜、丁谧、毕轨等成为曹爽腹心。魏齐王正始十年（249）曹爽在与司马懿的争权斗争中失败，晏又为司马懿穷治曹爽党羽，但并未能保住自身性命，仍为司马懿所杀。《三国志·何晏传》注引《魏氏春秋》记其结局："宣王（司马懿）使晏与治爽等狱。晏穷治党羽，冀以获宥。宣王曰：'凡有八族。'晏疏丁、邓等七姓。宣王曰：'未也。'晏穷急，乃曰：'岂谓晏乎？'宣王曰：'是也。'乃收晏。"何晏性好《老》《庄》，与夏侯玄、王弼等倡导玄学。《文心雕龙·明诗》谓"正始明道，诗杂仙心。何晏之徒，率多浮浅"。著有《道德论》《无名论》《无为论》等宣扬道家哲学，却又"援道入儒"，参预集解《论语》。何晏本系浮华子弟，无耻之徒，却与不朽的经典结缘，是曹魏时代极为荒诞而独特的人物。——《晋书·郑冲传》："初，冲与孙邕、曹羲、荀颛、何晏共集《论语》诸家训注之善者，记其姓名，因从其义，有不安者，辄改易之，名曰《论语集解》。成，奏之魏朝，于今传焉。"

★本文是何晏等上《论语集解》的叙录，叙述了汉代《论语》传授的情况。汉初先有"鲁论"和"齐论"。后来鲁共王刘馀坏孔子宅，得"古论"于孔宅壁中。汉元帝时安昌侯张禹"本受鲁论，兼讲齐说"，融合两者成为"张侯论"。"张侯论"之前，经师们只是讲授，并无训释。"张侯论"出，博士孔安国才"为之训解"，南郡太守"马融亦为之训说"。汉末集汉学大成的郑玄"就鲁论篇章，考之齐古"作"论语注"。郑氏注虽然亡佚（敦煌和日本发现有唐写本残卷），但何晏集解中多有引用。曹魏之时，"司空陈群、太常王肃、博士周生烈，皆为义说"。而后孙邕、郑冲、曹羲、荀𫖮与何晏"集诸家之善"，作为集解。此书通常称为"何晏集解"，实五人共同的成果。序文简明扼要，故附于全书正文之前，并为之注，以明集解成书之原委。

凡"集解"所引："包"即包咸，"孔"即孔安国，"马"即马融，"郑"即郑玄，"王"即王肃。"陈"即陈群，唯"周"无法确认为周氏抑为周生烈。集解所引"周曰"甚少，仅十五条。

学而第一

《论语》每篇取"子曰"首句中两字或涉人名作为篇名。本篇凡十六章。

【1.1】
子曰①:"学而时习之,不亦说乎②!有朋自远方来③,不亦乐乎!人不知而不愠④,不亦君子乎!"

①子,孔子。《公冶长》篇"愿闻子之志",皇侃疏:"古称师曰子也。"馀详星评释"子"。曰,说。
②学,求取知识道艺。朱熹集注:"学之为言效也。"《玉篇·子部》:"学,受教也。"而,连词。时,按时。解作时常亦通。习,温习;还包括演习、实习、练习诸义。学而时习之,谓学而且按时温习。亦,副词,通常是"也"的意思,但在"不亦乐乎"之类的语句中,只具有加重语气的作用,近似于现代汉语"很",不能解作"也"。不亦说乎,不是很高兴吗。在不同语句中含义小有差别。后文"不亦君子乎",犹言"不是很有君子修养吗"。说(yuè),同"悦",喜悦,高兴。乎,语气助词,此用作询问、反问的语气。

③有朋，何晏集解引包咸曰："同门曰朋。"相当于同学。孔子和弟子谈话，用弟子的语气，谓有朋来自远方。《释文》："有或作友。"讲作"友朋"亦通。

④人，他人，别人。不知，不了解，不理解。愠（yùn），释文引郑云，"怒也"。《说文》："愠，怒也。"君子，典籍中君子与小人相对，有两义：从德行修养的角度，有德者称君子，缺德者为小人；从社会地位的角度，统治者为君子，被统治者为小人。此指前者。——《论语》主要是弟子们所记孔子的语录，大多只记录讲话的基本内容，极少记讲话的客观环境。本章记录孔子对弟子的一次讲话，勉励大家努力学习。学了按时温习，"温故而知新"，不是很愉快吗？有这么多同学从四面八方来到，不是很快乐吗？只要学习得好，人们不了解也不抱怨，不是很有君子的修养吗？

★释"子"——

"子"字象胎儿之形。胎儿出生为孩子，乃称为"子"。包括男女。《公冶长》篇孔子谓公冶长"可妻也"，"以其子妻之"，子，即孔子之女。后多用于男性，即儿子。引而申之，动物的幼仔也叫"子"。鸟类的蛋是未出壳的幼仔，故蛋也叫"子"。"天地浑圆如鸡子"，"雨雹如鸡子"，鸡子，即鸡蛋。

"子"字诸义皆由此引申而来。

"子"字还有一系列纯属男性的重要词义。《左传·昭公十二年》"从我者子乎"杜预注："子，男子之通称。"《仪礼·士冠礼》"愿吾子之教之也"郑玄注："子，男子之美称。"《穀梁传·宣公十年》"其曰子"范宁注："子者，人之贵称。"《仪礼·乡射礼》"某酬某子"郑玄注："子是尊称。"《论语·学而》"子曰"邢昺疏："子者，男子有德之通称也。"《公冶长》"愿闻子之志"，皇侃疏："古称师曰子也。"孔子是最大的有德者，也是最大的师，故《论语》中称之为"子"。

"子"是孩子、儿子，何以一跃而成为美称、贵称、尊称，对老师竟也称为"子"呢？

友人黄纪华先生说：由于商王姓子，商亡之后，王族的后人仍受到人们的尊重，乃以"子"作为他们的尊称。本专指商王的后代，后来更演化成为一般的尊称；先秦诸子之"子"即由此而来。纪华先生的解释很有道理，而孔子"其先宋人也"，"宋微子之后"。宋微子是商纣王的庶兄，故孔子最有资格称为"子"。

纪华先生的解释，有可以类比的旁证。周王姓姬，王族出嫁的女子被称为"姬"。《诗经》中王姬、淑姬，《左传》中大姬、少姬，并周室王族女子。《汉书·文帝纪》"母曰薄姬"颜师古注："姬者，本周之姓，贵于众国之女，所以妇人美号皆称姬焉。"又，齐太公吕尚"姓姜氏"，齐女出嫁他国，亦称为"姜"，如孟姜、武姜、大姜、少姜等。商王后人称为"子"，演化而成为男子之尊称；周王外嫁女子称为"姬"，齐君外嫁女子称为"姜"，演化而成为妇人之尊称；两者的思维逻辑一致。

胎儿出生的男女称为"子"，商王的后代被尊称为"子"，纪华先生称为"子字双源"。

再加追溯，"双源"其实同出一源。《史记·殷本纪》谓殷商之始祖契，其母简狄吞玄鸟卵孕而生契，因"姓子氏"。集解引《礼纬》："祖以玄鸟生子也。"商王后人被尊称为"子"，是由于商王姓"子"；商王姓子是由于简狄吞玄鸟之"子"（玄鸟之蛋）；玄鸟之子是由儿子之"子"引申而来；这就是"子"字本初的源头。

【1.2】

有子曰[①]："其为人也孝弟，而好犯上者，鲜矣[②]；不好犯上，而好作乱者，未之有也[③]。君子务本，本立而道生[④]。孝弟也者，其为仁之本与！[⑤]"

①有子,即有若(前518?—?)。《史记·仲尼弟子列传》:"有若,少孔子四十三岁。"索隐引《家语》:"鲁人,字子有,少孔子三十三岁。"(《家语》即《孔子家语》。《汉书·艺文志》著录《孔子家语》,久已亡佚。传世《孔子家语》系三国魏王肃伪托,所记仅供参考。)有若在孔门弟子中有特殊地位。孔子死后,弟子们以有若状貌似孔子,曾一度尊之为师,"师之如夫子时也"。在《论语》叙述语中,对孔子弟子只有曾参称为曾子,有若有四处称为有子。另外,闵子骞有一处称闵子,冉有有三处称冉子。其他弟子均称其字。

②其,代词,此泛指,犹言那个人。为人,做人,指人的行为品格。孝弟,通常指孝顺父母,敬爱兄长。皇侃疏:"善事父母曰孝也。"朱熹集注:"善事父母为孝,善事兄长为弟。"弟,同"悌"(tì)。好,喜欢。读去声(hào)。犯,冒犯,抵触,冲撞。上,君上,长上。者,犹现代汉语"的"。鲜,少;读上声(xiǎn)。矣,语气词。

③作乱,造反,发动叛乱。未之有也,即未有之也。"之"字是否定句中代词宾语提前。"鲜矣"与"未之有也"是由轻到重的层次;"鲜矣"是少有,即或有之也不严重;"未之有也"则完全没有,万一有之则极其严重。

④君子,有德者。务,专力于,致力于。本,根本。立,树立,站得住。道,凡正面的学说、主张,皆泛称之为"道"。生,产生。

⑤也者,提示性语句中的代词,犹言这个东西,此指孝弟这种品行。"其为"之"其",带有推测性的副词,犹言大概。为,就是。与,通"欤",语气词(凡疑问句后"与"皆同)。仁,孔子哲学中的道德伦理范畴,是处理人与人之间关系的根本原则,是修身齐家治国平天下的基础。"仁者,人也","仁,亲也","亲亲为仁";"仁,爱也","仁者爱人";"博施济众之谓仁","爱人利物之谓仁",内涵极为丰富。其为仁之本与,大概是"仁"的根本吧。用存疑的语气,实

际是充分肯定的。一说，仁之为言人也，实通"人"。其为仁之本与，即其为人之本与，大概是做人的根本吧。同样是用存疑的语气，实际是肯定的。如此解释，亦言之成理。

【1.3】
子曰："巧言令色，鲜矣仁。①"

①巧言，巧佞之言，犹言花言巧语。令色，指虚伪的面孔。何晏集解引包咸曰："巧言，好其言语。令色，善其颜色。皆欲令人说之，少能有仁也。"（说，同"悦"。）

【1.4】
曾子曰①："吾日三省吾身②。为人谋而不忠乎？与朋友交而不信乎？传不习乎？③"

①曾子，即曾参（shēn）。《仲尼弟子列传》："曾参，南武城人，字子舆，少孔子四十六岁。"索隐谓"武城属鲁"。今山东枣庄附近。曾子是有名的孝子，父曾点也是仲尼弟子，父子先后同门。曾子少孔子四十六岁，则生于鲁定公五年（前505）。据《阙里文献考》"曾子年七十而卒"，自鲁定公五年下推七十年，则卒于鲁元公元年（周考王五年，前436）。孔子之孙孔伋字子思即受业于曾子，后孟子又受业于子思之门人，故曾子是孔子的重要传人，由曾子到子思是孔子到孟子之间的桥梁。——王引之《经义述闻·春秋名字解诂下》："鲁曾参字子舆，参，读为骖。《秦风·小戎》篇笺云：骖，两骓也。桓三年左传正义云：初驾马者，以二马夹辕而已。又驾一马，与两服为参，故谓之骖。"是"参"同"骖"。《说文》："骖，驾三马也。"取其驾义。《说文》："舆，车舆也。"代指车。名与字相应：曾参，字子舆；取驾

马引车前进之意。据此，则"参"应读同骖，仓含切（cān）。然后世都读如莘（shēn）。《里仁》篇"参乎，吾道一以贯之"，《释文》："参，所金切。"《孝经》"参不敏"，《释文》："参，所林切。"（据王引之解诂，"参，读为骖"，然后世何以读如莘，王引之亦未加解释。）

②吾，我。日，每天。三是虚数，犹言多次。此处"三"并非后面所举三个方面的总括。（朱熹集注："曾子以此三者日省其身。"按，"三"是虚数，由清人汪中《述学·释三九》揭示，宋人尚不清楚。）省（xǐng），内省，反省，即自我省察。吾身，我自己。《尔雅·释诂下》："身，我也。"

③为人谋，替别人办事。《左传·襄公四年》："咨难为谋。"《国语·鲁语下》："咨事为谋。"《春秋繁露·五行五事》："谋者，谋事也。"忠，《书·仲虺之诰》"显忠遂良"孔颖达疏："忠是尽心之事。"《里仁》"忠恕而已矣"皇侃疏："忠，谓尽中心也。"朋友，集解引郑注："同门曰朋，同志曰友。"信，诚。传，名词，老师所传授的知识技艺。习，朱熹集注："习，谓熟之于己。"《说文·习部》段玉裁注："习，引申之义为习孰。"（孰，通熟）。三句谓，为人办事尽心了没有？与朋友相交做到诚心诚意没有？学到的知识熟悉了没有？（传不习乎，皇侃疏："习，是修故之称也。"按朱熹说，犹今言学到的知识掌握了没有，学到手没有。照皇侃说，谓复习温习了没有。皇疏亦通，但朱熹之说更为准确。）

【1.5】

子曰："道千乘之国①，敬事而信②，节用而爱人③，使民以时。④"

①道，通"导"，读去声（dào），治理。何晏集解引马融曰："道，谓为之政教。"又引包咸曰："道，治也。千乘之国者，百里之

国也。"千乘（shèng），四马曰乘，一车四马，故乘成为车之通名。千乘指兵车的数量。千乘之国，有千乘兵车的诸侯国。

②敬，《说文》，"肃也"，严肃。敬事，严肃认真地工作。信，诚信。何晏集解引包咸曰："为国者举事必敬慎，与民必诚信。"

③节用，节约用度。爱人，爱护人民。何晏集解引包咸曰："节用，不奢侈。国以民为本，故爱养之。"

④使民，役使民众，指使民服徭役。以时，按一定的季节时间。何晏集解引包咸曰："作事使民必以其时，不妨作农务。"即《孟子·梁惠王上》所谓"不违农时"之意。按，使民以时，应包括两个方面：一如包氏所云，"使民必以其时，不妨作农务"；二谓有一定的时间，不能超过限度，以免过于劳苦民众。

★此章必是有人问如何为政，孔子回答如此。"敬事而信"，是对自身严格的要求；"节用而爱人"，谓珍惜物资，爱护人民；"使民以时"，有节制地役使民众。三者是孔子仁政的重要内涵。

【1.6】

子曰："弟子入则孝，出则弟①，谨而信②，泛爱众而亲仁③。行有馀力，则以学文。④"

①弟子，相对先生而言指学生，相对父兄而言指为弟为子的年轻后生。此指后者。皇侃疏："犹子弟也。"刘宝楠正义："弟子者，对父兄之称，谓人幼小为弟为子时也。"在《论语》中孔子本人并不称自己的学生为弟子。孝，孝顺父母；弟（tì），敬爱兄弟。"入则孝，出则弟"，"入、出"二字互文，但仍有次第：父母在家时多，故用"入"；兄弟出门时多，故用"出"。

②谨，《说文》，"慎也"。谨而信，谨慎而诚信。

③泛，朱熹集注，"广也"。《广雅·释言》："泛，博也。"泛爱，犹言博爱，广泛的爱。《广雅·释诂》："亲，近也。"句中"仁"与"众"对举，"仁"指有仁德者。泛爱众而亲仁，博爱众人而亲近有仁德者。前者曰"泛爱"，后者曰"亲"，程度性质均有别。

④行，即"入则孝，出则弟，谨而信，泛爱众而亲仁"诸端的实践；如此而有馀力则以学文。文，何晏集解引马融曰："文者，古之遗文。"释文引郑云："文，道艺也。"朱熹集注："文，谓诗书六艺之文。"

【1.7】

子夏曰①："贤贤易色②；事父母能竭其力，事君能致其身③，与朋友交言而有信。虽曰未学④，吾必谓之学矣。"

①子夏，《仲尼弟子列传》："卜商（前507—？），字子夏，少孔子四十四岁。"索隐："《家语》云卫人，郑玄云温国人，不同者，温国今河南温县，元属卫故。"——卜商，字子夏，商承夏也；以两个后先相承的王朝作为名与字。

②贤贤易色，谓看待人应重视其内心的真诚，而不看其表面现象。馀详星评。

③"事父母"之事，侍奉。竭，尽。"事君"之事，事奉。君，君上，君主。致，朱熹集注，"犹委也"。致其身，犹言全身奉献，甚至献出生命。

④虽，即使。未学，未曾学习，犹今言没有学历。谓之，说他。

★说"贤贤易色"——

贤贤，第一个"贤"，动词，皇侃疏，"尊重也"，尊重、崇敬、重视之意。注家没有歧异。第二个"贤"，名词，通常解作贤人。易，何晏集解与朱熹集注都理解为改易。色,女色。何晏集解云:"言以好色之心好贤则善。"朱熹集注云:"贤人之贤而易其好色之心,好善有诚也。"这样理解改变了原文的语言结构,显然不对。

按,易,轻易也。《孟子·离娄上》"人之易其言也",焦循正义引《礼记·乐记》注云:"易,轻易也。"《汉书·王嘉传》"吏民慢易之",颜师古注:"易,亦轻也。"本文"贤贤易色","贤"与"易"对举,"贤"为崇敬、尊崇之意,则"易"为轻易、轻略之义。"贤贤易色"为并列动宾结构,古代多数注家理解为崇敬贤人而轻略女色。

陈祖范《经咫》、宋翔凤《朴学斋札记》、管同《四书纪闻》、杨伯峻《论语译注》并以"贤贤易色"指对妻子而言。他们的理由是"事父母、事君、与朋友交"均指一定的人事关系,"贤贤易色"不应泛指。杨伯峻译此四字为"对待妻子,重视品德,不重容貌"。按,此说非是。"事父母""事君""与朋友交",对象都很明确,而"贤贤易色"原文并没有说对待"妻子",注释者无权擅为加上。杨伯峻又解释说:"奴隶社会和封建社会把夫妻间关系看得很重,认为是'人伦之始'和'王化之基',这里开始便谈论到它,是不足为奇的。"此说亦非。在古代典籍中,只有在论述宇宙自然从出现物质到生成人类到组成社会的进化过程中,"夫妇"才放到"父子、君臣"之前。如《易·序卦》曰:"有天地然后有万物,有万物然后有男女,有男女然后有夫妇,有夫妇然后有父子,有父子然后有君臣,有君臣然后有上下,有上下然后礼乐有所错。"儒家学者在宣扬《诗经》中《周南·关雎》等篇时说的所谓"人伦之始""王化之基",也是在上述认识前提下的理论。到了春秋战国时代,把整个人伦放在一起的时候,决不可能将妻子放在君主、父母之前。《礼记·中庸》第二十章:"君臣也,父子也,夫妇也,昆弟也,朋友之交也;五者天下之达道也。"《孟子·滕文公上》论及人伦关系也是"父子有亲,君臣有义,夫妇有别,长幼有序,朋友有信",这种顺序是不能颠倒的。如果子夏把怎样对待妻子放在"事父母、事君"之前,便严重地违背了儒家伦理。

从这四句话的结构上看，"事父母""事君""与朋友交"，都是动宾结构。"贤贤易色"是并列的动宾结构；前三组的宾语是"父母""君"、"朋友"，"贤贤易色"的宾语是"贤"与"色"。《子罕》篇与《卫灵公》篇孔子谓"吾未见好德如好色者"，两相对照，"贤贤"即"好德"，"易色"即不"好色"，因此"贤贤易色"表面看来似乎可以理解为崇敬贤人而轻略女色。

但这样解释也不行，"贤贤易色"是泛说，没有指明具体的对象；而"事父母、事君、与朋友交"所指对象具体，前后逻辑上不一致。

按，"贤贤"第一个"贤"皇侃疏"尊重也"，亦即重视。"易色"之"易"轻易也，即不重视。这两个词的训解，含义明确。值得研究的是第二个"贤"与"易色"之"色"。《论衡·问孔》："言行相应则谓之贤。"言行相应即言行一致。《玉篇·贝部》："贤，持心也。"持心，指持其真心。第二个"贤"即应理解为持其真心，言行一致。《泰伯》篇"正颜色"刘宝楠正义："色，谓凡见于面也。"犹今言表面现象。"易色"之"色"即应理解表面现象。因此，"贤贤易色"应解作，看一个人，应重视其持心真诚，言行一致，而不看重其表面现象。根据上述分析，本章结构是：首句"贤贤易色"提出一个评价人的原则，后面"事父母、事君、与朋友交"是体现这个原则三个重要的方面。整章书应如此讲解：评价一个人，应重视其持心真诚，言行一致；而不重视其表面现象。如果某个人，"事父母能竭其力，事君能致其身，与朋友交言而有信"，都能做到言行一致，而不是虚情假意地表示亲热或忠诚；那么，这个人即使说他未曾学习（犹今言没有学历），我一定说他学习了。

【1.8】

子曰："君子不重则不威，学则不固①。主忠信，无友不如己者②。过则勿惮改③。

①重，庄重。威，威严。固，牢固。不重，不庄重，即为轻浮、浮躁。轻浮自然就没有威仪，浮躁所学就不牢固。

②主，何晏集解引郑玄曰："主，亲也。"忠信，此指忠信之人。己，自己。"主忠信"二句，邢昺疏："主忠信者，主犹亲也，言凡所亲狎皆须有忠信者也。无友不如己者，言无得以忠信不如己者为友也。"要亲近忠信之人，不要亲近在忠信上不如自己的人。馀详星评。

③过，过失，错误。惮，朱熹集注，"思难也"，犹言害怕。有过错不要害怕改正，换言之即要勇于改正。

★（一）说"无友不如己者"——

无友不如己者，朱熹集注："友所以辅仁，不如己则无益而有损。"如此解读，甚为错误。任何人都会有品格、智慧、能力、知识、财富、地位，不如自己的朋友。如果谁都不跟不如自己的人交朋友，世界上就没有朋友这回事了。孔子主张"己欲立而立人，己欲达而达人"。又曰"三人行，必有我师焉。择其善者而从之，其不善者而改之"，怎么可能对不如己者即不以为友呢？

邢昺肯定意识到这中间有不妥，所以他联系"主忠信"来理解，谓人们品格、智慧、能力、知识、财富、地位，都各不相同，即使不如自己也可以交朋友；但不"忠信"的人不可交。邢疏的解释虽然合理，但单就原文"无友不如己者"六个字并未能表达这个意思，注释勉从邢疏，然未必是确切的解释。

《论语》中许多章次只简单记录孔子的言语，没有记录说话的环境。即如本章，一定是孔子对某个特定的人，去某个特定的环境，告诫他要自我庄重，主忠信，无友不如己者，过则无惮改。就像《卫灵公》篇子曰："居是邦也，事其大夫之贤者，友其士之仁者。"（15.10）在特定的情况下，主动去交朋友，当然是事其贤者，友其仁者。脱离具体的语言环境，在一般情况下，如同亲邻戚里、同学同事、社会同仁，怎么可能"无友不如己者"？你对待不如你的人"无友不如己者",胜过你的人对你也会"无友不如己者",那么你就只能成为孤家寡人!因此作为普遍的原则,"无友不如己者",应该说是非常错误的。

(二)说"过则勿惮改"——

《卫灵公》篇第三十章,子曰:"过而不改,是谓过也。"(15.30)照道理,应该是先谈及有过改不改的问题,才说"过而不改,是谓过矣"。《韩诗外传》卷三第十七章引孔子曰:"改而改之,是不过也",与"过而不改,是谓过矣"内容正相对,都是对"过则勿惮改"的进一步说明。可知《韩诗外传》所引确是孔子之言。将此二句与《卫灵公》第三十章两句置于本章之后,合为一章,内容甚为完整:

子曰:"君子不重则不威,学则不固。主忠信,无友不如己者。过则无惮改。过而改之,是不过也;过而不改,是为过矣。"

孔子谈某个问题,肯定会说许多话,弟子们分别把其中一句或几句记录下来。编纂《论语》时,这些本相关联的言语,被编成了好几章。故《论语》中有不少章表述意思不完整,甚或内容残缺。有本应为一章而割裂成了两章或三章,其中有的编在同一篇中,有的分散编在两篇或三篇中。了解这方面的情况,对于理解《论语》极为重要。凡属这种情况,本书即在星评中加以分析,将两章或三章组合成为一章。如此组合,是为了表明这些内容本相联系,仍应联系起来理解。但不改动原书编排,以存经典原貌。

【1.9】

曾子曰:"慎终追远,民德归厚矣。[①]"

①慎,谨慎,慎重。终,邢昺疏:"谓父母之丧也。"追远,刘宝楠正义:"凡父祖已殁,虽久远当时祭之也。"德,德性。《左传·成公十六年》"民生厚而德正",孔颖达疏:"德,谓人之性行。"厚,淳厚。朱熹集注:"慎终者,丧尽其礼。追远者,祭尽其诚。民德归厚,谓下民化之,其德亦归于厚。"此章从君上的角度立论,谓君主能"慎终追远",做出榜样,则民之德性亦归于淳厚。

【1.10】

子禽问于子贡曰①:"夫子至于是邦也必闻其政②,求之与抑与之与?③"

子贡曰:"夫子温、良、恭、俭、让以得之④。夫子之求之也,其诸异乎人之求之与?⑤"

①子禽,陈亢(hàng),字子禽。何晏集解引郑玄曰:"子禽,弟子陈亢也。"然《仲尼弟子列传》中并无其人。子贡,即端木赐(前520—?)。《仲尼弟子列传》:"端木赐,卫人,字子贡,少孔子三十一岁。"卫,在今河南省东北部。——《尔雅·释诂上》:"贡,赐也。"端木赐,字子贡,贡亦赐也。

②夫子,指孔子。邢昺疏:"礼,身经为大夫者得称为夫子。孔子鲁大夫,故弟子呼为夫子也。"邢说未必的确。赵翼《陔馀丛考》:"夫子本春秋时先生长者之称。"是邦,那个国家,指当时的诸侯国。《周官·大宰》郑氏注:"大曰邦,小曰国。"按,邦与国,对言则有别,散言则相通,邦即国也。闻,知晓,了解,过问。《战国策·齐策三》"吾所未闻者",高诱注:"闻,知也。"《诗·王风·葛藟》"亦莫我闻",王引之曰:"闻,犹问也。"政,政事。

③抑,连词,表抉择,犹言"还是"。求之与抑与之与,是自己所求得来的还是别人告诉他的呢?"与之"之与,给与,读去声(yù)。

"之与"之与，通"欤"，读阳平（yú）。

④温，温和，温厚。良，良善。恭，恭敬，严肃。俭，《说文》，"约也"。《类篇·人部》："俭，束也。"检束之意。让，谦让。子贡之意，谓孔子通过温良恭俭让的态度和作风，深入细致，了解各国的政况，既不是自己简单的"求之"，也不是别人简单地"与之"。

⑤其诸，副词，与带有推测语气的"其"字相同，犹言大概、或者。"诸"字是语气助词，无实义。异乎，异于，不同于。

★说"温良恭俭让"——

"温良恭俭让"，邢昺疏："敦柔润泽谓之温，行不犯物谓之良，和从不逆谓之恭，去奢从约谓之俭，先人后己谓之让。"邢疏云云，只有"先人后己谓之让"基本不错，馀四者皆不很准确。"敦柔润泽谓之温"将简单明了的概念说得过于繁复，"行不犯物谓之良，和从不逆谓之恭"，将积极的内涵从消极的角度进行解释更不得体；"良"不只是行不犯物，"恭"也不只是和从不逆。温，温厚和平；良，善良友好；恭，恭敬严肃；意思明白，不用另作解释。

需要研究的是，在本章中"俭"是什么意思？

按，温良恭俭让，五者应是同类内涵的概念。《说文》"俭，约也"，段玉裁注："约，缠束之也。俭，不敢放侈之意。"《荀子·非十二子》"俭然恀然"，杨倞注："俭然，自卑谦之貌。"《老子》第六十七章："我有三宝，持而保之：一曰慈，二曰俭，三曰不敢为天下先。"三者也应是同类的内涵。"慈"为慈柔之意，"俭"为俭约之意，"不敢为天下先"正是"自卑谦"之意。可知"温良恭俭让"之"俭"为俭约、检束、自卑谦、不敢放侈之意；与温良恭让内涵一致，说的都是待人处事的态度，并非指日常生活上的节俭。朱熹集注作"节制"，意思还大体相近；杨伯峻译为"节俭"则甚不妥当。

【1.11】

子曰："父在，观其志；父没，观其行①；三年无改于父之道，可谓孝矣。②"

①在，存在，活着。观，观察。志，思想，志向。没，通"殁"，死亡。行，行为，行事。何晏集解："父在观其志者，在心为志，父在子不得自专，故观其志而已。父没观其行者，父没可以自专，乃观其行也。"句意谓看某个人，他父亲在时（因他不能独立自主），人们观察他的志向；父亲死后，要观察他的所作所为。其，指所观察的人，非指其父亲。《为政》篇"父母唯其疾之忧"，"其"也指儿子，非指其父母，与此相同。（朱子或问引范祖禹说："人子于父在时，观父之志而承顺之；父没则观父之行而继述之。"范氏以"其"指其父亲。按，范说非是。照范氏之说，父在之时观父之志，其父天天在行，何以不观父之行，而只观其志？父没之后，已不见父之行，正应回思父之志，何以反而观其行？范说之误，甚为明显。按，朱熹集注用何晏集解，并未用范氏注。）

②三年无改于父之道，何晏集解引孔安国曰："孝子在丧哀慕，犹若父存，无所改于父之道。"邢昺疏同，谓"三年"指守丧的三年。刘宝楠采用汪中《释三九》之说，谓"三"是虚数。曰："三年者，言其久也。"句意谓父丧之后长时间仍无改于父之道，可谓孝矣。馀详星评。

★说"三年无改于父之道，可谓孝矣"——

"三年无改于父之道，可谓孝矣"，作为一条普遍性的孝道标准，是不能成立的。父，有各式各样的父；道，有各式各样的道。圣贤之道与奸邪之道，明主之道与暴君之道，彼此绝然不同。无原则地说"无改于父之道可谓孝矣"很成问题。如果其父是贤人，"无改于父之道"当然不错；如果其父是坏人，也"无改于父之道"就非常糟糕。周宣王如果"无改于父之道"，就不可能有所谓宣王中兴。周平王如果"无改于父之道"，周王朝就必然到此终结。

刘宝楠意识到这话不妥，他就在"道"字上做文章而曲为解释，曰："所以不改也，为其为道也。若其非道，虽朝死而夕改可也。"以为既称为"道"就一定是好的，是正道，是善道。所以"不改"。但曲说不解决问题。本章原话并没有说明是什么样的道。道，是一个抽象的概念，凡思想主张，行为准则，整个人生观，通可称之为"道"。孔子曾说"道不同，不相为谋"（15.40），孔子就认为有不同的"道"。圣贤有道，"盗亦有道"；并非凡言"道"就是正道、善道。不加区别，凡父之道就不改是不行的。杨伯峻先也觉得这话有问题，他把"无改于父之道"译为无改其父的"合理部分"。原文说的是"于父之道"，怎么可能叫作"合理部分"？既然说有"合理部分"，就还有不合理部分。译文的错误显而易见。

《论语》是孔门弟子们记录孔子的语录，往往只简要地记述话的本身，却没有记录说话的环境，没有说明议论的对象。"三年无改于父之道，可谓孝矣"，只有"其父"是有德之人才是正确的。脱离具体的语言环境，不了解"其父"是什么样的人，对这句话作怎样的解释都不行。孔子说这段话一定是对某个具体的人的赞扬，并非述说一种具有普遍意义的理论。

有幸的是《论语》中能找到孔子赞扬的对象。《子张》篇曾子曰："我闻诸夫子：孟庄子之孝也，其他可能也，其不改父之臣与父之政，是难能也。"（19.18）不改父之臣与父之政。正是"无改于父之道"，可知孔子赞扬的就是孟庄子，而且孔子说话时曾子亲自听到。孟庄子仲孙速之父即孟献子仲孙蔑，卒于鲁襄公十九年（前554），孟庄子继位。孟献子贤否如何，史籍缺乏记录。其子孟庄子的事迹唯一见于记录者是襄公二十年"帅师伐邾"。他卒于鲁襄公二十三年（前550），在位仅仅四年，其时孔子出生才一年。孔子一定是听到有人述说孟献子有贤良之臣，行清明之政，而孟庄子"无改于父之道"，才赞许他"可谓孝矣"。可知说这段话有明确的对象，不是泛泛的理论，不具有普遍性；并非不管什么样的父、什么样的"道"都可以说"三年无改于父之道，可谓孝矣"。

遗憾的是《论语》不是每一条内涵需要研究的语录都可以找到这样的内证，可以了解当时的语言背景，以致有不少章句造成对孔子的误解。

【1.12】

有子曰："礼之用①，和为贵②。先王之道斯为美，小大由之③。有所不行，知和而和，不以礼节之，亦不可行也。④"

①礼，是儒家学说的重要范畴。《说文》："礼，履也。"《荀子·大略》："礼者，人之所履也。"《白虎通义·礼乐》："礼之为言履也，可以履践而行。"所谓"履也"谓如何站住，如何行动。又，《法言·问道》："礼，体也。"《礼记·中庸》"非天子，不议礼"，朱熹章句："礼，亲疏贵贱相接之体也。"《大戴礼记·曾子大孝》"礼者，体此者也"，孔广森补注："分布于事各有条理之谓礼；故礼者，体也。"所谓"体也"谓行事要得体。又，《孔子家语·论礼》："礼，理也。"综上诸端：礼者，履也，体也，理也。《管子·心术上》："礼者，因人之情，缘义之理，而为之节文者也。"可以作为上述诸端的总括。——用现代语言加以归纳，礼，就是社会人的行为规范。运用，作用。

②和，和调，和谐。《礼记·乐记》"其声和以柔"，孔颖达疏："和，调也。"《广雅·释诂三》："和，谐也。"贵，重也。句意谓礼的作用，以和谐为贵。

③先王，泛指古代贤明君主。斯，此也。句意谓先王治国之道，

以达到和谐为美，无论小事大事都由于此。

④有所不行，如有行不通之时。知，欲也。节，节制。意谓如有行不通之时，为追求和调而讲和调，不以礼加以节制，也是不行的。换言之，和调也必须有原则。馀详星评。

★说"知和而和"——

前人解"知和而和"之"知"为知道、懂得，均不训词义，以为常训。如邢昺疏："言人知礼贵和而每事从和，不以礼为节，亦不可行也。""和"即用其常义。那么原意就是"懂得和调而讲和调，不以礼加以节制，也是不行的"，先肯定了"懂得和调"，而"不以礼加以节制"却是不懂得和调，前后是矛盾的。

按，《礼记·乐记》"知诱于外"郑玄注："知，犹欲也。"欲，犹言"想要"，可以引申为"追求"。"知和而和"之"知"正需如此训释。"当事情行不通的时候，为追求和调而讲和调，不以礼（一定的规范）加以节制，也是不行的"，如此解释意思才顺畅。因为无原则地讲和调，没有一定的规范，自然是不行的。"亦不可行也"，汉石经作"亦不行也"，无"可"字句意更顺。

本章有子论礼的作用，既要达到和谐的目的，又要有一定的原则，所论极为精辟。

《庄子·养生主》："吾生也有涯，而知也无涯；以有涯随无涯，殆已！"知，不少解庄者都解为知识。陈鼓应《庄子今注今译》即将这四句翻译成为："我们的生命是有限度的，而智识是没有限度的。以有限度的生命去追求没有限度的智识就会弄得很疲困。"理解甚为错误，似乎庄子反对学习知识。其实句中之"知"正应解作"欲也"。《养生主》讲养生，是要节制欲望，而不是不要知识。下文"为善无近名，为恶无近刑"，"为善、为恶"无疑都属于欲望而不属于知识。但《养生主》"知也有涯"之知为名词，有子曰："知和而和"之知为动词,其基本词义为"知,欲也"则一致。

【1.13】

有子曰:"信近于义,言可复也①。恭近于礼,远耻辱也②。因不失其亲,亦可宗也。③"

①信,信用,信约。近,《广韵·隐韵》:"近,迫也。"犹言紧靠。义,适宜,恰当。《礼记·中庸》:"义者,宜也。"复,朱熹集注:"复,践言也。"犹言兑现诺言。信约合于义,说话就可以兑现,经得起检验。

②恭,敬也。《尔雅·释诂下》:"恭,敬也。"《礼记·曲礼上》"君子恭敬撙节",孔颖达疏引何胤云:"在貌为恭,在心为敬。"远,读去声(yuàn),远离。态度恭敬合于礼,即可远离耻辱。

③因,朱熹集注,"犹依也"。宗,尊崇,尊重。《书·禹贡》"江汉朝宗于海",孔安国传:"宗,尊也。"因不失其亲,朱熹集注:"所依者,不失其可亲之人,则亦可以宗而主之矣。"可亲之人,当指值得信任之人。

【1.14】

子曰:"君子食无求饱①,居无求安;敏于事而慎于言②,就有道而正焉③,可谓好学也已。"

①"君子"二句,谓君子食不追求饱足,居不追求安逸,意即满足于简朴的生活。《雍也》篇谓颜回"一箪食,一瓢饮,在陋巷,人不堪其忧,回也不改其乐",就是食无求饱居无求安的典范。

②敏,勤敏。慎,谨慎。二句谓君子做事勤敏,而说话谨慎。

③就,向也。就有道而正焉,即就正于有道之人。何晏集解引孔

安国曰："有道，有道德者。正，谓问其是非。"

★本章与《里仁》篇子曰："士志于道而耻恶衣恶食者，未足与议也。"（4.9）《宪问》篇子曰："士而怀居，不足以为士矣。"（14.2）三章内容衔接，连在一起，即为一章：

> 子曰："君子食无求饱，居无求安，敏于事而慎于言，就有道而正焉，可谓好学也已。士志于道而耻恶衣恶食者，未足与议也；士而怀居，不足以为士矣。"

"君子食无求饱，居无求安"五句从正面论述。"士志于道而耻恶衣恶食"、"士而怀居"两章从反面论述。"食无求饱"与"耻恶衣恶食"正反相对；"居无求安"与"士而怀居"同样是正反相对。"食无求饱，居无求安"，谓应该如此，正确的行为；而"耻恶衣恶食"，而"怀居"，谓不应该如此，错误的行为。前者行为正确，主语称"君子"；后者行为错误，自然不是君子，故主语称"士"。称呼界别分明，用语甚为严谨。

【1.15】
子贡曰："贫而无谄，富而无骄，何如？①"
子曰："可也；未若贫而乐道，富而好礼者也。②"
子贡曰："诗云，'如切如磋，如琢如磨'，③其斯之谓与？④"
子曰："赐也，始可与言诗已矣，告诸往而知来者。⑤"

①谄，谄媚，奉承。骄，骄傲自大。何如，怎么样。

②可,可以。未若,不如。乐道,何晏集解本无"道"字,据皇侃本补入。应有"道"字。"贫而乐道"与"富而好礼"相对。贫,并不值得乐,贫而乐于道才有意义。好,读去声(hào),喜爱。好礼,用礼来规范自己,提高修养。

③诗,指《诗经》。引诗见《诗·卫风·淇奥》。切,用刀切割。磋,用金属制的一种工具磋磨。琢,雕刻。磨,用砂石磨砺。四者都是制作骨角象牙玉石的工艺。朱熹集注:"治骨角者,既切之而复磋之;治玉石者,既琢之而复磨之。治之已精,而益求其精也。"子贡用这两句诗比喻他们师生讨论问题精益求精,自己提高了认识。

④其斯之谓与,说的就是这个意思吧。

⑤赐,子贡之名。始,犹乃也。已矣,语尾助词。与单用"矣"实际相同,语气小有差异。诸,同"之"。往,以往者,喻已知者。来,未来的,喻未知者。

★中国古代对名与字的称呼有严格的区别。本家的直系长辈对后辈,君上对臣下,老师对弟子,直呼其名;此外只能称字。故《论语》中孔子对学生皆直呼其名。(个别章如《先进》篇"孝哉闵子骞"章例外。)自称亦称名,孔子面对学生也自称"丘"。

【1.16】
子曰:"不患人之不己知,患不知人也。①"

①患,忧虑,担心。不己知,不了解自己。"己",是代词宾语提前。

★本章云,子曰:"不患人之不己知,患不知人也。"《里仁》篇云,子曰:"不患无位,患所以立。不患莫己知,求其可知也"。(4.14)《宪问》篇云，子曰："不患人之不己知，患其不能也。"（14.30）《卫灵公》篇云，子曰："君子病无能焉，不病人之不己知也。"（15.19）四章内容基本相同或者相关。肯定是孔子多次谈到这个问题，都是说要严格要求自己，不必担心"人莫之知"。着重点或小有差异，故弟子们记录的亦小有不同。四章合读，理解会更为深切。

为政第二

本篇凡二十四章。

【2.1】
子曰:"为政以德①,譬如北辰②,居其所而众星共之。③"

①为政,治理国政。德,指德政。为政以德,即以德政治理国家。
②北辰,北极星。居其所,处在它的位置上。共,通"拱"(gǒng)。《释文》:"郑作拱,拱手也。"按,太空中没有不动的星,因北极星在地球自转轴正对北极上空,从地球北半球看,北极星好像总不移动,所有星辰环绕旋转。朱熹集注:"共,向也。言众星四面旋绕而归向之也。"居其所而众星共之,比喻人心归向。朱熹解释甚为正确,非只是"拱手"而已。

★为政以德,包括两个方面。一是为政者本身品德高尚,清正廉明,使百姓得到感化。二是能任用贤人,施行德政,让百姓能安居乐业。《卫灵公》篇子曰:"无为而治者其舜也与?夫何为哉,恭己正南面而已矣。"（15.5）据儒家史籍的记载，舜正是这两个方面都完备的典型。

对统治者，强调"为政以德"，严格要求自己，是正确的。但人是需要法纪约束的，单纯的"为政以德"是不行的。参见后"道之以政"章星评。

【2.2】
子曰："诗三百①，一言以蔽之②，曰：'思无邪。'"

①诗三百，指《诗经》。《诗经》三百五篇，"三百"举其成数。
②一言，一句话。蔽，遮盖，引申为概括之意。"思无邪"，《诗·鲁颂·駉》中诗句。谓《诗》三百篇，"思无邪"一句即可概括所有诗的作意：思想纯正，没有邪念。

★说"思无邪"——

《诗·鲁颂·駉》是一篇反映在坰牧马之诗。原诗云："思无邪，思马斯徂。"正因为孔子有"诗三百，一言以蔽之，曰：思无邪"之语，注家如此训"思"为思虑、思想之意。郑玄笺云："徂，犹行也。思遵伯禽之法，专心无复邪意也，牧马可使走行。"所谓"遵伯禽之法"，是用毛诗序所谓《駉》篇系歌颂"僖公能遵伯禽之法"。毛诗序并非诗篇作者所作，是后人对诗篇内容的解释，集牵强附会之大成，绝大数不可信。《駉》篇本身并没有涉及僖公，更不存在"遵伯禽之法"，无非是歌唱在坰牧马而已。清人陈奂《诗毛氏传疏》云："思，词也。"是语首助词，没有实义。"思无邪，思马斯徂"，意思是"专心呀，马儿在飞奔前进！"与诗无邪意没有关系。——春秋时代统治者在外交或宴飨场合引诗，基本上都是断章取义，牵强附会地引用诗句来表达心意，而不顾诗的本义；《左传》中记录如此引用诗句者比比皆是。孔子也脱不出时代的风气，所引"思无邪"就是断章取义，训"思"为思想之意；谓诗所云为诗无邪意，亦即思想纯正。

《诗三百》既有歌颂美善之诗，又有鞭挞丑恶之作；有欢娱的诗章，有怨愤的篇什。何以说"思无邪"即可以概括全书？孔子从他认为诗的"作意"即作诗的指导思想着意，以为诗不管歌颂还是贬斥都是为了使人心向善，所以说整个《诗三百》思想无邪。朱熹加以发挥说："凡诗之言，善者可以感发人的善心，恶者可以惩创人之逸志，其用归于使人得其情性之正而已。"朱熹的解释符合孔子的旨意，对后世的文艺创作也颇有教育意义。

【2.3】

子曰："道之以政，齐之以刑，民免而无耻①；道之以德，齐之以礼，有耻且格。②"

①道，治理，教导。政，政令。齐，整齐，引申为整顿约束之意。"道之、齐之"之"之"，代词，并指"民"。免，谓免于罪。《左传·文公十七年》"何以不免"，杜预注："免，免罪也。"句意谓对待人民，用政令来治理，用刑罚来整顿，人民可能免于罪却没有廉耻。又，免，勉也，被迫之意。句意谓因为他们是被迫的，受到强迫命令严刑峻法的威胁，丧失了人的尊严，自然就没有廉耻心了。

②格，何晏集解："格，正也。"句意谓如果用道德来教导，用礼教来整顿，人民有了尊严，他们就有廉耻之心而走上正路。

★（一）说"有耻且格"——

有耻且格，何晏集注："格，正也。"邢昺疏："民有愧耻而不犯礼且能自修而归正也。"朱熹集注："格，至也。""民耻于不善，而又有以至于善也。"两说不同。

按，当以何注邢疏为是。《书·冏命》"绳愆纠谬，格其非心"，孔颖达疏："心有妄作则格正之。"《孟子·离娄上》："唯大人为能格君心之非。"格都训"正"：正人谓之格，自正亦谓之格。此其一。其二，"有耻且格"与上文"民免而无耻"交错相对，免谓民免于罪，格谓民归于正，两者相应。其三，训"格"为"至"，将"且格"解释为"至于善也"，增字为训，自属不妥。

"有耻且格"，汉祝睦碑引作"有耻且恪"。恪，敬也。《汉书·货殖列传》："在民上者，道之以德，齐之以礼，故民有耻而且敬。""敬"之本义为严肃谨慎，正是身正之意。

《礼记·缁衣》："夫民，教之以德，齐之以礼，则民有格心；教之以政，齐之以刑，则民有遁心。"《说文》："格，木长貌。"引申而有上进之意。"格心"犹言上进之心，格正之心。遁，逃也。"遁心"犹言逃遁之心，逃遁即不上进，乃至于"无耻"。《缁衣》云云，即原于本章孔子之言。

（二）说"道之以政"章——

"道之以政，齐之以刑，民免而无耻。道之以德，齐之以礼，有耻且格"，是先秦法儒两家政治思想本质性的区别。但为政治民，将两者绝对对立是不行的。单一的"道之以政，齐之以刑"，其结果未必是"民免而无耻"，很可能导致恶治暴政，导致上下尖锐对立；秦王朝的历史就是明证。至于单一的"道之以德，齐之以礼"，这种政治局面从来就不存在。民是需要法纪约束的，任何社会，任何时代，纪律法制必不可少。

但孔子只是将两种治国的基本理念加以对比，付诸实践时就不可能如此对立了。《左传》昭公二十年，孔子评论子产时说："善哉！政宽则民慢，慢则纠之以猛；猛则民残，残则施之以宽。宽以济猛，猛以济宽，政是以和。"这段宽猛相济的理论，实际就是刑礼兼用，相互为用。可知所谓"道之以德，齐之以礼"，只是一种理想；实际执行，则必须刑礼兼用。单纯的"齐之以刑"或"齐之以礼"都是不行的。

荀子论为政治人，曰："今人之性恶，必将待师法然后正，得礼义然后治，今人无师法，则偏险而不正；无礼义，则悖乱而不治。"（《性恶》）荀子是先秦由儒入法的桥梁，他的政治思想融合了两家之长，是封建社会相对正确的理论。历史上儒法两家似乎水火不能相容，其实恰好是两者适当协调，相互为用，社会才得到一定时期的安宁。汉代文景之治，唐朝贞观之治，在一定程度上就是这种融合协调的结果。

【2.4】

子曰："吾十有五而志于学①，三十而立②，四十而不惑③，五十而知天命④，六十而耳顺⑤，七十而从心所欲，不逾矩⑥。"

①十有五，十五岁。古代表示年龄常在十位数与个位数之间加"有"字。有，通"又"。

②立，何晏集解，"有所成也"。皇侃疏："谓所学经业成立也。"犹今言有自己独立的人生观。

③不惑，何晏集解引孔安国曰："不疑惑。"谓对社会人生有稳定的、明确的认识，无所疑惑。

④天命，《公冶长》篇子贡曰："夫子之言性命与天道不可得而闻也。"孔子谈到天命都是泛说的，他并不真相信天定的命运。孔子自谓年已四十，经验丰富，明确了自己的使命。

⑤耳顺，何晏集解引郑玄曰："耳闻其言，而知其微旨。"即闻人言语即能知其旨意，并能判断是非。

⑥从心所欲不逾矩，从，随也。随心所欲都不越出规矩；用现在的话说，即进入了自由王国。

★本章孔子自述其思想成长的过程。话是七十岁以后说的。七十岁以后的孔子,只活了短短的两年多。两年多祸患相寻,灾难连连;他的认识能力可以"从心所欲",生活却远未能"从心所欲"。

本章是孔子七十岁以后的语录,却编在《论语》第二篇,足证此书编纂时,是收到一简即编一简,未曾考虑任何顺序,故《论语》章次如此混乱。

【2.5】

孟懿子问孝①,子曰:"无违。②"

樊迟御③,子告之曰:"孟孙问孝于我,我对曰,无违。"

樊迟曰:"何谓也?④"

子曰:"生,事之以礼⑤;死,葬之以礼,祭之以礼。"

①孟懿子,鲁桓公后裔孟孙、叔孙、季孙,称为三桓。自宣公开始,鲁"公室卑,三桓强"。孟孙又称仲孙,孟懿子即仲孙何忌,懿是谥(shì)号。何忌父为孟僖子仲孙貜(jué)。《左传·昭公七年》,九月孟僖子将死,召其大夫曰:"礼,人之干也。无礼,无以立。吾闻将有达者曰孔丘,圣人之后也。"因嘱咐他死之后要他的儿子仲孙说与仲孙何忌向孔子学礼。仲孙说(yuè),即南宫适(kuò),又称南宫敬叔。后来孟懿子与南宫敬叔皆师事孔子。(孟僖子卒于昭公二十四年,《左传》叙其事于昭公七年。参见《孔子世家》注⑨。)问孝,请教孝道。

②无违,王充《论衡·问孔》也说:"孔子之言毋违,毋违者,礼也。"推想孔子事先可能已谈到过礼,而后才说"无违",即无违背礼。(黄式三《论语后案》:"《左传》桓公二年云:'昭德塞违','灭德立违','君违,不忘谏之以德';六年传云:'有嘉德而无违心'。

襄公二十六年传云,'正其违而治其烦'……古人凡背礼者谓之违。"按,黄式三之说在本章是讲得通的。但不能说"违"都指"背礼"。其实"昭德塞违""灭德立违"之"违"也可以理解为背德。《楚辞·离骚》"夏桀之常违兮"蒋骥注,"违,背道也。""吾与回言终日,不违,如愚",更不能理解为背礼。故不可一概而论。)

③樊迟,即樊须(前405—)。《仲尼弟子列传》:"樊须,字子迟,少孔子三十六岁。"御,驾车。——《荀子·礼论》"皆使其须足以容事",王先谦集解引王引之曰:"须,迟也。"樊须,字子迟;须、迟,皆待也。

④何谓也,什么意思。也,在问句中通"耶"。

⑤生,在生之时。事,侍奉。

【2.6】

孟武伯问孝①,子曰:"父母唯其疾之忧。②"

①孟武伯,孟懿子之子仲孙彘(zhì),武是谥号。父子都曾请教孝道,记录者用的都是谥号,可知两人问的时间一定相距很远。

②父母唯其疾之忧,何晏集解引马融曰:"言孝子不妄为非,唯疾病使父母忧。"唯,只有。其,他的,代指孝子。马融领会孔子的意思,谓孝子应该努力上进,严格要求自己,一切方面都不要让父母担忧。但疾病不是自己主观可以避免的,因此只有此事使父母担忧。

★说"父母唯其疾之忧"——

父母为其疾之忧,古人的理解并不全同于马融。《淮南子·说林》:"忧父之疾者子,治之者医。"高诱注。"父母唯其疾之忧,故曰忧之者子。"王充《论衡·问孔》:"武伯善忧父母,故曰唯其疾之忧。"他们以"其"指父母,这句话的意思就是对父母只忧他们害病。从语句上看，这样理解似乎也说得过去。其实不然。因为父母的事，儿子主观上不能制约，对父母值得担忧的方面也很多，不只担忧他们害病。而儿子本身的事应该自己制约，唯独害不害病自己不能控制，因而让父母担忧。由此可知，马融的理解正确，《淮南子》《论衡》等的理解错误。

【2.7】

子游问孝①，子曰："今之孝者，是谓能养。至于犬马，皆能有养。不敬，何以别乎？②"

①子游，即言偃（前504—?）。《仲尼弟子列传》："言偃，吴人，字子游。少孔子四十五岁。"——《释名·释姿容》："偃，安也。"《广韵·阮韵》："偃，息也。"游，流也。《说文·水部》段玉裁注："游，引申为出游，嬉游。"言偃，字子游：偃则安息，游则流动；二义相反，相反相成。

②"是谓"之"是"，王引之《经义述闻》："是谓能养，'是'与'祇'同。"祇，通"只"。养，供养，养活。孔子之意，谓现在所谓孝，只是说能养父母而已。对于狗马，都能养，如果不敬爱他们，那同养狗马有何差别？

【2.8】

子夏问孝，子曰："色难①。有事弟子服其劳②，有酒食先生馔，曾是以为孝乎？"

①色，指在父母面前表现出来欣悦的容色，指态度和善。色难，即表现欣悦之色是为难得。

②弟子，此指为弟为子的年轻人。先生，指父兄。馔（zhuàn），

何晏集解引马融曰,"饮食也"。曾,乃也。孔子之意,谓在父母面前态度好是最重要的;如果有事情年轻的子弟效劳,有酒食让长辈饮食,难道这就算孝了吗?意即仅仅如此远远不够。

★子游子夏问孝两章,孔子的回答内容一致。"色难"与"不敬",意思相同;都是说孝敬最重要的在诚心,在态度,不只是生活上供养而已。

【2.9】

子曰:"吾与回言终日①,不违如愚②。退而省其私③,亦足以发,回也不愚。"

①回,颜回(前522—前481)。《仲尼弟子列传》:"颜回者,鲁人也,字子渊,少孔子三十岁。"则生于鲁昭公二十年(前522)。《史记》索隐引《家语》谓颜回三十二而死,则死于鲁哀公四年(前491)。然《孔子世家》明著颜回死于鲁哀公十四年(前481),终年实四十二岁。可知《家语》谓颜回三十二而死,"三十二"为"四十二"之误。——《说文·水部》:"渊,回水也。"《荀子·致士》"水深而回",杨倞注:"回,流旋也。"颜回,字子渊:回亦渊也。

②不违,没有违背的表现。朱熹集注:"不违者,意不相背,有听受而无问难也。"愚,邢昺疏,"无智之称"。

③退,孔子讲授之后。省,省察。其,代指颜回。私,朱熹集注,"谓燕居独处"。发,发挥。孔子谓颜回听讲之时,"不违如愚";之后省察他私下的表现,却很能发挥所学的知识,"回也不愚"。

【2.10】

子曰:"视其所以,观其所由,察其所安①;人焉廋哉?人焉廋哉?②"

①以,因也,犹言根据,亦即遵循的原则。由,行也,行动。安,刘宝楠正义:"意之所出也。"犹言放在心里。

②人,泛指所考察的人。焉,安能,怎样。廋(sōu),何晏集解引孔安国曰,"匿也",隐匿。人焉廋哉,其人的思想行为怎么可能隐匿。

★说"视其所以"——

"视其所以"之以,何晏训为"用也","言视其所行用";朱熹解作"为也",谓视其所为。二义基本相同。然如此解释,则与"观其所由"意思相同。

按,以,犹《诗·邶风·旄丘》"必有以也"、《列子·周穆王》"宋人执而问其以"之以,因也。此处犹言根据,亦即奉行的原则。由,行也,指行动。安,同《阳货》篇"女安则为之"之安。孔子论考察一个人,注意他遵从的原则,观察他实际的行动,考察他对什么事情心安,那么其人究竟如何就隐匿不了。三者是一个整体,从原则到行动,到行动之后的心理状态,全面而有次第。人之于事,合理的做了心安,明知不合理的做了心不安;故观察他行动之后,还要看他心安不安。

杨伯峻先生训"以"为"与",译"视其所以"为考察他所交的朋友。更与原意不符。孔子说的三个方面是就其整体上普遍意义上说的;原则,行动,心态,三者紧密关联。不能将其中一句岔开去讲某一具体事务。

视、观、察,三者同义而微有差别。在孔子这段话中,"视"指事先注意,"观"指直接观察,"察"指事后考察,用词极为准确。

【2.11】
子曰:"温故而知新①,可以为师矣。"

①温,何晏集解:"温,寻也,寻绎故者。"温习。故,先学的知识。新,新的认识,新的理解。

★说"温故而知新,可以为师矣"——

"温故而知新,可以为师矣。"前一分句曾有过误解,包括皇侃、何晏、邢昺这些大家在内,都以"温故"与"知新"并列,而不看成因果关系。宋以后基本纠正,朱熹讲作"能时习旧闻,而每有新得",解释即很正确。"温故"即"学而时习之","知新"是时习之的收获。

后一分句,即"可以为师矣",何晏集解、孔颖达疏、朱熹集传、刘宝楠正义等等都理解为"可以为人师矣"。直到杨伯峻先生仍译为"可以做老师了"。皆系误解。

孔子这句话不是说为人师的条件,而是讲一条治学的经验。可,可以。以,用也。"可以为师矣"即"可(以)以(之)为师矣"。温习旧的知识,会有新的理解,可以用这种方式作为自学的"老师"。"师"指"温故而知新"这种学习方式,造语极其生动。苏轼诗"旧书不厌百回读,熟读深思子自知",即"温故而知新,可以为师"之意。

旧说之不正确,还可用如下事实说明:知识如果很少,即使"温故而知新"也未必可以为人师;但"温故而知新"使自己获得新的收获则对任何人都适合。

【2.12】

子曰:"君子不器。"

【2.13】

子贡问君子,子曰:"先行其言而后从之。"

★说"君子不器"章、"子贡问君子"章与《里仁》篇"古者言之不出"章(4.22)——

"子曰:'君子不器。'"原文只有四个字,历代注家都以"器"为器皿。推衍它的含义就是:君子不像一个器皿,器皿只有一种用途,只有有限的容量;君子应该有广博的知识,宽广的胸怀。何晏集解引包咸曰:"器者,各周其用。至于君子,无所不施。"朱熹集注:"器者,各适其用,而不能相通;成德之士,全无不具,故用无不周,非特为一材一艺而已。"这些意思都是注家自己的推想,单从"君子不器"四个字无法判断有包咸朱熹等人所说的这些内涵。君子不是器皿,用得着说吗?任何人都不是器皿;君子不是一个器皿,同君子不是一块石头,君子不是一根木棍,一样的不成话。再说器皿也不一定只有一个用途,有的器皿有多种用途,从这个意义上也说不通。

按,"器"应指人的某种性状。

《贾子·大政下》:"士能言道而弗能行者谓之器。"贾子对"器"所下的定义,符不符合"君子不器"中"器"的含义呢?"士能言道而弗能行者谓之器",恰好与下一章君子"先行其言而后从之"内容紧密相关,足以说明贾子的定义是符合"君子不器"之"器"的内涵的。同时也说明"君子不器"章与"子贡问君子"章两章前后相连,原本有内在联系。两章应联系起来理解。上章"君子不器"从否定方面说,即君子不应只能言道而弗能行;下章从肯定方面说,"君子应先行其言而后从之",两者意思完全一致。《里仁》篇子曰:"古者言之不出,耻躬之不逮也",同这两章内容也密切相关。耻,以为耻。躬,《礼记·乐记》"不能反躬",郑玄注:"躬,犹己也。"自己。逮,及也。谓古人言语不轻易出口,耻于说了之后自己的行动却达不到。

把三章组合起来,并借用《贾子》"士能言道而弗能行者谓之器"句意,便成为如下的形式:

子贡问君子,子曰:"君子不器。"

[子贡曰:"何谓也?"]

子曰:"[能言道而弗能行者谓之器。]君子先行其言而后从之。古者言之不出,耻躬之不逮也。"

后人无权改动古人的文字,更不应用别的书中的语句搀入《论语》。上述组合,只是为了训解"器"的含义,并联系来解释两章的内容,但也只供参考。

《礼记·学记》有"大道不器"之语,旧注解说与"君子不器"相同。其实两者词语相同而含义不同。为此必须连带解释一下这段《学记》。

《学记》原文如下:"君子曰:大德不官,大道不器,大信不约,大时不齐,察于此四者,可以有志于学矣。三王之祭川也,皆先河而后海,或源也,或委也,此之谓务本。"

孔颖达疏:"大德不官者,大德谓圣人之德也。官谓分职在位者。圣人在上,垂拱无为,不治一官,故云大德不官也。不官为诸官之本。大道不器者,大道亦谓圣人之道也,器谓物堪用者。夫器各施其用,而圣人之道弘大,无所不施,故云不器。不器而为诸器之本也。《论语》云'君子不器',又云孔子'博学而无所成名'是也。大信不约者,大信谓圣人之信也,约谓期要也。大信不言而信。孔子曰:'予欲无言。天何言哉,四时行焉。'不言而信,是大信也。大信本不为细言约誓，故云不约也。不约而为诸约之本也。大时不齐者，大时谓天时也，齐谓一时同也。天生杀不共在一时。犹春夏花卉自生而荠麦自死，秋冬草木自死而荠麦自生，故云不齐也。不齐为诸齐之本也。"又引庾曰："四者谓不官为群官之本，不器为群器之本，不约谓群约之本，不齐为群齐之本。言四者莫不有本，人亦以学为本也。"

按照这种解释，"大德不官"四句与"有志于学"完全挂不上勾。他们所谓的圣人是指最高统治者（"大德不官"郑玄注："谓君也。"）天自然也是比喻最高统治者。那么最高统治者的大德、大道、大信，是群官、群器、群约的根本（估且把比喻性的"大齐"别开），因而为学要务本，即学最高统治者的大德、大道、大信。这样理解非常荒谬。

按，"大德"之类是泛指的，是为学者应有的最高目标。"官、器"的词性应与"约、齐"一致，不是名词，即非指官职与器皿。《春秋元命苞》，"官之为言宣也"，犹言显扬。《左传》成公十六年"战之器也"，杜预注："器犹用也。""大德不官，大道不器，大信不约，大时不齐"，意思是大德不一定显扬，（但总有一天会显扬），大道不一定作用，（但总有一天会作用，）大信不需要誓约，（人们自然会信任，）大时（显扬之时，作用之时，信任之时）是各不相同的，（有时早到，有时晚来；）为学者"有志于学"就应该专心致志，树立远大的目标，不要追求狭隘的功利目的。后文祭川者先河后海，河比喻潜心学习的阶段，海比喻成就"大德、大道、大信、大时"的阶段；先有河而后有海，称须学习而后能大功，所以说"此之谓务本"。

【2.14】
子曰："君子周而不比，小人比而不周。①"

①君子、小人，此从品德上区分，品德高尚者为君子，品德卑下

者为小人。周、比，何晏集解引孔安国曰："忠信为周，阿党为比。"即以忠信相互结合谓之周，以利害拉帮结派谓之比。朱熹集注："周，普遍也。比，偏党也。皆与人亲厚之意，但周公而比私耳。"

【2.15】
子曰："学而不思则罔①，思而不学则殆。"

①罔，《孟子·万章上》"难罔以非其道"，朱熹集注："罔，蒙蔽也。"殆，危殆。《说文》："殆，危也。"学，读书或者听讲。句意谓学习而不加思考，就会受蒙蔽。不读书，不学习，胡思乱想，就很危险。

【2.16】
子曰："攻乎异端，斯害也已。①"

①攻，何晏集解，"治也"。朱熹集注："攻，专治也。"异端，不合正道的思想，议论，主张。朱熹集注："异端非圣人之道，而别为一端。""专治而欲精之，为害甚矣。"斯，那。也已，语气词，同"也矣"。句意谓致力于异端邪说，那是一种祸害啊。

★说"攻乎异端"——
有些学者，包括杨伯峻先生，不同意古人的注解，把"攻"解释为"攻击"。杨先生翻译说："批判那些不正确的议论，祸害就可以消灭了。"译文理解错误。"批判"与"攻击"，词义轻重有很大的差别；"不正确的议论"与"异端"，概念更大不相同。译文与原文意思相差甚远。不过这还不很重要，重要的还在于对整章内容理解错误。
把"攻"理解为"治也"，是就自己一方说的，要人们不专治异端,不要卷入那个祸害。如果理解为"攻击",那是对敌对一方说的。凡是形成了敌对的"异端",异端有强有弱,强大的异端决不是你一攻击,它就消灭了,即使是圣人也办不到;孔夫子不会说那样轻率的话。

【2.17】

子曰:"由①!诲女知之乎②:知之为知之,不知为不知③,是知也。④"

①由,即仲由(前542—前480)。《仲尼弟子列传》:"仲由,字子路,卞人也。少孔子九岁。子路性鄙,好勇力,志伉直,冠雄鸡,佩豭豚,陵暴孔子。孔子设礼稍诱子路,子路后儒服委质,因门人请为弟子。"卞,今山东泗水县东南。(鄙,野也。志,性格。伉直,刚直。雄鸡,公鸡。豭豚,公猪。"冠雄鸡,佩豭豚"集解:"冠以雄鸡,佩以豭豚。")——由,行也。仲由,字子路:取行走需由大路,也用以喻人生须走正道之意。

②诲,教也。女,通"汝",你。知之,知道,懂得。"诲女知之乎"之"乎"是语气词,不是疑问词。句意谓告诉你什么叫做知道吧。

③"知之"二句,谓知道就知道,不知道就不知道;换言之,即不要不懂装懂。

④是知也,这就是对待"知"的正确态度。

【2.18】

子张学干禄①。子曰:"多闻阙疑,慎言其馀,则寡尤②;多见阙殆,慎行其馀,则寡悔③。言寡尤,行寡悔,禄在其中矣。④"

①子张,即颛孙师(前503—?)。《仲尼弟子列传》:"颛孙师,陈

人,字子张,少孔子四十八岁。"陈,今河南淮阳。干禄,求取官职俸禄。——《穀梁传·宣公元年》"其曰师何也?以其大之也",范宁注:"师者,众大之词。"《战国策·西周策》"薛公必破秦,以张韩魏",鲍彪注:"张,大之也。"颛孙师,字子张:师、张,皆有张大之义。

②多闻,多听。阙疑,刘宝楠正义:"左昭二十年传注:'阙,空也。'其义有未明,未安于心者,阙空之也。"犹《子路》篇"君子如其所未知,盖阙如也"。寡,少也。尤,过错。意谓多听听,对有疑者暂时放下,其馀无疑者犹谨慎言之;言语就少有错误。

③多见,多看看。阙殆,殆亦疑也。《公羊传·襄公五年》"故相与往殆乎晋也",何休注:"殆,疑。"谓多看看,对有疑者暂时放下,其馀无疑者犹谨慎行之;行动就少有悔恨。上句谓"寡尤",下句谓"寡悔",互文见义。

④禄在其中矣,官职俸禄就在里面了。意思是说努力提高自己的修养,具备了条件,就总有机会得到官职俸禄。

【2.19】
哀公问曰①:"何为则民服?②"
孔子对曰③:"举直错诸枉,则民服;举枉错诸直,则民不服。④"

①哀公,鲁君。周武王封弟周公旦于鲁,都曲阜(今属山东)。哀公是鲁第二十六位国君,姓姬,名蒋,鲁定公之子,前494年至前466年在位。哀是谥号。哀公十一年(前484)孔子自卫反鲁,时年六十八岁。《论语》中凡哀公与孔子问答皆哀公十一年以后事。
②何为则民服,问怎样作,人民才服从。
③对曰,《论语》中凡回答君上、回答尊长,则用"对曰"。

④举,举用。直,正直的人。错,陆德明释文作"措",刘宝楠引汉费凤碑"举直措枉",字亦作"措"。《说文》:"措,置也。"《大戴礼记·少间》"有措扶焉"王聘珍解诂:"措,弃置也。"诸,犹其也。枉,邪曲之人。句意谓举用正直的人,不用那些邪曲的人,则民服从;反之如果举用邪曲之人,不用那些正直之人,则民不服。

★说"举直措诸枉""举枉措诸直"——

"举直错诸枉,则民服;举枉错诸直,则民不服",是孔子的用人理论,千古名言。杨伯峻翻译为"把正直的人提拔出来,放在邪曲的人之上,百姓就服从;若是把邪曲的人提拔出来,放在正直的人之上,百姓就会不服从"。照杨先生的理解,邪曲的人在上当大官不行,只能在下当小官。对严重违纪犯法的官员,大概当部长不行,当局长处长可以。如此主张或如此处理都是错误的。

本来孔子这话古人早有明确的解释。何晏集解引包咸曰:"错,置也。举正直之人用之,废置邪枉之人,则民服其上。"形昺疏也说:"错,置也,举正直之人用之,废置诸邪枉之人,则民服其上也。举邪枉之人用之,废置诸正直之人,则民不服上也。"

包咸邢昺的解释明明白白,但有的注释家偏要使之复杂化。杨伯峻的错误理解自有来源,并非杨先生自己的发明。刘宝楠正义曰:"郑注云:措,犹投也。诸,之也。言投于下位也。""此告哀公以举措之道,直者居于上,而枉者置之下位。使贤者得尽其才,而不肖者有所受治,亦且畀之以位,未甚决绝,俾知所感奋而犹可以大用。故下篇告樊迟以举直错诸枉,能使枉者直,即此义也。"这种理论极其荒谬,明知是邪枉之人,却认为可以"置之下位",让他们有所"感奋"之后,"犹可以大用";这是一切包庇为非作歹的贪官污吏者的理论。

这位论者还拉出《颜渊》篇"樊迟问仁"章(12.22)中孔子的另两句名言"举直错诸枉,能使枉者直"作为其谬论的支撑。需知两者的语境和内涵都是不同的。"举直错诸枉"的"枉"与"能使枉者直"的"枉"不是同类对象。"举直错诸枉"的枉者指的是应该废置的枉者;废置就是废置,而不是"置之下位"使之"感奋"以便"大用"。"能使枉者直"的枉者,泛指别的尚未发现的枉者或可能"枉"的枉者。"举直错诸枉,能使枉者直",说的是举用正直者废置枉曲者,可以使别的尚未发现的枉曲者或可能"枉"的枉曲者受到教育而变得不枉甚至成为正直者;而不是说举用正直者废置枉曲者,就可以使被废置的枉曲者都成为正直者。再说"可使枉者直"也还是一种愿望,一种可能,重在说明"举直错诸枉"的重要。正如孟子说"故闻伯夷之风者顽夫廉懦夫有立志",也是强调伯夷之风的高尚和可能发挥的作用,并没有指实哪个顽夫廉、哪个懦夫有立志,更不是说只要"闻伯夷之风"则所有顽夫都会"廉",任何懦夫都"有立志"。

【2.20】

季康子问①:"使民敬、忠以劝,如之何?②"

子曰:"临之以庄,则敬;孝慈,则忠;举善而教不能,则劝。③"

①季康子,即季孙肥,"康"是谥号。按,《史记·孔子世家》,鲁哀公三年(前492)秋,季桓子辛,季康子代立。鲁哀公十一年(前484)孔子回归鲁国。《论语》中凡涉孔子与季康子问答,皆哀公十一年以后事。

②敬,严肃认真。《说文》:"敬,肃也。"《大戴礼记·曾子立孝》"忠爱以敬",王聘珍解诂:"敬,谓严肃。"忠,尽心竭力。《宪问》"忠焉能勿诲乎",皇侃疏:"忠,尽中心也。"劝,努力上进。季康子问如何才能使民(生活)严肃认真,(做事)尽心竭力,而且努力上进。馀详星评。

③临,皇侃疏:"临,谓以高视下也。"杨伯峻先生译为"对待",

比较妥当。庄，何晏集解引包咸曰："庄，严也。"《吕氏春秋·孝行》"居处不庄"，高诱注："庄，敬也。"可知"庄"与"敬"实同义，严肃认真之意。馀亦详星评。

★说"季康子问"章——

（一）在先秦，"敬"为严肃之意，"忠"为尽心之义，普遍用于对人对事，并不专用于对待君上。封建社会发展到后来，封建专制的观念就愈益强烈，"敬"与"忠"似乎就只能用于君上了。越是残暴的统治者，这些观念就越强烈。特别是"忠"，好像绝对只能用于君主，如果用于他人，会认为是大逆不道。朱熹集注："庄，谓容貌端严也。临民以庄则民敬于己，孝于亲，慈于众，则民忠于己。"朱熹按绝对的封建专制观念进行解释，是违背孔子原意的。

（二）"临之以庄则敬"，前文引朱熹集注："庄，谓容貌端严也。临之以庄则民敬于己。"朱熹之说仅仅是外表的，形式的，没有涉及本质。庄，严也，正也，即严肃、严正，决不能停留在容貌端严上；应指行为严肃端正，行事光明正大，不徇私舞弊，不腐败贪污，就会赢得人民的尊敬。

（三）"孝慈则忠"何晏集解引包咸曰："君能上孝于亲，下慈于民，则民忠矣。"后世注家大多照此解释。统治者上孝于亲，和民没有直接关系，充其量在道德行为上做出榜样，民未必就对你尽忠。下慈于民，对民确有直接关系。那么这句话作"慈则忠"就可以了，何需说"孝慈则忠"呢？

按，"孝慈"的对象范围不应停留在统治者家里，当如孟子所谓"老吾老以及人之老，幼吾幼以及人之幼"，老百姓才有可能受到感召。《荀子·大略》云："礼也者，老者孝焉，幼者慈焉。"这两句话是对孔子"孝慈"最准确最理想的解释，也即敬老爱幼之意。统治者待民能"老者孝焉，幼者慈焉"，则民也对统治者尽忠。又，孔子这段话三个方面，"临之以庄""举善而教不能"，都是就统治者对民而言，则

"孝慈"也应指统治者对民而言,而非自我家中的表现;据此也应理解为待民能"老者孝焉,幼者慈焉"。

(四)季康子问如何才能"使民劝",孔子回答:"举善而教不能则民劝。"包咸曰:"举用善人而教不能者则民劝勉。"邢昺疏:"言君能举用善人置之禄位,教诲不能之人使之才能,如此则相劝勉为善也。"他们都把善和能看成两码事,邢疏更把"善"理解为人的德性,与统治者的禄位联系起来;把"能"理解为人的本领,同一般人的才能联系起来。

按,《荀子·劝学》"假舟楫者,非能水也而绝江河",杨倞注:"能,善也。"《玉篇·能部》:"能,工也,善也。"善可以指人的德性,但在"举善而教不能"句中则指人的才能。"善"与"能"是同义词。上一章孔子在回答哀公时说"举直错诸枉",从人的德性方面说,"直"与"枉"(不直)是正反两个方面;此章回答季康子时说"举善而教不能",从人的才能方面说,"善"与"不能"(不善)也是正反两个方面。前者说的是正派不正派,后来说的是能干不能干。对孔子的话要把上下两章联系起来才全面。

《子张》篇"君子尊贤而容众,嘉善而矜不能",也是前一句从德性方面说,后一句从才能方面说。"嘉善而矜不能",嘉善则举用之,矜不能则教之,与"举善而教不能"正相一致。《管子·五辅》:"故善为政者,田畴垦而国邑实。""不能为政者,田畴荒而国邑虚。""善"与"不能"的用法,也是正反两个方面,与孔子之言完全相同。

(五)"使民劝"包咸注为"则民劝勉"似语意未完,邢昺疏为"则相劝勉为善"乃增字为训,均未为当。

按,《战国策·宋策》"齐攻宋,宋使臧子索救于荆。荆王大悦,许救甚劝",高诱注:"劝,力也。"同样,《管子·轻重乙》"若是则田野大辟而农夫劝其事矣"之"劝",也应训"力也"。又,《战国策·秦策》"则楚之应之也必劝",高诱注:"劝,进也。"鲍彪注:"劝,乐之也。"《说文》"劝,勉也",段玉裁注:"勉之而乐从亦曰劝。"综上诸训，得"劝"之义二，一曰，力也，进也，犹言努力上进；二曰，乐之也，悦从也，犹言乐于相从。由此可知，"举善而教不能则劝"之劝，也应训"力也，进也，乐之也，悦从也"，句意谓"举善而教不能"，则民乐于相从，努力上进。

"敬、忠以劝"的"以"解为"而且"，较通常释作"和"要好。

【2.21】

或谓孔子曰："子奚不为政？①"子曰："《书》云②：'孝乎，惟孝友于兄弟，施于有政。③'是亦为政，奚其为为政？④"

①或，有人。子，指孔子。奚，何也，为何。为政，参与政治。何晏集解："或人以为居位乃是为政。"

②《书》，《尚书》。所引为古《尚书》逸文，伪古文《尚书》采入《君陈》篇。

③惟，是也，为也。友，友爱。朱熹集注："善兄弟曰友。"施(yì)，延也。《礼记·乐记》"诗云：施于孙子"，郑玄注："施，延也。"句中犹言影响。有，助词无义。所引"《书》云"三句，极力强调孝的重大意义，犹言所谓所谓谓"孝"嘛，就是孝敬父母，友爱兄弟，延施到国家政治。

④"是亦"二句，谓这就是为政，还要怎样才算是为政呢！阮元校勘：《释文》出"奚其为为政也"云：一本不重"为"字。

【2.22】

子曰："人而无信①，不知其可也。大车无輗，小车无轨，其何以行之哉？②"

①信,诚信,信用。

②輗(ní),大车车杠前端与车衡相衔接的部件,将两者套住,车才能驾好。軏(yuè),小车车杠与车衡衔接的部件。车上如果没有輗軏,不将车杠套住,车就无法驾好上路。比喻人无信用,同样不行。

【2.23】

子张问:"十世可知也?①"

子曰:"殷因于夏礼,所损益可知也;周因于殷礼,所损益可知也;其或继周者,虽百世,可知也。②"

①十世,十代。由孔子的回答可以推知,子张问的是礼仪制度,意即"十世之礼可知也",问十代以后之礼可否预知。

②因,因袭,沿袭。损,废弃。益,增加。孔子谓,殷代沿袭夏代的礼制,废弃了哪些,增加了哪些,是可以考察知道的。周代沿袭殷代的礼制,同样是可以考察知道的。将来有继承周朝当政者,即使一百代,他的礼制,也是可以预知的。意即,考察过去损益的规律,可以推知未来的发展。子张说的是疑问句,"可知也"之"也"同"耶",疑问语气词。孔子说的是陈述句,"可知也"之"也",是语尾助词。

★本章与《八佾》"夏礼吾能言之"章(3.9)、"周监于二代"章(3.14)内容紧密相连,参见《八佾》篇"夏礼吾能言之"章星评。

历史上所有的社会理论家都是通过总结过去来设计未来。每个理论家都自以为他设计未来的社会蓝图是完美无缺的。然而历史的发展自有其规律。因此,孔子的话说得过于绝对。"虽百世可知也",肯定是错误的。

【2.24】

子曰:"非其鬼而祭之,谄也①。见义不为,无勇也。②"

①鬼,鬼魂,句中指祖先的鬼魂。祭,祭祀。谄(chǎn),谄谀,谄媚。何晏集解引郑玄曰:"人神曰鬼。非其祖考而祭之者,是谄求福。"

②"见义"二句,何晏集解引孔安国曰:"义所宜为而不能为,是无勇。"

★孔子这段话一定是对某个具体事件说的,要不然这两者扯不到一起。非其鬼而祭之,很可能只是一个比喻,其意义远超过祭祀本身。或是某个人对当权者一味地卑下谄谀,而应该做的事不去做,或应该制止之事不加制止,孔子因而加以谴责,语气颇为愤怒。遗憾的是,说话的背景已无法考察。

八佾第三

本篇凡二十六章

【3.1】

孔子谓季氏①:"八佾舞于庭②,是可忍也,孰不可忍也!③"

①谓,说。季氏,鲁三家之季孙氏。季氏长期专鲁国之政,《左传·昭公二十五年》,宋乐祁曰:"政在季氏三世矣,鲁公丧政四公矣。"

②佾(yì),乐舞的行列。八佾,何晏集解引马融曰:"佾,列也。天子八佾,诸侯六,卿大夫四,士二。八人为列,八八六十四人。鲁以周公故,受王者礼乐,有八佾之舞。季桓子僭于其家庙舞之,故孔子讥之。"参见星评。庭,何晏集解:"堂下为庭。"《礼记·明堂位》:"成王以周公为有勋劳于天下,是以封周公于曲阜,地方七百里,革车千乘。命鲁公世世祀周公以天子之礼乐。"又,《礼记·祭统》:"昔者周公旦有勋劳于天下。周公既没,成王康王,追念周公之所以勋劳者而欲尊鲁,故赐之以重祭。外祭则郊社是也,内祭则大尝禘是也。夫

大尝禘，升歌清庙，下而管象，朱干玉戚以舞大武，八佾以舞大夏，此天子之乐也，康周公，故以赐鲁也。"（康，褒奖。）《史记·鲁周公世家》："鲁有天子礼乐者，以褒周公之德也。"八佾为天子之乐，鲁周公由于其特殊的功业和地位，故周公庙可用。季氏用八佾，是对礼制极为严重的僭越。

③是，指八佾舞于庭。忍，容忍。孰，何也。邢昺疏："是可忍也，孰不可忍也，此孔子所讥之语也。"意谓这种僭越行为如果可以容忍，还有什么事情不可容忍呢！

★说"孔子谓季氏"章——

（一）八佾舞于庭，何晏集解引马融曰："季桓子僭于其家庙用之。"刘宝楠正义："《汉书·刘向传》季氏八佾舞庭云云，卒逐昭公，是季氏指平子。吴仁杰管同说，并合此注，以为桓子。意以平子既僭，桓子当亦用之。""《韩诗外传》季氏为无道，僭天子舞八佾，旅泰山，以雍彻。……此以季氏为康子。皆是大略言之，不为据也。"按，昭公七年季武子去世，季平子继位。昭公二十五年出奔，三十二年死于晋国乾侯，鲁国首尾八年没有国君，季平子在国执政，"八佾舞于庭"，"三家者以《雍》彻"，当在其时，故以季平子为是。整个这段时间，孔子只是一般"士"的身份，无权也无力过问大局，只能对季氏三家的僭礼行为进行谴责。

（二）"是可忍也，孰不可忍也"，意思明白，照说不应有误解，偏偏就有不同的解释。朱熹说："季氏以大夫而僭用天子之礼乐，孔子言其此事尚忍为之，则何事不可忍为！"忍，忍心也。但朱熹又自己怀疑，说："或曰，忍，容忍也。盖深疾之之辞。"朱熹前一说，谓季氏此等事尚忍心做，还有什么事不忍心做！朱熹所引后一说，谓如果对此等事尚可容忍，还有什么事不能容忍！按，后一说是，后世用作成语"是可忍孰不可忍"也都取这个意思。杨伯峻先生说当"容忍"讲"不好"，他用朱熹前一说，理由是"孔子当时并没有讨伐季氏的条件和意志"。按杨先生的意思，孔子既然说"不可忍"就一定要去讨伐。这个理由不成立，孔子没有条件去讨伐，他愤怒地谴责两句，为什么不行！正如朱熹引或人所说，"盖深疾之之辞"。

【3.2】
三家者以《雍》彻①。子曰："'相维辟公，天子穆穆'②，奚取于三家之堂？③"

①三家，即鲁孟孙氏、叔孙氏、季孙氏。《雍》，《诗·周颂》篇名，郑玄谓为祭文王之诗。以雍彻，朱熹集注："彻，祭毕而收其俎也。天子宗庙之祭，则歌《雍》以彻，是时三家僭而用之。"
②"相维辟公，天子穆穆"，是《雍》篇中的两句。相（xiàng），助祭。维，犹"乃"也。辟公，诸侯。天子，周天子。穆穆，端庄肃穆之貌。二句意谓相祭的是诸侯，天子雍容肃穆地主祭。
③奚取于三家之堂，在三家之堂能取哪一点呢？因为三家既不是诸侯，更不是天子，这两句诗对他们沾不上边。

【3.3】
子曰："人而不仁，如礼何？人而不仁，如乐何？②"

①仁，是孔子学说中核心的道德范畴。"仁者，人也"，"仁者，爱人"，可以概括仁的本质。礼乐是外在的表现，仁是内在的实质。而，如也。孔子谓人如果不仁，对礼乐又怎么样？意即如果不仁，所谓礼乐就没有意义。馀详星评。

★说"人而不仁"章与"礼云礼云"章——
《阳货》篇子曰："礼云礼云，玉帛云乎哉？乐云乐云，钟鼓云乎哉?"(17.11)"礼云礼云"二句,何晏集解引郑玄曰:"言礼非但崇此玉帛而已,所贵者乃贵其安土治民。""乐云乐云"二句,何晏集解引马融曰:"乐之所贵者移风易俗,非谓钟鼓而已。"这是郑玄马融的理解。其实孔子自己有明确的回答。本章"人而不仁如礼何?人而不仁如乐何?"虽用反问的形式,实际是对上述问题的回答:礼仪活动用的玉帛,音乐活动用的钟鼓,都是外在的表现;仁才是内在的实质。两章连接为一章,问题和答案就清清楚楚:

子曰:"礼云礼云,玉帛云乎哉?乐云乐云,钟鼓云乎哉?人而不仁如礼何?人而不仁如乐何?"

《八佾》"巧笑倩兮"章(3.8)子曰:"绘事后素。"子夏曰:"礼后乎?"所谓绘事后素,是说绘画"先粉地为质而后施五彩"(朱熹注)。孔子说的是一个比喻,子夏听懂了,他说"礼后乎",即礼在仁之后乎;意即仁是内在的本质,礼是外在的表现。"礼云礼云"章与"人而不仁"章合成一章,与他们师生关于"绘事后素"的讨论内容完全一致。

【3.4】

林放问礼之本①。子曰:"大哉问!礼,与其奢也宁俭②。丧,与其易也宁戚。③"

①林放,郑玄注,"鲁人"。礼之本,礼的本质。
②大哉问,所问意义重大。礼,指一般礼仪。奢,奢侈。俭,俭约。与其奢侈,宁可俭约。
③丧与其易也宁戚,朱熹集注:"易,治也。孟子曰'易其田畴',在丧礼则节文习熟而无哀痛惨怛之实也。戚则一于哀而文不足

耳。"易,治也,指礼文非常讲究。戚,哀戚,谓情感非常悲伤。句意谓丧与其礼文非常讲究,不如感情哀戚。重在实质而不在形式。《礼记·檀弓上》:"子路曰:'吾闻诸夫子,丧礼与其哀不足而礼有馀也,不若礼不足而哀有馀也。'"子路云云,是"丧,与其易也宁戚"最好的注脚——"礼,与其奢也宁俭;丧,与其易也宁戚",前一句泛指一般礼仪,后一句特别强调丧礼。

★说"林放问礼"章与《述而》篇"奢则不孙"章(7.36)——

本章孔子曰:"礼,与其奢也宁俭;丧,与其易也宁戚。"而《述而》篇子曰:"奢则不孙,俭则固。与其不孙也宁固",恰好是对上句"礼,与其奢也宁俭"的解释。但下句"丧,与其易也宁戚",却找不到相应的解释性语句。这只能是简牍脱失的结果。两者是孔子回答林放的一次讲话,本来就是一章,因有脱简,组合起也是残缺的,只能是如下的形式:

林放问礼之本。

子曰:"大哉问!礼,与其奢也宁俭。奢则不孙,俭则固;与其不孙也宁固。丧,与其易也宁戚。〔易则□□,戚则□;与其□□宁□。〕"

【3.5】
子曰:"夷狄之有君①,不如诸夏之亡也。②"

①夷狄,古代对边远少数民族的称呼,夷多指东方民族,狄多指北方民族,此系泛指。有君,有为之君。
②诸夏,先秦指周代分封的诸侯国,亦泛指中原地区。《左传·闵

公元年》"诸夏亲昵",杜预注:"诸夏,中国也。"亡,乱也。《淮南子·说林》"骊戎以美女亡晋国",高诱注:"亡,犹乱也。"

★说"夷狄之有君,不如诸夏之亡也。"——

这段话有两种截然相反的解释。一说是夷狄虽有君长还不如诸夏没有君长么优越,是无原则地藐视夷狄的话。以邢疏为代表。邢疏云:"夷狄虽有君长而无礼义,中国虽偶无君长,若周召共和之年而礼义不废。故曰夷狄之有君不如诸夏之亡也。"杨伯峻先生也翻译成"文化落后国家虽然有个君主,还不如中国没有君主哩。"一说是夷狄尚有有为之君,不像诸夏那么混乱,是批判乱世之"诸夏"的。以程颐为代表。朱熹集注引程子曰:"夷狄且有君长,不如诸夏之僭乱,反无上下之分也。"朱熹自己没有把握,就引用他人的话,自己不加解释。

按,程颐之说极是。解释这句话,不要把"不如"理解为"比不上",而要理解为"不像"。有君,谓有为之君。夷狄有为之君,不像诸夏混乱之时那么糟糕。由于历史进程的迟速与文化水平的差异,在一般情况下夷狄不如诸夏,如果孔子说的是这个意思,根本就用不着说。正是因为夷狄亦有有为之君,而诸夏反而混乱不堪,孔子才加以赞许。

元潘荣《纲鉴总论》:"逮拓跋氏兴,佐以崔浩高允之徒,既治且安。至于孝文,风移俗易,庶几为礼义之邦矣。宇文高祖,完颜世宗,其亦贤乎。江左君臣,宁不知愧。此夫子所谓不如诸夏之亡也。"潘荣亦以夷狄有为之君,诸夏之亡不如也,为程颐说提供了具体的例证。

【3.6】

季氏旅于泰山①,子谓冉有曰②:"女弗能救与?③"

对曰:"不能。"

子曰:"呜呼!曾谓泰山不如林放乎?"

①泰山，山名，在今山东省中部，古称东岳，为五岳之首。何晏集解引马融曰："旅，祭名也。礼，诸侯祭山川在其封内者，今陪臣祭泰山，非礼也。"按，《礼记·王制》："天子祭天下名山大川。""诸侯祭名山大川之在其地者。"泰山在鲁国境内，除周天子外，只有鲁君有资格祭祀；季氏旅祭泰山，是僭越礼制的。

②冉有，即冉求（前522—?）。《仲尼弟子列传》："冉求，字子有，少孔子二十九岁，为季氏宰。"《史记》集解引郑玄曰："鲁人。"宰，此指卿大夫的家臣。——《孟子·公孙丑上》"勿求于气"，赵岐注："求，取也。"《广雅·释诂一》："有，取也。"冉求，字子有；求、有，皆取也。

③女，通"汝"。弗能，不能。救，何晏集解："救，犹止也。"谏阻。朱熹集注："救，谓救其陷于僭窃之罪。"

④呜呼，叹辞。曾，乃也。林放，即前问礼之林放。只有周天子和鲁君可以祭泰山，泰山之神应该是知道的。林放尚且知道问礼，难道泰山还不如林放吗，意谓季氏旅祭泰山，泰山之神必不会接受。

★"季氏旅于泰山，子谓冉有曰：'女弗能救与？'"此必冉有为季氏宰，故孔子问"女弗能救与"。此与"季氏将伐颛臾"，孔子责问"求，无乃尔是过与"，是先后发生的事。此季氏乃季康子，时在哀公十一年（前484）孔子自卫返鲁之后。

【3.7】

子曰："君子无所争①。必也射乎！揖让而升，下而饮②。其争也君子。③"

①争，争竞，争斗。

②必也，定然之词，用于假定语气。必也射乎，意谓如果有的话，一定就是射礼吧。《仪礼》记有《乡射礼》《大射仪》，所记礼仪甚繁。射箭之前，揖让升堂。射完之后，下堂饮酒。根据胜负，升堂饮酒，都有一定礼仪。

③其争也君子，射礼上这种争竞也有君子的规范。

【3.8】

子夏问曰："'巧笑倩兮，美目盼兮，素以为绚兮。'① 何谓也？"

子曰："绘事后素。②"

曰："礼后乎？③"

子曰："起予者商也！始可与言《诗》已矣。④"

① "巧笑倩兮，美目盼兮"，《诗·卫风·硕人》中诗句，"素以为绚兮"，原诗无此一句。何晏集解引马融曰："倩，笑貌。盼，动目貌。绚，文貌。"按，巧，好也，与下句"美"实同义。兮，语助词。素，白绢，又比喻美人白净的面容。三句诗描写美人的容貌。美丽的笑容，明丽的眼神，像素绢上画的绚丽的花朵。

② 绘事后素，即绘事后于素，谓先有素底而后在上面绘画。朱熹集注："谓先粉地为质而后施五彩，谓人有素质然后可加文饰。"

③ 礼后乎，理解此句要与"人而不仁如礼何"联系起来，知"礼后乎"谓礼在仁之后乎。意即仁是内在的本质，礼是外在的表现，故曰仁先而礼后。朱熹集注："礼必以忠信为质，犹绘事必以粉素为先。"朱说固然顺畅，若换为"礼必以仁为质"就更好。

④ 起，犹今言启发。起予，启发我。始，乃也。

★说"子夏问"章——

（一）"美目盼兮"，盼，《论语注疏》本作"盻"，阮元校勘根据唐石经等版本已订正作"盼"。朱熹集传即作"盼"，《诗·硕人》亦作"盼"。《说文·目部》："盼，《诗》曰：美目盼兮。""盻，恨视也。"两字音义并异，但古籍中常相混。

（二）"巧笑倩兮，美目盼兮，素以为绚兮"，诗句本是描写美人容貌的美丽，孔子与子夏师生却把它和绘事联系起来，又和礼扯在一起，纯属断章取义，甚至是牵强附会。先秦儒家著作，如《左传》《国传》甚至《孟子》《荀子》大量引诗往往都是如此，脱离诗句原来的旨意，断章取义，为引用者政治思想的需要服务。孔子同子夏的这场讨论也是这种风气的反映。这种风气绵延到汉代，发展到"毛诗序"而臻于极际。儒家学者们的这种做法，其"功绩"是使《诗》得以流传，但却使《诗》中的作品厚厚地蒙上一层牵强附会的灰尘，千百年来洗刷不净。

【3.9】

子曰："夏礼吾能言之，杞不足征也①；殷礼吾能言之，宋不足征也②。文献不足故也③。足，则吾能征之矣。"

①夏礼，夏代的礼制。杞，诸侯国名。周武王灭殷之后，求夏禹的后裔，得东楼公，封之于杞，奉夏后氏之祀。周贞定王二十四年（楚惠王四十四年，前445）为楚所灭。见《史记·陈杞世家》。杞，今河南杞县。不足征也，不足征信。

②殷礼，殷商的礼制。宋，诸侯国名。周武王克殷之后，封商纣王子武庚以续殷祀。武王死，成王立，武庚叛乱。周公杀武庚，命微子启代殷后，国于宋。周赧王二十九年（宋王偃四十三年，前286）为田齐湣王所灭。见《史记·宋微子世家》。宋，今河南商丘。

八佾第三　133

③文，指有关典章制度的文字资料。献，指熟悉掌故的贤人。但贤人的议论用文字表述也就成了资料，"文献"一词也就概指传世的图书文物。

★说"夏礼吾能言之"章、"殷因于夏礼"章（2.23）与"周监于二代"章（3.14）——

"子曰：'夏礼吾能言之，杞不足征也；殷礼吾能言之，宋不足征也。文献不足故也。足，则吾能征之矣。'"何晏集解引包咸曰："征，成也。杞宋，二国名，夏殷之后。夏殷之礼吾能说之，杞宋之君不足以成也。"又引郑氏曰："献，犹贤也。我不以礼成之者，二国之君文章贤才不足故也。"邢昺疏曰："孔子言夏殷之礼吾能说之，但以杞宋之君闇弱不足以成之也。"注疏均训"征"为"成"。说孔子言夏殷之礼吾能言之，但因杞宋二国之君闇弱，不足以成夏殷之礼。

按，注疏之说非是。原文明明言夏殷之礼因杞宋二国文献不足故"不足征也"，并没有"杞宋之君闇弱"不足以成夏殷之礼这层意思，这是注疏者添加的内容。注疏的责任是将原文的意思疏理清楚，而无权增加，更无权改变原文的内涵。"杞宋之君闇弱不足以成之"与"文献不足"故"不足征也"，是两回事，注疏将二者夹杂在一起，内容混乱。

朱熹有见于此，改训"征，证也"，即证信、征信之意。他说："（孔子）言二代之礼，我能言之。而二国不足取以为证，以其文献不足故也。文献若足，则吾能取之以证吾言矣。"朱熹扬弃了何晏集解注疏所谓"杞宋之君闇弱"不足以成夏殷之礼的说法，认为这话是孔子谈他自己对夏殷之礼的认识，是朱熹高明之处。但这样理解孔子这段话仍有问题。孔子明明说夏殷之礼"吾能言之"，又说杞宋二国"文献不足"，因而不能证信，那么他"能言之"的根据是什么？杞宋二国的文书和贤者都缺乏，他凭什么去言夏殷之礼？

孔子的弟子用简记录孔子的话，一简记那么几句，多少不等。有时谈一个问题的话，分记在不同的简上，也可能是两位或三位记录者各记了几句。后来编辑者把应该连在一起的话分开了，甚至把一段话分成了几段，编纂时也胡乱地编在不同的篇内，给注家的解释带来困难，以致出现了如前面所说的问题。

联系《为政》篇"殷因于夏礼"章。可以得到夏殷之礼"吾能言之"的解答。该章子张问："十世可知也?"问的一定是十世后之礼。子曰："殷因于夏礼，所损益可知也；周因于殷礼，所损益可知也。其或继周者，虽百世可知也。"说的也正是夏殷"二代"之礼。"殷因于夏礼，所损益可知也；周因于殷礼，所损益可知也"，就是"夏礼吾能言之""殷礼吾能言之"的根据。因下一朝对上一朝的礼有一定的继承关系，但有所"损"，也有所"益"，"损"了哪一些，"益"了哪一些，由此可以推知上一朝的礼，故"吾能言之"。

再看看与"夏礼吾能言之"章相隔四章的"周监于二代"章。该章云："周监于二代，郁郁乎文哉，吾从周。"二代，注家们推知是夏殷，但原文并没有点出。本章的中心意思，注家们都知道说的是礼，但原文也没有点出。注家们凭什么根据做这样的解释呢？把这一章和"夏礼吾能言之""殷礼吾能言之"联系起来，乃可以看出，"周监于二代"章中的二代指"夏殷"，"监于二代"即指监于二代之"礼"的根据就清楚了。监于二代之"礼"，两者都已在前章中指出，所指的根据就明白了。这三章一定是孔子一次讲的，记录者各记了几句如此分成了三章。试把三章重新组合，内容便相当完整：

子张问："十世［之礼］可知也?"

子曰："夏礼吾能言之，杞不足征也；殷礼吾能言之，宋不足征也。文献不足故也。足，则吾能征之矣。殷因于夏礼，所损益可知也；周因于殷礼，所损益可知也。周监于二代，郁郁乎文哉，吾从周。其或继周者，虽百世可知也。"

孔子说：夏殷之礼吾能言之，而杞宋二国的文献不足，不足以征信。但殷因于夏礼，所损益可知；周因于殷礼，所损益可知。周借鉴于二代，"郁郁乎文哉"，故吾从周礼。"虽百世可知也"，正是对"十世可知也"的回答。把这些割裂的记录加以组合，连在一起，对孔子的话才可以理解得清楚准确。

【3.10】
子曰："禘自既灌而往者，吾不欲观之矣。①"

①禘（dì），朱熹引赵伯循（唐赵匡，字伯循）曰："禘，王者之大祭也。王者既立始祖之庙，又推始祖所自出之帝，祀之于始祖之庙，而以始祖配之也。成王以周公有大勋劳，赐鲁重祭，故得禘于周公之庙。以文王为所出之帝而周公配之；然非礼矣。"灌，朱熹集注："灌者，方祭之始，用郁鬯之酒灌地以降神也。"（郁鬯，用郁金草合黍酿成的酒，取郁金的香气。）孔子言鲁国举行禘礼，刚刚开始他就不想看了——"禘自既灌"以后，一定是有非礼之处，故孔子"不欲观之"。究竟如何非礼，是谁非礼，是鲁君，还是三家，都不清楚。朱熹采取他惯用的方式，只引赵伯循之说，而自己不出面说话。赵氏之说也未必然；为此只能存疑。

【3.11】
或问禘之说①。子曰："不知也。知其说者之于天下也，其如示诸斯乎！"指其掌②。

①或，有人。问禘之说，问关于禘的道理。

②知其说者，即知禘礼之道理者。示，《礼记·中庸》"治国其如示诸掌乎"郑玄注："示，读如寘诸河干之寘。寘，置也。物而在掌中，易为知者也。"诸，介词；示诸掌，犹"示于掌"。斯，这，指其掌。孔子说，禘的道理我不知道，谁知之者，治理天下就如放在这儿。孔子说时指着自己的手掌。朱熹集注："示与视同。弟子记夫子言此而自指其掌。"这是孔子对鲁君"僭"用禘礼表示极为不满的话。

★"禘自既灌"章与"或问禘之说"章同是孔子谈论禘时说的话，弟子分别记了其中两句最重要的。把两章结合起来理解，更可以看出孔子当时说话的神情和所表示的态度。然具体内涵并不清楚。

【3.12】

祭如在，祭神如神在①。子曰："吾不与祭，如不祭。②"

①祭如在，祭祀祖先，就像祖先真在面前。何晏集解引孔安国曰："言事死如事生。"祭神如神在，祭祀神，就像神真在面前。何晏集解引孔安国曰："谓祭百神也。"由下文"吾不与祭如不祭"推知，前二句是记述孔子祭祀时极为虔诚。

②"吾不与祭"二句，谓，如果我不能亲自参与祭祀，即使别人代替祭了，心里也感到如同没有祭祀。何晏集解引包咸曰："孔子或出或病而不自亲祭，使摄者为之，其心与不祭同。"——后二句孔子自己表白他"不与祭"后的心情。

★说"祭如在，祭神如神在"——

孔子生活在一个相信鬼神的时代，而且相当重视祭祀鬼神的活动。但孔子重视实实在在的社会人生，研究社会人生的政治伦理。之所以重视鬼神的祭祀，只是作为一种礼仪。对鬼神之事采取一种"不知为不知"的态度。《雍也》篇子曰："务民之义，敬鬼神而远之。"（6.22）远之，离远一点，也有不加过问之意。《先进》篇季路问事鬼神，子曰："未能事人，焉能事鬼！"曰："敢问死？"曰："未知生，焉知死！"（11.12）都是这种态度的表现。"祭如在，祭神如神在"，固然是说明孔子对祭祀的虔诚。间接也表示孔子对鬼神的存疑态度，"如在"而已，未必真以为在。

【3.13】

王孙贾问曰："与其媚于奥，宁媚于灶，何谓也？①"
子曰："不然。获罪于天，无所祷也。②"

①媚，取悦。《说文》："媚，说（yuè）也。"《孟子·尽心下》"阉然媚于世也者"，朱熹集注："媚，取悦于人也。"奥，《说文》："奥，室之西南隅。"段玉裁注："室之西南隅，宛然深藏，室之尊处也。"此指西南隅之神。灶，指灶神。何晏集解引孔安国曰："王孙贾，卫大夫。奥，内也，以喻近臣。灶，以喻执政。贾，执政者，欲使孔子求昵之，故微以世俗之言感动之也。"

②不然，不是这样。此处犹言都不对。"获罪"二句，谓如果获罪于天，就不用祈祷，因为没有作用。

★"与其媚于奥，宁媚于灶"，孔安国认为是当时世俗之言。奥，其神尊贵而深居于内；灶神位卑，而有实权。意谓与其取悦于奥内之神，不如取悦于灶神。孔安国之意，谓王孙贾是卫国的权臣，孔子到了卫国，王孙贾暗示孔子，与其取悦卫君或卫君的近臣，不如阿附权臣即他自己，孔子严辞加以拒绝。杨伯峻先生认为："这不是王孙贾暗示孔子的话，而是请教孔子的话。奥指卫君，灶指南子、弥子瑕，位职虽低，却有权有势。意思是说，有人告诉我，与其巴结国君，不如巴结有势力的左右，你以为怎样？孔子却告诉他，这话不对，得罪了上天，那无所用其祈祷，巴结谁都不行。"今人杨伯峻先生说是"揣想"，古人孔安国也没有提供证据，王孙贾问话的用意究竟如何并不清楚；只有一点是清楚的：就是王孙贾说的无非都是投机巴结的行为，孔子直截了当予以否定。

【3.14】
子曰："周监于二代①，郁郁乎文哉！吾从周！②"

①监，通"鉴"。何晏集解引孔安国曰："监，视也。"犹言借鉴。二代，指夏代、殷代。
②郁郁，邢昺疏，"文章貌"。朱熹集注，"文盛貌"。文，《礼记·乐记》"以进为文"郑玄注："文，犹美也，善也。"《淮南子·诠文》"止成文"高诱注："文，谓言文采。"从，顺从。有赞成、主张之意。

★本章的解释参见前"夏礼吾能言之"章（3.9）注。

【3.15】
子入太庙①，每事问②。或曰："孰谓鄹人之子知礼乎③？入太庙，每事问。"子闻之曰："是礼也！④"

①太庙，始祖之庙。鲁始于周公旦，太庙即指周公庙。
②每事问，邢昺疏："每事问者，言太庙之中礼器之属，每事辄问于令长也。"刘宝让正义："事，谓牺牲服器、礼仪诸事也。"邢昺疏专指"礼器之属"一个方面，刘宝楠说包括"牺牲服器礼仪诸事"多个方面。

③或，有人。孰，谁。郰（zōu），字又作陬。《史记·孔子世家》："孔子生鲁昌平乡郰邑。"集解引孔安国曰："郰，孔子父叔梁纥所治邑。"郰人之子，即指孔子。

④是礼也，这就是礼。

【3.16】

子曰："射不主皮①，为力不同科②，古之道也。"

①射，射箭。此指射礼，非指军中的演习。皮，指兽皮制作的皮侯，即箭靶。主皮，《周礼·地官·乡大夫》"三曰主皮"孙诒让正义："主皮之名，盖起于大射。大射张皮侯，以皮饰侯，又制之以为鹄，故以中鹄为主皮。"射不主皮，谓射未能中鹄，或不一定要中鹄。

②为力不同科，朱熹集注："科，等也。古人射以观德，但主于中，而不主于贯革，盖以人力之有强弱，不同等也。"《礼记·射义》："孔子射于矍相之圃，盖观者如堵墙。"可知孔子也善射。可能并非强手，"射不主皮，为力不同科，古之道也"，或许是为他自己"射不主皮"作的解释。

【3.17】

子贡欲去告朔之饩羊①。子曰："赐也！尔爱其羊，我爱其礼！"

①告朔，《周礼·春官·大史》："颁告朔于邦国。"郑玄注："天子颁朔于诸侯，诸侯藏之祖庙，至朔朝于庙，告而受行之。"《公羊传·文公六年》："不告月者何？不告朔也。"何休注："礼，诸侯受十二月朔政于天子，藏于太祖庙。每月朔朝庙，使大夫南面奉天子命，君北面受之，比时使有司先告朔，谨之至也。"去，免去。饩（xì）

羊,告庙时用的生羊。

★周王朝为了统一天下的历法,每年冬天,周天子将来年的历书颁发各诸侯国。历书中载明该年有无闰月,十二个月(有闰月之年为十三个月)每月朔日(即初一)属于干支的哪一天。诸侯收到历书后藏之于太祖庙。来年每月朔日,诸侯国君朝拜祖庙,使大夫南面传达天子诏命,国君北面受之。这时使执事官员告知该朔日干支。这就是"告朔"。然后国君回朝听政。告朔是一种礼仪,也自有维护王朝一统的天子权威,告谕诸侯及时行政之意。但久而久之便流于形式。鲁自文公开始,不再朝庙告朔,庙里用生羊告庙的形式还存在。子贡因此提出这种徒具形式的饩羊也不必用了。但孔子反对,说"尔爱其羊,我爱其礼"。孔子说的当然不是形式上的"我爱其礼",而是希望恢复本来意义上的"告朔"。表面上只是对子贡进行教育,实质上是对鲁君不再告朔的批评。

【3.18】
子曰:"事君尽礼,人以为谄也。①"

①事,事奉。谄,谄媚。

★前"子入太庙"章,或人讥刺孔子入太庙每事问,孔子闻之曰,"是礼也"。本章必是有人批评某种事君以礼的行为,孔子才说"事君尽礼,人以为谄也。"前章记录较为完整,本章记录过于简单,孔子不会无缘无故说这么一句话。

【3.19】
定公问①:"君使臣,臣事君,如之何?"

孔子对曰："君使臣以礼②，臣事君以忠。③"

①定公，鲁定公名宋，襄公之子，昭公之弟，公元前509年鲁昭公死于乾侯之后即位，在位十五年。定是谥号。
②使，任用，对待。事，事奉。
③以礼，指礼相待。忠，忠诚尽责。

★鲁定公与孔子的问答，寥寥两句，内涵实极为丰富。鲁昭公被三桓逐出鲁国，流亡近八年之后客死他乡。作为昭公之弟鲁定公在如此尴尬的境况下即位，在季孙的钳制下生存，其处境之艰难可想而知。鲁定公作为一国之君难道他不知道君臣应该是怎样的关系？"君使臣，臣事君，如之何？"是痛彻骨髓的心态下明知故问。孔子回答"君使臣以礼，臣事君以忠"，无疑说到了定公的心坎上。这是他们君臣的交心。定公似在位八年之后才认识孔子，任用孔子。定公九年以孔子为中都宰，而后直线上升，由中都宰而司空，而大司寇，而"摄相事"，而"与闻国政"。实在是他们君臣谈心以后的结果。孔子提出"臣无藏甲，大夫毋百雉之城"，无非是定公的心事，通过孔子的口表达出来。之后采取了一系列政策措施来实施他们的计划。尽管他们没有取得成功，但鲁定公与孔子君臣六年的亲密合作，毕竟是鲁国历史上闪光的一页。

【3.20】
子曰："《关雎》乐而不淫，哀而不伤。①"

①《关雎》，《诗·国风·周南》第一篇。乐，欢乐。淫，淫乱，放荡。哀，《尔雅·释诂》："哀，思也。"《诗》大序："哀窈窕"，王先谦《诗三家义集疏》："哀之为言爱，思之甚也。"伤，伤痛。乐而

不淫，欢乐而不致于放纵。哀而不伤，哀思而不致于伤痛。朱熹集注："淫者，乐之过而失其正者也；伤者，哀之过而害于和者也。"

★"《关雎》乐而不淫，哀而不伤。"郑氏注："《关雎》，国风之首篇，乐得淑女以为君子之好仇，不为淫其色也。寤寐思之，哀世夫妇之道不得此人不为减伤其爱也。"邢昺疏亦云："《关雎》者，《诗·国风·周南》首篇名，兴后妃之德也。诗序云'乐得淑女以配君子，忧在进贤，不淫其色'，是乐而不淫也。'哀窈窕，思贤才，而无伤善之心焉'，是哀而不伤也。乐不致淫，哀不致伤。言其正乐之和也。"——郑玄注"哀而不伤"为"哀世夫妇之道不得此人不为减伤其爱也"，到他笺《诗》时，似感觉到《关雎》并无哀意，他就修正前注。笺诗序云："哀，盖字之误也，当作衷；衷，谓中心恕之（当从《释文》作'中心念之'），无伤善之心。"看来他自己也没有把握，而改字为训，也有乖训释的原则。

按，郑玄两说皆不妥，朱熹、王先谦的解释较为恰当。

但爱情诗竟然说"哀而不伤"，人们总觉得不适合，如此另想办法。刘台拱《论语骈枝》认为古以诗入乐，"诗有《关雎》，乐亦有《关雎》。乐章总是三篇为一组，如《文王之三》包括《文王》《大明》《绵》三篇，《鹿鸣之三》包括《鹿鸣》《四牡》《皇皇者华》三篇。孔子所说的《关雎》必包括《关雎》《葛覃》《卷耳》。乐而不淫者，《关雎》《葛覃》也！哀而不伤者《卷耳》也。"刘氏之见，只备一说。

【3.21】

哀公问社①于宰我②。宰我对曰："夏后氏以松，殷人以柏，周人以栗，曰：使民战栗。③"

子闻之，曰："成事不说，遂事不谏，既往不咎。④"

①社，《礼记·大传》"祈于社"，孔颖达疏："社是土地之神。"祭祀土神之所亦称社。古代建邦立社，社必植树；问社，即问社植什么树。馀详星评。

②宰我，即宰予。《仲尼弟子列传》："宰予，字子我。"集解引郑玄曰："鲁人。"——宰予，字子我；予，即我也。

③"夏后氏"四句，宰我回答，夏代用松木，殷代用柏木，周代用栗木；取使民战栗之意。何晏集解引孔安国曰："凡建邦立社，各以其土所宜之木。宰我不本其意，妄为之说，因周用栗，便云使民战栗。"战栗，恐惧貌。

④"成事不说"三句，义实一致。何晏集解引包咸曰："事已成不可复解说"，"事已遂不可复谏止"，"事已往不可复追咎。孔子非宰我，故历言此三者，欲使慎其后。"孔子以宰我所谓"周人以栗，曰使民战栗"不仅牵强附会，而且认为用栗木为社树意在威胁人民，非常荒谬。但事已过去，不必追究。之所以提到是要他后来发言谨慎。

★说"哀公问社"章——

古代建社必植树，社树乃成为神所凭依。《庄子·人间世》"匠石至齐，至于曲辕，见栎社树"；《淮南子·说林》"故侮人之鬼者，过社而摇其枝"，说的都是社树。《白虎通》说得更为明白："社稷所以有树何也？尊而识之，使民望即见敬之，又所以表功也。"哀公所问，即问社所植之树。后世的土地庙，这些土地神属于村社，职位低卑，与建邦立社之社，相距悬殊，但村社仍是建邦立社之社的遗留，两者有直接的联系。土地庙往往依凭一棵大树，也正是古代社树的延续。

哀公问社，《释文》："郑本作主。"是"哀公问社"一作"哀公问主"，似哀公所问为用什么木作神主。邢昺疏："社者，五土之总神。故凡建邦立国，必立社也。夏都安阳宜松，殷都亳宜柏，周都丰镐宜栗，是各以其所宜木也，谓用其木以为社主。张包周本以为哀公问主于宰我，先儒或以为宗庙主者，杜元凯何休用以解《春秋》以为宗庙主。今所不取。"按,问社当是问社所植树。《庄子》记匠石至齐"见栎社树",《淮南子》传说鬼"过社而摇其枝",《白虎通》解释社稷有树是为了"使民望即见敬之";社必植树,诸书所记都有具体内容。而作"问主"者找不到相应的事实根据。

但邢疏谓"夏都安阳宜松,殷都亳宜柏,周都丰镐宜栗,是各以其土所宜木也"却不可信。夏殷周三代的都城地在今陕西南部与河南中部,三者相距不过几百里,"其土所宜"之木不会有多大差别。哪个朝代用哪种树作为社树是时代风尚,并不取决于"其土所宜"。《后汉书·祭祀下》注引马融《周礼》注:"王者五社,太社在东门之外,惟松;东社八里,惟柏;西社九里,惟栗;南社七里,惟梓;北社六里,惟槐。"这些社相距不到十里路,而植的树各不相同,与"其土所宜"没有任何关系。

说"成事不说,遂事不谏,既往不咎"——

任何语言都有其具体的背景。宰我回答哀公问社虽有点荒唐,但只能说不够慎重,并未造成太坏的后果,也没有什么罪责。孔子说"成事不说,遂事不谏,既往不咎",是在这种情况下说的。无非是叫他以后慎重,不要随便说话。因此对孔子的话不能错误地理解。对造成严重后果的事,是必须问责的。前事不忘,后事之师,不能"成事不说,遂事不谏,既往不咎"。

【3.22】

子曰:"管仲之器小哉!①"

或曰:"管仲俭乎?②"

曰:"管氏有三归③,官事不摄,焉得俭?④"

"然则管仲知礼乎?"

曰:"邦君树塞门,管氏亦树塞门。邦君为两君之好有反坫。管氏亦有反坫⑤。管氏而知礼,孰不知礼?⑥"

①管仲（？—前624），春秋齐颍上人，春秋时代著名政治家，名夷吾，字仲。为齐桓公相，辅佐桓公成为春秋五霸之首，九合诸侯，一匡天下。《史记》有传。器，器宇，器度，器量。

②俭，俭朴，节俭。

③三归，是齐国的一种租税收入。《管子·山至数》："泰春国穀倍重数也，泰夏赋穀以市樏（guàng），民皆受上穀以治田土。泰秋田穀之存予者若干，今上敛穀以币，民曰无币，以穀，则民之三有归于上矣。"《汉书·地理志下》："桓公用管仲，设轻重以富国，合诸侯成伯功，身在陪臣而取三归。"揣语意，是齐桓公因管仲功高，以"三归"的税收赏予管仲。（何晏集解引包咸曰："三归，娶三姓女。妇人谓嫁曰归。"邢昺疏："管仲娶三姓之女，故曰有三归。"包咸邢昺皆望文生义，以"三归"为管仲娶三姓女。清末郭嵩焘作《释三归》一文，"三归"之义才得到正确的解释。见郭著《养知书屋文集》卷一。）

④官事不摄，邢昺疏："摄，犹兼也。焉，犹安也。礼，国君事大，官各有人。大夫虽得有家臣，不得每事立官，当使一官兼摄馀事。今管仲家臣备职，奢豪若此，安得为俭也。"意谓大夫的家臣，应该一人兼管数事，而管仲的家臣，一事一官，都不兼摄，势必增设许多岗位，增加许多人员，奢侈浪费；这样哪能说是节俭呢。

⑤邦君，指诸侯国君。树，树立，设立。塞，犹蔽也，屏蔽之意。塞门，略同于后世的屏风，设置在殿堂前方与大门之间，使门外看不到里面。两君之好，诸侯两君友好之会。反坫（diàn），反爵之坫，是放在殿堂两楹之间的土台。诸侯两君相会，互相敬酒之后，将空爵反置于坫上。塞门、反坫，照礼只有诸侯才能设置，而管仲僭礼，都设在自家的府第。

⑥而，如也。"管仲而知礼"二句，谓管仲如果知礼，还有谁不知礼呢！

【3.23】

子语鲁大师乐①，曰："乐其可知也：始作，翕如也；从之，纯如也，皦如也，绎如也，以成。②"

①语（读去声 yù），告知。"大师"之"大"，音泰（tài）。大师，乐官名。乐（yuè），音乐。
②始作，开始演奏。翕如也，邢昺疏："翕（xì），盛貌。"从之纯如也，邢昺疏："从，读曰纵，谓放纵也。纯，和也。言五音既发，放纵尽其音声，纯纯和谐也。"皦如也，邢昺疏："皦（jiǎo），明也，音其音节分明也。"绎如也，邢昺疏："言其音络绎然相续不绝也。"句中四"如"字皆语助词。以成，如此就完成了。

【3.24】

仪封人请见①，曰："君子之至于斯也，吾未尝不得见也。②"从者见之③。

出曰："二三子何患于丧乎？天下之无道也久矣，天将以夫子为木铎。④"

①仪，邑名。仪封人，何晏集解引郑玄曰："仪，盖卫邑。封人，官名。"《左传·隐公元年》"颍考叔为颍谷封人"杜预注："封人，典封疆者。"即守边境的官。请见，请孔子接见。"请见"与后文"见之"，两"见"字皆读如现（xiàn），接见。此孔子"去鲁适卫"后发生的事。
②"君子之至于斯"二句，仪封人说，凡有君子到此地，我没有不见的。
③从者见之，孔子的随从请孔子接见了他。
④"二三子何患于丧乎"三句：二三子，指孔子的弟子。"二三

子"是当时的习惯语，犹言你们这些弟子们。何患，何用忧虑，何用担心。何晏集解引孔安国曰："语诸弟子，言何患于夫子圣德之将丧亡邪！天下之无道久矣，极衰必盛。"（宋刘敞《七经小传》解释"何患于丧"为何患于孔子"失位去国"。朱熹集注也说，"丧，谓失位去国"。固亦可通，然孔安国之说更好。）木铎，铎是大铃，金属制成。铃中有可以摇动的铃舌；铃舌是金属者称为金铎，铃舌是木制者称为木铎。何晏集解引孔安国曰："木铎，施政教时所振也。"仪封人之意，谓弟子们不用担心孔子之德将衰亡，孔子如天之木铎，巨大的铎声将震响天下；比喻孔子之道将影响或改变整个天下。

★天将以夫子为木铎，孔安国曰："木铎，施教时所振也。言天将命孔子制作法度以号令于天下。"朱熹集注："言乱极当治，天必将使夫子得位设教，不久失位也。"又引或曰："木铎所以徇于道路，言天使夫子失位，周流四方以行其教，如木铎之徇于道路也。"原文明明是说天将以夫子本人为木铎。这是比喻性的说法，并非说天将命夫子振木铎，两者语意与修辞都相差甚远。先秦儒家著作中赞扬孔子的话多不胜举，仪封人短短的两句话颇有独到的修辞特色。

【3.25】

子谓《韶》："尽美矣，又尽善也。"谓《武》："尽美矣，未尽善也。"[①]

[①]韶，舜乐名。武，周武王乐名。何晏集解引孔安国曰："谓（舜）以圣德受禅，故尽善。""（周武王）以征伐取天下，故未尽善。"美，就声音与舞姿言；善，就表现的内容言。照孔安国的解释，谓舜受尧禅位，故《韶》乐舞尽美，其天下由德受禅，故内容亦尽善。周武王灭亡商纣，故《武》乐舞尽美，其天下毕竟系征伐得来，故未尽

善。(按,这是孔安国的理解,原文只说明孔子听这两部乐章的感受,未必是对舜与武王之所以得天下的评论,故孔安国之说仅供参考。)

【3.26】
　　子曰:"居上不宽,为礼不敬,临丧不哀,吾何以观之哉!①"

　　①居上,居于上位。为礼,举行礼仪活动。临丧,参加丧事。朱熹集注:"居上主于爱人,故以宽为本。为礼以敬为本,临丧以哀为本。既无其本,则以何者观其所行之得失哉!"

　　★本章云云,孔子不会无缘无故地发表这些高论,必定是对某位君主或卿大夫的批评。记录者没有记被批评的对象遂使这些话不知其为谁而发。

里仁第四

本篇凡二十六章

【4.1】
子曰:"里仁为美。择不处仁,焉得知?①"

【4.2】
子曰:"不仁者不可以久处约,不可以长处乐②。仁者安仁,知者利仁。③"

①里,《说文》,"居也"。择,挑选,选择。处,读上声(chǔ)。知,通"智"。《论语》"智"皆作"知"。何晏集解引郑玄曰:"居于仁者之里是为美,求居而不处于仁者之里,不得为有知。"(《后汉书·张衡传》载《思玄赋》中"匪仁里其焉宅兮",李贤注:"《论语》孔子曰:'里仁为美,宅不处仁,焉得知?'里、宅,皆居也。"是古本《论语》作"宅不处仁"。)

②"不可以"之"以",与也。约,朱熹集注:"穷困也。"乐,安乐。二句谓,不仁者不可与之长处穷困,也不可与之长处安乐。

③仁者安仁，何晏集解引包咸曰："惟性仁者，自然体之，故曰安仁。"知者，即智者。知者利仁，何晏集解引王肃曰："知仁为美，故利而行之。"

★说"里仁为美"与"不仁者不可以久处约"二章——

"不仁者不可以久处约，不可以长处乐"，注家无例外都理解为不仁者本人不可以久处贫困，也不可以长处安乐。何晏集解引孔安国曰："久困必为非"，长乐"必骄佚"。杨伯峻先生译作"不仁的人不可以长久地居于穷困中，也不可以长久地居于安乐中。"如此理解，不符合孔子原意。第一，如果是这个意思，则应说成"不仁者不能久处约，不能长处乐"，而不应说"不可以"。第二，与下文"仁者安仁，知者利仁"关联不紧。

注家和翻译者都忽视了本章与上章的直接联系。上章说选择住居必须慎重，本章说什么样的对象不可以与之相处。不仁者、仁者、智者都是指所择地方的对象。以，与也。"不仁者不可以久处约，不可以长处乐"，即不仁者不可与之久处约，不可与之长处乐；句法与"鸟兽不可与同群"相近。《史记·越王勾践世家》范蠡谓越王为人"可与共患难，不可与共乐"，句法亦相似。孔子谈这个问题时，记录者分记成了两章。两者内容紧密关联，应本就是一章：

子曰："里仁为美。择不处仁，焉得知？不仁者不可以久处约，不可以长处乐。仁者安仁，知者利仁。"

孔子之意，是说选择住处必须慎重，选择住居在仁风之所乃为美，住居而不在仁风之所，怎能算有智；因为不仁者不可与之久处贫困，也不可与之长处安乐。唯仁者可以安于仁，智者能够利于仁，那种对象才可能与之长久相处。

【4.3】

子曰:"唯仁者能好人,能恶人。①"

【4.4】

子曰:"苟志于仁矣,无恶也。②"

①唯,只有。朱熹集注:"惟之为言独也。"好,读去声(hào),喜爱,亲近。恶(wù),摈弃,厌弃。

②苟,王引之《经传释辞》卷五:"苟,犹若也。"志于仁,有志于仁。无恶(wù),不要厌弃。谓其人若有志于仁就不要厌弃。

★说"唯仁者能好人"与"苟志于仁矣"二章——

子曰:"唯仁者能好人,能恶人。"子曰:"苟志于仁矣,无恶也。"上章"恶"读去声,乌路反(wù),不成问题。唯仁者能好人,能恶人,因为他有正确的准则,亲近值得亲近的人,厌弃不值得亲近的人。下章"苟志于仁矣,无恶也"的"恶"读音却有分歧。《释文》:"恶,如字(è)。又乌路反(wù)。"读音的分歧是出于对含义的理解不同。

孔安国曰:"苟,诚也。诚能志于仁,则其馀终无恶。"邢昺疏:"言诚能志于仁,则其馀行终无恶。"朱熹集注:"心诚在于仁,则必无为恶之事矣。"都是说苟志于仁,则其他行为皆无恶。朱熹赞同他们的解释,故特别注明:"恶,如字。"——诸说皆误。"有志于仁","有志"而已,达到"仁"的水平各不一样,因此有志于仁,则"其馀皆无恶",即一切皆善,不可能是必然的事实。注释家们忽视了本章与上一章的内在联系,孤立地训解这一句,故作出了错误的解释。

《春秋繁露·玉英篇》:"难者曰:'为贤者讳,皆言之宣缪,讳独弗言何也？'曰：'不成于贤也。'其为善不法，不可取亦不可弃；弃之则弃善志也，取之则害王法，故不弃亦不载，以意见之而已。'苟志于善无恶'，此之谓也。"《盐铁论·刑德篇》："故春秋之治狱，论心定罪，志善而违于法者免，志恶而合于法者诛。"（至善而违于法者免，即"苟志于善无恶"之意。）照此理解，"苟志于仁无恶"，是说对有志于仁者则不应厌弃。恶，乌路反（wù）。论心定罪的做法不完全正确，但他们对孔子这句话的理解是正确的。

问题的关键在于应把两章联系起来理解，两章都是论述仁者待人的态度。弟子把谈话中间的过程略掉，简单地把前后两句话记下，就成了两章。去掉第二个"子曰"，就是一章，意思明确而顺畅：

子曰："唯仁者能好人，能恶人。苟志于仁矣，无恶也。"

"苟志于仁矣无恶也"是紧承上文"能恶人"说的。意思是说，唯仁者能亲近人，也能厌弃人。别人如果有志于仁，仁者就不应厌弃他。《述而》篇"互乡难与言童子见，门人惑。子曰：'与其进也，不与其退也，唯何甚！人絜己以进，与其进也，不保其往也。'"（7.29）所以待人的态度，与"苟志于仁矣，无恶也"，精神完全一致。

本篇一、二两章说明择邻的原则，三、四两章论述待人的态度。

【4.5】
子曰："富与贵，是人之所欲也，不以其道，得之不处也。贫与贱，是人之所恶也，不以其道，得之不去也①。君子去仁，恶乎成名②？君子无终食之间违仁③，造次必于是，颠沛必于是。④"

①欲，《玉篇·欠部》，"愿也"。恶，厌弃。富与贫，指财富多少；贵与贱，谓地位高低。不以其道，不由正常的途径。不处，不居，不占有。不去，不去掉，不回避。

②"去仁"之"去"，背离。《玉篇·去部》："去，违也。"恶（读平声 wū），何也。谓君子而违仁，何以成名。

③终食，一顿饭之间，言极短之时。违，违弃，违背。

④造次（造，七到切；次，七四切），双声联绵词，仓卒急遽貌。颠沛，《易·鼎》"鼎颠趾"，释文："颠，倒也。"沛，"跋"假借词，跌倒。《说文》："跋，蹎跋也。"蹎跋，即"颠沛"。"造次"二句，何晏集解引马融曰："虽急遽偃仆不违仁。"二句谓急遽仓卒之时，颠沛流离之际，皆不违仁德。《史记·孔子世家》记孔子在陈绝粮，从者病，莫能兴。孔子讲诵弦歌不衰。子路愠见曰：'君子亦有穷乎？'子曰：'君子固穷，小人穷斯滥矣。'"（亦见《卫灵公》篇）。即孔子本人"无终食之间违仁，造次必如此，颠沛必于此"的体现。

★说"富与贵"章的句读——

本章历代注家似皆如此句读："富与贵，是人之所欲也，不以其道得之，不处也；贫与贱，是人之所恶也，不以其道得之，不去也。"杨伯峻先生说："'富与贵'可以说'得之'，'贫与贱'却不是人人想'得之'的。这里讲'不以其道得之'，'得之'应该改为'去之'。这里为什么也讲'得之'，可能是古人不经意处，我们不必在这上面做文章了。"

文章还可以做，也必须做，而且不难。问题在于如何句读。"富与贵，是人之所欲也，不以其道，得之不处也；贫与贱，是人之所恶也，不以其道，得之不去也。"如此句读，语意清楚明白。"不以其道"不是对"得之"说的，而是对"处"与"去"说的。"得之"不一定由主观意志决定，而"处不处、去不去"是可以由主观意志决定的。语言规范明确，不能改字。不是古人"不经意处"，而是注家"不经意处"。

【4.6】

子曰:"我未见好仁者,恶不仁者①。好仁者,无以尚之;恶不仁者,其为仁矣,不使不仁者加乎其身②。有能一日用其力于仁矣乎?我未见力不足者③。盖有之矣,我未之见也。④"

①好(hào),爱好。恶(wù),憎恶,厌恶。

②尚,超过,增加。无以尚之,犹言无以复加。好仁者与恶不仁者是两个档次。好仁者极力追求仁德,其品格无以复加。恶不仁者即使也说为仁,并不认真追求,只是不让不仁的东西加在自己身上。

③"有能一日"二句,朱熹集注:"人果能一旦奋然用力于仁,则我有未见其力有不足者。盖为仁在己,欲之则是。而志之所之,气必至焉。故仁虽难能,而至之亦易也。"意思是说,关键在于愿不愿意去追求,如果愿意其实也不难。与《述而》篇所说"仁远乎哉?我欲仁,斯仁至矣"意思相同。

④盖,朱熹集注,"疑辞";存疑之词,犹言也许。二句意谓,这种人也许有吧,但我未见到。

【4.7】

子曰:"人之过也,各于其党①。观过,斯知仁矣。②"

①过,过失,错误。于,犹在也。党,朱熹集注,"类也"。此指错误的类型,错误的性质。二句意谓什么样的人,就犯什么样的错误。如品格高尚的人,犯的错误也不会是卑鄙恶浊的。

②仁,同"人"。《后汉书·吴祐传》:"掾以亲受污秽之名,所谓

'观过斯知人'矣。"正作"知人"。二句意谓观察其人犯什么样的错误，就知道是什么样的人。（古代注家或从其本字，解作观其过错即知其仁不仁。固亦勉强可通，远不如解作"人"顺当。）

【4.8】
子曰："朝闻道，夕死可矣。①"

①朝，早上，白天。道，犹言真理。夕，日暮，晚间。如果早上真认识了"道"，日暮死去都值得。极言"道"的价值，也极言"闻道"之重要。

★道，本义是道路，引申为道理。《说文》："道，所行道也。"段玉裁注："道之引申为道理。"本章朱熹集注："道者，事物当行之理。"《学而》篇"本立而道生"刘宝楠正义："道者，人所由行之路。事物之理，皆人所由行，故亦曰道。"《礼记·中庸》"修身以道"，朱熹集注："道者，天下之达道。"按，古人之所谓道，为信仰与主张的总和。

孔子传承的是所谓"文武之道"。《卫灵公》子曰："志士仁人，无求生以害仁，有杀身已成仁。"（15.9）又，子曰："民之于仁也，甚于水火。"（15.35）可知孔子之道，其核心是"仁"。

每个学派都称自己的学说自己的信仰主张为"道"，内容自然各不相同。只有老子之"道"是一个特定的哲学范畴。《老子》第二十五章："有物混成，先天地生。寂兮寥兮，独立而不改，周行而不殆，可以为天地母。吾不知其名，字之曰道。"是老子认定的宇宙中的客观存在，特名曰"道"；道家即由此得名，与一般泛说者不同。参见拙著《老子本原》。

【4.9】

子曰:"士志于道而耻恶衣恶食者,未足与议也。"

①士,指有一定地位、修养的人。《穀梁传·成公元年》:"古者有四民:有士民,有商民,有农民,有工民。"注:"士民,学习道艺者。"志于道,有志于道。耻,以为耻。恶衣恶食,极其差劣的衣食,亦即穷困的生活。议,谈论。本章,子曰"士志于道而耻恶衣恶食者,未足与议也";《宪问》篇,子曰"士而怀居,不足以为士矣",意谓如果表面上似乎有志于道,却耻恶衣恶食,而又"怀居",那就不会是真有志于道了;孔子认为这种人不值一谈。《卫灵公》篇"在陈绝粮"章(15.2)孔子说"君子固穷,小人穷斯滥矣"也是这个意思。在任何时代,要真有志于道,都必须守得贫贱,耐得寂寞。孔子这方面的教导,永远也不过时。

★本章与《学而》篇"君子食无求饱"章(1.14)、《宪问》篇"士而怀居"章(14.2)内容衔接,参见该两章注。

【4.10】

子曰:"君子之于天下也,无適也,无莫也,义之与比。①"

①天下,指天下人。適(dí),《释文》:"郑作敌。"敌对,敌视之意。莫,《释文》:"郑音慕",是莫为慕之假借。李富孙《诗经异文释》卷十三:"民之莫矣,荀悦《汉纪》莫引作慕。"思慕、爱慕之义。比,皇侃疏引范宁曰:"比,亲也。"朱熹集注:"比,从也。"孔子言君子于天下之人,不无原则地敌视反对,也不无原则地亲近追随,唯义是从。

里仁第四

★说"无適也,无莫也"——

"君子之于天下也,无適也,无莫也,义之与比。"孔子谓君子之于天下人,不无原则地敌视,也不无原则地亲近,应唯义是从。皇侃疏引范宁曰:"適、莫,犹厚薄也。比,亲也。君子与人,无有偏颇厚薄,唯仁义是亲也。"与郑玄说稍有不同,义亦相通。历代典籍引用"无適无莫",都用此二义,尤以范义为多。《后汉书·李固传》:"子燮所交,皆舍短取长,成人之美。时颍川荀爽、贾彪,虽俱知名而不相能,燮并交二子,情无適莫。"《白虎通·谏诤篇》:"君之于臣,无適无莫,义之与比,赏一善而众臣劝,罚一恶而众臣惧。"《风俗通·十反篇》:"盖人君者,辟门开窗,号咷博求,得贤则赏,闻善若惊;无適也,无莫也。"《三国志·陈群传》:"(群)在朝无敌无莫,雅杖名义,不以非道假人。"诸文引用,无適无莫,并就天下人而言。《后汉书·刘梁传》引刘梁所著《辩和同》之论:"夫事有违而得道,有顺而违义;有爱而为害,有恶而为美。其故何也?盖明智之所得,闇伪之所失也。是以君子之于事也,无適无莫,必考之以义焉。"有些学者以为刘文"无適无莫",就天下事而言。其实不然。刘文"君子之于事也"说的是君子之于人之事;文中"有违、有顺、有爱、有恶",说的都是对于人之事。所论"和"与"同",论的就是与人和还是与人同,正是人事。所以仍是就天下人而言。

"无適也,无莫也,义之与比",朱熹集注:"適,专主也,春秋传曰吾谁適从是也。莫,不肯也。比,从也。"

杨伯峻先生把这一章翻译成"君子对于天下的事情,没有一定要怎样干,也没有一定不要怎样干。只要怎样干合理恰当,便怎样干"。杨先生同古注的根本区别在于,古注"于天下"指天下人,杨说是天下事。古籍中凡涉及"情无敌莫"都指如何对待人,没有说是如何对待事的。杨先生明说他是"用朱熹集注的说法",然而他的理解和朱注旨意完全不同。朱熹只做了简单的训诂,之后说"春秋传曰吾谁適从是也"。朱熹引用的这句话见于《左传》僖公五年。晋国士蒍面对矛盾剧烈的晋献公和公子申生与重耳,他不知所从,所以他说"一国三公,吾谁適从",说的正是就人而言。朱熹所谓"適,专主也。莫,不肯也",那么"无適也,无莫也"意思就是既不专主从谁,也不是不肯从谁,说的也正是就人而言,并非杨伯峻翻译的那个意思。再说杨先生的译文逻辑混乱,根本不能成立。既然先就确定了"怎样合理恰当便怎样干",却又说"没有一定要怎样干,也没有一定不要怎样干",明显地相互矛盾。

【4.11】

子曰:"君子怀德,小人怀土①;君子怀刑,小人怀惠。②"

①怀德,何晏集解引孔安国曰:"怀,安也。"德,道德。怀土,何晏集解引孔安国曰:"重迁。"土,乡土。

②怀刑,何晏集解引孔安国曰:"安于法。"邢昺疏:"刑,法制。"怀惠,何晏集解引包咸曰:"惠,恩惠。"怀刑,安于法制,即按法制办事,该怎么办就怎么办。怀惠,安于恩惠,即希望得到恩惠,而不管是否合法。

★说"君子怀德,小人怀土"——

孔安国训"怀,安也"是准确的;意谓君子安于道德,小人安于乡土。后来注家多训"怀,思也"也讲得通。君子想的是道德,小人想的是乡土。怀土,孔安国特别注明"重迁",谓小人"安土重迁"。《宪问》篇子曰:"士而怀居,不足以为士矣。"(14.2)可与此二句合读。

其中有一个值得研究的问题。本章君子、小人两两相对。君子怀刑,重视的是原则;小人怀惠,就没有原则。两者是相对的。但"君子怀德,小人怀土",两者不相对。朱熹好像看到了这一点,他稍稍加以发挥,说:"怀德,谓存其固有之德;怀土,谓溺爱于所处之安。"说的不错,但没有完全解决问题,两者内容还是不相对。

按,《述而》篇"据于德"邢昺疏:"德者,得也,物得其所谓之德。"又,《为政》篇"为政以德"邢昺疏:"德者,得也,物得以生谓之德。"("物得以生谓之德"语出《庄子·天地》篇。)如果按邢疏这一训解,谓君子"得其所""得以生"则安,即"乐土乐土,爰得我所"之意,而小人"溺爱于所处之安"。亦即君子安于所乐之地,小人安于乡土之家。如此理解,两者就相对了。

【4.12】

子曰:"放于利而行,多怨。①"

①放,何晏集解引孔安国曰:"放,依也。每事依利而行,取怨之道。"《广韵·元韵》:"怨,仇"。《集韵·元韵》:"怨,仇也。"做什么事情都依据自己一方的利益行动,便会招致许多仇怨。

★刘宝楠正义:"此为在位好利者箴也。"点出了孔子之言的实质。刘宝楠并引《荀子·大略》云:"故义胜利者为治世,利克义者为乱世。上重义则义克利,上重利则利克义。"说得实在太好了。一个社会如果人们都唯利是图,而不讲公德,甚至没有法制,贪腐横行,这个社会非乱不可。荀子并明确指出,关键在"上"而不在民众,更是一针见血,打中要害。

又,《汉书》公孙贺等传赞"放于末利",颜师古注:"放,纵也,谓纵心于利也。"谓纵心于利而行,会招致许多怨恨。解亦通顺。

【4.13】

子曰:"能以礼让为国乎,何有?不能以礼让为国,如礼何?①"

①让,《学而》篇"夫子温良恭俭让"皇侃疏:"推人后己谓之让。"邢昺疏:"先人后己谓之让。"刘宝楠正义:"让者礼之实,礼者让之文。"谓让是礼的内在实质,礼是让的表现形式。为,治也。孔子说,能够以礼让治国,还有什么事办不到呢?如果不能以礼让治国,还讲什么礼呢?

【4.14】

子曰:"不患无位,患所以立。不患莫己知,求为可知也。①"

①患,担心,忧虑。位,职位,禄位。立,《说文》:"立,住也。"所以立,谓站得住。孔子说不要担心没有职位,而要担心能不能站得住,即有不有在位任职的品德才能。不要担心没有人知道你,而要追求使自己有可知的才能。

★《宪问》篇,子曰:"不患人之不己知,患其不能也。"本章,子曰:"不患莫己知,求为可知也。"正因为"患其不能也",才需要"求为可知也",两者合读,内涵更为完备。参见《学而》篇"不患人之不己知"章注(1.16)。

【4.15】

子曰:"参乎!吾道一以贯之。①"

曾子曰："唯。②"

子出，门人问曰③："何谓也？"

曾子曰："夫子之道，忠恕而已矣。④"

①参（shēn），曾参。贯，邢昺疏，"统也"。句意谓我的学说用一个基本的内容可以统贯。

②唯，答应之辞。

③门人，同门之人，指孔子其他弟子。

④忠恕，邢昺疏："忠，谓尽中心也。恕，谓忖己度物也。"朱熹集注："尽己之谓忠，推己之谓恕。"忠，谓严格要求自己。恕，谓宽厚对待他人。《卫灵公》篇，子贡问曰："有一言而可以终身行之者乎？"子曰："其恕乎！己所不欲，勿施于人。"（15.24）《雍也》篇，子曰："夫仁者，己欲立而立人，己欲达而达人。"（6.30）这是孔子对"恕"的解释。《礼记·中庸》第十三章子曰："忠恕违道不远。施诸己而不愿，亦勿施于人。"朱熹集注："尽己之心为忠，推己及人为恕。违，去也"。可以互参。

★本章与《卫灵公》篇第三章（15.3）是孔子与弟子们同一次谈话。与绝大多数章弟子向孔子发问不同，本章是孔子主动给弟子提问。两者内容紧相连贯：

子曰："赐也，女以予为多学而识之者与？"

对曰："然，非与？"

曰："非也，予一以贯之。"

子曰："参乎！吾道一以贯之。"

曾子曰："唯。"

子出，门人问曰："何谓也？"

曾子曰："夫子之道，忠恕而已矣。"

孔子问子贡："女以予为多学而识之者与？"子贡回答，"然"，即认为孔子确实是"多学而识之者"。然后又反问，难道不是吗？孔子告诉他，不是，"予一以贯之"。孔子觉得弟子们似乎没有完全理解，之后又问曾参。曾参理解了。但其他弟子仍然没有理解，如此曾参解释说："夫子之道，忠恕而已矣。"——两章是孔子同弟子前后相承的一次谈话。

孔子思想的核心是"仁"，"忠恕"即"仁"的两个重要的方面。

【4.16】
子曰："君子喻于义，小人喻于利。[①]"

[①]喻，何晏集解引孔安国曰："犹晓也。"犹言懂得。孔子谓君子懂得的是义，而小人只知道利。义，谓怎样于事情最合情理；利，谓怎样对自己最有好处。

【4.17】
子曰："见贤思齐焉，见不贤而内自省也。[①]"

[①]齐，等齐，相比。内自省，内心自己省察。朱熹集注："思齐者，冀己有是善；内自省者，恐己亦有此恶。"

★《述而》篇云："三人行，必有我师焉：择其善者而从之，其不善者而改之。"(7.22) 两章内容可以互参。见贤思齐焉，择其善者而从之也；见不贤而内自省，其不善者而改之也。

【4.18】

子曰:"事父母幾谏①。见志不从,又敬不违,劳而不怨。②"

①幾,何晏集解引包咸曰,"微也",犹言委婉。谏,劝谏。这是针对父母的错误而言。父母有错误,要委婉地劝谏。

②志,意志。从,听从。违,违背,此处有冒犯之意。劳,忧也。王引之《经义述闻·礼记下·劳而不怨》:"劳,忧也。凡《诗》言'实劳我心,劳心忉忉,劳心博博,劳人草草'之类,皆谓忧也。"三句谓,见父母执意不肯听从劝谏,仍然要恭敬,不要冒犯;尽管内心忧虑,但不怨恨。

【4.19】

子曰:"父母在,不远游,游必有方。①"

①在,在世。游,行也。远游,远行。方,何晏集解引郑玄曰:"方,犹常也。"谓远游必须有一定的原由,一定的原则,一定的方式。详见星评。

★说"游必有方"——

游必有方,郑玄曰:"方,犹常也。"邢昺疏:"父母既存,或时思欲见己,故不远游。游必有常所,欲使父母呼己得即知其处也。"邢疏只是就一般情况进行解释。《礼记·曲礼上》:"夫为人子者,出必告,反必面,所游必有常,所习必有业。"又,《玉藻》:"亲老,出不易方,复不过时。"邢昺疏与《曲礼上》《玉藻》所述,都以"方"为方向、处所,即所谓"常所"。如此理解,似乎也说得过去,但未必符合本章的原意;将"方,犹常也",理解为"常所"并不正确。

在平居一般情况下，父母在，可以不远游；远游也可以确定所游的方向、处所。但如果是从政任职，从军御敌，从师就学，从商贩货，或别的特别事务，就不得不远游，远游也不可能有常所。举个现成的例子，弟子们从孔子去鲁適卫，流连陈蔡郑宋，甚至远达楚国，时间长达十三年之久。肯定不可能做到"游必有常所"。

按，《雍也》"可谓仁之方也已"，邢昺疏："方，犹道也。"《诗·大雅·宾之初筵》"不知其秩"，毛传："秩，常也。"陈奂传疏："常，则也，法也。"——"游必有方"之"方"，正应训道也，则也，法也。本章之意，谓一般情况下，父母在，不应远游；如果非远游不可，则必须合于"道"，有理由，有原则，有方式，应不应该，合不合适；要使父母理解，不使父母担忧；父母的生活要有安排，父母的安全要有保障，等等，决不仅仅是"欲使父母呼己得即知其处也"而已。

【4.20】

子曰："三年无改于父之道，可谓孝矣。"

★本章为《学而》篇"父在观其志"章（1.11）的后半段，参见该章注。《论语》是弟子们分散的记录，各人所记或有不同，编纂时兼收之，而重出于不同的篇次。

【4.21】

子曰："父母之年，不可不知也。一则以喜，一则以惧。①"

①年，年龄。知，朱熹集注，"犹记忆也"。何晏集解引孔安国曰："见其寿考则喜，见其衰老则惧。"见其高寿则高兴，见其年老又忧虑。

里仁第四　165

【4.22】

子曰:"古者言之不出,耻躬之不逮也。①"

①不出,不轻易出口。耻,以为耻。引申为担心之意。躬,《礼记·乐记》"不能反躬",郑玄注:"躬,犹己也。"自己。《述而》篇"文行忠信",刘宝楠正义:"行,谓躬行也。"本章"躬"正是"躬行"之意。逮,皇侃疏:"及也。"谓古人言语不轻易出口,担心话说出去了,自己的行为却达不到。"古者言之不出耻躬之不逮也"与《为政》篇君子"先行其言而后从之"(2.13)内涵一致。

【4.23】

子曰:"以约失之者鲜矣。①"

①约,约束。《周礼·秋官·序官》"司约"郑氏注:"约,言语之约束。"本章应联系前后章来理解,"约"正指"言语之约束",即慎于言语。失,过失,犯错。鲜(xiǎn),少也。谓言语谨慎而犯错误者是很少的。

【4.24】

子曰:"君子欲讷于言而敏于行。①"

①欲,《战国策·燕策二》"又不欲王"鲍彪注:"欲,犹须也。"必须。讷,《说文》"言难也",慎重之意。敏,邢昺疏,"疾也",勤敏之意。二句意谓,君子言语要慎重,行事要勤敏。"君子欲讷于言而敏于行"与《学而》篇君子"敏于事而慎于言"(1.14)意思完全相同。

★ "君子欲讷于言而敏于行"章与"古者言之不出"章,内容紧密相关,两章可合成一章:

子曰:"君子欲讷于言而敏于行。古者言之不出耻行之不逮也。"

翻译成现代汉语就是:君子必须言语慎重而行为勤敏,古人不轻易出言,就是担心自己的行为跟不上——这两章与"以约失之者鲜矣"亦相关联。"讷于言而敏于行",约束言语,则"以约失之者鲜矣"。内容联系紧密,但语句不相衔接,故无法组合。此必孔子的一次谈话,记录者各记了其中一句,编辑者分编成了好几章。

【4.25】
子曰:"德不孤,必有邻。①"

①邻,邻居,引申为同伴,同类的人。句意谓有道德的人不会孤单,总会有志同道合的伙伴。何晏集解:"方以类聚,同志相求,故必有邻,是以不孤。"

【4.26】
子游曰:"事君数,斯辱矣;朋友数,斯疏矣。①"

①事,事奉。数(shuò),何晏集解:"数谓速数之数。"《广韵》:"数,频数。"句中速数、频数两义相通,没有诚信,变化无常之意。斯,犹则也,乃也。辱,受辱,失败。《老子》"宠辱若惊",陆德明释文引简文曰:"辱,失也。"朋友之"朋"与事君之"事"相对,动词,结交之意。子游谓事君频速,变化无常,就会受辱,招致失败。

交友频速，变化无常，便会疏远，影响感情。

★说"事君数，斯辱矣；朋友数，斯疏矣"——

数，训为"速数、频数"最为准确，即没有诚信，变化无常。含义并不复杂，然前人解说，却歧义纷繁。

邢昺虽接受了何晏集解以"数"为速数之义，却错误地理解为快速，谓事君交友不能太速。他说，"事君结交当以礼渐进也"，太速事君就会致罪，交友就会疏薄。朱熹集注引程子曰："数，烦数也。"杨伯峻接受程朱之说，翻译成为"烦琐"。他说"对待君主过于烦琐就会招致侮辱，对待朋友过于烦琐，就会反被疏远。"刘宝楠引吴嘉宾说，以"数"为亲密之意。与程朱之说接近而稍有不同。吴说见其所著《说数与疏对》："记曰'祭不欲数'是也。君子之交淡如水，小人之交甘如醴。君子淡以成，小人甘以坏，事君与交友皆若是矣。数者，昵之至于密焉者也。惟恐其辱；乃所能召辱；不欲其疏，乃所以取疏。"

刘宝楠正义又引释文，谓"数，郑世主反，谓数已之功劳"，即在朋友之前表功，则读音为"数不胜数"之数（shǔ）。但刘宝楠又引其兄刘宝树《经义说略》，反对郑说，认为"数已之功劳"对朋友说不通。他引《汉书》项籍等传注："数，责也。"谓对君对友，不能当面数其过失。俞樾《群经平议》同意这种说法。

各式各样的说法，言人人殊，本来不算太深奥的话，注家们治丝而益棼，弄得极其复杂。

是否过于疾速、烦琐、亲密，都无涉事君交友的本质。至于说数为"数已之功劳"，原文根本没有这个意思。再说表功也不是什么大事。不能当面数其过失，其谬误也相同。诸家解说都未得集解本意。集解所谓"数谓速数之数"，指其态度变化而言，谓毫无诚信，变化无常。事君数，谓朝奉秦廷而暮游楚国；交友数，谓今日密昵而明日仇雠。这才是事君取辱，交友致疏的根本错误。

公冶长第五

本篇凡二十八章

【5.1】
　　子谓公冶长①："可妻也,虽在缧绁之中②,非其罪也。"以其子妻之③。

①公冶长,姓公冶,名长。《仲尼弟子列传》:"公冶长,齐人,字子长。"

②妻(读去声 qì),动词,以女适人,与之为妻也。虽,即使。缧绁(léi xiè),拘系犯人的绳索,引申为监狱。公冶长何以系狱,其事不详。

③子,儿女都叫子,此指女儿。以其子妻之,将自己的女儿嫁给他。——孔子这位女婿,后来似乎没有多大成就,典籍中仅此一见。使他永垂史册的倒不在于做了孔子的女婿,而在于他的名字用作了《论语》的篇名。

【5.2】

子谓南容①:"邦有道,不废②;邦无道,免于刑戮。"以其兄之子妻之③。

①南容,《仲尼弟子列传》:"南宫括,字子容。""孔子以其兄之子妻之。"——《易·恒·象传》"无所容也",焦循章句:"容,包也。"南宫括,字子容;括,亦有包容之义。馀详星评。

②不废,何晏集解引王肃曰:"不废,言见用。"

③兄之子,兄长的女儿。妻之,与南容为妻。《孔子世家》索隐引《家语》:"梁纥娶鲁之施氏,生九女。其妾生孟皮,孟皮病足。乃求婚于颜氏征在,从父命为婚。"《家语》之说,未知所本。此疑孟皮已死,故孔子为其女儿主婚。

★(一)说"子谓南容"章与《先进》篇"南容三复白圭"章——

《先进》篇"南容三复白圭,孔子以其兄之子妻子"章(11.6)与本章所述为同一内容,两位记录者所记都不完整。三复,多次反复诵读。白圭,指《诗·大雅·抑》中"白圭之玷,尚可磨也;斯言之玷,不可磨也"四句。白圭,白玉制的圭。玷,玉上的斑痕,比喻缺点、过失。谓玉上的斑痕尚可磨掉,言语的错误就不像玉上的斑痕一样可以"磨"掉。南容反复诵读这几句诗,孔子以其为人谨慎,当国家有道时必见任用,国家无道时可免于刑戮,故"以其兄之子长之"。两章无疑本是一章:

南容三复白圭。子谓南容:"邦有道,不废;邦无道,免于刑戮。"以其兄之子妻之。

孔子广收弟子，冀求道德才能；为本家选择女婿，却只要"非其罪也""免于刑戮"即可。标准如此之不同，亦颇耐人思考。

（二）说南容与南宫适不是同一个人——

《孔子世家》："鲁大夫孟僖子病且死，诫其嗣懿子曰：'孔丘，圣人之后，灭于宋。我闻圣人之后，虽不当世，必有达者。今孔丘年少好礼，其达者与！吾即没，若必师之。'及僖子卒，懿子与（鲁人）南宫敬叔往学礼焉。"《仲尼弟子列传》"南宫括，字子容"，索隐："按，其人是孟僖子之子仲孙阅也，盖居南宫，因姓焉。"《宪问》"南宫适问于孔子曰"（14.5）何晏集解引孔安国曰："适，南宫敬叔，鲁大夫。"《左传》哀公三年"南宫敬叔至"，杜预注："敬叔，孔子弟子南宫阅。"——综上诸注，都以南容即孟僖子之子南宫敬叔，亦即仲孙阅、南宫阅、南宫括、南宫适。

上述结论很可怀疑。第一，孔子弟子在《论语》叙述语言中除几种特殊情况外（如曾参、有若、闵子骞、冉有称"某子"，子路有四处称"季路"，琴牢有一处自称"牢"，原思有一处自称"宪"），一般称呼都是前后一致的。而"南容三复白圭"与"南宫括问于孔子"，两处都是姓名全称，两者不会是一个人。第二，南容姓"南"，南宫敬叔、南宫阅、南宫括、南宫适氏"南宫"，姓氏不同，也说明不是一个人。刘宝楠显然注意到了这个问题，但他强作解释说："南宫者两字氏，亦单举一字，故曰南。"姓有两字而单举一字，这种情况古籍中常有。如司马相如与扬雄并称"扬马"，司马迁与班固并称"马班"。那是因修辞需要组成联合结构。"南容三复白圭""南宫适问于孔子"，都是单用于句中，单举一字没有必要。而且一处单举，一处不单举，没有道理。刘宝楠的解释并不正确。第三，南宫敬叔是孟僖子之子，家世显赫。而孔子为这位候选侄女婿考虑的却是能否"不废"、能否"免于刑戮"。这一般是普通人士的情况，与南宫敬叔的身份不符。第四，"南容三复白圭"其人极其慎重。《礼记·檀弓上》记"南宫敬叔反，必载宝而朝。夫子曰：'若是其货也，丧不如速贫之愈也。'"可知其人相当豪奢，甚至贪婪。为人风格与南容完全不同。孔子对两人的评说也大不一样，也说明不是同一个人。第五，《孔子世家》记"南宫敬叔言于鲁君曰：'请与孔子適周。'鲁君与之一乘车，两马，一竖子俱；適周问礼，盖见老子云"。《史记·郑世家》谓"孔子尝过郑，与子产如兄弟云"。子产卒于鲁昭公二十年（前522），其时孔子才三十岁。可知孔子適周过郑，结交子产，还只有二十多岁。南宫敬叔有资格"言于鲁君"，也应已有二十多岁，比孔子小不了几岁。孔子以其兄之子妻之，年龄也不相当。可见南容并非南宫敬叔，两者不是同一个人。按，《仲尼弟子列传》谓"南宫适，字子容"，"孔子以其兄之子妻之"，是将南容，南宫适两人混为一人的始原，历代注家之误皆原于此。

【5.3】

子谓子贱①："君子哉若人②！鲁无君子者，斯焉取斯？③"

①子贱，即宓不齐（前521—?）。《仲尼弟子列传》："宓不齐，字子贱，少孔子三十岁。"集解引孔安国曰："鲁人。"——宓不齐，字子贱。齐，中也，正也。贱，卑下。不齐，不中不正，则卑下。此故用贱称，有自我警惕之意。

②若，此也。《墨子·兼爱下》"即若其利也"，孙诒让閒诂引戴云："若，此也。"若人，此人。

③"鲁无君子者"是假定句，谓如果鲁无君子。"斯焉取斯"，朱熹集注："上斯，斯此人；下斯，斯此德。子贱盖能尊贤取友，故夫子既叹其贤，而又言若鲁无君子，则此人何所取友以成此德乎？因以见鲁之多贤也。"

★宓子贱是孔子弟子中杰出的政治家。《仲尼弟子列传》中载"子贱为单父宰,反命于孔子曰:'此国有贤不齐者五人,教不齐所以治者。'孔子曰:'惜哉不齐所治者小,所治者大则庶幾矣!'"可知宓子贱是真正的有德者。凡是贪图权力者,最怕下面有人贤于自己,更不敢承认下面有人贤于自己。而宓子贱既能发现贤者,更能任用贤者,故孔子如此赞赏。

刘向《说苑》云:"宓子贱理单父,弹琴,身不下堂,单父治。巫马期以星出,以星入,而单父亦理。巫马期问其故。宓子贱曰:'我之谓任人,子之谓任力。任力者劳,任人者逸。'"据此,知宓子贱与巫马期是先后为单父宰,而工作方法不同:宓子贱善于任用部下,巫马期事必躬亲。

【5.4】
子贡问曰:"赐也何如?"
子曰:"女,器也。①"
曰:"何器也?"
曰:"瑚琏也。②"

①女,通"汝"。器,器皿,器具。(本章之"器"确指器皿,与"君子不器"之"器",词义不同。)

②瑚琏,宗庙中祭祀时盛黍稷的器具。何晏集解引包咸曰:"瑚琏,黍稷之器。夏曰瑚,殷曰琏,周曰簠簋(fǔ guǐ),宗庙之器贵者。"此器在夏殷周三代名称不同,制作材料甚至形状都不一样,但作为宗庙中盛黍稷之用是相同的。

★子贡是孔门最活跃的弟子,孔子赞许他"可与言诗",《仲尼弟子列传》却说他"利口巧辞,孔子常黜其辩"。那么说他是瑚琏之器,到底是赞赏还是"黜其辩"呢？邢昺疏谓"瑚琏，黍稷之器，宗庙之器贵者也"，后世注家也多从其说。你像一个器具，这话有点不好理解；即使是个"贵器"也毕竟只是个器。奚落的意味似乎比赞许的意思更重。到底是什么意思，只能存疑。

【5.5】
或曰："雍也仁而不佞。①"子曰："焉用佞②？御人以口给，屡憎于人③。不知其仁，焉用佞？"

①雍，冉雍。《仲尼弟子列传》："冉雍，字仲弓。"集解引郑玄曰："鲁人。"佞，集解引孔安国曰："佞，人口辞捷给。"邢昺疏："佞，口才也。"——雍，和也，睦也。弓，通"躬"，亲也。冉雍，字仲弓：雍与弓（躬），皆有亲和之意。

②焉用佞，何用有口才。

③御人，对付人，应答人。口给，即口辞捷给。屡，数也，常也。二句谓善于口辩的人，往往为人所憎恶。

★佞，孔安国解作"口辞捷给"，邢昺疏作"口才"。两者并不完全相同。口才，有各种类型，比如会讲课的人，不一定会论辩；论辩又有正当理论与狡辩的区别。所谓"佞"，指善于应对，言辞敏捷，孔释为"口辞捷给"较为准确。

【5.6】
子使漆雕开仕①，对曰："吾斯之未能信。②"子说③。

①漆雕开，姓漆雕，名开。《仲尼弟子列传》："漆雕开，字子开。"集解引郑玄曰，"鲁人也"。《汉书·艺文志》著录《漆雕子》十

三篇，注"孔子弟子漆雕启"。是漆雕氏名启。启，开也，故漆雕启，字子开。西汉人避景帝讳改称漆雕开。仕，出仕，做官。

②斯，此，指出仕。何晏集解引孔安国曰："仕进之道未能信者，未能究习。"按，信，明也，意谓仕进之道尚未学习明白，故孔安国释为"究习"。

③说，通"悦"，喜悦。因漆雕开态度谦虚慎重，不急于做官，故孔子喜悦。

★说"子使漆雕开仕"章与《泰伯》篇"三年学"章（8.12）——

孔子使漆雕开出仕，漆雕开曰："吾斯之未信。"子说。"说"什么呢？就因漆雕开"三年学，不至于谷，不易得也"。至，通"志"。谷，禄也；代指出仕为官。谓经过多年学习，而不想做官，不易得也。两章内容相衔接，合之即为一章：

子使漆雕开仕，对曰："吾斯之未能信。"子说，曰："三年学，不至于谷，不易得也。"

漆雕开在《论语》中仅出现在"子使漆雕开仕"一章，说了"吾斯之未能信"一句，此外别无所见。然《韩非子·显学》论儒家八派中有"漆雕氏之儒"，《汉书·艺文志》著录有《漆雕子》十三篇，注："孔子弟子漆雕启后。"可知漆雕开实大有成就。

【5.7】
子曰："道不行，乘桴浮于海①。从我者，其由与！②"
子路闻之喜。子曰："由也好勇过我，无所取材。③"

①桴（fú），何晏集解引马融曰："桴编竹木，大曰筏，小曰桴。"即现在的竹簰、木簰。

②从，跟随。其，推测性副词。其由与，大概只有仲由吧。

③"由也好勇过我，无所取材"，何晏集解引郑玄曰："子路信夫子欲行，故言好勇过我。无所取材者，无所取于桴材。以子路不解微言，故戏之耳。"郑玄之意，谓孔子"道不行，乘桴浮于海"，是感慨之言，子路不理解，以为孔子真要浮海。故孔子同他开玩笑，说到哪里去取到制造桴筏的材料呢！馀详星评。

★何晏集解对郑玄的解释有所怀疑，故又引一曰："子路闻孔子欲浮海不复顾望。故孔子叹其勇，曰：'过我无所取哉！'言唯取于己。古字'材、哉'同。"所引"一曰"语言不甚顺畅。如果将此句解作孔子认为子路其材不可取，更不妥当。《论语》中记录孔子经常指斥子路，其实子路是孔子的重要臂膀，许多重大行动和政治作为都离不开子路，不致认为子路其材不可取。朱熹谓"材与裁通，古字借用"。引程子曰，谓夫子美子路之勇，"而讥其不能裁度事理"。程朱之说同样牵强。郑玄训解也只能说勉强可通，未必准确。姑且存疑，以俟识者。

【5.8】

孟武伯①问："子路仁乎？"

子曰："不知也。"

又问，子曰："由也，千乘之国②，可使治其赋也③，不知其仁也。"

"求也如何？"

子曰："求也，千室之邑，百乘之家，可使为之宰也④，不知其仁也。"

"赤也如何？"⑤

子曰:"赤也,束带立于朝,可使与宾客言也⑥,不知其仁也。"

①孟武伯,邢昺疏:"鲁大夫孟武伯问于夫子。"
②千乘之国,春秋战国时代以兵车多少计诸侯国之大小。孔子之时,千乘之国是相当大的诸侯国。
③赋,何晏集解引孔安国曰:"赋,兵赋。"邢昺疏:"按,隐四年《左传》云,'敝邑以赋与陈蔡从'。服虔云:'赋,兵也。'以田赋出兵,故谓之兵赋,正谓以兵从也。"按田赋的多少计算出兵多少,称为兵赋。故治其赋亦即治其军务。
④求,冉求。邑,行政区域之名。《左传·庄公二十八年》:"凡邑,有宗庙先君之主曰都,无曰邑。"百乘之家,卿大夫之家。宰,朱熹集注:"邑长家臣之通号。"就千室之邑言之,宰为一邑之长;就百乘之家言之,则为卿大夫之家臣(犹今言总管)。
⑤赤,公西赤(前501—?)。姓公西,名赤。《仲尼弟子列传》:"公西赤,字子华,少孔子四十二岁。"集解引郑玄曰:"鲁人。"——公西赤,字子华:《礼记·玉藻》"大夫玄华",俞樾《平议》:"华,乃赤色也。"
⑥束带,系带于腰。古人衣服宽舒,平时不妨散荡随意,"立于朝"应严肃整饬,故需束带。可使与宾客言,何晏集解引马融曰:"公西华有容仪,可使为行人。"邢昺疏:"按《周礼》有大行人小行人之职,掌宾客之礼仪及朝觐聘问之事,言公西华(可)任此官也。"

★仁,是孔子哲学中的道德伦理范畴;仁者则需具有最高道德修养,故孔子不轻易许人。参见《学而》篇"其为人也孝弟"章(1·2)注。
友人储庭焕曰:"孔子不轻易以仁许人是确实的,但这么多弟子,孔子未必真认为除颜回冉雍个别人以外，其他人都不仁。因孟武伯问的是自己的弟子，故谦虚地说未知其仁。"

【5.9】

子谓子贡曰："女与回也，孰愈？①"

对曰："赐也何敢望回？回也闻一以知十，赐也闻一以知二。②"

子曰："弗如也，吾与女弗如也！③"

①女，通"汝"，指子贡。回，颜回，孔子最得意弟子。孰，谁。愈，何晏集解引孔安国曰："愈，犹胜也。"《国语·晋语九》"东方之士孰为愈"，韦昭注："愈，贤也。"孰愈，谁胜些，谁强些。

②望，邢昺疏，"谓比视"。闻，《说文》："闻，知闻也。"《战国策·齐策二》"吾所未闻者"，高诱注："闻，知也。"此处"闻"为学懂、弄懂之意。闻一以知十，学懂了一事可以推知十事。闻一以知二，学懂了一事可以推知二事。

③弗如，不如。女，通"汝"。吾与女弗如也，何晏集解引包咸曰："吾与女俱不如者，盖欲以慰子贡也。"孔子把自己也摆进去，子贡听起来就好受些，故曰："盖欲以慰子贡也"。（"吾与女弗如也"，朱熹集注："与，许也。"犹言同意。谓我同意你不如颜回。如果孔子这样同子贡说话，未免不近人情，应以包咸之说为是。）

【5.10】

宰予昼寝①。子曰："朽木不可雕也，粪土之墙不可杇也②；于予与何诛？③"

子曰："始吾于人也，听其言而信其行；今吾于人也，听其言而观其行④。于予与改是。⑤"

①昼寝,白天睡觉。《论语》孔子对弟子一律直呼其名,记录者叙述孔子弟子则称字。而本章却直称"宰予",似记录者对他也不尊重。

②朽木,枯朽之木。雕,雕刻图画。粪土之墙,污秽土壤堆砌的墙壁,既不坚固,又不美观。杇,同"圬",粉刷涂饰。

③"于予与"之"与",邢昺疏,"语辞",读平声(yú)。诛,何晏集解引孔安国曰:"责也",责备。于予与何诛,意谓对于宰予还有什么可责的呢!实际恰好是严厉的责备。

④"始吾于人也"四句,谓从前我听其言语即相信他的行为,现在我听其言语要观察他的行为(看其否言行一致)。

⑤于予与改是,谓通过宰予的事我改变了这种态度。因宰予昼寝,孔子给予严厉批评。之后又发表感慨。何晏集解将后一段话作另一章。按,前后内容都因宰予而发,朱熹编作一章甚是。

★且说宰我——

孔子对待弟子,或者赞扬肯定,或者批评教育,一般态度平和,完全否定者很少,但对宰我却很特殊。《论语》单独涉及宰我者前后四章,孔子说到他的话全是否定的。《八佾》篇"哀公问社于宰我",宰我的回答有点荒唐,孔子闻之,曰:"成事不说,遂事不谏,既往不咎",是说固然错了,但已经过了也就不再追究,有警戒后来必须慎重的意思。《公冶长》篇"宰予昼寝",孔子的批评就近乎责骂,"朽木不可雕也,粪土之墙不可杇也",宰我简直不可救药。《雍也》篇宰我问"仁者,虽告之曰'井有仁焉',其从之也?"这当然是个有点调皮的问题,孔子回答时很有点生气,用谴责的语气告诉他:"君子可逝也不可陷也,可欺也不可罔也!"《阳货》篇宰我反对三年之丧,孔子说,"于女安乎?""女安则为之!"也是极不耐烦的语气,并且指责宰我"不仁"。《仲尼弟子列传》记宰我问五帝之德，子曰："予非其人也。"宰我似乎连问的资格都没有。宰我好像是个完全值得否定或者完全被否定的人物。

事实未必如此。仔细琢磨这四章书，会发现宰我是个很有思想有个性的人物。可能比较随便，相当直率，在老师面前也敢于发表自己的意见，加以善于言辞，容易惹得孔子生气。哀公问社，他说"周人以栗"是为了"使人战栗"，确实有点信口开河。社前植树是尊严庄重的事，怎么要"使人战栗"呢？栗树与战栗也风马牛不相及。"昼寝"或许是懒散，或者是故意不守校规，却惹得孔子如此生气。

宰我问孔子："仁者，虽告之曰，井有仁（人）焉，其从之也？"这个问题提得很怪。不妨推想，孔子论到"仁者"时有些过头，宰我提这个调皮的问题，让孔子不好回答。他问仁者"其从之也"，差不多等于说你老人家"其从之也"。所以孔子非常生气，说宰我在欺罔他。至于宰我反对三年之丧，未必没有道理。父母去世，中心悲痛，并不需要三年守孝这种形式。守孝三年，浪费生命，耽误事业，有什么好处。那些痴心守孝的人，把自己弄得形销骨立，也并不符合父母在天之灵的愿望。有些人守孝期间，无所事事，甚至寻欢作乐，所谓守孝更是一种虚伪的行为。在这个问题上，宰我实在比孔子进步。特别是在春秋之末极讲礼仪的时代，又在儒家提倡礼仪的地点，敢于提出这样的主张，不仅要有思想，而且很要勇气。《礼记·祭义》篇是专谈祭祀鬼神的，宰我却说："吾闻鬼神之名，不知其所谓？"不知道鬼神是什么意思，更表现出宰我独特的思想。借用一句二十世纪五十年代常说的话，宰我还真有点朴素的唯物思想。

宰我与孔子，虽然多次发生顶撞，他们的关系其实并不坏。《先进》篇云："德行：颜渊，闵子骞，冉伯牛，仲弓。言语：宰我，子贡。政事：冉有，季路。文学：子游，子夏。"这虽是简单的记录，又不是孔子的话，但总还是有点来原，说明他在孔门的地位。《仲尼弟子列传》记鲁哀公六年楚昭王"将以书社地七百里封孔子"，遭到楚令尹子西的反对，曰："王之使使诸侯有如子贡者乎？""王之辅相有如颜回者乎？""王之将率有如子路者乎？""王之官尹有如宰予者乎？"宰我与子贡颜回子路平列，也可知宰我在孔子弟子中的分量。至于宰我对孔子，尽管他偶尔说点俏皮话，惹得孔子生气，但他对孔子的崇敬，同其他高足没有区别。《孟子·公孙丑上》孟子曰："宰我子贡有若，智足以知圣人，汙不至阿其所好。宰我曰：'以予观于夫子，贤于尧舜远矣！'子贡曰：'见其礼而知其政，闻其乐而知其德，由百世之后，等百世之王，莫之能违也。自生民以来，未有夫子也。'有若曰：'岂惟民哉，麒麟之于走兽，凤凰之于飞鸟，泰山之于丘垤，河海之于行潦，类也；圣人之于民，亦类也。出乎其类，拔乎其萃，自生民以来，未有盛于孔子也。'"他们对孔子的歌颂都到了顶。宰我虽然被孔子说得是"朽木不可雕也，粪土之墙不可杇也"，却丝毫没有影响他对孔子的崇敬之情。

宰我还有一个严重的历史问题需要平反。《仲尼弟子列传》记："宰我为临菑大夫，与田常作乱，以夷其族，孔子耻之。"司马贞索隐曰："左氏传无宰我与田常作乱之文，然有阚止字子我，而因争宠，遂为陈恒所杀。恐字与宰予相涉，因误云然。"阚止，字子我，有宠于齐简公，"使为政，陈成子惮之"。陈成子即田常，亦即陈恒。阚止后为田常所杀。事见《左传·哀公十四年》。尽管司马贞用了存疑的语气，但他说的实在有理。《左传》无宰我仕于齐的记录。《论语》中记载了孔子好几位弟子生病和去世，如果宰我后来出了如此之大的问题，《论语》却没有反应，不合常理。《论语》是孔子去世几十年之后才编定的，如果宰我"与田常作乱"，孔子耻之，编辑者就不会将他放在孔子高足的行列。孟子是孔子的主要继承者，同样的道理，如果宰我仕于齐国，而"与田常作乱"，孟子仍然把宰我作为孔子的高足，更不可能。《孟子》所记宰我子贡有若对孔子的歌颂，揣其语气，是在孔子去世以后，其时宰我明明尚在。可知司马迁所记有误，使宰我蒙如此之大的冤枉。事情虽然过了两千五百年，还是应该为他平反："与田常作乱"而又为田常所杀的是字子我的阚止，不是孔子弟子字子我的宰予。（按，阚止与田常敌对，也不是"与田常作乱"。）

又《史记·李斯列传》记李斯为赵高陷害时，上二世书中有如下一段："田常为简公臣，爵列无敌于国，布惠施德，下得百姓，上得群臣，阴取齐国，杀宰予于庭，即弑简公于朝，遂有齐国。"《左传·哀公十四年》，明明记陈恒（即田常）先杀子我（即阚止），后弑简公。可知李斯书中"杀宰予于庭，即弑简公于朝"，显系"杀子我于庭，即弑简公于朝"之误。

【5.11】

子曰："吾未见刚者。①"

或对曰："申枨。②"

子曰："枨也欲，焉得刚？③"

①刚，刚毅，刚直。

②申枨（chéng），《仲尼弟子列传》有"申党字周"，索隐云："《论语》有申枨。郑玄云'申枨，鲁人，弟子也'。盖申堂是枨不疑，以枨堂声相近。"据此，则申党又作申堂，与申枨为一人。王引之《经义述闻·名字解诂》："党与周，皆朋辈相亲密之义。"可知申氏姓名，应从《仲尼弟子列传》作"申党字周"。

③"枨也欲"二句，谓申枨性格是欲不是刚。

★说"欲"与"刚"——

"子曰：'吾未见刚者。'或对曰：'申枨。'子曰：'枨也欲，焉得刚。'"欲，孔安国注为情欲，朱熹解作嗜欲，杨伯峻译作欲望。均属误解。"欲"必同"刚"表象类似，或人才误以为刚，而情欲，嗜欲，欲望，不会同"刚"相混。

刘宝楠引凌氏《鸣喈解义》谓"欲者，胜人为强，有似乎刚，故或以为疑。"其说至确。《易·损》，"君子以惩忿窒欲"，"欲"与"忿"相对，义必相近。《淮南子·诠言》"不在于欲"，高诱注："欲，胜也。"可知"欲"为逞强好胜之意。好胜逞强貌似刚毅，故或人把两者混同。

"刚"为刚毅。刚毅的人沉着坚定，是孟子所谓"富贵不能淫，贫贱不能移，威武不能屈"者，而不在于逞强好胜。逞强好胜的人倒往往未必刚毅。或人误以逞强好胜为刚强，故孔子告诉他："枨也欲，焉得刚。"孔子将两种表现，两个概念，分得非常清楚。

【5.12】
子贡曰："我不欲人之加诸我也，吾亦欲无加诸人。①"
子曰："赐也，非尔所及也。②"

①不欲，不愿。加诸我，加之于我。加诸人，加之于他人。朱熹集注："子贡言我所不欲人加于我之事，我亦不欲以此加之于人。"
②非尔所及，意即你还做不到。

★说"我不欲人之加诸我也"章——

"我不欲人之加诸我也，吾亦欲无加诸人"，表面上看，这两句话极其平易，理解不成问题，然而注家们恰好有一点重要的忽略。何晏集解引马融注："加，陵也。"邢昺疏："我不欲人以非义加陵于我，吾亦欲无以非义加陵于人。"杨伯峻先生把注疏之意译为"我不要想别人欺侮我，我也不想欺侮别人"。如果仅仅是这个意思，境界未免太低。

朱熹所谓"子贡言我所不欲人加于我之事，我亦不欲以此加于人"，解释得非常清楚。这话内涵非常丰富，比单是不要互相欺侮有毫厘千里之别。

对朱注只要作一点补充。要准确理解子贡这句话,必须弄懂句中"也"这个虚词。也,偶尔用同于"者",本章之"也"正同于"者"。"我不欲人之加诸我者,吾亦欲无加诸人",亦即我不愿意别人加于我的东西,我也不愿意加于别人。朱熹没有为"加"另作注解是对的,"加"就是加,较之训为"陵也"义涵广阔,译为"欺侮"更属不当。

"我不欲人之加诸我者,我亦欲无加诸人",同《颜渊》篇子曰:"己所不欲,勿施于人",《礼记·大学》"所恶于上,毋以使下;所恶于下,无以事上;所恶于前,毋以先后;所恶于后,毋以从前;所恶于右,毋以交于左;所恶于左,毋以交于右",《礼记·中庸》"施诸己而不愿,亦勿施于人",意思完全一致。"加"之义正同于"施"。《颜渊》篇"己所不欲,勿施于人",等于中间省了一个"者"字,意即"己所不欲者,勿施于人"。《大学》《中庸》中那些话也是如此。

【5.13】

子贡曰:"夫子之文章①,可得而闻也②;夫子之言性〔命〕与天道,不可得而闻也。③"

①文章,何晏集解:"章,明也。"刘宝楠正义:"夫子文章,谓诗书礼乐也。"《泰伯》篇"焕乎其有文章",朱熹集注:"文章,礼乐法度也。"《礼记·大传》"考文章",郑氏注:"文章,礼法也。"馀详星评。

②可得而闻,因孔子经常讲述,故可以听到。

③此句原作"夫子之言性与天道不可得而闻也"。何晏集解:"性者,人之所受以生也。"即人之本性。《史记·孔子世家》引子贡此语作"夫子之言天道与性命弗可得闻也已",据以改"性与天道"为"性命与天道"。第一,"性命"与《天道》并列,内涵更相近。第二,

"性命"与《子罕》篇子所罕言之"命"一致。第三，性，孔子多次谈到。如，《阳货》篇，子曰："性相近也，习相远也。"（17.2）又，子曰："唯上知与下愚不移。"（17.3）《述而》篇，子曰："我非生而知之者。"（7.20）《季氏》篇，子曰："生而知之者上也，学而知之者次也，困而学之又其次也；困而不学，民斯为下矣。"（16.9）所言皆是本性，可知"夫子之言性"可得而闻也，非不可得而闻也。天道，犹天命。孔子的学说紧扣社会现实，他宣讲的政治道德伦理，都认为是可以实践的。对于"性命、天道"之类深微莫测的道理，孔子很少谈论，才是"不可得而闻也"，偶尔涉及也只是泛泛地提到。

天道、天命，现代学者多释为自然之道，则是用现代概念去理解古代概念。两者是有距离的，古人的"天道、天命"总带有一定的神秘色彩。

★说"夫子之文章"——

"夫子之文章"其核心是"文"。《子罕》篇，孔子曰："文王既没，文不在兹乎！天之将丧斯文也，后死者不得与于斯文也；天之未丧斯文也，匡人其如予何！"孔子是把自己作为"文王既没"之后"文"的继承者和发扬者自任的。朱熹集注："道之显者谓之文，盖礼乐制度之谓。"孔子对诗书礼乐的传授，对道德伦理的论述，即"夫子之文章"。

战国以后，将用文字组合成篇的文辞称为"文章"，其词源即"夫子之文章"，但两者是两个不同的概念："夫子之文章"之文是广义的，"文章千古事"之文是狭义的。

【5.14】
子路有闻，未之能行，唯恐有闻①。

①闻，《说文》，"知闻也"。《战国策·秦策二》"谨闻令"，高诱注："闻，犹受也。"《齐策三》"吾所未闻者"，高诱注："闻，知也。""子路有闻"之闻，指学到的可以实行、应该实行的知识。句意谓子路学到某种知识，如果尚未实行，就很怕又接受新的知识。这是强调学了就要实行。"唯恐有闻"之有，通"又"。

【5.15】

子贡问曰："孔文子何以谓之'文'也？①"

子曰："敏而好学，不耻下问②，是以谓之'文'也。"

①孔文子，卫国大夫孔圉，"文子"是他的谥号。按孔圉卒于鲁哀公十五年（前480）冬天，明年夏四月，孔子即去世，答子贡之问必在十五年末或十六年初。

②敏，何晏集解引孔安国曰："敏者，识之疾也。"邢昺疏："案谥法云：勤学好问曰文。"则敏为勤敏之意。不耻下问，不以下问为耻。下，指不如自己的人。

【5.16】

子谓子产①："有君子之道四焉②：其行己也恭③，其事上也敬④，其养民也惠⑤，其使民也义⑥。"

①子产（？—前522），春秋后期郑国杰出的政治家，名侨，字子产，郑穆公之孙，子国之子。公子之子称公孙，故名公孙侨。郑简公十二年（前554）以子产为卿，二十三年（前543）执政，历仕定公、献公、声公三朝。时郑国力弱小，子产周旋于晋楚大国之间，国赖以安。《史记·郑世家》："声公五年，郑相子产卒。郑人皆哭泣，悲之如亡亲戚。"可知子产甚得人心。

②君子之道，君子的修养品格。

③行己，犹律己。恭，《说文》，"肃也"。严肃，严格。行己也恭，要求自己严格。

④事上，事奉君上。敬，《周礼·天官·小宰》"三曰廉敬"，郑玄注："敬，不解（懈）于位也。"《大戴礼记·曾子大孝》"莅官不敬"，王聘珍解诂："敬，谓敬其事。"事上也敬，事奉君上认真负责。

⑤惠，《说文》，"仁也"。《书·皋陶谟》"安民则惠"，孔安国传："惠，爱也。"养民也惠，以仁爱之心养育人民。

⑥义，《礼记·中庸》："义者，宜也。"使民也义，役使人民合理，不过分，有一定的原则。

★（一）说"子谓子产"章——

《史记·仲尼弟子列传》谓"孔子之所严事"，"于郑子产"。按，简公十二年子产为卿时至少已二十五六岁，三年后孔子才出生，子产于孔子为前辈，年长约三十岁。《郑世家》云："孔子尝过郑，与子产如兄弟云。及闻子产死，孔子为泣曰：'古之遗爱也。'"子产卒于鲁昭公二十年（前522），其时孔子才三十岁。据《孔子世家》，孔子三十岁前，南宫敬叔言于鲁君，"请与孔子適周"。"適周"才有"过郑"的可能，与子产交往当在其时。

《左传·襄公三十一年》，子产不毁乡校，曰："夫人朝夕退而游焉，以议执政之善否。其所善者，吾则行之；其所恶者，吾则改之。是吾师也，若之何毁之！"仲尼闻此语也，曰："以是观之，人谓子产不仁，吾不信也。"孔子不轻以仁许人，而如此赞许子产，可见其对子产何等敬仰。

孔子谓子产"有君子之道四焉：其行己也恭，其事上也敬，其养民也惠，其使民也义"。孔子给子产总结的四条，也正是孔子修身治国的主张。《子路》篇，樊迟问仁，子曰："居处恭，执事敬，与人忠。"（13.19）《学而》篇，子曰："道千乘之国，敬事而信，节用而爱人，使民以时。"(1.5)子产"其行己也恭",即"居处恭"也;子产"其事上也敬",即"执事敬"也;子产"其养民也惠",即"节用而爱人"也;子产"其使民也义",即"使民以时"也。可见子产的"君子之道",与孔子所论一一相符。孔子颂扬子产的四条,就像是孔子修身治国的自我归纳。

(二)说"行己也恭"——

行己也恭,邢昺疏:"言己所行常能恭顺,不违忤于物也。"朱熹注:"恭,谦逊也。"

"行己"与下文"事上、养民、使民"结构相同,是动宾结构,不能解作己所行事。《子路》篇,"行己有耻",邢昺疏"行己"为"行己之道",同样不确。明明是"行己",不能换成"行事"或"行道"。

"行",使也,为也。行己犹言律己。"恭"也不能简单地讲成恭顺谦逊。己行恭顺谦逊,不违忤于物,是庸人的处世之道,不是"君子之道",尤其不合子产的实际。子产颇有魄力,不是那种仅仅行常恭顺的人。

《国语·周语》"夙夜恭也",韦昭注:"夙夜敬事曰恭。"《左传·文公十八年》"忠肃共懿",孔氏疏:"共者,治身克谨当官理治也。"共,同恭。"行己也恭"的"恭"正是"治身克谨""夙夜敬事"之意。"治身"也正是"行己"。"恭、敬"都有严肃敦重的含义。所以"行己也恭"犹言律己治身,严肃敦重。"行己有耻"与"行己也恭"正相一致,律己治身,严肃敦重,就必有所耻,意即合理的事就为,非义的事就耻而不为。

【5.17】

子曰:"晏平仲善与人交①,久而人敬之。②"

①晏平仲，即晏婴（？—前500）。《史记·管晏列传》，"晏平仲婴者，莱之夷维人也。事齐灵公、庄公、景公，以节俭力行重于齐。"夷维，今山东高密。善与人交，善于与人交朋友。

②久而人敬之，何晏集解本作"久而敬之"，阮元校："皇本高丽本而下有'人'字。"有"人"字是。

★鲁昭公二十五年（前517）鲁国发生内乱，孔子适齐。齐景公将以尼谿之田封孔子，遭到晏子的反对。晏子说："孔子盛容饰，繁登降之礼，趋详之节，累世不能殚其学，当年不能究其礼。君欲用之以移齐俗，非所以先细民也。"鲁定公十年（前500），与齐景公会于夹谷，孔子摄相事。时晏子从景公。会上发生激烈的斗争。史未载孔子与晏子正面交锋，但肯定是敌对的。晏子即于是年去世，其时已年近八十，于孔子为前辈。《仲尼弟子列传》谓"孔子之所严事"，"于齐，晏平仲"。但《论语》中仅本章对晏子给与一定的评价，没有涉及孔子与晏子情谊的记录。

【5.18】

子曰："臧文仲居蔡①，山节藻棁②，何如其知也！③"

①臧文仲，鲁国大夫臧孙辰（？—前617）。曾历仕鲁庄公、闵公、僖公、文公四世。《宪问》篇，孔子称其为"窃位者"。居，皇侃疏，"犹畜也"，畜养。蔡，大乌龟。古人用龟卜卦。何晏集解："蔡，国君之守龟，出蔡地，因以为名焉，长尺有二寸。居蔡，僭也。"邢昺疏："此龟长尺二寸，此国君之守龟，臧氏为大夫而居之，故曰僭也。"僭，僭越的行为。（按，何晏邢昺之说，不知是否有据；孔子只说臧文仲"山节藻棁，何如其知"，并未说他行为僭越。）

②节，房屋柱上的斗栱。棁（zhuó），梁上的短柱。山节藻棁，朱

熹集注:"刻山于节,画藻于棁也。"谓畜养大龟的屋非常豪奢。

③知,同"智"。何如其知也,是怎样的智慧啊,实际是说他极为不智。朱熹集注:"当时以文仲为知,孔子言其不胜民义,而谄渎鬼神如此,安得为知。"朱熹不说臧文仲僭越,较何晏邢昺之说妥当。

【5.19】
子张问曰:"令尹子文三仕为令尹,无喜色;三已之,无愠色①。旧令尹之政,必以告新令尹②。何如?"

子曰:"忠矣。③"

曰:"仁矣乎?"

曰:"未知,焉得仁?"

"崔子弑齐君④,陈文子有马十乘⑤,弃而违之。至于他邦⑥,则曰:'犹吾大夫崔子也。'违之。之一邦,则又曰:'犹吾大夫崔子也。'违之。何如?"

子曰:"清矣。⑦"

曰:"仁矣乎?"

曰:"未知,焉得仁?"

①令尹子文,姓鬭(dòu),名穀於菟(gòu wū tú),字子文。《左传·宣公四年》载:楚鬭伯比随母住于外家郧国(今湖北安陆境),与郧子之女私通,生子,郧夫人弃之于云梦泽中。郧子出猎,见虎为弃儿哺乳。归来郧夫人以实告,遂使收回。楚人谓哺乳为穀,谓虎为於菟,因名穀於菟。《左传》庄公三十年(楚成王八年,前664):"鬭穀於菟为令尹,自毁其家以纾楚国之难。"僖公二十三年(楚成王三十五年,前637):"秋,楚成得臣帅师伐陈,讨其贰于宋也。遂取焦夷,城顿而还。子文以为之功,使为令尹。"(成得臣,即子玉。)

自楚成王八年至三十五年，凡二十八年。子张谓令尹子文三仕为令尹，三已之，可知二十八年中，子文为令尹曾几起几落。"三"是虚数，不一定是三仕三已。令尹是楚国最高官职，相当于中原的相。仕，任职。已，免职。喜，高兴。愠，恼怒。

②旧令尹，即子文自己。二句谓子文去职时，将自己政令实施的情况告知继任的新令尹；或得或失，使新令尹有所依循，有所因革。这既是对新令尹负责，更是对国家负责，是高尚的政治家风格。

③忠，忠诚尽责。《国语·楚语下》："昔斗子文三舍令尹，无一日之积，恤民之故也。"可知令尹子文尽忠报国，关爱民众，而且极其清廉。

④崔子，齐国大夫崔杼。弑，臣下杀君主。崔子弑齐君，齐庄公六年（前548）崔杼杀齐庄公，齐国大乱。《左传·襄公二十五年》有详尽的记载。

⑤陈文子，即田文子须无，亦齐国大夫。有马十乘，车一乘马四匹，十乘马四十匹。违之，因大乱离开齐国。

⑥他邦，别的国家。犹吾大夫崔子也，谓"他邦"统治者就像是齐国的崔杼，同样地凶残。何晏集解引孔安国曰："文子避恶逆，去无道，当春秋时，臣陵其君，皆如崔子，无有可止者。"陈文子在大乱之后，连走数邦。史传中没有记载。文子后来仍仕于齐国。一百七十年之后，其七代孙田太公和，取代姜齐康公为齐侯，姜齐如此嬗变为田齐。

⑦清，清白。谓陈文子不贪，也不趋奉他人，所以说他清白。

【5.20】
季文子三思而后行①。子闻之，曰："再斯可矣。②"

①季文子，鲁国大夫季孙行父，"文"是其谥号。三思而后行，遇

事多次考虑之后才行动。

②再斯可矣，阮元校勘"唐石经作'再思可矣'"，谓考虑两次就可以了。

★说"三思而行"与"再思可矣"——

《左传·成公十六年》：晋范文子谓栾武子曰："季孙于鲁，相二君矣，妾不衣帛，马不食粟，可不谓忠乎？"《史记·鲁周公世家》："（襄公）五年（前568），季文子卒，家无衣帛之妾，厩无食粟之马，府无金玉，以相三君。君子曰：季文子廉忠矣！"季文子历仕鲁宣公、成公、襄公三世，是鲁国难得有的清廉忠正的重臣。

所谓"三思"者，反复思之也。行动该不该"三思"要看什么事情。简易的事自不必犹豫不决，重要的事"三思而行"还是必要的。襄公五年季文子之卒，下距襄公二十二年（前551）孔子出生十七年。季文子之为人，孔子只是"闻之"而已。孔子大概是听到人们谈到季文子处理某件事时有所犹豫，而孔子认为对那件事"再思可矣"，即被弟子记录下来。照说孔子不会反对处理重大事务时"三思而行"，季文子更不应成为讥刺的对象。无论是"三思而行"，还是"再思可矣"，都必须看具体情况如何，不能一概而论。——《论语》有些话过于简单，记录者忽略了说话当时特定的环境，成了以偏概全，也就未必正确。这是读《论语》必须注意的问题。

【5.21】

子曰："宁武子，邦有道则知，邦无道则愚①；其知可及也，其愚不可及也。②"

①宁武子，卫国大夫宁俞。"武"是其谥号。邦有道，国家有道之时，即清平之时。知，通"智"。邦无道，国家无道之时，即混乱

之时。

②可及也，赶得上。不可及，赶不上。

★说宁武子"其愚不可及也"——

子曰："宁武子，邦有道则知，邦无道则愚；其知可及也，其愚不可及也。"——"邦无道则愚"，"其愚不可及也"，愚表现在什么地方，解释甚为歧异。

孔安国注："佯愚似实，故曰不可及也。"邢昺疏："若遇无道，则韬藏其知也佯愚。"这是从消极方面理解，认为愚是装作糊涂，韬藏远祸。

朱熹却从积极方面理解。他说："武子仕卫，当文公成公之时。文公有道，而武子无事可见，此其知之可及也。成公无道，至于失国，而武子周旋其间，尽心竭力，不避艰险，凡其所处，皆知巧之士所深避而不可为者，而能卒保其身，以济其君，此其愚之不可及也。"他认为武子之愚，是在邦国艰危之际，尽心竭力以纾国难。这种愚恰好是最大的忠诚。

哪一种理解正确，必须用事实说话。宁武子的主要事迹，见于《左传》僖公二十八年和三十年。卫国曾得罪晋文公。僖公二十八年，晋文公伐卫。卫成公欲结好于楚，卫国大臣反对，成公被迫出奔，宁武子是随从大臣之一。大夫元咺奉成公弟叔武守国。六月，成公回国，宁武子与卫守国大臣盟于宛濮，对他们说："不有居者，谁守社稷；不有行者，谁扞牧圉？"肯定守国大臣的成绩，使他们心安。"国人闻此盟也，而后不贰"。但随从成公的大夫不顾全大局，进城时射杀为成公守国的叔武，元咺奔晋。晋文公又以此为借口执卫成公至周京，成公的从臣或被杀害，或被重刑，宁武子也差点送命，仅仅因其"忠而免之"。成公被囚禁达一年多，宁武子克尽职守，亲供衣食。晋文公又欲使医衍鸩杀卫成公，宁武子又买通医衍，"使薄其鸩"，救了成公的命。后鲁僖公出面向周襄王说情，周襄王本不欲杀卫成公，宁武子乃得以奉成公回国。在整个卫国这场动乱中，宁武子周旋其间，如朱熹所说，"尽心竭力，不辟艰险"，丝毫不存在所谓"佯愚似实"，韬藏远祸，可知朱熹的理解是正确的。

但孔子何以采取这种幽默的说法，竟然叫他"愚"呢？《论语》中记述孔子的话，把说话的环境通通略掉了，这给后人理解他的话带来极大困难。此必是有人谈到宁武子如此不顾安危不避艰险，未免太愚了，孔子才说"其愚不可及也"。正如现在许多人都去追求金钱官位，偏偏仍有人不计个人得失，维护集体利益，有些人就说他傻，与当时人说宁武子愚正相类似。

【5.22】

子在陈曰①："归与！归与②！吾党之小子狂简，斐然成章，不知所以裁之。③"

①陈，诸侯国名，传为虞舜之后，地在今河南淮阳。
②归与，回去。与，读平声，语助词。
③"吾党"三句，朱熹集注："吾党小子，指门人之在鲁者。狂简，志大而略于事也。斐，文貌。成章，言其文理成就有可观者。裁，割也。夫子初心，欲行其道于天下，至是而知其终不用也，于此始欲成就后学以传道于来世。"（来世，将来之世。）鲁定公十四年（前496）孔子离开鲁国时，只带领几位高足从行，还有许多弟子留在鲁国，故朱熹谓"吾党小子指门人之在鲁者"。不知所以裁之，谓在鲁之门人志大而略于事，虽斐然成章，却不知如何裁夺，故孔子"欲归而裁之也"。

★《孟子·尽心下》万章问曰："孔子在陈曰'盍归乎来，吾党之士狂简，进取不忘其初。'孔子在陈，何思鲁之狂士？"孟子曰：

"孔子不得中道而与之，必也狂狷乎。狂者进取，狷者有所不为也。孔子岂不欲中道哉，不可必得，故思其次也。"孟子为孔子的话作了解释。

按，鲁定公十五年以后，孔子在陈待了一段时间。时陈国更番受到晋、楚、吴三国的侵伐，孔子实深感自己无能无力，因而有"归与归与"之叹；说吾党之小子如何如何，是无可奈何之辞。

【5.23】
子曰："伯夷叔齐不念旧恶①，怨是用希。②"

①伯夷、叔齐，殷末孤竹君之二子，因互相让位一起出逃。周武王伐纣，伯夷、叔齐叩马谏阻。武王已平殷乱，天下宗周。伯夷、叔齐义不食周粟，遂饿死于首阳山。见《史记·伯夷列传》。旧恶，过去的仇隙。毛奇龄《四书改错》谓"此'恶'字犹《左传》'周郑之恶'，旧恶犹宿怨"。至确。

②怨，仇怨。用此，犹因此。希，少也。怨是用希，仇怨因此很少。

★说"怨是用希"——
怨是用希，皇侃说是他们对别人怨恨少。其言曰："旧恶，故憾也。人若录于故憾则怨恨更多，唯夷齐豁然忘怀，若有人犯己，己不怨录之，所以于人怨少也。"皇说非是，既然不念旧恶，于人怨恨自然少，是不用说的。怨是用希，兼双方言之。

《里仁》"放于利而行，多怨"，旧注多释为取怨，也以训"仇"为是。纵心于利，仇怨就多。

【5.24】

子曰:"孰谓微生高直①?或乞醯焉,乞诸其邻而与之。②"

①孰,谁。微生高,何晏集解引孔安国曰:"微生,姓,名高,鲁人也。"直,诚实。

②或,有人。乞,求,讨。醯(xī),醋。别人向他讨醋,他家没有,向邻居讨来给别人。

★"乞诸其邻而与之",是不是"直",那要看什么情况。如果为了装面子,或者讨好,"乞诸其邻而与之"确实不"直"。如果乞求者确实需要,而"其邻"对方又不熟,帮助他一下,"乞诸其邻而与之"没有什么不可以。揣孔子语气,应指前一种情况。

【5.25】

子曰:"巧言,令色,足恭①,左丘明耻之,丘亦耻之②。匿怨而友其人③,左丘明耻之,丘亦耻之。"

①巧言,讨好的言语。令色,伪善的容色。足恭,过分的恭顺。

②左丘明,《史记·十二诸侯年表》:"孔子明王道,干七十馀君,莫能用。故西观周室,论史记旧闻,兴于鲁而次《春秋》,上记隐,下至哀之获麟,约其辞文,去其烦重,以制义法,王道备,人事浃。""鲁君子左丘明惧弟子人人异端,各安其意,失其真,故因孔子史记具论其语,成《左氏春秋》。"史记,指《春秋》。《汉书·艺文志》著录《左氏传》三十卷,注:"左丘明,鲁太史。"司马迁谓"左丘失明,厥有《国语》",似"左丘"为复姓。然左氏生平,别无可考。据本章孔子口气,左丘明当与孔子同时似年辈略长。按,《左传》为鲁史,

起鲁隐公元年（前722），中鲁哀公二十七年（前468），为历代鲁太史所记，左丘明是否做过统一整理的工作也未可知；但《十二诸侯年表》谓左丘明"因孔子史记具论其语成《左氏春秋》"之说不可信。本章也不涉及左丘明与《左传》的关系。耻之，以为耻。丘，孔子自称。

③匿怨，隐匿怨恨之情。而友其人，而与其人交友。何晏集解引孔安国曰："心内相怨，而外诈亲。"

【5.26】

颜渊、季路侍①。子曰："盍各言尔志？②"
子路曰："愿车马衣裘，与朋友共，敝之而无憾。③"
颜渊曰："愿无伐善，无施劳。④"
子路曰："愿闻子之志。"
子曰："老者安之，朋友信之，少者怀之。⑤"

①颜渊，既颜回。季路，即仲由子路。侍，陪从。邢昺疏："卑在尊旁曰侍。"

②盍（hé），何不。志，志愿。尔，你们，单称复指。

③车马衣裘，集解本原作"车马衣轻裘"，阮元校，唐石经初刻本无"轻"字。引钱大昕金石文跋尾云："石经轻字，宋人误加。"据以删去。敝之而无憾，即使弄坏了也不埋怨。

④伐，朱熹集注，"夸也"。夸耀。施，《礼记·祭统》"勤大命施于烝彝鼎"，郑氏注："施，犹著也。"《淮南子·诠言》："功盖天下，不施其美。"施亦夸耀之意。"伐善""施劳"，伐与施互文，皆夸耀夸大之意；善与劳对文，善就德行言之，劳就功劳言之。颜子之志，谓不夸耀自己的美善，也不夸大自己的功劳。（古代注家，自孔安国、邢昺、朱熹，皆谓"无施劳"为不以劳苦之事施之于人。非是，颜子皆就自身言之，不涉及他人。）

⑤老者，年长者，指上一辈人；朋友，指同辈人；少者，年少者，指下一辈人。怀，何晏集解引孔安国曰："怀，归也。"《尔雅·释言》："怀，来也。""老者安之"三句，谓老者使之安，朋友使之信，少者使之来归。朱熹集注引一说："安之安我也，信之信我也，怀之怀我也，亦通。"

【5.27】

子曰："已矣乎①！吾未见能见其过而内自讼者也。②"

①已矣乎，算了吧，感叹之辞。
②其，犹己也。过，过错。其过，自己的过失。内，内心。自讼，何晏集解引包咸曰："讼，犹责也。言人有过莫能自责。"自责，犹今言自我批评。

【5.28】

子曰："十室之邑①，必有忠信如丘者焉，不如丘之好学也。②"

①邑，古代区域单位。《周礼·地官·小司徒》："九夫为井，四井为邑。"十室之邑，泛指很小的范围。
②好，读去声（hào），爱好。好学，喜爱学习。

雍也第六

本篇凡三十章

【6.1】
子曰:"雍也可使南面。①"

①雍,即冉雍,字仲弓。南面,面朝南向。古人以坐北朝南为尊位,故天子诸侯朝见群臣皆南面。何晏集解引包咸曰:"可使南面者,言任诸侯治。"邢昺疏:"南面,谓诸侯也。言冉雍有德行,堪任为诸侯治理一国者也。"

★仲弓在《史记·仲尼弟子列传》归于"德行"一类,与颜回闵子等同列。但《韩非子·显学篇》与《汉书·艺文志》都没有仲弓的信息。而《荀子·非十二子》中,子思孟子都在所"非"之列,唯独赞扬仲尼与仲弓;仲弓竟与仲尼并列,称之为"圣人之不得势者也"。由此推想,荀子之学必原自仲弓,故推重仲弓以如此崇高的地位。

友人储庭焕曰:"雍也可使南面。"何晏集解引包咸曰与邢昺疏,皆谓孔子之意,言冉雍有德行,堪任为诸侯。在封建时代,说某人可以作天子，可以为诸侯，都是犯讳的。尤其是暴虐的统治者，对忌讳更特别敏感。春秋时代杀害国君的事件史不绝书，夺取君位的阴谋家比比皆是；正因为这种阴谋的存在，统治者的忌讳也就特别厉害。赞扬某个人可以为国君，很可能给被赞扬者带来横祸。朱熹意识到了这一点，说："南面者，人君听治之位。言仲弓宽洪简重，有人君之度也。"朱熹用语相当慎重。包咸、邢昺都肯定孔子说的是仲弓可以为诸侯，朱熹却只说仲弓"有人君之度"。可以为诸侯（人君），与"有人君之度"，内涵有很大的差别。古代天子诸侯皆南面而朝，卿大夫在府衙也皆南面听事。"雍也可使南面"，应是说他可以为卿相，不能说他可以为国君。《文选·张平子〈思玄赋〉》"如何淑明，忘我实多"，李善注引《论语摘辅像》曰："仲弓淑明清理，可以为卿。"李善所引"仲弓淑明清理"必系用孔子"雍也可使南面"之意。可知《论语摘辅像》即理解"南面"指卿相，并非说他可以为诸侯。——储君之说，甚为有见。

【6.2】

仲弓问子桑伯子①。子曰："可也，简。②"

仲弓曰："居敬而行简，以临其民，不亦可乎？居简而行简，无乃大简乎？③"

子曰："雍之言然。④"

①子桑伯子，何晏集解引王肃曰："伯子书传无见焉。"注家作过一些猜测，猜测就不可能有结论。仲弓说他"以临其民"，则亦卿大夫阶层人氏。

②"可也，简"，何晏集解引孔安国曰："以其能简，故曰可也。"简，宽简。

③居敬，自处严肃。行简，处事宽简。临其民，治理民众事务。

无乃，犹口语"莫不是"。大，通"太"。任何行为都有一个度，不能过分。宽简的好处是不烦扰，宽简太过就成为疏略。仲弓之意，谓人自处严肃，处理民事宽简则不烦扰；如果人自处疏略，处理民事会同样疏略，不认真办事。这样是不是太简了。朱熹集注："言自处以敬则中有主而自治严。如是而行简以临民，则事不烦而民不扰，所以为可。若先自处以简，则中无主而自治疏矣，岂不失之大简而无法度之可守乎。"

④雍之言然，谓冉雍所言是对的。

★一、二两章都涉仲弓，故朱熹合为一章。然孔子赞许仲弓与仲弓提问，不会是在同一时间。孔子对仲弓如此之高评价，应该是对其他弟子说的，不太可能是当面赞许。一定是有人问仲弓如何，孔子才说"雍也可使南面"。如果孔子当面赞扬仲弓，仲弓立即拉出另一人来批评，未免有点自我张扬，这不合仲弓的修养。因此何晏集解分为两章不误。

【6.3】

哀公问："弟子孰为好学？①"

孔子对曰："有颜回者好学，不迁怒，不贰过②。不幸短命死矣③。今也则亡④，未闻好学者也。"

①孰，谁。好（hào）学，爱好学习。

②不迁怒，不把怒气移于别人。不贰过，不重复犯同样的过失。

③短命死矣，《仲尼弟子列传》："回年二十九，发尽白，蚤死。"（蚤，通"早"。）《孔子世家》："鲁哀公十四年（前481）……颜渊死，孔子曰：'天丧予！'及西狩获麟，曰：'吾道穷矣！'"颜回死时四十二岁。详见《为政》篇"吾与回言终日"章（2.9）与《先进》

篇"颜回死"章（11.8）星评。

④亡，通"无"。

★不迁怒，何晏集解："凡人任情，喜怒违理。颜渊任道，怒不过分。迁者，移也。怒当其理，不易移也。"集解之意，谓"迁怒"是过分地发怒。《左传·宣公十七年》："喜怒以类者鲜，易者实多。君子之喜怒，以已乱也；弗已者必益之。"杜预注："易，迁怒也。"也以"迁怒"为过分发怒之意。或许古人是这个意思；迁怒，贰过，皆就己身言之。朱熹集注："迁，移也。怒于甲者，不移于乙。"后世皆用朱熹之说。

【6.4】

子华使于齐①，冉子为其母请粟②。子曰："与之釜。③"

请益。曰："与之庾。④"

冉子与之粟五秉⑤。

子曰："赤之適齐也，乘肥马，衣轻裘⑥。吾闻之也，君子周急不继富。⑦"

①子华，即公西赤。使于齐，朱熹集注："使，为孔子使也。"
②冉子，冉有。刘宝楠正义："冉有称子者，冉有门人所记也。"为其母，为公西赤之母。请，请求给予。粟，《说文》："嘉穀实也。"刘宝楠正义："粟本禾米之名，诸穀亦得称之。"
③釜，古代量名。何晏集解引马融曰："六斗四升曰釜。"
④请益，冉有要求加一点。庾，古代量名。何晏集解引包咸曰："十六斗曰庾。"
⑤秉，古代量名。何晏集解引马融曰："十六斛曰秉，五秉合八十斛。"《说文》："斛，十斗也。"则八十斛为八百斗。

⑥适齐，往齐国。乘（chéng），骑。《左传》昭公二十五年："左师展将以公乘马而归"，陆德明释文："乘，骑马也。"衣，穿着。"乘肥马，衣轻裘"，说明公西赤富有豪华。

⑦周急不继富，周济急难者，不加给富有者。这是孔子批评冉有给的太多，实际也批评了公西赤的豪奢。

★子华使于齐，冉有为其母请粟。孔子先叫"与之釜"，冉有请益，又叫"与之庾"。一庾十六斗。冉有竟给了八十秉；一秉十斛，八十秉多达八百斗。比孔子许诺的多了五十倍，殆不可理解。即使多给，超过孔子所说的标准，超过的数量也不至如此巨大。可能是记录不够清楚。为其母请粟，其母不会只一个人，一定还有服侍人员或别的家人。古代斗斛的容量小，《史记·廉颇蔺相如列传》记廉颇年老尚"一饭斗米"，一日三餐，得用三斗。别人虽少用，也不会少很多。如果公西华其母一家三口或四口，一庾只够一天口粮。冉有给粟为这个数字的五十倍。孔子说的可能是每一天的供应。子华使于齐，往返的几十天。冉有按孔子定的标准，给公西华整个使齐时期的总量。可能有所超过，因而受到孔子的批评，但超过量不至于太离谱。

【6.5】

原思为之宰①，与之粟九百②，辞③。子曰："毋④！以与尔邻里乡党乎！"

①原思，即原宪。《仲尼弟子列传》："原宪，字子思。"集解引郑玄曰："鲁人。"宰，家臣之长，犹后世的总管。何晏集解引包咸曰："孔子为鲁司寇，以原宪为家邑宰。"——《礼记·学记》："发虑宪。"俞樾《平议》："虑宪二字实同义。"虑，思也，则"宪"与"思"亦同义。原宪，字子思；宪，亦思也。

②与之粟九百，与原宪薪俸粟九百。(何晏集解引孔安国曰："九百，九百斗。"原文没有量词，注家加上量词也无根据。故朱熹说："九百不言其量，不可考。")

③辞，原宪辞让不受。

④毋，邢昺疏："毋者，禁辞也。"以与尔邻里乡党乎，孔子叫原宪不要辞让，可以用来周济邻里乡党的穷人。何晏集解郑曰："五家为邻，五邻为里。万二千五百家为乡，五百家为党。"按，原文只是泛说。

★前章孔子批评公西赤的豪奢，本章孔子赞许原宪的廉让，故朱熹将两章合为一章，以形成强烈对比。然两事不一定发生在同一时期，仍以分两章为妥。两章编在一起，对比之意同样存在。

友人储庭焕曰："毋，犹不也。毋以与尔邻里乡党乎？犹言不可以与尔邻里乡党乎。如此断句，如此理解，语意更为顺畅。"

【6.6】

子谓仲弓①，曰："犁牛之子骍且角，虽欲勿用，山川其舍诸？②"

①子谓仲弓，孔子谈及仲弓。仲弓，即冉雍。

②犁牛，耕牛。犁牛之子，耕牛生的牛犊。朱熹集注："骍(xīng)，赤色。角，角周正，中牺牲也。用，用以祭也。山川，山川之神也。然人虽不用，神必不舍也。仲弓父贱而行恶，故夫子以此譬之。言父之恶，不能废其子之善。如仲弓之贤，自当见用于世也。"周代以牛用于祭祀，所用牛必须毛为赤色，角长得周正，而且不得用耕牛。孔子谓如果耕牛生的牛犊，毛色美观，角长得周正，人即使不将它用于祭祀，山川之神难道不接受吗？用以比喻仲弓虽出身微贱，由

于他的德行，仍可以为世所用。(《仲尼弟子列传》只说"仲弓父，贱人"，知其出身微贱。朱熹谓仲弓父贱而"行恶"，不知有何根据。)

★孔子谈及仲弓的这段话，只是一个有点特殊的比喻，却反映出那个时代重大的社会现象。作为牺牲的牛也要讲究"身份"，作了耕牛就连用于祭祀都没有资格，何况人呢？翻开《左传》，里面那些人的称呼大多是字号别称或官名，很少看到姓名，因为全是贵族，都是"自己人"，就不需称呼名姓。有姓名者多来自下层，即使进入上层职位也不高。到了战国时代，苏秦、张仪、商鞅、吴起、廉颇、蔺相如、范雎、蔡泽、冯煖、毛遂、剧辛、乐毅之类才大量涌现，最突出地反映了时代的变化。这些人也基本上是士阶层，真正的劳动人民总是上不来的。后世通过战功，科举或别的特殊途径，下层人士才有可能进入上层。然而统治者和被统治者严格的界限仍绵延了几千年。青史悠悠，安能不使人抚卷长叹！孔夫子如此赞赏仲弓，竟然用一个"犁牛之子"也可以用于祭祀的比喻，如果仲弓本人听到该是什么滋味。聪明的朱文正肯定意识到了这一点，所以他说，"此论仲弓云尔，非与仲弓言也"。

孔子学生中，冉耕，字伯牛；司马耕，字子牛。名与字相应，反映出至少在春秋后期，牛用于耕田已很普遍。

【6.7】
子曰："回也，其心三月不违仁，其馀则日月至焉而已矣。①"

①三月，犹言长时间。不违仁，不违离仁德。其馀，应指其他弟子。日月，犹言偶尔，短时间。至焉，犹想到。

【6.8】

季康子问:"仲由可使从政也与?①"

子曰:"由也果,于从政乎何有。②"

曰:"赐也可使从政也与?"

曰:"赐也达③,于从政乎何有。"

曰:"求也可使从政也与?"

曰:"求也艺④,于从政乎何有。"

①仲由,即子路。从政,治理政事。也与(yú),疑问语气词。

②果,果断。于从政,对于治理政事。何有,有什么,亦即没有问题。

③赐,端木赐,即子贡。达,通达。

④求,冉求,即冉有。艺,有才艺。

【6.9】

季氏使闵子骞为费宰①。闵子骞曰:"善为我辞焉②!如有复我者,则吾必在汶上矣。③"

①季氏,如果事与上章同时,则当是季康子。闵子骞,即闵损(前515—?)。《仲尼弟子列传》:"闵损,字子骞,少孔子十五岁。"集解引郑玄曰:"孔子弟子目录云鲁人。"费,邑名,地在今山东费县西北。费宰,费邑的长官。——损,伤也。骞,难也。闵损,字子骞:名与字有伤损艰难之意。

②闵子骞曰,闵子骞对季氏派来的人说,转托来人为他辞谢。

③如有复我者,如果再来召我。汶,即今山东大汶河。则吾必在汶上矣,汶上,指汶水以北,以北为齐国,暗示如果逼迫,他将

离开鲁国。

【6.10】

伯牛有疾①,子问之,自牖执其手②,曰:"亡之命矣夫!斯人也而有斯疾也,斯人也而有斯疾也!"

①伯牛,即冉耕。《仲尼弟子列传》:"冉耕,字伯牛,孔子以为有德行。"集解引郑玄曰:"鲁人。"有疾,有病。何晏集解引《淮南子》云:"伯牛癞。"——冉耕,字伯牛;耕则用牛。

②子问之,孔子探问伯牛。牖,窗户。何晏集解引包咸曰:"牛有恶疾,不欲见人,故孔子从牖执其手也。"

★说"亡之命矣乎"——

亡之命矣乎,古今注家都断作"亡之,命矣乎"。何晏集解引孔安国曰:"亡,丧也。疾甚,故执其手曰:丧之!"杨伯峻译作"难得活了,这是命呀"。对一个病人当面对他说"你要死了""难得活了",不近情理。即使普通人也不致如此说话,何况孔夫子呢。应以"亡之命矣乎"断句。古字"亡、无、毋"都相通,训作"不也""莫也"都可以。亡之命矣乎,犹言"莫不是命吧"。实际恰好是说这是命呀。《仲尼弟子列传》只作"命也乎",不作"亡之命矣乎"。"命也乎"与"亡之命矣乎"是一个意思,只是语气有轻重的差别。"亡之命矣乎"对"斯人也而有斯疾也"而言。意思是莫不是命吧,如此(善良)的人竟然得了如此(沉重)的病!并不是说他就要死了。"亡之命矣乎!斯人也而有斯疾也!斯人也而有斯疾也!"如此断句,语气更为贯通,也更近情理。极为痛惜,故重复说"斯人也而有斯疾也"。

【6.11】

子曰:"贤哉回也①! 一箪食,一瓢饮,在陋巷②,人不堪其忧,回也不改其乐③。贤哉回也!"

①贤,有德行之谓。回,颜回。

②箪,盛饭的竹器。食,音嗣(sì),饭。瓢,瓠子做的瓢。(瓠子老化,从中切开即成为瓢。) 饮,水。陋巷,简陋的居室。《广雅·释诂》:"衖,居也。"《释室》:"衖,道也。"刘宝楠正义:"古人称巷有二义:里中道谓之巷,人所居亦谓之巷,故《广雅》兼列二训。"

③人不堪其忧,别人受不了那么穷苦生活的忧愁。乐,乐趣。

【6.12】

冉求曰:"非不说子之道,力不足也。①"

子曰:"力不足者,中道而废,今女画。②"

①说,通"悦"(yuè),喜爱。子之道,孔子之道,孔子的学说。

②中道,半路。废,疲惫之极而停步。女,通"汝"。画,何晏集解引孔安国曰,"止也"。《法言·学而》"是故恶夫画也"李轨注:"画,止也。"朱熹集注:"力不足者,欲进而不能;画者,能进而不欲。谓之画者,如画地以自限也。"犹言中道而止。

★说"非不说子之道"章与"譬如为山"章(9.19)——

《子罕》篇,子曰:"譬如为山,未成一篑,止,吾止也。譬如平地,虽覆一篑,进,吾往也。"为山,堆土成山。篑,盛土的竹筐。平地,填平土地。任何人说话决不会一开头便无缘无故地说"譬如"什么什么,该章开头即说"譬如为山",肯定是在说某事之后的话。将该章移至"非不悦子之道"章之后内容正相衔接。冉求曰,"非不说子之道，力不足也"；子曰："力不足者，中道而废，今女画"。然后用两个譬如，说明不在于力足不足，而在于有没有毅力，能不能坚持。可知两章本是一章：

> 冉求曰："非不说子之道，力不足也。"
> 子曰："力不足者，中道而废，今女画。譬如为山，未成一篑，止，吾止也。譬如平地，虽覆一篑，进，吾往也。"

按，冉求小孔子二十九岁，是孔子弟子中最有政治军事才能的成员。鲁哀公前期，随孔子在卫国，冉求先返回鲁，为季氏宰。哀公十一年（前484）在抵御齐国的战争中立功，得趁机建议季康子召孔子回国，在孔子晚年的生活中具有重要地位。曰"非不说子之道，力不足也"，必是冉求早年从孔子就学之时发生的事。

【6.13】

子谓子夏曰："女为君子儒，无为小人儒。①"

①女，通"汝"。儒，《说文》："儒，柔也，术士之称。"《周礼·天官·大宰》"四曰儒以道得民"，郑玄注："儒，诸侯有保氏，有六艺以教民者。"贾公彦疏："亦有道德之称也。"孔子创立的学派称为儒家。《汉书·艺文志·诸子略》谓：儒家者流，"游文于六艺之中，留意于仁义之际，祖述尧舜，宪章文武，宗师仲尼，以重其言，于道为最高"。儒家的成员称为儒。所谓君子儒，小人儒，是就其道德修养言，要成为有真道德修养之儒，不要做虚假的儒。何晏集解引孔安国曰："君子为儒，将以明道；小人为儒，则矜其名。"

【6.14】

子游为武城宰①。子曰:"女得人焉尔乎?②"

曰:"有澹台灭明者③,行不由径,非公事,未尝至于偃之室也。④"

①子游,即言偃。武城,地在今山东费县西南。宰,该邑的长官。
②女,通"汝"。得人,谓在该邑是否得什么人才。
③澹台灭明(前502—?),《仲尼弟子列传》:"澹台灭明,南武城人,字子羽,少孔子三十九岁。"由本章可以推知,子羽系先由言偃发现,而后成为孔子弟子。——澹台灭明,字子羽;名字颇为独特。《尚书·大禹谟》"干羽",孔安国传:"羽,翳也。"《说文·羽部》段玉裁注:"翳之为言蔽也,引申为凡蔽之称。"又,《汉书·律历志》"羽,宇也;物聚藏,宇覆之也",宇覆亦即覆蔽。可知"羽,翳也,蔽也"为遮蔽、覆蔽之意。遮蔽、覆蔽则灭明。澹台灭明,字子羽,即由此得义,喻韬光养晦之意。
④径,朱熹集注:"路之小而捷也。"《楚辞·离骚》"夫唯捷径以窘步",王逸注:"径,邪路。"行不由径,出行不走小路,比喻行为不走邪路。下文"非公事,未尝至于偃之室也",正可作"行不由径"的注释。其人行为方正,不走邪路,不搞私谒请托之事。

【6.15】

子曰:"孟之反不伐,奔而殿,将入门,策其马①,曰:'非敢后也,马不进也。'②"

①孟之反,邢昺疏引郑注云:"姓孟,名之侧,字之反也。"何晏集解引孔安国曰:"鲁大夫孟之侧,与齐战,军大败。不伐者,不自夸其功。"朱熹集注:"伐,夸功也。奔,败走也。军后曰殿。策,

鞭也。"

②"非敢后也"二句,策其马,鞭打他的坐骑。何晏集解:"孟之反贤而有勇,军大奔,独在后为殿。人迎功之,不欲独有其名,曰:'非我敢在后拒敌,马不能前进。'"

★《左传》记述了这次战争。鲁哀公十一年(前484)春,"齐国书高无邳帅师代我,及清"。鲁孟孙叔孙采取消极态度。时冉求为季氏宰,坚决主张迎战,曰:"二子之不欲战也宜,政在季氏,当子之身,齐人伐鲁而不能战,子之耻也,大不列于诸侯矣。"与齐师战于郊(《孔子世家》作"战于郎")。孟懿子之子孟孺子泄帅右师,战败奔逃,"齐人从之"。"孟之侧后入以为殿,抽矢策其马曰:'马不进也。'"孟之反不愿表现自己,就说:不是我敢于断后抵抗敌人,是我的马不肯进,所以我走在后面。这次战役,"冉求帅左师,管周父御,樊迟为右"。师入齐师,取得胜利,获甲首八十,齐人遁走。冉求请追逐齐军,季孙不许。在孔子弟子中,冉求以政治擅长,且有军事才能。

【6.16】

子曰:"不有祝鮀之佞①,而有宋朝之美②,难乎免于今之世矣。③"

①不有,系假定语气,如果没有。祝鮀(tuó),卫灵公大夫,字子鱼。大祝为宗庙祭祀之官,《宪问》篇云:"祝鮀治宗庙。"佞,才干。《左传》定公四年(前506)三月,卫灵公预刘文公召陵之会。与会者凡十八国诸侯。卫灵公以祝鮀从。会盟之前闻蔡昭侯排在卫灵公之前,使祝鮀说服周大夫苌弘,苌弘告知刘文公,使卫灵公先于蔡昭侯。为显示祝鮀才干之一例。

②宋朝,《左传·定公十四年》:"卫侯为夫人南子召宋朝。"杜预

雍也第六 211

注:"南子,宋女也。朝,宋公子,旧通于南子,在宋,呼之。"卫灵公夫人南子为宋女,美丽而淫荡。宋朝是宋国的美男子,原与南子有奸。南子成为卫灵公夫人,灵公竟为南子召宋朝来卫国。

③免,免于罪。孔子谓如果没有祝鮀的才干,却有宋朝的美貌,在当今之世难免于罪。孔子为什么关心这么一个问题?人有美丽的容貌本是一个有利的条件,但如果没有相应的修养和才干,美貌反而会招惹麻烦,有利的条件会成为不利的因素。宋朝貌美,与南子有奸。《左传》没有宋朝结局的记载,估计不会有好的下场。参见后"子见南子"章。

★(一)祝鮀之佞,何晏集解引孔安国曰:"佞,口才也。"由于孔安国训为"口才",后代注家也一直这样解释。按,《左传·成公十六年》"诸臣不佞",杜预注:"佞,才也。"《国语·鲁语上》"寡君不佞",韦昭注:"佞,才也。"可知"佞"可以通指才干,不专指口才。"才"的外延远较"口才"广阔,内含远较"口才"丰富。人如果没有坚实的才干,刚有灵巧的口才是不行的。《左传》定公四年,正是祝鮀的长篇大论,以广博的知识,高深的理论,才说服了苌弘。口才只是他的表现形式。因此"不有祝鮀之佞",应理解为如果没有祝鮀的才干,而不只是口才。

(二)王引之《经传释词》卷七,谓"而有宋朝之美"之"而,犹与也",并引皇侃疏:"言人若不有祝鮀佞,及有宋朝美,则难免今之患难也。"按,引文与解释都有误。极其严谨的王引之也难免偶有疏忽。皇侃疏中"及有宋朝美"之"及"乃"反"字之误。邢昺疏曰:"若无祝鮀之佞,而反有宋朝之美,难乎免于今之世患也。"邢昺疏即原于皇侃疏,两疏解释完全相同。孔子之意谓无才而有貌则难免于世之患;决不会认为人既要有祝鮀那样的才干,又要有宋朝那样的美貌,才能免于世之患难。

【6.17】

子曰:"谁能出不由户?何莫由斯道也?①"

①户,门户。莫,无指代名词,没有人。何莫,为什么没有人。斯道,孔子指他的学说。何晏集解引孔安国曰:"言人立身成功当由道,譬犹出入要当从户。"朱熹集注:"言人不能出不由户,何故乃不由此道耶?怪而叹之之辞。"

★孔子一定是在某个场合,谈到了"斯道"。然后才说"谁能出不由户,何莫由斯道也?"前一句是比喻,后一句是正意。记录者仅记此两句,极不完整。

【6.18】

子曰:"质胜文则野①,文胜质则史②。文质彬彬③,然后君子。"

①质,皇侃疏,"实也"。质实,质直。文,邢昺释为"文华",今人多解作"文采"。野,何晏集解引包咸曰:"野,如野人,言鄙略也。"犹言粗野。句意谓过于质实,就显得粗野。
②史,何晏集解引包咸曰:"史者,文多而质少。"文多而质少,则未免虚浮。
③彬彬(bīn),文质兼备之貌,亦和谐统一之意。

★"质胜文则野,文胜质则史",邢昺疏:"质胜文则野者,谓人若质多胜于文,则如野人,言鄙略也。文胜质则史者,谓文多胜于质,则如史官也。"后之解说者亦未能超出邢疏。然疏文与原文内容结构相距甚远。"野"与"史"是形容词，不应解作野人与史官。释"野"为粗野之意，释"史"为"文多而质少"则虚浮，也只是勉强可通，未敢以为是也。估志于此，以俟识者。

【6.19】

子曰："人之生也直，罔之生也幸而免。①"

①直，正直。罔，朱熹集注引程子曰，"不直也"。"罔之生"之"之"，犹"而"也。句意谓，人之生也应该正直，不正直而生者，侥幸免于害也。

【6.20】

子曰："知之者不如好之者，好之者不如乐之者。①"

①知，懂得。好（hào），爱好。何晏集解引包咸曰："学问，知之者不如好之者笃，好之者不如乐之者深。"做任何学问，对任何事业，由一般的知晓到爱好，由爱好到以之为乐，理解会越来越深厚。

【6.21】

子曰："中人以上，可以语上也；中人以下，不可以语上也。①"

①中人，中等资质之人。语，读去声（yù），告知，谈论。"语上"之"上"，指高深的学问。句意谓中等资质以上之人，可以告知高深的学问；中等资质以下的人，不可以告知高深的学问。

【6.22】

樊迟问知①,子曰:"务民之义,敬鬼神而远之,可谓知矣。②"

问仁,曰:"仁者先难而后获,可谓仁矣。③"

①知,通"智"。
②务,《学而》篇"君子务本",朱熹集注:"务,专力也。"义,《公冶长》篇"其使民也义",皇侃疏:"义,宜也。"敬,《说文》,"肃也"。远,读去声(yuàn),离也,违也。朱熹集注:"专力于人道之所宜,而不惑于鬼神之不可知,知者之事也。"亦即凡是对民众适宜的事即认真去做,严肃地对待鬼神却并不迷惑。
③先难而后获,何晏集解引孔安国曰:"先劳苦而后得功,此所以为仁。"朱熹集注:"先其事之所难,而后其效之所得,仁者之心也。"

★《八佾》篇孔子曰:"祭如在,祭神如神在"(3.12),只是表示祭祀的诚意。本章云"敬鬼神而远之",也就并不以为真有鬼神。朱熹说"不惑于鬼神之不可知",说得非常准确。孔子说的是作为政府官员,需要认真做的是于人民有益的事,敬鬼神只是一种礼仪。

【6.23】

子曰:"知者乐水,仁者乐山①。知者动,仁者静。知者乐,仁者寿。②"

①知,通"智"。乐(旧读五教反 yào),爱好(hào),乐于,在感情上相契合之意。知者乐水,何晏集解引包咸曰:"智者乐运其才智以治世,如水流而不知已。"仁者乐山,何晏集解:"仁者乐如山之安固,自然不动而万物生焉。"朱熹集注:"智者达于事理,而周流无滞

有似于水,故乐水;仁者安于义理,而厚重不迁,有似于山,故乐山。"

②知(zhì)者动,何晏集解引包咸曰:"日进故动。"仁者静,何晏集解引孔安国曰:"无欲故静。"知(zhì)者乐(lè),何晏集解引郑玄曰:"智者自役得其志故乐(lè)。"仁者寿,何晏集解引包咸曰:"性静者多寿考。"朱熹集注:"动静以体言,乐寿以效言也。"

【6.24】

子曰:"齐一变,至于鲁①;鲁一变,至于道。②"

①齐,周武王封姜太公于齐,都营丘(今山东淄博市东北临淄北)。春秋时代,齐桓公成为霸主,为当时最强大的诸侯国。孔子之时当齐景公、悼公、简公之世。变,变更。

②道,泛指治国之道。何晏集解引包咸曰:"齐鲁有太公周公之馀化。太公大贤,周公圣人,今其政教虽衰,若有明君兴之,齐可使如鲁,鲁可使如大道行之时。"

★孔子其先为宋人,曾祖父孔防叔奔鲁,至孔子已历三世,故孔子为鲁人,对鲁有一种宗国的感情。他说"齐一变至于鲁,鲁一变至于道",其实孔子之时,鲁国的政况未必优于齐国,"至于道"更只是一种幻想;这种话已没有什么实际意义。

【6.25】

子曰:"觚不觚①,觚哉!觚哉!②"

①觚(gū),一种酒器。何晏集解引马融曰:"觚,礼器。一升曰爵,二升曰觚。"能盛一升酒的叫爵,能盛两升酒的叫觚。

②觚哉觚哉，何晏集解："言非觚也。"应是作为礼器的觚不合规定的形制，故孔子说它觚不像觚。何晏集解又曰："比喻为政不得其道则不成。"朱熹集注引程子曰："觚而失其形制，则非觚也。举一器而天下之物莫不皆然。故君而失其君之道，则不为君；臣而失其臣之职，则为虚位。"然此皆后人推想，原文并未说明其喻意。

【6.26】

宰我问曰："仁者，虽告之曰'井有仁焉'，其从之也？①"

子曰："何为其然也②？君子可逝也，不可陷也③；可欺也，不可罔也。④"

①虽，犹若也。"仁者"三句，何晏集解引孔安国曰："宰我以仁者必济人于患难，故问有仁人堕井，将自投下从而出之不乎？"

②何为其然也，怎么会这样呢？意即不可能自投于井。

③"君子可逝也"二句，何晏集解引孔安国曰："逝，往也。言君子可使往视之耳，不肯自投从之。"阮元校：皇侃本作"不肯自投救之"。朱熹集注："逝，谓使之往救；陷，谓陷之于井。"北方的井，在平地上开掘，引出地下水，如有人堕井，下井救人非常之难。

④欺，欺骗。罔，诬罔，用不存在的事实进行愚弄。"君子可逝也"二句回答具体问题，听说有人堕井，君子"可使往视之，不肯自投从之"；"可欺也"二句责备宰我愚弄他的行为，意谓你可以欺骗我，不应该用这种不存在的事实愚弄我。朱熹集注："欺，谓诳之以理之所有；罔，谓昧之以理之所无。"

★"井有仁"之"仁"，朱熹集注引刘聘君曰："'有仁'之仁，当作人。"王引之《经义述闻》谓"仁与人同"，以"井有仁焉"作为词例。——讲作"井有人"固也通顺。但阮元校谓皇侃本"仁下有者字",孔安国注也说"仁人堕井",可知此句系"仁"本字,未必同"人"。

本章是宰我向孔子提个调皮的问题,惹得孔子生气。参见《公冶长》篇"宰我昼寝"章(5.10)星评。

【6.27】

子曰:"君子博学于文,约之以礼,亦可以弗畔矣夫!①"

①弗畔,何晏集解引郑玄曰:"弗畔,不违道。"皇侃疏:"畔,违也,背也。"邢昺疏:"君子若博学于先王之遗文,复用礼以自检约,则不违道也。"

★博学于文,从学问知识的角度言;约之以礼,从行为规范的角度言。既有广博的知识学问,行为又合于礼的规范,自然不会与道相违背。《子罕》篇颜渊曰:"夫子循循然善诱人,博我以文,约我以礼,欲罢不能。"(9.11)可以互参。

邢疏谓"君子若博学于先王之遗文",遗文未必属于先王,若改为"博学于贤圣之遗文",则更为正确。

【6.28】

子见南子,子路不说①。夫子矢之曰②:"予所否者,天厌之!天厌之!③"

①南子,卫灵公夫人。《史记·孔子世家》:鲁定公十四年(前496),孔子"反乎卫。主蘧伯玉家。灵公夫人有南子者,使人谓孔子

曰：'四方之君子不辱与寡君为兄弟者，必见寡小君，寡小君愿见。'孔子辞谢，不得已而见之。夫人在絺帷中，孔子入门，北面稽首。夫人自帷中再拜，环珮玉声璆（qiū）然。孔子曰：'吾乡为弗见，见之礼答焉。'子路不说。"说，通"悦"。

②矢，发誓。

③所，若也，犹言如果，但只用于誓言中。如《左传》僖公二十四年"所不与舅氏同心者有如白水！"文公十三年"所不归尔帑者有如河！"襄公二十五年"婴所不唯忠于君利社稷者是与，有如上帝！"否，不是，不对。予所否者，犹言如果我做错了。厌（yàn），邢昺疏："弃也。"朱熹集注："弃绝也"。孔子谓，如果是我的不是，天弃绝我！天弃绝我！刘宝楠正义谓"厌，与压通"，音鸦（yā），压，镇也，亦杀也。"天厌之"，犹天杀之，语意更重。

★卫灵公夫人南子，美丽而淫荡，为灵公所宠幸。卫灵公本人也是一个荒淫的君主。子见南子，古代经学家作过许多解释。邢昺疏："南子卫灵公夫人，淫乱而灵公惑之。孔子至卫见此南子，意欲因以说灵公使行治道也。"朱熹说："盖古者仕于其国，有见其小君之礼。而子路以夫子见此淫乱之人为辱，故不悦。""圣人道大德全，无可不可。其见恶人，固谓在我有可见之礼，则彼之不善，我何与焉；此岂子路所能测哉！"这都是为孔子回护的话，其他各式各样的说法还多。孔子到了卫国，南子要同他见个面，孔子不能不见。实在不是什么大不了的事，子路当时就"不说"，使得师徒发生如此之大的冲突，孔老夫子竟然赌咒发誓说明自己没有什么不对。这是很富有中国特色的故事。参见前"不有祝鮀之佞"章注④。

【6.29】
子曰："中庸之为德也①，其至矣乎，民鲜久矣！②"

①中庸，何晏集解："庸，常也。中和可常行之德，世乱先王之道废，民鲜行此道久矣。非適今。"（適，犹祇也。非適今，不只是而今也。）朱熹集注引程子曰："不偏之谓中，不易之谓庸。中者天下之正道；庸者，天下之定理。"

②"其至矣乎"二句，朱熹集注。"至，极也。鲜（xiǎn），少也。言民少此德今已久矣。"

【6.30】

子贡曰："如有博施于民而能济众①，何如？可谓仁乎？"

子曰："何事于仁！必也圣乎！尧舜其犹病诸②！夫仁者，己欲立而立人，己欲达而达人③。能近取譬，可谓仁之方也已。④"

①博，广博，普遍。施，行也。济，周济。
②何事于仁，岂只是仁者。必也，一定是。尧舜，传为古代的两位圣王。《史记·五帝本纪》以黄帝、帝颛顼、帝喾、帝尧、虞舜为五帝。尧禅位与舜，舜禅位与夏禹。病，《广雅·释诂》，"难也"。诸，语助辞。何晏集解引孔安国曰："若能广施恩惠，济民于患难，尧舜至圣犹病其难。"
③立，站立，成立。达，通达，顺畅。二句谓，自己要站得住，要使别人站站得住；自己要顺畅，要使别人也顺畅。
④能近取譬，即以自己为比。方，方法。朱熹集注："方，术也。近取诸身，以己所欲譬之他人，知其所欲亦犹是也。"

★"博施于民"，广施恩惠于民，就平时而言；"济众"，周济民众，就患难之时而言。"民"与"众"互文，均指民众。

本章"己欲立而立人,己欲达而达人",从自己"欲"的角度言之;《颜渊》篇"己所不欲,勿施于人",从自己"不欲"的角度言之,精神实质完全相同,都是"能近取譬",推己及人。

述而第七

本篇共三十八章

【7.1】
子曰:"述而不作,信而好古,窃比于我老彭。①"

①述,阐述。作,创作。皇侃疏:"述者,传于旧章也。"述者述古,作者创新。信,笃信。好(hào),喜好,爱好。窃,私自;谦词。我老彭,犹言我那老彭。加一个"我"字,表示亲密之意。邢昺疏:"作者之谓圣,述者之谓明。老彭,殷贤大夫也。老彭于时,但述修先王之道而不自制作,笃信而好古事。孔子言今我亦尔,故云比老彭。犹不敢显言,故云窃。"朱熹集注:"孔子删诗书,定礼乐,赞周易,修春秋,皆传先王之旧,而未尝有所作也;故其自言如此。"馀详星评。

★说孔子"述而不作"——
述而不作,述者述古,作者创新。由于春秋时代个人著述还没有形成普遍的风气,没有像战国时代孟子、荀子、庄子、韩非那样有大型的专著。因此孔子这话邢昺解释为"但述修先王之道而不自制作"。但究其实,孔子是既"述"而又"作"的。"仁"早在孔子之前已是人们重要的道德范畴,到孔子而大加发挥,成为孔子政治伦理思想的核心;孔子无疑是既述而又作的,一部《论语》即为孔子述而又作的成果。孔子之所以强调自己"述而不作",无非是借古代圣王的名义来说明自己思想理论的合理性。

任何言论行动,在不同时期意义也有所不同。由于《论语》所有的"子曰"大多没有记录"曰"的时间;孔子说"述而不作",并不知道他何时所说。如果他早年说"述而不作",晚年未必如此。《孔子世家》谓孔子"至于为《春秋》,笔则笔,削则削,子夏之徒不能赞一辞",更是既"述"而又"作",决不是"述而不作"了。

老彭,是一个传说中人物。邢昺疏:"老彭,殷贤大夫者,即庄子所谓彭祖也。李云:名铿,尧臣,封于彭城,历虞夏至商年七百岁,故以久寿见闻。《世本》云:姓篯,名铿,在商为守藏吏,在周为柱下史,年八百岁。"这些说法都是传说。当时有关传说一定很多,《庄子·逍遥游》就说"而彭祖乃今以久特闻。"旧题汉刘向《列仙传》上,晋葛洪《神仙传》一,干宝《搜神记》一,都有关于彭祖的记载,这是后人的创作,彭祖俨然是一位神仙。脚踏实地的孔夫子,照说不应用这么一个渺茫莫测的人窃以自比。"窃比我与老彭",话说得那么亲密,应该是与他同时而比他年长的人。但在孔子之时史籍上找不到还有个什么老彭的踪迹。《大戴礼·虞戴德篇》有"商老彭",无法判断是否其人。因此孔子用以自比的老彭成为一个不解之谜。邢昺疏又引王弼云:"老是老聃,彭是彭祖。"则"老彭"是一个人还是两个人都成问题。但据孔子说话的语气,应该是一个人。

【7.2】

子曰:"默而识之①,学而不厌,诲人不倦②,何有于我哉！③"

①识，通"誌"(zhi)，记住。默而识之，对学到的知识记在心里默默地思考理解。皇侃疏："见事心识而口不言谓之默识者也。"朱熹集注："识，记也。默识，谓不言而存诸心也。一说，识，知也；不言而心解也。"按，先需记住，而后理解。两者虽有区别，但也不能截然分开。

②厌，厌足，满足。《孟子·梁惠王下》"乐酒无厌"，焦循正义："厌，足也。"《汉书·张延寿传》"厌海内之心"，颜师古注："厌，满也。"诲，教也。二句谓，自己学习永不会满足，教人总不知疲倦。《雍也》篇，子曰："夫仁者，己欲立而立人，己欲达而达人。"学而不厌，才能己立己达；诲人不倦，才能立人达人。

③何有于我哉，对于我有什么问题呢，谓自己能做到。馀详星评。

★说"何有于我哉"——

"默而识之，学而不厌，诲人不倦，何有于我哉！"郑氏注："（人）无是行于我，我独有之。""何有于我哉"，犹言于我有什么问题呢，是说他能做到。

后来朱熹说："何有于我，言何者能有于我也。三者已非圣人之极致，而犹不敢当，则谦而又谦之辞也。"认为是孔子谦虚的话，"何有于我哉"犹言我能做到什么呢！是说他不能做到。

到底是说他能做到，还是说他不能做到呢？

按，郑玄说是。孔子对于他能做到的事，并不故作谦虚。同篇，子曰："若圣与仁，则吾岂敢，抑为之不厌，诲人不倦，则可谓云尔已矣。"孔子自己明确地说他能够做到。《子罕》篇："子曰：'出则事公卿，入则事父兄，丧事不敢不勉，不为酒困，何有于我哉！'"也是说他可以做到。《里仁》篇"能以礼让，为国乎何有"，何晏集解："何有者,言不难。"《雍也》篇,子曰:"由也果,于从政也何有","赐也达,于从政也何有","求也艺,于从政也何有"。"何有"犹言对他们来说有什么问题呢,都是表示不难。这些意思,刘宝楠都已说过,因近人又多从朱熹说,故重申郑义。

还有人引《宪问》篇,子曰:"君子道者三,我无能焉:仁者不忧,智者不惑,勇者不惧。"证明孔子说他不能做到。完全不然,这倒是孔子故作谦虚,恰好是说明他能做到,甚至只有他能做到。他的高足子贡听懂了,所以说"夫子自道也"。

【7.3】

子曰:"德之不修,学之不讲①,闻义不能从②,不善不能改,是吾忧也。"

①修,修养。讲,讲习。
②从,《广雅·释诂一》:"从,行也。"解作"相从"亦可。(从,字原作"徒"。"从"字繁体作"從"。阮元校勘:高丽本"徒"作"從"。可知"徒"字为"從"字之误。此从高丽本。)

★说"德之不修,学之不讲,闻义不能从,不善不能改,是吾忧也"——

"是吾忧也",孔子到底为谁忧?古今注家差不多众口一辞,说孔子忧他自己。何晏集解引孔安国曰:"夫子常以此四者为忧。"邢昺疏:"德在修行,学须讲习,闻义事当徙意从之,有不善当追悔改之。夫子常以此四者为忧,忧己恐有不修不讲不徙不改之事,故云是吾忧也。"朱熹引尹氏曰:"此四者日新之要也,苟未能之,圣人犹忧,况学者乎!"——如此理解肯定不对。孔子对自己的道德学问是极其自信的。自命"天生德于予"的孔子,坚信"文王既没,文不在兹乎"的孔子，自言"学而不厌，诲人不倦"、"发愤忘食，乐以忘忧"的孔子，怎么可能自以为"有不修不讲不徙不改之事"呢？那还成个什么孔子！这话肯定是针对与孔子有密切关系的某个或者某些"德之不修，学之不讲，闻义不能从，不善不能改"的人说的。由于记录者略掉了说话的环境，更不提针对什么人，以致造成千百年来的误解。

【7.4】
子之燕居，申申如也，夭夭如也①。

①燕，安也。燕居，犹闲居、平居。何晏集解引马融曰："申申，夭夭，和舒之貌。"如，形容词语尾助词。

★按照体例，此章应编入《乡党》篇。

【7.5】
子曰："甚矣吾衰也①，久矣吾不复梦见周公！②"

①甚矣吾衰也，即吾衰也甚矣，犹言我衰老得很严重。
②周公，姬旦，周文王之子，武王之弟，辅佐武王伐纣，建立周王朝。封于鲁，为鲁之始祖。周公是古代杰出的政治家，据传周代礼乐制度为周公所制订。孔子崇拜周公，故常梦见。长时间不梦见周公，便觉自己已经衰老。

【7.6】
子曰："志于道①，据于德②，依于仁③，游于艺。④"

①志于道，朱熹集注："志者，心之所之之谓。"信仰主张之谓道。

谓一心向往的在于道。

②据于德，朱熹集注："据者，执守之意。"道之体现为德。谓行为上执守德的准则。

③依于仁，朱熹集注："依者，不违之谓。"依靠，依从。依从的在于仁。

④游于艺，游习于六艺，即礼、乐、射、御、书、数。

★由于记录者没有记孔子说话的环境，不知道孔子在什么况下说这些话。据《礼记·少仪》"士依于德，游于艺"，则说的是"士"应该如此。但也不一定。如果是孔子回答有人问及他自己的情况，他说自己的作为如此，也未尝不可。

【7.7】

子曰："自行束修以上，吾未尝无诲焉。①"

①首句，《论语注疏》本作"自行束脩以上"，刘宝楠正义本作"自行束修以上"。朱熹集注本正文作"修"，注文却作"脩"。"修、脩"二字混用。束修，检束修谨。诲，教诲。孔子谓，不管谁何，凡自行检束修谨而来者，我没有不教诲的。馀详星评。

★说"自行束修以上"章——

《后汉书·和帝纪》："束修良史，进仕路狭。"《和熹邓皇后纪》："故能束修，不触罗网。"李贤注："言能自约束修整也"。《郑均传》："议郎郑钧，束脩安贫。"《冯衍传》："圭洁其行，束修其心。"《刘般传》："束修至行，为诸侯师。"李贤注："束修，谓整束修絜也。"《胡广传》："使束修守善，有所劝抑。"《王龚传》："束修厉节，敦乐艺文。"又，《谒者景君碑》："惟群束修仁智"。《幽州刺史龟碑》："仁义成于束修，孝弟要于本性。"——上引诸例，都以"束修（脩）"为"约束修整"、"整束修絜"之意。整，亦作谨。

《礼记·少仪》："其以乘壶酒，束脩，一犬，赐人。"孔颖达疏："束脩，十脡脯也。"《北史·儒林传》，冯伟"门徒束脩，一毫不受。"《隨书·刘炫传》："后进质疑受业，不远千里。然啬于财，不行束脩者，未尝有所教诲。"——上引诸例，束脩谓贽见之礼，"十脡脯也"。

由此可知，"束修"与"束脩"原本是两个词，字不相同，内涵各别。束修，行为谨束修絜之意。束脩，从师进贽之礼，十脡脯也，即十条干肉。

但"修、脩"二字古籍中混用，往往造成理解上的混乱。

《论语》"自行束修以上"，何晏集解引孔安国曰："言人能奉礼束脩以上，则皆教诲之。"孔安国注有"奉礼"二字，似理解为"从师进贽之礼，十脡脯也"。但孔颖达却将孔安国注理解为"束带修饰"。《尚书·秦誓》"如有一介臣"，伪孔传"如有束脩一介臣"，孔颖达疏："孔注《论语》以束脩为束带修饰，此亦当然。"孔颖达对"束修、束脩"分得清楚明白："束修"为束带修饰，"束脩"为十脡脯也。（见上引《礼记·少仪》）

孔颖达早已解释为"束带修饰"，邢昺却忽视孔颖达的正确解释，误解为"十脡脯也"。之后朱熹承袭了邢昺之误，也解释为"脩，脯也。十脡为束"。

按，"自行束脩以上，吾未尝无诲焉"，不应该指十条干脯，而应指谨束修絜。孔子之意谓自行修谨而来求教，他都愿意教诲，重在志诚恭谨。

后面第二十九章"互乡难与言童子见"，子曰："人絜己以进，与其絜也，不保其往也"。"人絜己以进"与"自行束修以上"意思完全一致。请孔子自己来解释他自己的话，比任何权威的注释者都更权威。倘若一定要献上贽礼才教诲，未免太小气，孔子不是刘炫那种人。孔子收礼也是可能的，但决不会是专收干肉，就不收别的东西。如果也收了别的东西,为什么不写进《论语》?而仅仅为了十条干肉,却要如此大书特书,没有这个道理。

《仲尼弟子列传》记子路原先"陵暴孔子",后子路"儒服委质","请为弟子",孔子便接受了这位弟子。"儒服委质请为弟子",正是"自行束修以上"。故子路从学的过程,便是"自行束修以上,吾未尝无诲焉"的典型。

汉代还用"束修"代指束修从师之年,即十五岁以上。《后汉书·伏湛传》:"杜诗荐湛曰:'湛自行束修,讫无毁玷。'"李贤注:"自行束修,谓年十五以上。"《延笃传》:"且吾自束修以来,为人臣不陷于不忠,为人子不陷于不孝,且上交不谄,下交不黩。"李贤注:"束修,谓束带修饰。郑玄注《论语》曰:谓年十五以上也。"两例均用《论语》,李贤以为年十五以上,始谨束修饰以从师。刘宝楠认为李贤错会了郑玄之意,郑意谓年十五以上始进贽从师。不是李贤错会了郑玄之意,恰恰是刘宝楠既错会了郑玄之意,也错会了李贤之意。按,本章与"互乡难与言童子见"章(7.29)内容衔接,参见该章星评。

【7.8】

子曰:"不愤不启,不悱不发①。举一隅不以三隅反,则不复也。②"

①愤、悱,均指强烈的求知欲所表现出来的兴奋状态。启、发,启发开导。二句意谓进行教育,必须是受教育者有强烈的欲望,不然就不用教导,因为作用不大。

②举,举出,提出。隅,角。反,推求。馀详星评。

★ "不愤不启,不悱不发",郑氏注:"孔子与人言,必待其心愤愤口悱悱,然后启发为说之,如此则识思之深也。"朱熹体察郑意,曰："愤者，心求通而不得之意。悱者，口欲言而未能之貌"。

"不愤不启，不悱不发"，愤悱双声，启发同义，两句是一个意思。

"愤"字从贲。《易·贲》离下艮上，象曰："山上有火，贲。"从贲之字大多有内部充盈而欲外发之义。故土隆起曰"墳"，水外涌曰"濆"，心气发曰"愤"，果壮大曰"蕡"。《说文》："愤，懑也。"《方言》："愤，盈也。"《淮南·修务》："愤于中则应于外。"可知"愤"义为一种情绪充盈于内而欲外发之状。

"悱"与"愤"同义。成公绥《啸赋》注引《字书》："悱，心诵也。"犹言默念，故朱熹注为"口欲言而未能之貌"。

由此可知，孔子所谓"愤、悱"指急于求知的亢奋状态；换言之，即强烈的求知欲。孔子自己就是如此，所以他说："发愤忘食，乐以忘忧。"他要求别人也有这种欲望才予以启发，所以他说"不愤不启，不悱不发"。孔子使用的"发愤"一词，意即发挥内心强烈的欲望。今人大多不理解这个词的意思，该用"发愤"时往往改用"发奋"，其实没有必要。

反，犹言推求。"举一隅不以三隅反"，正面说就是"举一隅能以三隅反"。成语"举一反三"即出于此。中国古代数学非常发达。《周礼·地官·大司徒》："三曰六艺：礼、乐、射、御、书、数。"数为六艺之一。举一隅能以三隅反，尽管在本章只是作为比喻，意即用已知的事理推知相类或相关的事理，由此及彼，触类旁通；间接反映出孔子的数学知识，他在这句话中提出了一条几何定理：正方形的四角相等；已知一角为九十度，则推知其它三角都是九十度。

"则不复也"是说没有充分掌握这一知识并且能够运用，不再教以其他知识，不是说永远不再教导。

【7.9】

子食于有丧者之侧，未尝饱也①。

①食，进食。有丧者，有亲人亡故者。别人哀伤，自己在其侧即不忍饱食。何晏集解："丧者哀戚，饱食于其侧是无恻隐之心。"

【7.10】
子于是日哭，则不歌①。

①是日，当日。这天哭过，馀哀尚在，自然就不唱歌。这是一种诚心，不只是外部的表情。朱熹将9、10两章合为一章。分合对内容都没有影响。

【7.11】
子谓颜渊曰："用之则行，舍之则藏①，惟我与尔有是夫！"
子路曰："子行三军，则谁与？②"
子曰："暴虎冯河，死而无悔者，吾不与也③。必也临事而惧，好谋而成者也。④"

①用，被任用。行，为也，指从政。舍，弃置，即不被任用。藏，隐也，退隐。
②三军，春秋时代大国三军，此泛指军队。子路听到孔子赞赏颜渊，他知道行军作战颜渊肯定不如他自己，就问如果夫子率领大军作战，则同谁去？
③暴虎冯河，何晏集解引孔安国曰："暴虎，徒搏；冯河，徒涉。"邢昺疏："空手搏虎为暴虎，无舟渡河为冯河。"冯，音平（píng）。徒手搏斗猛虎，徒步越过河流。两者都是极端危险的事。孔子说对这种死而无悔的人干的事他不会参与。
④临事而惧，事，特指军事。惧，戒慎。邢昺疏："言行三军所与

之人必须临事而能戒惧。"朱熹集注:"惧,谓敬其事。"好(hào)谋,善于谋划。二句谓,必须是临军务而能戒慎,善谋划而能成功的人才与之共事。

★(一)"临事而惧"之"事",承上文"子行三军",必指军事。《吕氏春秋·音律》"无或作事",高诱注:"事,兵戎事也。"

(二)"临事而惧"之"惧",戒慎之意。下一章"子之所慎,齐、战、疾","子之所慎"之慎,与"临事而惧"之惧,义正一致。解作"戒慎",比邢疏解作"戒惧"更确。

【7.12】

子曰:"富[贵]而可求也,虽执鞭之士,吾亦为之。如不可求,从吾所好。"①

①富[贵]而可求,原文作"富而可求"。《史记·伯夷列传》引作"富贵如可求",郑氏注有"富贵不可求"之语,原文当作"富贵而可求也"。据以补"贵"字。从第十六章"不义而富且贵",亦知本章当作"富贵而可求也"。"而可求",下文"如不可求","而、如"互文,而犹如也。可,宜也,当也,犹言值得,应当。执鞭之士,统治者出行时手执鞭子的随从人员,是卑下的职业。《周礼·秋官》:"条狼氏,掌执鞭以趋辟。王出入,则八人夹道,公则六人,侯伯则四人,子男则二人。"孔子谓,富贵如果是值得求的,即使是执鞭之士我也去干;如果不值得求,则我吾所好。好(hào),爱好。

★说"富[贵]而可求也"章与"饭疏食"章——

"富[贵]而可求也,虽执鞭之士,吾亦为之。如不可求,从吾所好。"朱熹注:"设言富若可求,则虽身为贱役以求之,亦所不辞。

然有命焉,非求之可得也,则安于义理而已矣,何必徒取辱哉!"杨伯峻先生将这段话译作:"财富如果可以求得的话,就是做市场的守门卒我也干,如果求它不到,还是我干我的吧。"如此解释,如此翻译,都极其错误,好像孔子对发财做官不择手段,只要可以求得,干什么都行。如果孔子是这个意思,则同他自己说的"不义而富且贵于我如浮云"直接矛盾;孔子也不成其为孔子。

孔子这段话中的"可""不可",不应理解为能不能够,而应理解为值不值得、应不应该。《后汉书·皇甫规传》"今日立号虽尊,可也",李贤注:"可,犹宜也。"《孝经·圣治章》"言思可道,行思可乐",邢昺疏:"可者,事之合也。"刘淇《助字辨略》:"合,应也,当也。"孔子是说,那种富贵如果按照道义值得去做,应该去做,即使执鞭之士我也愿意去干,(应该做就不择地位高低;)如果不值得,不应该求的,那就从吾所好,(即使再好的富贵我也不干。)"

后面第十六章子曰:"饭疏食,饮水,曲肱而枕之,乐亦在其中矣。不义而富且贵于我如浮云。"(7.16)这一切恰好是"从吾所好"。两章内容,紧相衔接:前文说"富贵而可求"则如何如何,后文说"富贵如不可求"则如何如何。可知原本就是一章:

子曰:"富贵而可求也,虽执鞭之士,吾亦为之。如不可求,从吾所好。饭疏食,饮水,曲肱而枕之,乐亦在其中矣。不义而富且贵,于我如浮云。"

【7.13】
子之所慎:斋、战、疾①。

①慎,戒慎。斋,斋戒,古人在祭祀之前或举行典礼之前沐浴更衣,不饮酒,不吃荤,清心洁身以示庄敬。朱熹集注本"斋"作

"齐",音义皆同。战,对付战争。疾,防止或治疗疾病。

【7.14】

子在齐闻韶,三月不知肉味①,曰:"不图为乐之至于斯也!②"

①在齐闻韶,《史记·孔子世家》,鲁昭公二十五年,孔子年三十五,"適齐,为高昭子家臣,欲以通乎景公。与齐太师语乐,闻韶音,学之,三月不知肉味,齐人称之"。韶,舜乐之名。三月不知肉味,因一心沉浸于音乐之美,故几个月忘了肉的滋味。

②不图,没想到。句意谓没想到舜作的韶乐达到如此之美的境界。《八佾》篇,子曰:"韶,尽美矣,又尽善也",尽善尽美,难怪闻之三月不知肉味。

【7.15】

冉有曰:"夫子为卫君乎?①"子贡曰:"诺,②吾将问之。"

入曰:"伯夷叔齐何人也?③"曰:"古之贤人也。"曰:"怨乎?④"曰:"求仁而得仁,又何怨?⑤"

出曰:"夫子不为也。⑥"

①卫君,指卫出公辄。卫灵公三十九年(前496),太子蒯聩得罪卫灵公夫人南子,出奔宋国,之后又投晋国赵氏。灵公四十二年(前493)夏卒,卫人立蒯聩之子辄,即卫出公。晋赵简子送蒯聩回国,卫人发兵抗拒。蒯聩不得入国。时孔子师徒在卫,冉有因问子贡,夫子是否赞襄卫君。何晏集解引郑玄曰:"为,犹助也。"

②诺,应诺之词。

③伯夷叔齐,《史记·伯夷列传》:"伯夷叔齐,孤竹君之二子也。父欲立叔齐。及父卒,叔齐让伯夷,伯夷曰:'父命也。'遂逃去。叔齐亦不肯立而逃之。于是国人立其中子。"子贡问孔子,伯夷叔齐是何等样人。

④怨,悔恨之意。伯夷叔齐都因谦让而不得君位,子贡问他们后来是否会悔恨。

⑤"求仁而得仁"二句:孔子谓伯夷叔齐追求仁德而成就了仁德,又怎么会悔恨呢。

⑥夫子不为也,子贡从孔子的回答中知道孔子不会赞助卫君。伯夷叔齐他们兄弟让国,孔子认为他们成就了仁德;而卫君竟然与父亲争国,孔子当然不会赞助。卫出公十二年(前481)蒯聩终回卫国夺取君位,出公辄奔鲁。这是后话,与本章无关。

【7.16】

子曰:"饭疏食,饮水,曲肱而枕之,乐亦在其中矣。不义而富且贵,于我如浮云。①"

①饭,动词,食用。疏食,粗疏的饭食。朱熹集注,"粗饭也"。曲肱而枕之,枕在弯曲的手臂上(休息)。乐亦在其中矣,快乐也就在这种(舒闲)的生活中。"不义"二句,谓不合道义的富贵对我如同天上的浮云,毫不相干。

★本章连在前"富[贵]而可求也"章,内容正相衔接。见该章星评。"饭疏食,饮水,曲肱而枕之,乐亦在其中矣。不义而富且贵,于我如浮云。"实在是优美的散文,很有点陶渊明诗的境界。

【7.17】

子曰:"假我数年以学,亦可以无大过矣。①"

①假,假借。假我,犹言借给我,给与我。意谓如果再给我几年来学习,我亦可以无大过矣。馀详星评。

★说"加我数年以学"章——

"假我数年以学,亦可以无大过矣",注疏本作"加我数年,五十以学《易》,可以无大过矣"。

《史记·孔子世家》云:"孔子晚而喜《易》,序《彖》《系》《象》《说卦》《文言》。读《易》,韦编三绝。曰:'假我数年,若是我于《易》则彬彬矣。'"正义:"序,《易·序卦》也。夫子作十翼,谓《上彖》《下彖》《上象》《下象》《上系》《下系》《文言》《序卦》《说卦》《杂卦》也。"是司马迁相信孔子说了"假我数年"学《易》的话,也相信孔子有作"十翼"之事。近代研究者认定"十翼"是战国时人的作品,并非孔子所作。

朱熹集注:"刘聘君见元城刘忠定公,自言尝读他《论》,'加'作'假','五十作卒'。盖'加、假'声相近而误读,'卒'与'五十'字相似而误分也。愚按此章之言,《史记》作'假我数年,若是我于《易》则彬彬矣'。'加'正作'假',而无'五十'字。盖是时孔子年已几七十矣,'五十'误无疑也。"阮元校云:"《释文》出'学易'云:鲁读'易'为'亦'。今从古。案《鲁论》作'亦',连下句读。"据朱熹引证与阮元校勘,知此章文字应从鲁论作"假我数年以学,亦可以无大过矣。"这是孔子晚年感叹之辞,同"学《易》"无干。

【7.18】
子所雅言，诗，书，执礼，皆雅言也。①

①雅言，何晏集解引孔安国曰："正言也"。相当于现代所谓普通话。《诗》，即《诗经》。《书》，即《尚书》。执礼，执行礼仪。春秋时代，各诸侯国的语言肯定有所不同，孔子宣讲诗书，执行礼仪，与各国人士交往，如果使用鲁国方言，就无法交流，所以使用"雅言"。现存先秦古籍，《论语》《孟子》语言最为平易顺畅，比较易于读懂；可见在语言方面，两位圣人也作出了伟大的贡献。

【7.19】
葉公问孔子于子路，子路不对①。子曰："女奚不曰②：其为人也，发愤忘食③，乐以忘忧，不知老之将至云尔。④"

①叶公，即沈诸梁，字子高，为葉县尹，因称葉公。葉，旧读书涉反（shè）。鲁哀公十六年（楚惠王十年，前479），平楚白公胜之乱，终老于葉。问孔子，询问孔子之为人。不对，不回答。
②女，同"汝"。奚不，何不。
③愤，勤奋努力。
④知老之将至云尔，鲁哀公六年（前489），孔子自蔡至葉，葉公问子路当在其时。孔子是年六十三。云尔，犹言如此。

【7.20】
子曰："我非生而知之者，好古敏以求之者也。①"

①非生而知之，不是生来就有知识。好（hào）古，爱好自古以来的文化知识。敏，勤敏，犹今言努力。好古，是追求的目标。敏以

求之，是获取的方式。

★本章与《季氏》篇"生而知之者"章（16.9）内容正相衔接，两章相连即为一章：

> 孔子曰："生而知之者，上也；学而知之者，次也；困而学之，又其次也；困而不学，民斯为下矣。我非生而知之者，好古敏以求之者也。"

孔子论述人的四等资质以后，接着说明自己并"非生而知之者，好古敏以求之者也。"参见《季氏》篇"生而知之者"章注。

【7.21】
子不语：怪、力、乱、神①。

①不语，不谈论。怪，奇异怪诞。力，斗力赌狠。乱，惑乱，淫乱。神，鬼神。

★"子不语怪、力、乱、神"，文辞过于简略，往往给理解带来困难。

怪，邢昺疏，"怪异也"。但孔子回答过不少怪异的问题。刘宝楠解释说："不语，不称道也。""书传言夫子辨木石水土诸怪及防风氏骨节专车之属，皆是因人回答之，非自为语之也。至日食地震山崩之类，皆是灾变，与怪不同，故《春秋》纪之独详，欲以深戒人群当修德力政，不讳言之矣。"这样解释是正确的。再说，怪异大多属于传闻附会，自然灾变是客观现象，两者不同。力，在正常情况下，谈论力量、力气、人力、物力，不能回避，也不应回避。"子不语"的"力"

必指赌勇斗狠等无谓的行为。《史记》谓秦武王"有力好戏",同力士举鼎,不仅影响政务,而且因此丧命。这种"力"就不值得"称道"。乱,应指惑乱、淫乱。《荀子·不苟》谓"非礼义之谓乱",《韩非子·八说》谓"人主肆意陈欲曰乱",可以作为"子不语"之"乱"的注释。神,鬼神,孔子"敬鬼神而远之",他"不语"鬼神,也是"不称道也"。再说,本章是别人的记录,是记录者针对孔子平时谈论的情况说的不是孔子绝对不谈。如果涉及到"怪、力、乱、神"的问题提到他的面前,他还是要谈的,只是自己平时不称道而已。

刘宝楠所谓"夫子辨木石水土诸怪及防风氏骨节专车"事,见《孔子世家》:鲁定公五年,"季桓子穿井得土缶,中若羊。问仲尼云'得狗'。仲尼曰:'以丘所闻,羊也。丘闻之,木石之怪夔、罔阆,水之怪龙、罔象,土之怪坟羊。'吴伐越,堕会稽,得骨节专车。吴使使问仲尼:'骨何者最大?'仲尼曰:'禹致群神于会稽山,防风氏后至,禹杀而戮之。其节专车,此为大矣。'"

【7.22】

子曰:"三人行,必有我师焉①。择其善者而从之,其不善者而改之。②"

①三人行,"三"是虚数,泛指;三人行,犹言几个人一路。必有我师焉,不是说其中一定有某一个我可以学习的人,而是说每个人都有我可以学习之处。解答就在下文:"择其善者而从之,其不善者而改之。"

②"择其"二句,谓师不必什么都比我高明,择其善者而从之,其不善者而改之,都可以从中得到教益。

★本章与《里仁》篇"见贤思齐焉,见不贤而内自省也"(4.

17),可以互参,详该章注。

《左传·襄公三十一年》郑子产不毁乡校,曰:"夫人朝夕退而游焉,以议执政之善否。其所善者,吾则行之;其所恶者,吾则改之。是吾师也。"语言同样精辟,内容并不相同。子产说的是多听别人的议论,他们认为我之"善者","吾则行之",认为我之"恶"者,"吾则改之"。孔子说的是,别人之"善者",我"从之",别人之"不善者",我"改之",不使我有同样的"不善"。老子曰:"善人者不善人之师,不善人者善人之资。"与孔子之言略同。

【7.23】
子曰:"天生德于予,桓魋其如予何!①"

①桓魋(tuí),宋司马向魋。宋桓公的后裔,因称桓魋。《史记·孔子世家》,鲁哀公三年(前492),"孔子去曹适宋,与弟子习礼大树下。宋司马桓魋欲杀孔子,拔其树。孔子去。弟子曰:'可以速矣!'孔子曰:'天生德于予,桓魋其如予何!'"意谓天生就我的品德,桓魋岂能奈何我。是年孔子年六十。

【7.24】
子曰:"二三子以我为隐乎①?吾无隐乎尔②。吾无行而不与二三子者,是丘也。③"

①二三子,孔子指他的弟子,犹言你们几个。隐,隐瞒。
②吾无隐乎尔,我对你们无所隐瞒。
③行,为也。句意谓我没有任何作为不告诉你们,这就是我孔丘。

【7.25】
子以四教：文、行①、忠、信②。

①文、行，邢昺疏："文谓先王之遗文；行谓德行，在心为德，施之为行。"刘宝楠正义："文谓诗书礼乐。凡博学审问慎思明辨，皆文之教也。行谓躬行也。"
②忠、信，邢昺疏："中心无隐谓之忠，人言不欺谓之信。"

★本章不是孔子的言语，也没说明是谁的记录。既然称为"子以四教"，四教逻辑上应该是平列的。然邢昺疏"文谓先王之遗文"，"行谓德行"。而"忠、信"是两种品德，两者可以包括在"德行"之内；故四者逻辑上不能平列。"仁"是孔子学说的核心，何以不包括在"教"之内。此等章节，最不足为据。

【7.26】
子曰："圣人，吾不得而见之矣①，得见君子者，斯可矣②。"子曰："善人吾不得而见之矣③；得见有恒者④，斯可矣。亡而为有，虚而为盈，约而为泰，难乎有恒矣。⑤"

①圣人，儒家学说中认定的品德最高的人，常用以指尧舜禹汤文武等前代先王（其实所谓尧舜禹汤文武是理想的明君，有极大的塑造因素。就像各种宗教竖立一个至高无上的始祖，成为信徒崇拜的目标）。
②君子，本章所说的君子，与通常说的与小人相对的君子不同，是对明君行列的人物说的，次于圣人的称为君子。邢昺疏："君子，谓行善无怠之君也。"斯可矣，就可以了，就不错了。
③善人，同样是明君行列的人。邢昺疏："善人，即君子也。"邢

说只供参考，按"子曰"先后的逻辑，善人应较君子低一级。

④恒，常也。有恒者，邢昺疏为"有常德之君"，即有坚贞不渝的操守之君。

⑤亡，通"无"。虚，空虚。满，盈满。约，穷约，穷困。泰，奢泰，奢华。句意谓对那种没有而说有，本已空虚而装作充盈，已经穷困而仍要奢华的统治者，就很难算是有常德之君也。

★本章何晏集解注了五个字："疾世无明君。"这一提示非常重要，说明本章是孔子对当时各诸侯国统治者的评论和批判。不仅没有圣人，没有君子，连有恒者都没有，普遍存在的是"亡而为有，虚而为盈，约而为泰"；这是对整个春秋之世各国统治者的慨叹。

本章孔子说到的人为四个级别，圣人、君子、善人、有恒者。四者是连锁的，中间却插了一个"子曰"。这有两种可能：一是如朱熹所疑，是衍文。二是孔子说了前两句时停顿了一下之后再说后面的话。有两个人作了不同的记录，后来辑录者把两者收在一起，保持了记录原貌。

【7.27】

子钓而不纲①，弋不射宿②。

①纲，提挈网的大绳。此动词，此用大网横断水流来捕鱼。钓而不纲，钓只能钓到一条一条的鱼，得鱼有限。用大网横断水流捕鱼，一网大大小小的鱼都落网了。

②弋，吊着生丝绳的箭射鸟。如果射中了，鸟即使带箭飞走，丝绳会把它系在树枝上，鸟走不脱。宿，栖宿的鸟。弋不射宿，只射飞鸟，不射宿鸟。飞鸟是单只的鸟，宿鸟往往成窝。

★（一）由本章得知，孔子平时也钓鱼也射鸟，参与渔猎活动。不是现在画图中看到的那位永远长袍大袖臃肿不堪的迂夫子。"钓而不纲，弋不射宿"，并不涉什么仁心，而是有利于生态保护。孟子提倡"数罟不入洿池"，"斧斤以时入山林"，是明确的生态保护意识。保护生态，正是为了更好地利用。

（二）钓而不纲，"纲"（綱）字当作"網"（网），二字形近而误。作"钓而不網"语更顺畅，也更说明问题。只钓鱼，不用網捕鱼。用網捕鱼，杀伤太多，特别是那些不应捕的太小的鱼也会捕杀。

【7.28】

子曰："盖有不知而作之者，我无是也①。多闻，择其善者而从之，多见而识之；知之次也。②"

①盖有，大概有。作，为也。不知而作，对事情没有弄懂就去作为。我无是也，我没有这种现象。

②识，辨识，识别；识别其善不善，也"择其善者而从之"。次，次第，犹言步骤，方式。馀详星评。

★说"盖有不知而作之者"章——

"盖有不知而作之者，我无是也。多闻，择其善者而从之，多见而识之；知之次也。"古注多读"识"为志（zhì），谓"识，记也"。为什么多闻要择其善者而从之，而多见只要记住就行了呢？邢昺意识到不太妥当，所以他疏为"言人若多闻择善而从之，多见择善而识之"。他把"择善"贯串两个方面。可则亦可，妥则未妥。

按，"识"仍应读其本音实（shí），义同《周礼·司判》"壹宥曰不识"，郑氏注"识，审也"，犹今语识别。孔子之意谓多闻择善而从之，多见要加以识别。两句互文备义，即求知要多闻多见，加以识别，孰者为善，孰者为不善，择其善者而从之。

《为政》篇，子曰："多闻阙疑，慎言其馀"；"多见阙殆，慎行其馀"。同样是说，多闻多见，加以识别，择其善者而从之。说法不同，内涵实际一致。

"知之次也"，何晏集解引孔安国曰："如此者次于天生知之。"《季氏》篇孔子曰："生而知之者上也，学而知之者次也"，孔安国的解释即本于此。杨伯峻即按孔安国之说，将"知之次也"，翻译为"这样的知，是仅次于'生而知之'旳。"孔子明明是说"多闻""多见"之后该如何对待，怎么一下扯到"生而知之"上去呢？所谓生而知之、学而知之，说的是人资质的高下；而多闻、多见，指的是获取知识的方式，两者完全不同。"知之次也"之次，义同《楚辞·九叹》"宗鬼神之无次"之次，王逸注："次，第也"。《广韵·指韵》："次，次第也。"次第，犹言步骤、方式。孔子之意，谓多闻多见，择善而从，这是获得知识的方式步骤。

【7.29】

互乡难与言童子见，门人惑①。子曰："与其进也，不与其退也，唯何甚②！人絜己以进，与其絜也，不保其往也③。"

①互乡，乡名。难与言，难与言谈。童子，年轻人。互乡有位"难与言"之童子来见孔子，孔子接见了他，门人感到疑惑。（"互乡难与言童子见，门人惑"，古注通常断作"互乡难于言，童子见，门人惑"。何晏集解引郑玄曰："互乡，乡名也。其乡人言语自专，不达时宜。而有童子来见孔子，门人怪孔子见之。"邢昺疏引琳公云："此'互乡难与言童子见'八字通为一句，言此乡有一难与言童子，非此一乡皆难与言也。"按，琳公之说极是。第一，一个地方的人不会全都

"难与言"。第二，"与其进也，不与其退也"只是对童子个人而言，并非指全互乡之人；也说明"难与言"者是童子，而不是全互乡之人。故此句应从琳公断句。）

②与，许也。进，《文选·张平子〈东京赋〉》"因进距衰"，薛综注："进，善也。"《公羊传·隐公元年》"渐进也"，何休注："去恶就善曰进。""进"与"退"反义相对，则"退"，不善也，不向善也。唯，语气词。何甚，何必做得太过。或此童子原来有某种缺点，难与言谈，后来改正，来见孔子，孔子接见了他。门人疑惑，孔子对他们解释：对人要赞许他向善，不计较人从前的不善，（这位童子既然改正错误，向善而来，）又何必做得太过，（所以我和他接谈。）

③絜，《荀子·不苟》"君子絜其辩"，杨倞注："絜，修整也。"絜，朱熹集注本作"潔"，曰："潔，修治也。"潔，同絜。指态度检束修谨。保，守也，亦持也。犹今言抓住。孔子谓，人家检束修谨而来，就应该赞许他修谨的态度，不必抓住他以往的事。

★本章与前第七章"自行束修以上，吾未尝无诲焉"（7.7）内容正相衔接。"人絜己以进"与"自行束修以上"是一个意思。两章连接，即为一章：

> 互乡难与言童子见，④门人惑。子曰："与其进也，不与其退也，唯何甚！人絜己以进，与其絜也，不保其往也。自行束修以上，吾未尝无诲焉。"

"互乡难与言童子见"章朱熹疑有错简，又疑"唯"上下有阙文。按，朱疑非是，文章语意顺畅。孔子接见了互乡童子，门人疑惑，认为不该接见。孔子说，对这位童子"与其进也，不与其退也"；即赞许他现在向善，不追究他从前不善。他既然向善而来，何必做得太过呢？

接着又进一步解释，人家修谨而来，就应该赞许他的修谨，不必抓住他的过去。然后孔子又说自己从来就是如此，只要人家自行检束修谨而来，我没有不教诲的。把第七章与本章衔接，前后文气连贯，结构极为完整。

【7.30】

子曰："仁远乎哉？我欲仁，斯仁至矣。①"

①仁道是否很远，只要下决心追求，仁道即可得到。

★孔子不轻易许人以仁，本章却说仁并不远，"我欲仁，斯仁至矣"；这是给人以鼓励之词，任何高峰，只要真下决心攀登，总可以登上。关键在于是否真下决心，是否真下功夫。《里仁》篇说，"有能一日用其力于仁矣乎，我未见力不足者"，也是说少有人肯真下力气。

【7.31】

陈司败问①："昭公知礼乎？②"孔子曰："知礼。"

孔子退③，揖巫马期而进之曰④："吾闻君子不党，君子亦党乎⑤？君取于吴，为同姓，谓之吴孟子。君而知礼，孰不知礼！⑥"

巫马期以告。子曰："丘也幸，苟有过⑦，人必知之。"

①陈司败，何晏集解引孔安国曰："司败，官名，陈大夫。"《左传·文公十年》楚子西曰："臣归死于司败也。"杜预注："陈、楚名司寇为司败。"

②昭公，鲁国君，名裯，襄公之子，在位三十二年（前541—前510），其中近八年出奔在外。三十二年卒于乾侯。昭公乃其谥号。

③孔子退，孔子离开之后。

④揖巫马期，主语是陈司败。而进之，使之走近自己。巫马期（前501—?），《仲尼弟子列传》："巫马施，字子旗，少孔子三十岁。"集解引郑曰："鲁人。"《说文》："施，旗皃。"徐锴系传："旗逶迤也。"即旗飘荡之貌。《左传》昭公三年：郑丰施字子旗。又昭公十六年：齐栾施字子旗。故巫马施，应字子旗。作"期"者，假借字。

⑤党，何晏集解引孔安国曰："相助匿非曰党。"《国语·晋语五》"比而不党"，韦昭注："阿私曰党。"陈司败谓孔子曰昭公"知礼"，是阿附昭公，相助匿非。

⑥取，通"娶"。周代姬姓女子外嫁后称为某姬，如王姬、淑姬等等。鲁昭公娶吴国女子，吴与鲁同为姬姓，按周礼同姓不婚，昭公所娶吴女不便称为"吴姬"或"孟姬"，而称为吴孟子。故陈司败谓如果昭公也算知礼，还有谁不知礼。西周建国之初，诸侯同姓不婚；到春秋时期，上距初封之时已十几代或几十代，同姓不婚的规矩早已破除，晋献公娶骊姬，晋文公之母亦姬姓。鲁国特尊周礼，所以还遮遮掩掩。

⑦苟，如果。

★《春秋·哀公十二年》："夏五月甲辰，孟子卒。"《左传》也记录："夏五月，昭夫人孟子卒。昭公娶于吴，故不书姓。死不赴，故不称夫人。"（赴，通"讣"）《穀梁传》也有类似的记载："夏五月甲辰，孟子卒。孟子者何？昭公夫人也。其不言夫人何也？讳取同姓也。"其时上距昭公之卒已二十七年。孟子之卒，孔子本人还参与了吊唁。而且还将其事郑重地写进了《春秋》。也许正因为孔子吊唁了孟子，陈司败才提出昭公是否"知礼"。孔子当然知道昭公娶吴孟子为非礼，他为国讳而说昭公知礼。当陈司败指出孔子阿护昭公，相助匿非，孔子不作解释，而采取自责的态度，曰："丘也幸，苟有过，人必知之。"这回答极为高明。

【7.32】

子与人歌而善，必使反之，而后和之①。

①与，犹随也，从也。反之，要求再来一遍。和（读去声 hè），应和。随别人唱歌，实际是向别人学习，别人唱得好，一定要求再唱一遍，然后自己跟着唱，与之应和。

【7.33】

子曰："文莫吾犹人也。躬行君子，则吾未之有得。①"

①文莫，犹黾勉（mǐn miǎn），双声联绵词，勉强之意。刘台拱《论语骈枝》："杨慎《丹铅录》引晋栾肇《论语驳》曰：燕齐谓勉强为文莫。"躬，身也。

【7.34】

子曰："若圣与仁①，则吾岂敢！抑为之不厌，诲人不倦，则可谓云尔已矣。②"

公西华曰："正唯弟子不能学也。"

①圣与仁，圣人和仁人。
②抑，只有。为之不厌，谓自己做事总不满足；诲人不倦，谓教诲他人总不厌倦。

★ "文莫吾犹人也"章与"若圣与仁"章——

这两章内容实相衔接，前一句说"躬行君子则吾未之有得，接着说"若圣与仁,则吾岂敢",明显是承接语气。必是有人颂扬孔子,并提到孔子道德修养达到的高度,孔子作出回答。这是一次讲话,应是一章:

> 子曰:"文莫吾犹人也,躬行君子,则吾未之有得。若圣与仁,则吾岂敢!抑为之不厌,诲人不倦,则可谓云尔已矣。"
> 公西华曰:"正唯弟子不能学也。"

孔子说,勉强我还比得上别人,身为君子,则我还未曾达到。如说到圣人仁人,则我岂敢。只有做起事来总不满足,教诲他人从来不厌倦,也只是如此而已。公西华说,这正是我们弟子们所不能学到的。

孔子说的"君子"和"圣与仁"是不同的层次,"圣与仁"比"君子"高得多。所以开头说"君子"我还未能达到,接着说"若圣与仁",则我岂敢。说到这两个层次,口气有很大的差别。

揣摩说话的环境,应有多人在场,称赞孔子的不会是公西华,通常孔子回答弟子并不如此谦虚。公西华只是也在场,听了孔子的话,就说了一句:"正唯弟子不能学也。"

【7.35】

子疾病①,子路请祷②。子曰:"有诸?③"子路对曰:"有之。诔曰④:'祷尔于上下神祇。'⑤"子曰:"丘之祷久矣。⑥"

【9.12】

子疾病,子路使门人为臣⑦。病间⑧,曰:"久矣哉,由之行诈也⑨!无臣而为有臣,吾谁欺?欺天乎?且予与死于臣之手也,无宁死于二三子之手乎⑩。且予纵不得大葬⑪,予死于道路乎!"

①子疾病,孔子重病。何晏集解引包咸曰:"病甚曰疾。"本章与《子罕》篇"子疾病"章所记内容紧密相关,故将两章合读。

②请祷,何晏集解引包咸曰:"祷,祷请于鬼神。"刘宝楠正义:"请,请福也。"《广雅·释诂三》:"请,求也。"

③子曰:"有诸?"邢昺疏:"孔子以死生有命,不欲祷祈,故反问子路曰:'有此祷请于鬼神之事乎?'"朱熹集注:"有诸,问有此理否。"

④诔,何晏集解引孔安国曰:"诔,祷篇名。"邢昺疏:"诔,累功德以求福。"刘宝楠正义引翟氏灏《考异》:"《说文》讄,祷也。累功德以求福。"据此,则"诔"当作"讄",与哀公之孔子之"诔"不同,但二字通用。

⑤祷尔于上下神祇,刘宝楠正义:"尔是语辞。"句意即祈祷于天地神祇。《汉书·郊祀志》"孝武皇帝始建上下之祀",颜师古注:"上下谓天地;天神曰神,地神曰祇(qí)。"

⑥丘之祷久矣,何晏集解引孔安国曰:"孔子素行合于神明,故曰丘之祷久矣。"是孔子认为自己无过,不用祷于神明。(与《八佾》篇回答王孙贾谓"获罪于天,无所祷也"正相反。)

⑦为臣,何晏集解引郑玄曰:"孔子尝为大夫,故子路欲使弟子行为臣之礼。"朱熹集注:"孔已去位,无家臣,子路欲以家臣治其丧。"按,应指大夫病中家臣侍奉的礼仪,非指"治其丧",由下文孔子自言"与其死于臣之手,无宁死于二三子之手"可证。

⑧病间(jiàn),病稍微好些。何晏集解引孔安国曰:"少差曰间。"

⑨由之行诈,谓子路行为虚假。

⑩无宁，宁也。"无"字助词。二三子，指弟子们。

⑪纵，纵使，即使。大葬，指大夫规格的葬礼。句意谓我即使得不到大夫规格的葬礼，我也不致于死于道路。(实际孔子知道自己会得到大夫规格的葬礼才这么说。)

★此两章所记，必是鲁哀公十一年（前484）孔子自卫返鲁之后曾犯重病。因据郑玄说，"孔子尝为大夫，故子路欲使弟子行为臣之礼"，"尝为大夫"可知事情不发生在定公十四年为大夫之日而发生在自卫归来以后。孔子曰："且予与其死于臣之手也，无宁死于二三子之手"，其时孔子已年近七十，故病重即想到死亡。但也不是哀公十六年（前479）孔子临终之前的病情，因孔子去世前一年子路已在卫国去世。

【7.36】
子曰："奢则不孙，俭则固。与其不孙也，宁固。①"

①奢，奢侈。孙，通"逊"。不孙（sùn），不谦逊。俭，俭约。何晏集解引孔安国曰："固，陋也。"固陋，简陋。句意谓奢侈则张扬骄横，故不谦逊；过于俭约又未免简陋。但与其骄奢不逊，宁可简陋。

《八佾》篇"林放问礼之本"章子曰："礼，与其奢也宁固俭"（3.4），本章"奢则不孙，俭则固；与其不孙也宁固"，正是对"与其奢也宁俭"的解释。两者必属同一章。参见该章星评。

【7.37】
子曰："君子坦荡荡，小人长戚戚。①"

述而第七　251

①坦荡荡，胸怀宽广坦荡。长戚戚，神情局促忧戚。

【7.38】

子温而厉，威而不猛，恭而安①。

①温而厉，温和然而严肃。威而不猛，威严而并不凶猛。恭而安，庄敬而安详。这是对孔子平时风度的描述和赞扬。

泰伯第八

本篇共二十一章

【8.1】
子曰:"泰伯其可谓至德也已矣①。三以天下让②,民无得而称焉。③"

①泰伯,《史记·吴太伯世家》:"吴太伯,太伯弟仲雍,皆周太王之子,而王季历之兄也。季历贤,而有圣子昌。太王欲立季历以及昌,于是太伯仲雍乃奔荆蛮,文身断发,示不可用,以避季历。季历果立,是为王季,而昌为文王。太伯之奔荆蛮,自号句吴。荆蛮义之,从而归之者千馀家,立为吴太伯。"集解引韦昭曰:"后武王追封为吴伯,故曰吴太伯。"至德,最高的德行。

②三,多次。让位一定有一个过程,所以说三以天下让。(三是虚数,古代注家考证哪三次让,且有几种说法,实无必要。)

③民无得而称焉,谓太伯之德实在太高了,人们简直不知道怎样称道他才好。馀详星评。

★"民无得而称焉",自王肃、何晏、邢昺直到朱熹等人,皆解释为太伯让位,其事隐蔽故无得而称,都属误解。如果其事隐蔽,又何以知其"三以天下让"?又何以得称为"至德"?又何以知其"从而归之者千余家"?本篇"大哉尧"章(8.19)子曰:"唯天为大,唯尧则之;荡荡乎民无能名焉",朱熹集注:"其德之广远,亦如天之不可以言语形容也。""民无能名焉"与"民无得而称焉"意思相同,朱子却做了不同的解释。

【8.2】

子曰:"恭而无礼则劳①,慎而无礼则葸②,勇而无礼则乱③,直而无礼则绞。④"

①恭,《说文》,"肃也"。《尔雅·释诂下》:"恭,敬也。"《玉篇·心部》:"恭,事也。"严肃认真之意。劳,劳苦。

②慎,《说文》,"谨也"。《尔雅·释诂下》:"慎,谓谨慎也。"葸(xǐ),何晏集解,"畏惧之貌"。

③勇,勇敢。乱,搅乱,胡来。逞勇而无礼,便会胡来。《荀子·不苟》:"非礼义之谓乱也。"

④直,刚直,直率。绞,本义为两绳相纠,引申为纠结之意。直率而无礼,过于急切,会刺激人而产生纠结。何晏集解引马融曰:"绞,绞剌也。"朱熹集注:"绞,急切也。"

★任何品格行为,都须有一定的规范。《礼记》,"礼记"孔颖达疏:"礼者,理也。"《释名·释言语》:"礼者,体也,得事体也。"《荀子·劝学》:"礼者,法之大分,类之纲纪也。"所有这些训释,都说明"礼"即行为规范之意。孔子说"恭而无礼则劳",对人对事严肃认真,如太过分,没有一定规范,事必躬亲,无所底止,就会劳苦不堪。"慎而无礼则葸"，对什么事情过于谨慎，没有一定限度，畏首畏尾，手足无措，就会总处于恐惧的状态。"勇而无礼则乱"，逞勇好胜，没有一定控制，就容易主观武断，把事情搅乱。"直而无礼则绞"，直率刚正，如无一定规范，就会过于急切，与人发生纠结，也会把事情办砸。

[子曰]："君子笃于亲，则民兴于仁；故旧不遗，则民不偷。"

①四句原本上章的下半段，上下内容不相衔接。故单独注释。补"子曰"二字，表示仍是孔子的话。
②君子，指在上位者，即统治者。笃，厚也，厚待。亲，亲族。兴，何晏集解引包咸曰，"起也"。
③故旧，故人旧友。偷，皇侃疏，"薄也"，偷薄。

★本章孔子谓"君子"笃厚于亲族，则民兴仁爱之心；"君子"不遗故旧，则民情淳厚而不偷薄，都是说"君子"的模范作用对民情产生的良好影响。

【8.3】
曾子有疾，召门弟子曰①："启予足，启予手②！《诗》云：'战战兢兢，如临深渊，如履薄冰。'而今而后，吾知免夫！小子！③"

①子，曾参。疾，病。召，召唤。
②"启予足"二句，何晏集解引郑玄曰："启，开也。曾子以为受身体于父母，不敢毁伤，故使弟子开衾而视之。"按，《广雅·释

诂》："瞽（qǐ），视也。"王念孙疏证引此文，谓"启与瞽同。盖恐疾致有毁伤，故使视之也。""启予足，启予手"，是叫弟子开衾看看他的手足。刘宝楠正义："当谓身将死，恐手足有所拘挛，令展布之也。"其说亦通。

③"战战兢兢，如临深渊，如履薄冰"，《诗·小雅·小旻》篇诗句，三句皆描写谨慎小心之状。免，《逸周书·祭公》"我亦以免没于世"，朱右曾集训校释："免，免于罪。"曾子是有名的孝子，回顾自己一生小心谨慎，身体无所损伤，今将去世，可免于罪孽。小子，呼唤其门弟子。

★文中只说"曾子有疾"，下一章也是如此，没有明言曾子之死。就两章内容推断，此必曾子临终遗言。曾子小孔子四十六岁，生于鲁定公五年（前505），据《阙里文献考》"曾子年七十而卒"，则卒于鲁元公元年（前436），上距孔子之卒已四十三年。

【8.4】

曾子有疾，孟敬子问之①。曾子言曰："鸟之将死，其鸣也哀；人之将死，其言也善。君子所贵乎道者三②：动容貌斯远暴慢矣③，正颜色斯近信矣④，出辞气斯远鄙倍矣⑤。笾豆之事，则有司存。⑥"

①孟敬子，鲁国大夫仲孙捷。问，探问。

②贵，重视。道，何晏集解引郑玄曰："此道谓礼也。"三，此"三"字为实数。

③容貌，仪容体貌，通常指人的形象。但与下句"颜色"如何区别？朱熹有见于此，故特别注明："容貌，举一身而言。"照朱说，则动容貌指整个行动举止。斯，须也，犹言应该。远，远离，不要。暴

慢，粗暴傲慢。

④正，端正。颜色，脸色。近于诚信，犹言显示出诚信。

⑤出辞气，说话声气。鄙倍，朱熹集注："鄙，凡陋也。倍，与背同，谓背理也。"远鄙倍，即不要鄙陋背理。

⑥笾豆，祭祀时陈放祭品的礼器；笾用竹编制，豆用木制造。笾豆之事，泛指礼仪中各种具体事务。有司，设官分职，事有专司，因以"有司"指各司其事的官吏。二句谓各种具体事务，自有专职的官吏去做。孟敬子一定是问礼，故郑玄曰"此道谓礼也"。曾子所言为人于礼应取的态度，而不是具体事务，故最后交代一句："笾豆之事，则有司存。"

★（一）说"动容貌斯远暴慢矣，正颜色斯近信矣，出辞气斯远鄙倍矣"三句——

本章曾子言曰君子所贵乎道者三，历代注家多如此断句："动容貌，斯远暴慢矣；正颜色，斯近信矣；出辞气，斯远鄙倍矣。"郑玄注："此道谓礼也。动容貌能跄跄跐跐，则人不敢暴慢之。正颜色能矜庄严栗，则人不敢欺诈之。出辞气能顺而说之，则无恶戾之言入于耳。"郑氏把这三句话理解为表因果关系的三个复句。按，郑注非是。如果"斯远暴慢矣""斯近信矣""斯远鄙倍矣"表示结果，那么"动容貌""正颜色""出辞气"就要表示原因，然而并非如此，并没有说明怎样动容貌，怎样正颜色，怎样出辞气。郑氏有见于此，所以他在这三个词组后面加上"能跄跄跐跐""能矜庄严栗""能顺而说之"。然而这些内容是郑玄加进去的，并非曾子原话，自亦非曾子原意。注家必须如实地解释原文含义，无权增加原文所没有的内容。

这三句话应断作"动容貌斯远暴慢矣，正颜色斯近信矣，出辞气须远鄙倍矣"，每句中间不应逗断。三句话不是三个因果复句。"动容貌、正颜色、出辞气"都是动宾词组作主语。斯，须也，犹言应该。"斯"字以后的部分是谓语，说明应该怎么样。曾子之意，谓动容貌须远暴慢，正颜色须近诚信，出辞气须远鄙倍。亦即动容貌不要粗暴傲慢，正颜色必须显示诚信，出辞气不要鄙陋背理。三句都是说自己应该用什么态度对待别人，而不是说要用什么行为使别人如何对待自己；是严格要求自己，不是着意防范别人。如果是后者，竟然要使别人不要粗暴傲慢，使别人必须显示诚信，使别人不要鄙陋背理，曾子还成个什么曾子呢！由于曾子病中，说话艰难，而又言辞郑重，故后面都带有语气词"矣"。

《孟子·滕文公》："如知其非义，斯速已矣，何待来年。"意谓如果明知不合理，应该迅速停止，何必等待明年。"斯"字的用法，句子的结构，都与此略同。

（二）"鸟之将死，其鸣也哀；人之将亡，其言也善"。这两句话成为后人常用的带有悲情的名句。

（三）孟敬子即仲孙捷，敬子是谥号。《礼记·檀弓下》记"（鲁）悼公之丧，季昭子问于孟敬子"，鲁悼公三十七年（前431）卒，其时上距孔子之卒已四十八年；孟敬子之卒必定还在若干年之后，上距孔子之卒过了五十多年。《论语》的编定必在孟敬子去世之后，其时孔子去世已半个多世纪。

（四）《礼记·檀弓上》记述了曾子临终的轶事：

曾子寝疾，病。乐正子春坐于床下，曾元曾申坐于足，童子隅坐而执烛。

童子曰："华而睆，大夫之箦与？"

子春曰："止！"

曾子闻之，曰："呼？"

曰："华而睆，大夫之箦与？"

曾子曰："然。斯季孙之赐也。我未之能易也，元起易之！"

曾元曰："夫子之病革矣，不可以变。幸而至于旦，请敬易之。"

曾子曰:"尔之爱我也不如彼。君子之爱人也以德,小人则以姑息。吾何求哉!吾得正而毙焉,斯已矣!"

举扶而易之,反席未安而没。

疾,患病。病,病情严重。乐正子春,曾子的高足。曾元曾申,曾子的儿子。华而睆,华丽而有光泽。箦,簟席。呼,疑问词。元起易之,叫曾元起来把卧席换掉。病革,病得很重。尔,你,指曾元。彼,他,指童子。举扶而易之,将曾子扶起换掉床席。没,死了。大夫之箦与,是大夫才能用的卧席吧。只有大夫才能用的华丽的卧席,曾子不是大夫,因是季孙所赐用上了,毕竟不合于礼的,所以必须换掉。现在看来,这个临终换席的故事未免迂腐,但当时曾子坚持原则,一定要换掉,才放心地死去。到而今故事本身意义不大,但曾子说的"君子之爱人也以德,小人则以姑息",却是具有普遍意义的格言,意义重大。

【8.5】

曾子曰:"以能问于不能,以多问于寡①;有若无,实若虚②,犯而不校③,昔者吾友尝从事于斯矣。④"

①寡,少也。以能问于不能,就能力的强弱言之;以多问于寡,就知识的多少言之。两句皆不耻下问之意。

②"有若无,实若虚",谓态度谦虚。刘宝楠正义引徐幹《中论·虚道篇》云:"人之为德,其犹虚器欤?器虚则物注,满则止焉。故君子常虚其心志,恭其容貌,不以逸群之才,加乎众人之上,视彼犹贤,自视犹不足也;故人愿告之而不倦。"此用以解释"有若无,实若虚"甚为适合。

③犯而不校(jiào),何晏集解引包咸曰:"校,报也。"谓即使受

到侵犯也不报复。朱熹训"校"为计较，义亦相通。

④吾友，何晏集解引马融曰："友谓颜渊。"原文没有说是谁，因颜渊是孔门第一高足，故马融推知为颜渊。《大戴礼·曾子疾病篇》曾子谓曾元曾华曰："吾无夫颜氏之言，吾何以语汝哉！"也说明曾参最佩服颜渊。

★任何言语都是在特定的环境、一定的前提下说的。"犯而不校"，说的是个人在一般情况下与他人相处的修养。如果是涉及有伤原则的重大问题，就不能还是"犯而不校"。

【8.6】

曾子曰："可以托六尺之孤①，可以寄百里之命②，临大节而不可夺也③。君子人与？君子人也。④"

①六尺之孤，古代尺短，六尺是孩童的身高，因代指孩童。何晏集解引孔安国曰："六尺之孤，幼少之君。"

②寄，亦托也。二句"托"与"寄"互文。百里之命，何晏集解引孔安国曰："摄君之政令。"《白虎通·封公侯篇》："诸侯封不过百里。"可知"百里"代指诸侯国。摄，代为治理。摄君之政令，即代理幼君施行政令。"可以托六尺之孤"，就国君其人言之；"可以寄百里之命"，就诸侯其国言之：其实一也。对句甚为工谨。

③临，面临。临大节而不可夺也，何晏集解："大节，安国家定社稷。夺者，不可倾夺。"刘宝楠正义："大节，犹大事，故注以国家社稷言之，明此大节所关在宗社安危存亡也。能安国家社稷，则不得以利害移，威武屈；故知不可倾夺。"

④"君子人与？君子人也。"此赞美之辞。

★本章与上章应相关联，上章言其问学待人处事的态度，本章称其可以托孤治国的德能。如果上章说的是颜渊，此章赞许的也应是颜渊。曾参小颜渊一十六岁，于年龄颜渊是兄长，于道德修养颜渊是榜样，故对颜渊极为崇敬。上章言"昔者吾友"，则是在颜渊死后曾子对故友的怀思。

【8.7】

曾子曰："士①不可以不弘毅②，任重而道远。仁以为己任，不亦重乎？死而后已，不亦远乎？③"

①士，本指男子。《诗·郑风·溱洧》"士与女"，就是男与女。人分出阶层，士乃成为庶民之一，位于其他庶民之上。《穀梁传·成公元年》："古者有四民：有士民，有商民，有农民，有工民。"范宁集解："（士民），学习道艺者。"士乃成为有一定知识最接近统治阶层的群体，往往用以泛指有学问之人。

②弘毅，何晏集解引包咸曰："弘，大也。毅，强而能断也。"朱熹集注："弘，宽广也。毅，强忍也。"按，弘谓其胸怀宽广，毅谓其意志坚毅。

③任重，任务重大。道远，道路遥远。仁以为己任，以实现仁德为己任，即"任重"；死而后已，一直坚持到生命结束，即"道远"。

【8.8】

子曰："兴于诗①，立于礼②，成于乐。③"

①兴于诗，何晏集解引包咸曰："兴，起也。言修身当先学诗。"朱熹集注："兴，起也。诗本性情，有邪有正，其为言既易知，而吟咏之间，抑扬反复，其感人又易入，故学者之初，所以兴起其好善恶恶

之心而不能自已者，必于此而得之。"按朱熹的理解，所谓"兴于诗"指诗兴起人之情性，并非如包氏所说修身先要学诗。《阳货》篇"小子何莫学夫诗"章（17.9）"诗，可以兴"，朱熹集注："感发志意。"亦谓兴者，引发感情之意。

②立于礼，何晏集解引包咸曰："礼者所以立身。"礼是做人的行为规范，故"克己复礼为仁"。遵循礼的规范乃可以立身处世。《季氏》篇"陈亢问于伯鱼"章（16.13）："不学礼，无以立。"

③乐（yuè），音乐。成于乐，何晏集解引包咸曰："乐所以成性。"朱熹集注："（乐）可以养人之性情，荡涤其邪秽，消融其查滓；故学者之中，所以至于义精仁熟而自和顺于道德者，必于此而得之，是学之成也。"（查滓，同"渣滓"。）

【8.9】

子曰："民可使由之，不可使知之。①"

①由，行也。二句意谓对老百姓只能叫他们去做什么，不能让他们知道为什么。

★说"民可使由之，不可使知之"——

"民可使由之，不可使知之"是孔子语录中引发争论甚多的两句。这两句话晓畅明白，任何为之回护曲解都无必要，也不可能。在某种特殊情况下，"民可使由之，不可使知之"，也可能是正确的；即使如此，也只能是一种迫不得已的做法。

《史记·滑稽列传》褚少孙所补诸传中有西门豹治邺传。魏文侯时，西门豹为邺令，西门豹除掉了残害百姓的为河伯娶妇的恶俗，发动群众开凿水渠，引河水灌民田。当其时，民治渠烦苦。西门豹曰："民可以乐成，不可与虑始。今父老子弟虽患苦我，然百岁后期令父老子弟思我言。"水渠修成，"至今皆得水利，民人以给足富"。这是历史上领导人"强迫"群众做有利于民的事业，难得有的事例之一。但西门豹未必不可以做通群众的思想，达到同样的目的。当然事隔两千多年之后很难了解当时的境况，我们不能去指责这位千载难逢的有功于民的官员。

但"民可使由之，不可使知之"，作为一条普遍性的原则，绝对是错误的。《史记·商君列传》，商君曰："愚者闇于成事，知者见于未萌；民不可与虑始，而可与乐成。"这是法家的名言。法家在历史上起过一定的进步作用，但他们的指导思想，是绝对为最高统治者服务，不需要考虑百姓的意愿。历史上不少封建暴君，按"民可使由之，不可使知之"的原则，为满足一己的私欲，不惜使万里山河遭到破坏，不惜让千百万人民丧失性命，给国家民族带来惨重的灾难。因此这话即使是孔子说的，其错误也不能为之回护。

现代也有学者认为这两句话是断句有错，应断作"民可，使由之；不可，使知之"，见解不失为新颖。但整部《论语》中似没有这样的句法，纵观孔子的全部思想，他不可能达到如此民主的高度。历史上也没有人将这两句话作为民主精神予以运用。故本帙仍遵用前人句读。

【8.10】

子曰："好勇疾贫①，乱也②。人而不仁，疾之已甚③，乱也。"

①好（hào），喜好。疾，《宪问》篇"疾固也"，朱熹集注："疾，恶也。"《礼记·少仪》"有亡而无疾"，孔颖达疏："疾，犹憎恶也。"《管子·小问》"则民疾"，尹知章注："疾，谓憎嫌之也。"诸训都相近，厌恶、嫌恶之意。

②乱，《慧琳音义》卷十一"矫乱"，注引《考声》："乱，错也。"

《文选·宋玉〈登徒子好色赋〉》"愚乱之邪臣",李善注:"乱,昏也。"《释名·释言语》:"乱,浑也。"综上诸训,乱,错也,昏也,浑也;借用一个现代词,犹言糟糕。句意谓好勇逞能而又嫌恶贫贱,这种人很糟糕。好勇逞能之人往往自视甚高,如果不满于贫贱的境况,就可能干出不法之事,所以很糟。

③"人而不仁"之"而",如也。疾,厌恶,嫌恶。已甚,太过。有人如果不仁,如果嫌恶太过,也很糟糕。别人不善,可以引导他向善;如果一味地嫌恶,就会加深矛盾,甚至造成很坏的后果,所以很糟。

★"人而不仁,疾之已甚,乱也""苟志于仁矣,无恶也"(4.4)与"与其进也,不与其退也,唯何甚?人絜已以进,与其絜也,不保其往也"(7.29),三段话论述应如何对待"不仁者"、不仁而后有"志于仁"者、不善而后能"絜已以进"者,态度都一致。

湖南俗话"有理莫做得太过",谓与人发生矛盾,即使有理,也莫做得太过分,大概即原于孔子之言,是非常正确的。

【8.11】

子曰:"如有周公之才之美,使骄且吝,其馀不足观也已!①"

①周公,即周公旦,周文王之子,武王之弟。参见《述而》篇"甚矣吾衰也"章(7.5)。之才之美,犹言其才之美。朱熹集注:"才美,谓智能技艺之美。"骄,骄傲,骄横。吝,朱熹集注,"鄙吝也"。指器量狭小卑下,非指吝于钱财。意谓一个人即使有周公那样的智能技艺之美,如果骄横而又鄙吝,其馀就不足观了。

★"之才之美",两者不是联合结构,不能断作"之才,之美",即不能解作他的才能、他的美德。如果那样理解,文章就前后矛盾。既然有如此才能美德,就不会既骄且吝。朱熹有见如此,所以他特别注明"才美,谓智能技艺之美"。

【8.12】
子曰:"三年学,不至于榖,不易得也。①"

①至,通"志"。榖,释文引郑注,"禄也"。禄,俸禄,指做官。句意谓学习多年,而并不想做官,这种人很难得。

★说"不至于榖"——

"三年学,不至于榖,不易得也。"语言并不复杂,理解却有极大的分歧。何晏集解引孔安国曰:"榖,善也。言人三岁学,不至于善,不可得,言必无也;所以劝人学。"孔安国之意,谓三年学,而不达到善,是不会有的;言一定可以达到。说这是劝人学习之意。按,孔注甚误。"言必无也",过于绝对。任何人"三年学"之后未必都可以达到"善"。《左传》记录的那些贵族出身的乱臣贼子大多不只有"三年学",而"不至于善"者比比皆是。历史上王莽、李林甫、秦桧、贾似道、严嵩、钱谦益、和珅、郑孝胥、汪精卫,等等,都不只是"三年学",他们有谁"至于善"?原文"不易得"孔注改成"不可得",两者意思也完全不同。

朱熹遵用郑玄注,谓"榖,禄也"。曰:"至,疑当作'志'。为学久而不求禄,如此之人,不易得也。"见解甚为高明。只要将"至,疑当作'志'",改为"至,通'志'",就完全正确。"至于榖"之"至",与《里仁》篇"志于道"之"志",音义并同。

《宪问》篇"宪问耻"章(14.1)"邦有道,榖;邦无道,榖:

耻也","穀"亦训为"禄也",与本章"至于穀"之"穀",音义也完全一样。

本章与《公冶长》篇"子使漆雕开仕"章（5.6）内容衔接，可以合为一章。参见该章星评。

【8.13】

子曰："笃信好学，守死善道①。危邦不入，乱邦不居②。天下有道则见，无道则隐③。邦有道，贫且贱焉，耻也；邦无道，富且贵焉，耻也。"

①笃，厚也，深也。笃信，深切地信仰。好（hào），爱好。守死，极其坚定决不动摇之意。善，犹喜而行之。守死善道，谓极其坚定决不动摇地善行其道。"笃信好学"是条件，"守死善道"是目的。只有深切笃厚地信仰，喜好因而努力地学习，才能极其坚定决不动摇地善行其道。

②危邦，危险之国。不入，未曾入则不入。乱邦，混乱之邦。不居，已在内则离去。

③见，同"现"，出现，指出来做事。天下有道则见，谓政治清明之世则出而从政；无道则隐，谓政治腐败之时则退而隐居。

④邦有道"六句，谓政治清明之世，却不出来发挥作用，仍处于贫贱的境况，是可耻的；政治腐败之时，却同流合污，处于富贵的地位，也是可耻的。

★"邦有道，贫且贱焉，耻也"，并不正确。邦即使有道，不一定"富且贵焉"，也未尝不可以安贫乐道。"邦无道，富且贵焉，耻也"，则完全正确。

【8.14】
子曰："不在其位，不谋其政。①"

①位，位职。谋，谋划。政，政事。不在那个位置上，就不参与谋划那里的政治事务。

★说"不在其位，不谋其政"——
《论语》中有不少"子曰"只是孤立地简单的记录，脱离了说话的环境，很难对其话语的性质作出准确的解释，甚至很容易造成误解。"不在其位，不谋其政"，情况就是如此。

春秋末季，列国纷争，凶残的统治者所在多有。奔走在各诸侯之间的清廉正直之士，既要寻求出路，又要保全自己，可以"危邦不入，乱邦不居。天下有道则见，天下无道则隐"，可以"不在其位，不谋其政"，"陈力就列，不能者止"，因为他不担有责任。孔子客居国外，他入过危邦，居过乱邦，正是有过这样坎坷的经历，他才总结出这样的认识。本章所记，一定是在某种特定的情况下发生孔子认为他不应该参与的事件，有人问他何以不参与，孔子才作出这样的回答。决非提出一个普遍性的原则。

如果在"父母之邦"，故乡宗国，或者曾经担任过一定的职务，仍有一定的责任，那么即使"不在其位"，也不能"不谋其政"。孔子本人从来就不是"不在其位，不谋其政"。《论语》中孔子涉及鲁国的许多言论，大多是他并不在位时说的。《子路》篇，冉子退朝。子曰："何晏也?"子曰："其事也。如有政，虽不吾以，吾其与闻之。"（13.14）说明孔子当时"不在其位"，"有政"他还是"与闻之"；而不是"不谋其政"。季氏将伐颛臾，孔子立即对冉有狠狠的训斥了一顿，指责他未能阻止季氏的行为。鲁哀公十四年（前481），齐国"陈成子弑简公"，其时孔子早已不在位，而且还不是鲁国的事务，孔子立即沐浴而朝，请鲁哀公讨伐陈成子。都可以证明孔子本人，并不是"不在其位，不谋其政"。

在一般情况下，如果既没有"谋其政"的责任，更没有"谋其政"的权利，自然只能"不在其位，不谋其政"。即使如此，作为一个国家的公民，一个正当组织的成员，碰到原则的问题，"不在其位，不谋其政"仍然是错误的，甚至是极其错误的。比方当外敌侵凌之时，国家民族危难之际，如果仍然是"乱邦不居"，"无道则隐"，还是"不在其位，不谋其政"，那好极了，等待做亡国奴就是了。——因此可以断定，"不在其位，不谋其政"，一定是针对特定的事件说的，决不能理解为普遍的原则。

【8.15】

子曰："师挚之始，《关雎》之乱，洋洋乎盈耳哉。①"

①师挚，何晏集解引郑玄曰："师挚，鲁大师之名。"《关雎》，《诗·周南》第一篇。诗都是配乐的，此指师挚演奏《关雎》之乐。参见《八佾》"关雎乐而不淫，哀而不伤"。乱，乐之最末一章。洋洋，美盛之貌。谓从师挚演奏的开始，到《关雎》的末章，只感到洋洋乎满耳都是音乐。

【8.16】

子曰："狂而不直，侗而不愿，悾悾而不信①，吾不知之矣。②"

①狂，狂放。直，直率。何晏集解引孔安国曰："狂者进取宜直。"侗，朱熹集注，"无知貌"。愿，诚谨；朱熹集注，"谨厚貌"。悾悾，何晏集解引包咸曰："悾悾，悫也，宜可信。"信，诚信。

②吾不知之，我不知道怎么办，亦即这种人难以教诲，没有办法。

★"狂而不直，侗而不愿，悾悾而不信"，解释这三句必须注意两点：第一，"狂、侗、悾悾"不完全是贬义的。如"狂"，《子路》篇云，"狂者进取"，故训为"狂放"，不能讲作狂妄、狂暴，更不是猖狂。第二、三组词，"狂"与"直"，"侗"与"愿"，"悾悾"与"信"，每组中相对的两个词应该是内涵近似，而后者更优。三句意谓，狂放者应该直率，却偏偏不直率；幼稚者都比较天真，应该诚谨，而偏偏不诚谨；诚恳者应该诚信，而偏偏不诚信。孔安国曰"言皆与常度反"，即违背正常情况，所以孔子说对这种人没有办法。

【8.17】
子曰："学如不及，犹恐失之。"

★本章谓追求知识如觉得总追赶不上，学到的知识又生怕失掉。这应是孔子谈自己的体会，教导弟子应如此对待学习。

【8.18】
子曰："巍巍乎①，舜、禹之有天下也而不与焉。②"

①巍巍，高大之貌，崇高之意。
②舜禹之有天下：有，犹"得"也。与，读去声，音豫（yù）。而不与焉，何晏集解："言己不与求天下而得之。"邢昺疏："言舜禹之有天下，自以功德受禅，不与求而得之。"意谓舜因其功德，尧禅与帝位；禹因其功德，舜禅与帝位。他们都不是自己"与求而得之"。

【8.19】

子曰:"大哉尧之为君也①!巍巍乎唯天为大,唯尧则之②。荡荡乎民无能名焉③!巍巍乎其有成功也!焕乎其有文章!④"

①大,伟大。尧,传为古代理想之君。
②唯,只有。朱熹集注:"唯,犹独也。"则,何晏集解引孔安国曰:"则,法也。"取法,效法。句意谓只有天最伟大,只有尧能取法它。
③荡荡,广远之貌。民无能名焉,朱熹集注:"其德之广远,亦如天之不可以言语形容也。"
④"巍巍乎其有成功"二句,朱熹集注:"成功,事业也。焕,光明之貌。文章,礼乐法度也。尧之德不可名,其可见者此耳。"

【8.20】

舜有臣五人①,而天下治②。武王曰:"予有乱臣十人。③"孔子曰:"才难,不其然乎④?唐虞之际,于斯为盛⑤;有妇人焉,九人而已⑥。三分天下有其二以服事殷⑦。周之德可谓至德也已矣。⑧"

①舜有臣五人,何晏集解引孔安国曰:"禹、稷、契、皋陶、伯益。"按,禹,即夏禹,即以治理洪水有功,受舜禅位,为夏王朝始祖。见《史记·夏本纪》。稷,即后稷,名弃,为舜农官,别姓姬氏,为周先祖。见《诗·大雅·生民》与《史记·周本纪》。契(xiè),姓子氏,为舜司徒,助禹治水有功,封于商,为商先祖。见《史记·殷本纪》。皋陶(音徭 yáo),为舜掌刑狱。见《书·舜典》与《史记·五帝本纪》。伯益,助禹治水有功。见《书·舜典》、《孟子·滕

文公上》与《万章上》。

②治，得到治理。李光地《榕村语录》谓"舜有臣"二句亦是夫子语。可供参考。

③武王，周武王。予有乱臣十人，何晏集解引马融曰："乱，治也。""十人，谓周公旦、召公奭太公望、毕公、荣公、太颠、闳夭、散宜生、南宫适，其一人，谓文母。"马融此注"十人"原于《书·泰誓中》："予有乱臣十人"伪孔传。按，乱，治也；乱臣，实为治臣，治理之臣。周公旦，周文王子姬旦，辅佐武王灭纣，建立周王朝，封于鲁，为鲁国始祖。见《史记·鲁周公世家》。召公奭（shì），与周同姓，姓姬氏，辅佐周武王灭纣，封于北燕，为燕国始祖。见《史记·燕召公世家》。太公望，即吕尚，姓姜氏，辅佐周武王帅师灭纣，封于齐，为齐国始祖，见《史记·齐太公世家》。毕公、荣公、太颠、闳夭、散宜生、南宫括，并见《史记·周本纪》。（荣公，《周本纪》称荣伯。）所注男性诸人，仅供参考。妇人"其一人，谓文母"，则不可信实，详见星评。

④才难，人才难得。不其然乎，不是如此吗。

⑤唐，尧时朝代之名，故尧称唐尧。虞，舜时朝代之名，故舜称虞舜。际，刘宝楠正义："际，犹下也，后也。"唐虞之际，即尧舜之后。斯，指周武王之时。盛，兴盛。

⑥"有妇人焉"二句，谓乱臣十人中，还有一位妇人，男性之臣九人而已。按，妇人指谁，孔安国、马融谓指文母，邢昺疏谓文王之妃太姒也，朱熹注谓当指武王之妃邑姜。都系猜测。详见星评。

⑦以，王引之《经传释词》引《汉书·刘向传注》："以，由也。"古"由、犹"相通，则"以"，亦犹"犹"也。三分天下有其二以服事殷，谓三分天下周已有其二犹服事殷商。

⑧可谓至德也已矣，朱熹集注本作"其可谓至德也矣"。至德，最高的德行。

★武王曰:"予有乱臣十人。"孔子谓十人中"有妇人焉",马融据《尚书·泰誓中》伪孔传,谓"其一人,谓文母。"邢昺疏谓"文王之妃太姒也"。朱熹集注引刘侍读认为"子无臣母之义,盖邑姜也"。邑姜,武王妃。唐石经可能也认为"子无臣母之义",删"臣"字,作"予有乱十人",刘宝楠从之。按,原文只说"予有乱臣十人",并未指实十人为谁,注家无权也不可能代为指派。伪孔传与马融所注的男性九人,不一定每一个都准确。孔子说"有妇人焉",也没有说妇人是谁;指实为文母,为太姒,为邑姜,皆属无谓。将"予有乱臣十人"删作"予有乱十人"尤其没有道理;"予有乱十人"不成话,"臣"字不应删去。

【8.21】

子曰:"禹,吾无间然矣①。菲饮食而致孝乎鬼神②,恶衣服而致美乎黻冕③,卑宫室而尽力乎沟洫④。禹,吾无间然矣。"

①禹,夏禹,见前章注。间(jiàn),《先进》篇"人不间于父母昆弟之言",皇侃疏:"间,犹非也。"《广雅·释诂二》:"间,毁也。"无间,谓无可非议,没有什么可说的。但孔子之言较通常所说语意要重,系赞赏之辞,亦"民无能名焉"之意。

②菲,薄也。致,尽也,谓尽心尽力。孝乎鬼神,指祭祀时孝敬祖先。谓自己饮食菲薄,而祭祀孝敬祖先却很丰盛。

③恶,差劣。黻(fú)冕(miǎn),祭祀的礼服。(冕,礼帽。)谓自己衣服很差,而祭祀时礼服却很华丽。

④卑,低下。宫室,居室。沟洫,田间水道,然此实泛指河流。谓自己的居屋很坏,却致力于治理洪水,疏浚沟渠。——菲饮食,恶衣服,卑宫室,包括了夏禹简朴生活的全部。

子罕第九

本篇共三十二章

【9.1】
子罕言利与命与仁①。

①罕,少也。罕言,很少谈,不轻易谈。利,功利。命,命运。仁,仁德。朱熹集注引程子曰:"计利则害义,命之理微,仁之道大,皆夫子所罕言也。"

★说"子罕言利与命与仁"——
罕言利,同孟子所谓"何必曰利,亦有仁义而已矣"略同。孔子罕言利,是罕言私利。《里仁》篇"放于利而行,多怨",就是反对私利。而于民之利还是要谈的,《尧曰》篇,子曰:"因民之利而利之",不仅要谈,而且还当作"从政"的要务。
罕言命,则与《公冶长》篇子贡曰"夫子言性命与天道不可得而闻也"意思相近。对于"命""性命与天道"之类深微莫测的内容孔子很少谈论,偶尔涉及也只泛泛提到。

仁，是孔子学说的核心，何以也"罕言"呢？事实上《论语》中孔子说到仁的话并不"罕"。说孔子罕言就很难理解。如此古代注家作过不少曲解。金王若虚《误谬杂辨》认为应该如此断句："子罕言利，与命，与仁。"与，许也。谓孔子罕言利，却赞许命，赞许仁。如此辨谬，只能是越辨越谬。不要说没有这样的句法，赞许"命"也与"夫子之言性命与天道不可得而闻也"完全相悖。黄式三《论语后案》谓"罕"应读为"轩"，轩，显也。意思是"孔子很明显地谈到利、命和仁"。说孔子明显地谈到"利"和"命"，恰好与孔子思想"明显地"相反。把"罕"读为"轩"更没有道理。

杨树达《论语疏证》则认为"所谓罕言仁者，乃不轻许人以仁之意，与罕言利命之义似不同"。精研汉语语法的杨公树达，却把"罕言利、罕言命、罕言仁"三者作如此不同的分析，很难令人信服。杨公自己也没有把握，所以用了一个"似"字。既然说孔子对"仁"也罕言，为什么《论语》谈到"仁"并不少？杨伯峻说，"仁"是孔门最高道德标准，"正因为少谈，孔子偶一谈到，便有记载"。因此，"不能以记载的多便推论孔子谈的也多"。杨先生的解释不失为聪明的推测。——把杨氏叔侄的看法加以综合，这句话就好理解了。孔子对三者都不轻易谈，所以这位记录者觉得他"罕言"。朱熹也感到不好解释，所以他自己不说话，只引程子曰："计利则害义，命之理微，仁之道大，皆夫子所罕言也。"程子言简意赅，三者也都是不轻易谈之意。而"仁"是孔子学说的核心，弟子请教的多，孔子的回答都被记录下来，所以《论语》中谈"仁"的话并不"罕"。

还应该看到，《论语》既非孔子本人亲自书写，也非一二弟子统一的访谈记录，而是不同的人在不同的时候所记的语录，若干年后由他的弟子、再传弟子编辑成书。记录的时期有先有后，记录者的水平有高有低；记录的准确度也有很大的差别，甚至不排斥由于错误的理解而有错误的记录。"子罕言利与命与仁"是这位记录者自身的感受，而《论语》中那么多孔子关于"仁"的论述是后来的积聚，当时那位认为"子罕言利与命与仁"的记录者未必知道。因此论述孔子的思想学说，必须从整体上把握，综合他的全部言论与语言环境加以分析，而不能以在某些特殊情况下的个别言谈为准。

《论语》全书，大多是"子曰"，部分是弟子或他人在"曰"，"子罕言利与命与仁"却没头没脑，没有记谁所"曰"，使得历代注释家如此为难的一章，很可能本身就是错误的记录，不管怎样解释都未必准确。

【9.2】
达巷党人曰[①]："大哉孔子！博学而无所成名。[②]"子闻之，谓门弟子曰："吾何执？执御乎？执射乎？吾执御矣！[③]"

[①]达巷党，党是行政区划之名，何晏集解引郑玄曰："达巷者，党名也，五百家为党。"《礼记·曾子问》："孔子曰：昔者吾从老聃助葬于巷党。"郑氏注："巷党，党名也。"达巷党与巷党，或许是一个党，指称繁简不同，如称"北京城"与"京城"相似。达巷党人，达巷党的某个人。

[②]大，伟大。博学，渊博的学问。无所成名，朱熹集注："博学无所成名，美其学之博，而惜其不成一艺之名也。"

[③]执，持也，操也，指做事。御，赶马驾车。射，射箭。孔子听人家说他无所成名，就说，我去干什么呢？去做车夫？去当射手？我去驾车当个车夫吧！对达巷党人的话，孔子不正面回答，只说两句幽默的话，坦然处之。

【9.3】
子曰："麻冕，礼也；今也纯，俭，吾从众[①]。拜下，

礼也；今拜乎上，泰也。虽违众，吾从下。②"

①麻冕，一种用麻缕制的礼帽。何晏集解引孔安国曰："冕，缁布冠也。古者绩麻三十升布以为之。纯，丝也。丝易成，故从俭。"《仪礼·丧服传》"冠六升"，郑玄注："布八十缕为升。"句意谓，用麻制礼帽是合乎礼的。麻制礼帽非常复杂，现在改用丝制，是为了省俭。众人都如此，"吾从众"。（麻制比丝制更为复杂，具体制作技术不详。）

②拜下，拜于堂下。拜乎上，上堂再拜。泰，皇侃疏，"骄泰也"。朱熹集注，"骄慢也"。句意谓臣与君行礼，先拜于堂下，君辞谢，则上堂再拜，是合乎礼的。现在为臣者见君时堂下不拜，上堂再拜，是骄慢不敬的行为。众人都如此，我还是拜于堂下，上堂再拜。虽违背众人的作法，"吾从下"。

★本章孔子之意，谓不用麻冕，是为了省俭，只涉及到物质或制作方法的改变，所以他可以"从众"。臣见君不先在堂下拜，是骄慢态度，涉及到礼仪的违背，所以他只能"违众"，而坚持在堂下拜。——古代礼仪如何，我们不必考虑，孔子此种议论，到今天已没有多大意义。

【9.4】
子绝四：毋意，毋必，毋固，毋我①。

①绝，断无之谓绝。毋，邢昺疏，"不也"。毋意，不凭空意测。毋必，不主观武断。毋固，不拘泥固执。毋我，不唯我独是。四者基本意思是一致的。

【9.5】

子畏于匡①，曰："文王既没，文不在兹乎②？天之将丧斯文也，后死者不得与于斯文也③；天之未丧斯文也，匡人其如予何！④"

〖11.23〗

子畏于匡，颜渊后⑤。子曰："吾以女为死矣！"曰："子在，回何敢死！⑥"

①畏，《广雅·释诂》："畏，难也。"《玉篇》："畏，惊也。"匡，地名。畏于匡，犹言蒙难于匡，受惊于匡。(俞樾《平议》引《荀子·赋篇》"比干见刳，孔子拘匡"，《史记》亦谓"拘焉五日"，因谓"畏"为拘囚之意。按，俞说非是。同一事件，语言表述可以不同，并不说明"畏"与"拘"同义。) 据《史记·孔子世家》：鲁定公十四年(前498)，孔子"去卫，将适陈。过匡，颜刻为仆，以其策指之曰：'昔吾入此由彼缺也。'匡人闻之，以为鲁之阳虎。阳虎尝暴匡人，匡人于是遂止孔子。孔子状类阳虎，拘焉五日"。《庄子·秋水》亦记其事，谓"孔子游于匡，宋人围之数匝，而弦歌不惙。""无几何，将甲者进。辞曰：'以为阳虎也，故围之。今非也。'请辞而退。"

②文王，周文王。没，指去世。文，犹言文化传统。孔子之所谓"文"，包括诗书礼乐。朱熹注："道之显者谓之文，盖礼乐制度之谓。"兹，此也，孔子自指。句意谓，自周文王去世以后，文化传统不是在我这儿吗？("道之显者谓之文"，朱子将"道"与"文"的关系表述的非常精辟。)

③之，若也，如也。丧，丧失，消灭。后死者，亦孔子自称。与(yù)，参与。如予何，犹奈我何。"天之将丧斯文也"四句，谓上天如果要消灭这种文化传统，我这后死者就不会掌握这种文化知识；上

天如果不要消灭这种文化,匡人将奈我何!

④后,乱中相失,落在后面。

⑤以,以为。女,通"汝"。

★"颜回后"章在《先进》篇,因是"子畏于匡"时发生的事,故提在此一并注释。

"子在,回何敢死!"颜回的话说得聪明至极。再没有任何语言比这句话更能表达他们师徒生死相依的情感,没有任何语言比这句话更能表达颜回对孔子的钦敬。古代注家分析这句话,讲了许多按照礼仪什么时候当死,什么时候不当死的大道理,说明颜回当时说这句话的理论根据。如此生动的语言,经这些迂夫子一纠缠便索然无味。

【9.6】

太宰问于子贡曰:"夫子圣者与?何其多能也?①"子贡曰:"固天纵之将圣又多能也。②"

子闻之,曰:"太宰知我乎③!吾少也贱,故多能④。鄙事,君子多乎哉?不多也。⑤"

①太宰,何晏集解引孔安国曰,"大夫官名也"。这位太宰属何诸侯国,姓甚名谁,都不得而知。夫子,指孔子。圣者与,用存疑语气,其实是肯定的。何其多能,何以会许多一般的技能。

②纵,放也。天纵之,犹天生之。朱熹集注:"纵,犹肆也,言不为限量也。"将,犹乃也。谓天生之成为圣人又多能也。

③太宰知我乎,谓太宰了解我呀!这种语气,是既有感于太宰的评价,又知道他不完全了解。

④少也贱,小时候穷苦。故多能,所以会许多技能。解释他"多能"的原因。

⑤鄙事，鄙贱的事，指普通技能。孔子说，这些鄙贱的事，对君子来说多了吗？不多呀。意谓"鄙事"君子也应该做。

★（一）说"鄙事，君子多乎哉？不多也。"——

孔子这话，注家也都断作"吾少也贱，故多能鄙事。君子多乎哉？不多也"。前文两次出现"多能"，"能"都是名词，后文不应有异，三个"多能"结构一致。"多能鄙事"甚至不通。故应断作："吾少也贱，故多能。鄙事，君子多乎哉？不多也。"

"鄙事，君子多乎哉？不多也"，古代注家的解释可以说全都错误。何晏集解引包咸曰："我少小贫贱，常自执事，故多能为鄙人之事，君子固不当多也。"邢昺疏："君子多乎哉不多也者，又言圣人君子当多能乎哉，言君子固不当多能也。"朱熹注也说："言由少贱故多能。而所能者鄙事尔，非以圣而无不通也。且多能非所以率人，故又言君子不必多能以晓之。"一直到近代注释者仍这样断句，解释似乎也没有例外。他们众口一词，都以为孔子说的是君子不必多能。好像孔子也像后世的穷措大，一朝发了财，甚至做了官，如果说到自己会搞点普通劳动便感到很没有面子。孔子之意并非如此，他明明说我少时穷贱，所以会许多一般的劳动技能。考察孔子的实际，也能说明问题。孔子会记账，会放牧，会驾车，会射箭，会钓鱼；这些"鄙事"，他都能干。孔子认为，这些鄙贱的事对君子来说多了吗，不多呀。说的是应该做，而不是不应该做。下一章弟子牢所记子云"吾不试，故艺"，也足以证明孔子说他会做。由于古代的注释家们都是封建社会的上层人士，以会做鄙贱之事为耻。这是他们自己的观念，而不是孔子的态度。

【9.7】

牢曰①："子云：'吾不试，故艺。'②"

①牢，何晏集解引郑玄曰："牢，弟子子牢也。"邢昺疏："牢，弟子琴牢也。"《孔子家语》："琴张，一名牢，字子开，亦字子张，卫人也。"然《仲尼弟子列传》并无其人。《家语》云云不知所据。此牢自己的记录，故自称名，编辑《论语》者原话照录。《论语》叙述语中称名者只有"牢曰"此章与《宪问》篇中"宪问"。

②吾不试故艺，何晏集解引郑玄曰："试，用也。言孔子自云，我不见用，故多技艺。"孔子说，我（少也贱）不被任用，故（学得）许多技能。

★朱熹以本章与前一章内容相同，故并为一章。所记未必同时，仍以两章为宜。《论语》系多人记录，这位牢先生水平低下，所记过于简略，是书中语言干瘪拙劣的一例。

【9.8】
子曰："吾有知乎哉①？无知也。有鄙夫问于我，空空如也②。我叩其两端而竭焉。③"

①知，知识。

②鄙夫，犹言村夫。空空如也，犹空空然。何晏集解引孔安国曰："有鄙夫来问于我，其意空空然。"认为鄙夫"空空如也"。照语气，应该是孔子说自己"空空如也"，即对他的问题我并无知。（《释文》谓郑或作"悾悾如也"，郑注："悾悾，诚悫也。"则是鄙夫态度诚悫。两义不同。以何晏集解本为优。）

③叩，邢昺疏，"发动也"。朱熹集注："两端，犹言两头，言始终、本末、上下、粗细，无所不尽。"叩其两端而竭焉，即对事情的正反两面反复推求，把问题竭底弄清楚。

★说"两端"——

"两端"当与《中庸》"执其两端,用其中于民"的两端相同,郑玄谓指过与不及,何晏引孔曰谓为终始两端,近人多解作正反两面,都可通。这是孔子说他分析问题研究事物的方法。"叩其两端而竭焉",犹言抓住矛盾的两个方面,反复推求,穷原竟委,以得出结论。

【9.9】
子曰:"凤鸟不至,河不出图,吾已矣夫!①"

①凤鸟,凤凰,古人传说的中祥瑞之鸟。何晏集解引孔安国曰:"圣人受命则凤鸟至,河出图。今天无此瑞,吾已矣夫者,伤不得见也。河图,八卦是也。"邢昺疏:"此章言孔子伤时无明君也。圣人受命,则凤鸟至,河出图。今天无此瑞,则时无圣人也。故叹曰,吾已矣乎,伤不得见也。"按,《尚书·顾命》"河图",孔氏疏:"河图,八卦是。伏羲氏王天下,龙马出河,遂则其文,以画八卦,谓之河图。"据此,是西周之初即有关于河图的传说。凤鸟传说尤多。《左传·昭公十七年》郯子曰:"我高祖少皞挚之立也,凤鸟适至。"孔颖达疏:"《说文》云:'凤,神鸟也。'《中侯握河纪》云:'尧即政七十年,凤凰止庭。伯禹拜曰:昔帝轩提象,凤巢阿阁。'《白虎通》云:'黄帝时,凤凰蔽日而至,止于东园,终身不去。'诸书皆言,君有圣德,凤凰乃来,是凤凰知天时也。"孔疏所引,多汉人造作,但必是古代有此等传说。孔子叹息时无明君,故凤鸟不至,河不出图,无法实现其政治理想,因而说"吾已矣乎"。已,止也。吾已矣乎,犹言我算完了。

★《史记·孔子世家》:"鲁哀公十四年(前481)春,狩大野,叔孙氏车子鉏商获兽,以为不祥。仲尼视之,曰:'麟也。'取之。曰:

'河不出图，雒不出书，吾已矣乎！'颜渊死，孔子曰：'天丧予！'及西狩获麟，曰：'吾道穷矣！'"其时孔子已是衰暮残年，连遭不幸，故一有感触即发出"吾已矣乎"的哀叹。但在这种含有迷信思想的语言中，还不乏自我神化的意识；此等言论最不足取。

【9.10】
子见齐衰者、冕衣裳者与瞽者，见之，虽少，必作；过之，必趋①。

①齐衰（zīcuī），丧服的一种。古代丧服，用粗麻布制成，分为斩衰、齐衰、大功、小功、缌麻五种，按与死者的不同关系服用。如为父母守孝服斩衰，丧服不缝边；为祖父母守孝服齐衰，丧服缝边。子见齐衰者如此，见斩衰者自然更是如此。冕，何晏集解引包咸曰："冕者，冠也，大夫之服。"衣裳，上服曰衣，下服曰裳。冕衣裳者，即穿戴地位高的贵族服装者，即指地位高的贵族。瞽者，盲人。作，起也。趋，快步走过。何晏集解引包咸曰："夫子哀有丧，尊在位，恤不成人。"邢昺疏："夫子见此三种之人，虽少，坐则必起，过则必趋。"

★包咸训中"恤不成人"：恤，怜惜。不成人，指残废人，句中即指瞽者。少，朱熹引或曰："少当作坐。"按，或曰非是。少，阮元校勘："皇本高丽本'少'下有'者'字。"此指上述"齐衰者、冕衣裳者与瞽者"即使是年少者也"必作，过之必趋"。

【9.11】
颜渊喟然叹曰①："仰之弥高，钻之弥坚；瞻之在前，忽焉在后②。夫子循循然善诱人，博我以文，约我以礼，欲罢不能③。既竭吾才，如有所立，卓尔，虽欲从之，末由也

已。④"

①喟然，何晏集解："喟，叹声。"按，《汉书·高帝纪上》"喟然太息"，颜师古注："喟，叹息貌。"

②弥，益也，更加。"仰之弥高"二句，何晏集解："言不可穷尽。""瞻之在前"二句，何晏集解："言恍惚不可为形象。"邢昺疏："言夫子之道，高低不可穷尽，恍惚不可为形象。故仰而求之则益高，钻研求之则益坚，瞻之似若在前，忽然又复在后也。"

③循循，有次序之貌。诱，诱导。"博我以文"二句，谓以"文"广博我的知识，以"礼"规范我的行为。两个方面概括了孔子教育学生的内容。欲罢不能，即使想停止也不可能。

④如，若也。立，成也。《吕氏春秋·用民》"功名犹可立"，高诱注："立，成也。"才，刘宝楠正义，"能也"。卓，《说文》，"高也"。"既竭吾才"五句，谓已竭尽了我的能力，若有所成；然而太高了，即使想跟上去，也没法子赶上。

★颜回是孔子第一高足，这是颜回为孔子唱的赞歌，对孔子的仰慕无以复加。《颜渊》篇颜渊问仁，子曰："克己复礼为仁。""约我以礼"即"复礼"准确的诠释。

【9.12】

子疾病，子路使门人为臣。病间，曰："久矣哉，由之行诈也！无臣而为有臣。吾谁欺？欺天乎？且予与其死于臣之手也，无宁死于二三子之手乎？且予纵不得大葬，予死于道路乎？"

★本章与《述而》篇"子疾病"章（7.35）所记为同时事。两章合读，便于理解。注见该章。

【9.13】
子贡曰："有美玉于斯，韫匵而藏诸？求善贾而沽诸①？"

子曰："沽之哉！沽之哉！我待贾者也②。"

①于斯，在此。韫，《释文》引郑玄注云："裹也。"匵，通"椟"，木匣。诸，"之乎"的合音，代名词兼疑问助词。贾，通"价（價）"。沽，卖掉。
②待贾，即待价。刘宝楠正义："夫子抱道不仕，故子贡借美玉以观夫子藏用之意。善贾，喻贤君也。虽有贤君，亦待聘乃仕，不能枉道以事之也。"

【9.14】
子欲居九夷①。或曰："陋②，如之何？"子曰："君子居之，何陋之有？"

①九夷，何晏集解引马融曰："九夷，东方之夷有九种。"按，当泛指东方少数民族地区。
②或曰，有人说。陋，僻野，鄙陋。

【9.15】
子曰："吾自卫反鲁①，然后乐正，《雅》《颂》各得其所②。"

①自卫反鲁，据《史记·孔子世家》，孔子于鲁定公十四年离开鲁国，哀公十一年（前484）自卫反鲁。是年孔子六十八岁。

②乐（yuè），诗乐。正，整理，整顿。何晏集解引郑玄曰："反鲁，鲁哀公十一年冬。是时道衰乐废，孔子东还，乃正之，故雅、颂各得其所。"周代诗三百都是配乐的，"乐正"与诗的整理是统一的。《诗》分风、雅、颂三体，"雅、颂各得其所"，实际也应包括风在内。

【9.16】

子曰："出则事公卿，入则事父兄，丧事不敢不勉，不为酒困①，何有于我哉？②"

①出，出仕。事公卿，事奉公卿，实即为国家效力。入，在家。事父兄，服事父兄。丧事，处理丧事。不敢不勉，不敢不尽力为之。不为酒困，何晏集解引马融曰："困，乱也。"谓饮酒适度，不致醉而混乱。《乡党》篇谓孔子"惟酒无量，不及乱"，所记略同。邢昺疏："言出仕朝廷则尽其忠以事公卿也。入居私门则尽其孝悌以事父兄也。若有丧事则不敢不勉力以从礼也。未尝为酒乱其性也。"

②何有于我哉，这些事对我有何难呢，谓都能做到。参见《述而》篇"默而识之"章（7.2）星评。

【9.17】

子在川上曰："逝者如斯夫！不舍昼夜！①"

①川上，水上，河流边上。逝者，逝去的时光，逝去的一切。如斯夫，就像水流这样吧。舍，停止。不舍昼夜，日夜不停。

★老子曰："上善若水，水善利万物而不争，处众人之所恶，故幾于道。"孔子曰："逝者如斯夫，不舍昼夜！"孟子曰："原泉混混，不舍昼夜，盈科而后进，放乎四海，有本者如是。"儒道都对水进行赞美，老子从水的静中蕴涵的力量，领会到"柔弱胜刚强"的哲理；孔孟从水的动中表现的态势，感悟到积极奋进的精神。

【9.18】
子曰："吾未见好德如好色者也。①"

①好（hào）德，喜爱道德。好色，喜爱美色。本章在《卫灵公》篇重出（15.13），前面多"已矣乎"三字。

★说"吾未见好德如好色者也"——

"吾未见好德如好色者也"，此语如针对整个社会上所有的人，作为一种普遍现象，否定所有的人，就很不正确。何晏集解："疾时人薄于德而厚于色，故发此言。"此纯粹从字面上进行解释，极其错误。孔子赞扬过如此之多的贤哲，交与了如此之多朋友，门下有如此之多杰出的弟子，怎么能说"吾未见好德如好色者也"？朱熹集注引谢氏曰："诚也好德如好色，斯诚好德矣，然民鲜能之。"竟然将"好色"作为褒义词，更为荒谬。

按《孔子世家》载，鲁定公十五年（卫灵公四十年，前495），孔子"居卫月馀，灵公与夫人〔南子〕同车，宦者雍渠参乘，出，使孔子为次乘，招摇市过之。孔子曰：'吾未见好德如好色者也！'于此丑之，去卫"。据此，知此语是针对卫灵公说的，孔子故意把话说得笼统一点。表面看来似乎是一句具有普遍性的话，其实特有所指。说话当时，听者都知道所指为谁。弄清楚具体的语言环境，就不致误以为孔子对所有的人都如此否定。

【9.19】

子曰:"譬如为山,未成一篑,止,吾止也。譬如平地,虽覆一篑,进,吾往也。①"

①为山,堆土成山。篑(kuì),盛土的竹筐。平,动词,填平。谓做学问在于自己有没有毅力,能不能坚持。譬如堆土成山,只差一筐土,如果停止,是自己停止的,也就前功尽弃。譬如填平土地,尽管才倒一筐土,也在于自己,只要持续进行,即可以填平。朱熹集注:"《书》曰:'为山九仞,功亏一篑。'夫子之言,盖本于此。言山成而但少一篑,其止者吾自止耳。平地方覆一篑,其进者吾自往耳。盖学者自强不息,则积少成多;中道而止,则前功尽弃。其止其往,皆在我不在人也。"(朱子引语见《书·旅獒》。按,《旅獒》乃伪古文《尚书》。应是《旅獒》取自《论语》,非孔子本于《旅獒》。朱子之时尚不知古文《尚书》为伪作。)

★本章与《雍也》篇"冉求问"章(6.12)内容紧密相关,连在一起,即为一章。参见该章星评。

【9.20】

子曰:"语之而不惰者,其回也与!①"

【9.21】

子谓颜渊,曰:"惜乎!吾见其进也,未见其止也。①"

①语之,同他谈话。惰,朱熹集注,"懈怠也"。谓颜回认真听讲,从不懈怠。

★这两章应是孔子有关颜回的一次讲话。前文点出了颜回,故后

子罕第九 287

文用代词"其"。"惜乎"是紧接前言而发,如果不是承接前文,则所"惜"对象不明。故两章应是一章:

子曰:"语文而不惰者,其回也与!惜乎!吾见其进也,未见其止也……"

孔子说,同他谈话,他从不懈怠的,大概只有颜回了。接着便长叹一声:"太可惜了!我只见他不断前进,从未见他停留……"这是颜回死后孔子痛惜之辞。"吾见其进也,未见其止也",后来怎么样,话似乎没有说完。大概是太伤感了,说到这儿,说不下去了。

【9.22】
子曰:"苗而不秀者有矣夫!秀而不实者有矣夫!①"

①朱熹集注:"穀之始生曰苗,吐花曰秀,成穀曰实。"二句意谓长成了禾苗而不扬花的有吧,扬了花却未能结实的有吧!

★由于本章编在孔子痛惜颜回二章之后,因此古代注家认为这也是为颜回而作。邢昺疏云:"此章亦为颜回早卒孔子痛惜之,为之作譬也。"刘宝楠正义举了大量自汉魏六朝以至唐人文籍中用作孔子伤颜回典故的例证,实在是一种误解,宋代朱熹就不以为然。朱注云:"盖学而不至于成有如此者,是以君子贵自勉也。"朱熹认识到了它的普遍意义,而并不认为是为颜回所作。

孔子在什么情况下说这两句话不得而知,就文论事,他说的是为学贵在坚持,不能坚持就会半途而废。长了苗子,可能不会扬花,已扬花了,也可能不结实。与"譬如为山,未成一篑,止,吾止也",用意相同。朱熹说"是以君子贵自勉也",这是朱子高明之处。

通过对本章内容进行分析，也知其并非为伤悼颜回而作。"苗而不秀"，"秀而不实"，这是贬斥的语言，不是伤悼的口气，孔子怎么会用这样的比喻来说他的爱徒！更重要的是颜回卒时四十二岁（参见《先进》篇"颜渊死"章注），但不能说他苗而不秀，秀而不实，他在孔门是扬了花，结了实的，他在宣扬孔学方面肯定发挥了很大的作用。

孔子学说在当时，在后世，产生了如此之大的影响，是与他弟子三千、贤人七十发挥的作用分不开的。其中就包括颜回的作用。孔圣庙里弟子牌位中第一块牌就是颜回，不是没有道理的。注家们认为颜回苗而不秀，秀而不实，大概是认为颜回没有留下著作。没有留下著作是时代使然，学者们大量地著书立说，是战国时代的事，春秋之末还没有形成普遍的风气。孔子的语录编为《论语》是他的再传弟子的功绩，成书也到了战国初期，已是他逝世半个世纪之后。《老子》五千言以歌诀的形式流传，也是到战国才定型成书。颜回没有著作流传，决不能说明他当时没有发挥作用。《韩非子·显学》谓儒家八派中有"颜氏之儒"，应是颜渊的后学。

【9.23】

子曰："后生可畏①，焉知来者之不如今也②？四十、五十而无闻焉，斯亦不足畏也已。③"

①生，年轻人。可畏，使人敬畏。是说年轻人后来发展未可限量，不可小看。

②"焉知"句，谓怎么能知道他们将来不如现在的人。

③"四十"二句，谓人到了四十岁、五十岁还听不到有什么成就，那也就不足畏了。

★"后生可畏,焉知来者之不如今也",无疑是正确的,不要瞧不起年青人,希望正在他们。"四十、五十而无闻焉,斯亦不足畏也已"则不尽然,甚至说得不对。人类社会扼杀人才的时代居多,多少有为人士在年轻时候得不到发挥才智的机会,却仍有不少坚毅的才人俊士,不畏艰难,耐得寂寞,经得起摧残打击,百折不挠,到后来为人民留下丰硕的成果。因此,"四十、五十而无闻"者千万不要灰心,即使是孔圣人的话也不要听,前程还大有可为!

【9.24】

子曰:"法语之言,能无从乎?改之为贵①。巽与之言,能无说乎?绎之为贵②。说而不绎,从而不改,吾未如之何也已矣。③"

①法,法度,合于法度,则有严正之意。朱熹集注:"法语,正言之也。"语,《释文》"于据反(yù),告语之也。"从,顺从,听从。这是针对有过失者说的。严正地告诫,他能不听从?但要改正才好。

②巽,皇侃疏,"恭逊也"。朱熹集注:"巽言,婉而导之也。"绎,寻绎,推究。说,通"悦",高兴,委婉地劝告,他能不高兴?但要推想一下劝告的话,改正才好。

③"说而不绎"三句,谓如果只是高兴,却不推想劝告的意思,只是听从,却不改正;对这种人我对他无可奈何!

★"法语"之"语","巽与"之"与",两者必有一错。刘宝楠正义本作"法语之言""巽语之言",意即按照原则严正地告诉的话,委婉恭顺地告诉的话。这样讲固亦勉强可通,但"语之言"这种用法不甚顺畅。疑应作"法与之言"、"巽与之言",意即严肃地与之言,委婉地与之言。

【9.25】

子曰:"主忠信,毋友不如己者,过则勿惮改。①"

①本章重出,已见《学而》篇。

【9.26】

子曰:"三军可夺帅也,匹夫不可夺志也。①"

①三军,周代诸侯大国三军,此系泛指,犹言大军之中。夺,夺取。帅,军中之帅。匹夫,庶人,普通人。志,意志。前句用以作陪衬,正意在后一句,言三军主帅如此强大可以夺而取之,一个普通人却不可能夺其意志。

★ "三军可夺帅也,匹夫不可夺志也",孔子一定是对某个具体的人具体的事说的,记录者没有记孔子说话的环境。但孤立的两句,读者也可以从中得到教育和激励。

【9.27】

子曰:"衣敝缊袍,与衣狐貉者立,而不耻者,其由也与?①"

①衣,读去声(yì),穿着。敝,破旧。缊(yùn)袍,用乱麻为絮的布袍。(袍需用丝绵为絮才温暖,丝绵昂贵,穷人用乱麻为絮。)狐貉(hé),两种野兽,其皮毛用以制袍,是很珍贵的衣服。孔子赞许子路,说穿着乱麻絮的破旧布袍同穿豪华皮袍的人站在一起,不以贫寒为耻,大概就是仲由吧。

★《仲尼弟子列传》"仲由字子路,卞人也",集解引徐广曰:"《尸子》曰:'子路,卞之野人。'"可知子路出身平民。而且家庭贫困。子路刚强率直,"衣敝缊袍,与衣狐貉者立",不以为耻。孔子甚为赞赏。

《礼记·檀弓下》有孔子和子路的一段对话。子路曰:"伤哉贫也!生无以为养,死无以为礼也!"孔子曰:"啜菽饮水,尽其欢,斯之谓孝。敛手足形,还(xuán)葬而无椁,称其财,斯之谓礼。"在《论语》中,从没有听到刚强的子路说过如此伤感的话,也没有听到孔子对子路说过如此同情安慰的话。据这段对话推测,是子路由于贫穷,想到对父母在生未能供养,死后收殓有棺而无椁,因而极其悲伤。孔子安慰他,只要尽了心,也就算尽孝了。孔子对子路往往批评得多,而且相当严厉。这段话却表现了他们师徒关系的另一面。

【9.28】

"不忮不求,何用不臧?"子路终身诵之①。子曰:"是道也,何足以臧?②"

①"不忮不求"二句,《诗·邶风·雄雉》诗句。何晏集解引马融曰:"忮(zhì),害也。求,贪也。臧,善也。言不忮害,不贪求,何用为不善。"言为人不忮害他人,自己不贪求,还有什么不好的。终身,应理解为经常之意。诵,诵读。

②"是道也"二句,谓仅仅这种修养,怎样算是很好呢?

★以上两章,何晏集解、朱熹集注都合为一章。按,前一章是对子路的赞许,后一章是对子路的批评,不一定是同时说的话。两章情调完全不同,决不能合为一章。

前一章与前面子曰:"语之而不惰者,其回也与"章(9.20)章法一律,后一章与最末"唐棣之华"章(9.32)章法实际一律。

【9.29】
子曰:"岁寒,然后知松柏之后彫也。①"

①寒,指冬天寒冷。彫,通"凋",凋落,指树叶掉落。

★岁寒然后知松柏之后凋也,比喻"时穷乃见节义"之意;语句富有诗意。凡树都是落叶的。丹枫、乌桕之类,寒冬来临之时树叶即凋落;松柏却耐得严寒,要待来年新叶长出之后旧叶才落掉:"后凋"二字非常准确,不是不凋,而是后凋。

本章可能是对某位坚贞之士的赞赏,松柏后凋只是一个比喻。

【9.30】
子曰:"知者不惑,仁者不忧,勇者不惧。①"

①知,通"智"。惑,惑乱。忧,忧虑。惧,畏惧。知者明于事理,遇事能作出正确判断,故不惑乱。仁者胸怀坦荡,心无杂念,故不忧虑。勇者敢于坚持真理,维护正义。故不畏惧。——本章是《宪问》篇"君子道者三"章(14.28)的"道者三"。但单作一章,亦内容完整。

★说"勇者不惧"——
"仁者不忧,知者不惑,勇者不惧",邢昺疏:"仁者乐天知命,内省不疚,故不忧也;知者明于事理,故不惑;勇者折冲御侮,故不惧。"邢氏对仁者智者的疏解正确,对勇者不惧的解释却很不妥当。

勇者不惧，不要简单地理解为勇武有力，能折冲御侮，所以不惧。孔夫子应该说也是勇者，叫他去折冲御侮还是不行的。晏平仲"长不满六尺"，处事无所畏怯，可谓勇者；"羿善射，奡荡舟"，却未必是勇者。睚眦必报未必是勇敢，胯下之辱未必是怯弱。勇，是一种品格，一种修养。认识正确，坚持原则，能尽力而为，于心无愧，故无所畏惧。

勇者不惧，勇者懂得面对什么样的情况，采取什么样的态度、什么样的方式对付，因而无所畏惧。十九世纪俄罗斯作家亚历山大·伊凡诺惟奇·赫尔琴（1812—1870）在其回忆录《往事沉思》中记述：赫尔琴流亡德国，一位同他有一定交谊的"友人"，竟然同他的夫人有染，因而发生矛盾。对方提出决斗。按当时的习俗，如果有人提出决斗，你不应战，就表示你懦弱，你没有理。普希金、莱蒙托夫都为此丧失了生命。赫尔琴却没有应战，并发表了"什么是勇敢"的议论。他说：有时候挺剑而起，斗个你死我活是勇敢；有时候忍受侮辱也是勇敢。在特定的情况下采取应该采取的态度，这就是勇敢。（大意）赫尔琴这段论述，可以作为"勇者不惧"最为形象的诠释。

【9.31】

子曰："可与共学，未可与适道；可与适道，未可与立；可与立，未可与权。①"

①学，学习。适，往也。道，犹言信仰。立，成也，成立。权，权度。未可，未必可之意。此章言人们可以共同学习，但人各有志，未必能走向共同的信仰。可以走向共同的信仰，未必能共同成立事业。可以共同成立事业，一旦发生重大变故，未必能权衡轻重，共同应对。何晏集解："适，之也。虽学或得异端，未必能之道。""虽能之道，

未必能有所立。""虽能有所立,未必能权量其轻重之极。"(何晏集解较后代注家解释正确,但是从每个人的角度去理解,忽视了"可与""未可与"之"与"。)

【9.32】

"唐棣之华,偏其反而。岂不尔思?室是远而。^①"□□□□□□^②。子曰:"未之思也,夫何远之有?^③"

①"唐棣之华"四句为逸诗。唐棣,植物名,即郁李。华,通"花"。偏,"翩"之借字。偏其,犹翩翩。反而,翻动之貌。"反而"与下句"远而",两"而"字皆助词。偏其反而,形容郁李花片在风中翩翩地翻动。室,住居。首二句是起兴,与下二句内容上没有直接联系。"岂不尔思,室是远而",谓难道我不思念你,实在是住居太远了。所引必系怀人之诗。

②□□□□□□,此处记录者漏掉一句。(仿"子路终身诵之"句例,作缺六个字推拟;究竟缺多少字,无法推知。)详见星评。

③"未之思也"二句,谓是你未曾真正的思念,怎么会是很远呢?真正的思念再远也不在乎。

★说"唐棣之华"章——

本章与前面"'不忮不求,何用不臧?'子路终身诵之。子曰:'是道也,何足以臧?'"是同样的章法。孔子不会无缘无故对这两句诗作无的放矢的评论,必定是某位弟子诵读此诗,孔子才进行评说,谓"未之思也,夫何远之有?"诵诗者,评说者,都可能是用作比喻。最合理的推想是犹《述而》篇所谓"仁远乎哉?我欲仁,斯仁至矣",意思是只要认真的追求,目标并不遥远。

即使不理解为比喻,单作为诗评也很珍贵。"棠棣之华,偏其反而。岂不尔思，室是远而"，前两句是起兴，见景生情，引起对伊人的怀思。诗句清雅绮丽，幾可与"蒹葭苍苍，白露为霜；所谓伊人，在水一方"媲美。本章虽不了解语言的背景，记录也不完整；其实很有诗意。诗句很美，孔子的评论深刻而富有情趣。

乡党第十

朱熹集注:"旧说凡一章。今分十七节。"本帙基本上照朱熹所分,以类相从。有几节内容与前后不相关联者单出。凡分为二十节,称之为二十章亦无不可。

【10.1】

孔子于乡党,恂恂如也,似不能言者①。其在宗庙朝廷,便便言,唯谨尔②。

① 乡党,行政区划单位。《周礼·地官·大司徒》"五族为党""五党为州""五州为乡",郑玄注:"族,百家。党,五百家。州,二千五里家。乡,万二千五百家。"于乡党,在乡党之间。恂恂(xún),何晏集解引王肃曰:"温恭之貌。"朱熹集注:"恂恂,信实之貌。似不能言者,谦卑逊顺,不以贤知先人也。"如,形容词尾。

② "便便(pián)"二句,何晏集解引郑玄曰:"便便,辩也。虽辩而谨敬。"朱熹集注:"宗庙,礼法之所在。朝廷,政事之所出。言不可以不明辩,故必详问而极言之,但谨不放尔。"

★朱熹注:"此一节记孔子在乡党宗庙朝廷言貌之不同。"

首句"孔子"为本节主语。全篇除插入的"康子馈药""厩焚",与最后附加"色斯举矣"三章外,此一主语统贯全篇。

【10.2】

朝,与下大夫言,侃侃如也;与上大夫言,訚訚如也①。君在,踧踖如也,与与如也②。

①朝,上朝。侃侃,何晏集解引孔安国曰,"和乐之貌"。訚訚(yín),何晏集解引孔安国曰,"中正之貌"。朱熹集注:"訚訚,和悦而诤也。"以上四句,记上朝而君主尚未到来与大夫言。

②君在,君主视朝。踧踖(cù jí),何晏集解引马融曰,"恭敬之貌"。与与(yú),何晏集解引马融曰,"威仪中適之貌"。

★朱熹注:"此一节记孔子在朝廷事上接下之不同也。"

【10.3】

君召使摈,色勃如也,足躩如也。揖所与立,左右手,衣前后,襜如也。趋进,翼如也①。宾退,必复命曰:"宾不顾矣。"②

①君召使摈,君召使迎接宾客。勃如,朱熹集注,"变色貌"。躩(jué)如,何晏集解引包咸曰,"盘辟貌"。盘旋周转之意。左右手,向左右宾客拱手。衣前后,衣前后摆动。襜(chān)如,前后摆动之貌。趋进,快步向进。翼如,朱熹集注,"如鸟舒翼"。

②宾退,宾客离开。复命,回报。宾不顾,宾客不回头了,指走了很远。

★朱熹注:"此一节记孔子为君摈相之容。"

【10.4】

入公门,鞠躬如也,如不容①。立不中门,行不履阈②。

过位,色勃如也,足躩如也,其言似不足者③。

摄齐升堂④,鞠躬如也,屏气似不息者。

出,降一等,逞颜色,怡怡如也。没阶,趋进,翼如也⑤。

复其位⑥,踧踖如也。

①"鞠躬如也"二句,朱熹集注:"鞠躬,曲身也。公门高大而若不容,敬之至也。"

②"立不"二句,谓站立不在大门中间,行走不踩踏门槛。

③过位,过国君的坐位(国君不在之时)。朱熹集注:"君虽不在,过之必敬,不敢以虚位而慢之也。言似不足,不敢肆也。"

④摄,提起。齐,通"齌"(zī),衣服下摆。

⑤出,指出公门。降一等,下台阶一级。逞,朱熹集注,"放也"。怡怡,和悦貌。没阶,走尽最后一级台阶。"出降一等"诸句,谓出得公门,一级一级走下台阶,舒开笑脸,怡悦地走完最后一级,"如鸟舒翼"。

⑥复其位,回到来时的位置。

★朱熹注:"此一节记孔子在朝之容。"

【10.5】

执圭，鞠躬如也，如不胜①。上如揖，下如授②。勃如战色，足蹜蹜如有循③。

享礼，有容色④。私觌，愉愉如也⑤。

①圭，皇侃疏，"瑞玉也"。古代统治者举行仪式手执的一种玉制礼器，上圆下方。不同的职位执的圭长短质地都不同。执圭，何晏集解引包咸曰："为君使聘问邻国，执持君之圭。鞠躬者，敬慎之至。"

②"上如揖"二句，朱熹集注："谓执圭平衡手与心齐，高不过揖，卑不过授也。"言执圭的高度，与心齐平，上不过作揖的部位，下不过授东西与人的部位。

③"勃如战色"二句，朱熹集注："战色，战而色惧也。蹜蹜(sù)，举足促狭也。如有循，《记》所谓'举前曳踵'，言行不离地，如缘物也。"引语见《礼记·玉藻》。

④享，何晏集解引郑玄曰，"献也"。享献，使臣将礼物献给国君的礼仪。有容色，有和悦之色。

⑤觌(dí)，《说文》，"见也"。私觌，朱熹集注，"以私礼见也"。（指与正规的聘礼有别）。愉愉，愉悦之貌。

★朱熹注："此一节记孔子为聘于邻国之礼也。"

【10.6】

(君子)①不以绀緅饰。红紫不以为亵服②。
当暑，袗绤绤，必表而出之③。
缁衣，羔裘；素衣，麑裘；黄衣，狐裘④。
亵裘长，短右袂⑤。
(必有寝衣，长一身有半⑥。)

狐貉之厚以居⑦。

去丧，无所不佩⑧。

非帷裳，必杀之⑨。

羔裘玄冠不以吊⑩。

吉月，必朝服而朝⑪。

①"君子"二字衍文。开篇"孔子"为全篇主语，此节不应另有主语。又，所记为孔子"衣服之制，与所有别的"君子"无干。绀(gàn)，深青透红的颜色。緅(zōu)，浅红色。饰，镶边。不以绀緅饰，不用这两种颜色的布镶边。亵(xiè)服，在家穿的便服。红色紫色的布不用作便服。

③当暑，大热天。袗(zhěn)，单也。绨(chī)，细葛布。绤(xì)，粗葛布。单绨绤，即用葛布做单衣。必表而出之，朱熹集注："谓先著里衣，表绨绤而出之于外，欲其不见体也。"

④缁衣羔裘，黑色的衣配黑羊皮裘。素衣麑裘，白色的衣配黑色麑裘。黄衣狐裘，黄色的衣配黄色的狐裘。麑(ní)，小鹿。

⑤亵裘长，冬天穿的皮裘很长。短右袂，右边的袖子做短些，便于作事。

⑥(必有寝衣长一身有半)，此句程颐、朱熹认为系错简，应在"齐，必有明衣，布"之后。从之。

⑦狐貉之厚以居，朱熹集注："狐貉毛厚温色，私居取其适体。"

⑧去丧，即除丧，亦即丧服期满。无所不佩，即什么饰物都可佩带。朱熹集注："君子无故，玉不去身。"

⑨帷裳，礼服的裳(裙)，用整幅的布料制作，布太长用摺叠的方式处理。非帷裳必杀之，如果不是作为礼服，布料过长的部分一定裁掉。杀之，裁掉，剪去。

⑩羔裘玄冠不以吊，黑色的羊裘黑色的礼帽不穿戴着去吊丧。朱

熹集注："丧主素，吉主玄。吊必变服，所以哀死。"

⑪"吉月，必朝服而朝"，朱熹集注："吉月，月朔也。孔子在鲁致仕时如此。"月朔，每月初一。

★朱熹注："此一节记孔子衣服之制。"

【10.7】
齐，必有明衣①，布②。[必有寝衣，长一身有半③。]
齐必变食，居必迁坐④。

①齐，通"斋"（zhāi），斋戒。祭祀之时，斋戒沐浴，以保持洁净。明衣，浴衣。朱熹集注："齐必沐浴，浴竟即著明衣，所以明洁其体也。"

②布，谓明衣用布裁制。先秦无棉布，丝麻枲葛所织皆曰布。《礼记·礼运》："治其丝麻，以为布帛。"

③寝衣，睡衣。何晏集解引孔安国曰："今之被也。"朱熹集注："斋主于敬，不可解衣而寝，又不可著明衣而寝，故别有寝衣。（长一身有半，）盖以覆足。"此条从程朱说，移置于此。

④齐必变食，斋戒时改变平时的饮食，不吃荤，不饮酒。居必迁坐，《说文·土部》："坐，止也。"止，处所。何晏集解引孔安国曰："易常处。"斋戒时住宿要改变原来的处所。

★朱熹注："此一节记孔子谨斋之事。"

【10.8】
食不厌精，脍不厌细①。
食饐而餲，鱼馁而肉败，不食。色恶，不食。臭恶，不食。失饪，不食。不时，不食②。

割不正，不食③。不得其酱，不食。

肉虽多，不使胜食气。惟酒无量，不及乱④。

沽酒市脯不食⑤。

不撤姜食，不多食。

祭于公，不宿肉⑥。祭肉不出三日。出三日，不食之矣⑦。

食不语，寝不言。

虽疏食菜羹，必祭，必齐如也⑧。

①食，此专指饭食。厌，嫌弃。精，精米。朱熹集注，"精，凿也"，则指舂熟的米。脍，细切肉。

②食饐（yì），粮食腐烂。餲（ài），食物变味。鱼馁（něi），鱼腐臭。肉败，肉腐败。色恶，颜色难看。臭恶，气味难闻。饪（rèn），煮熟。失饪，没有煮熟，或半生半熟。不时，何晏集解引郑玄曰："不时，非朝夕日中时。"即不到当用餐之时。朱熹集注："此数者皆足以伤人，故不食。"

③割不正，切割不方正。

④食气，通"食饩"，饭料，犹今言主食。乱，此指酒醉。谓肉食虽多，食用时不使超过主食。饮酒虽不限量，但不喝醉，不至于因醉酒而昏乱。

⑤沽酒市脯不食，外面打来的酒，买来的肉脯，担心不干净，不用。

⑥"祭于公，不宿肉"，参与国家祭祀，颁发的祭肉不留到第二天。

⑦"祭肉不出三日"三句，自家祭祀的肉，保留不超过三天，如过三天就不吃了。

⑧必祭，何晏集解本作"瓜祭"。朱熹集注引陆氏曰："鲁论瓜作必。"作"必"是。齐如，何晏集解引孔安国曰："齐，严敬貌。"句意谓虽疏食菜羹，必祭先祖，而且严肃恭敬。

★朱熹注："此一节记孔子饮食之节。"

本节记孔子的饮食，基本上内容都属于是否合于礼仪与是否卫生，但"食不厌精，脍不厌细"例外。《学而》篇孔子说"学者食无求饱，居无求安"，《述而》篇孔子说"饭疏食饮水"，"乐在其中"，《里仁》篇甚至说"士志于道，而耻恶衣恶食者，未足与议也"；而他自己的饮食竟然是"食不厌精，脍不厌细"，这差距未免太大了。朱熹显然有所感觉，因此为他说句回护的话，说"不厌，言以是为善，非谓必欲如此也"。按《学而》诸篇的话是孔子自己说的，而《乡党》是他人的记录，两者有较大的差别。再说孔子虽"少也贱"，成名后生活应该不错，他有俸禄收入，所记又是后期的生活；因此"食不厌精，脍不厌细"可能还是事实。

【10.9】
席不正，不坐①。

①席，坐席，古人席地而坐。坐席不正不坐，朱熹集注引谢氏曰："圣人心安于正，于位之不正，虽小不处。"

★此一节朱熹未加归纳。

【10.10】
乡人饮酒，杖者出，斯出矣①。
乡人傩，朝服而立于阼阶②。

①杖者，拄杖的老人。此谓与乡人饮酒，散会时让老人先出。

②傩（nuó），古代驱除疫鬼的迷信活动，后发展成为一种近似戏剧的舞蹈，近代湘西及贵州等地仍然流行。阼阶，东阶。何晏集解引孔安国曰："傩，驱除疫鬼，恐惊先祖，故朝服而立于庙之阼阶。"傩者戴着各式面具，跳跃急骤；恐惊先祖，故朝服而立于庙之阼阶，具有护卫的意思。

★朱熹注："此一节记孔子居乡之事。"

【10.11】
问人于他邦①，再拜而送之②。

①问人，委托人问讯他拜的人。邢昺疏："问，犹遗也，谓因问有物遗之也。问者或自有事，或闻彼有事而问之，悉有物表其意。"意思是，问讯实际要送礼物。他邦，别的诸侯国。

②再拜而送之，朱熹集注："拜送使者，如亲见之，敬也。"谓向受托的人再拜送行，就像向问讯的人表示敬意。

★朱熹将本节与下"康子馈药"合为一节，曰"此一节记孔子与人交之诚意。"两节内容实不同，"问人于他邦，再拜而送之"，是经常作法，"康子馈药，拜而受之"，是特殊事情，不应合为一节。

【10.12】
康子馈药，拜而受之①。曰："丘未达，不敢尝。②"

①康子，即季康子。已见《为政》篇。馈，赠送。

②"丘未达，不敢尝"，谓我还没有了解药性，故不敢尝。朱熹集注引杨氏曰："大夫有赐，拜而受之，礼也。未达不敢尝，谨疾也。必告之，直也。"

【10.13】
厩焚。子退朝，曰："伤人乎？"不问马①。

①厩（jiù），马棚。焚，失火。朱熹集注："非不爱马，然恐伤人之意多，故未暇问。盖贵人贱畜，理当如此。"

★此节内容朱熹未加归纳。这条记录，在现代人看来实在没有多大意义。马棚失火了，当然会问伤没有伤人，再说问一问伤没有伤马也未尝不可。但在孔子的时代，这条记载还是有意义的。春秋时代，奴隶还大量存在，马棚里的人即所谓"皂隶牧圉"，同马棚里的马，在那些王公贵人眼里，未必有多大差别。一匹名马的价值甚至远高于皂隶。而孔子问的正是他们。"仁者爱人"，不只是一般的"贵人贱畜"而已。

《乡党》篇主要记录孔子通常的生活习惯与礼仪，"康子馈药"与"厩焚"，属于临时发生的个别事件，与前后节内容都无关，是特殊的两节。按体例，不应编在《乡党》篇。

【10.14】
君赐食，必正席先尝之。君赐腥，必熟而荐之。君赐生，必畜之①。
侍食于君，君祭，先饭②。
疾，君视之，东首，加朝服，拖绅③。
君命召，不俟驾行矣④。

①"君赐食"条，朱熹集注："正席先尝，如对君也。言先尝，则余皆以颁赐矣。腥，生肉。熟而荐之祖考，荣君赐也。畜之者，仁君之惠，无故不杀也。"食，指熟食。腥，指生肉。荐，刘宝楠正义："凡祭，进熟食曰荐。"生，活的牲畜。畜，畜养。

②"侍食于君，君祭先饭"，朱熹集注："《周礼》：'王日一举。膳夫授祭品，尝食，王乃食。'故侍食者，君祭则己不祭而先饭，若为君尝食然，不敢当客礼也。"朱注谓按周礼，王每吃一顿饭，由膳夫进食，先尝一尝，表示饮食是安全的，之后王才进食。孔子侍国君进食，当国君祭祀时，自己不祭，先吃饭，就像膳夫一样先尝，且表示自己不敢当客礼。引语见《周礼·天官冢宰·膳夫》。

③疾，患病。君视之，国君来探视。东首，首朝东面对国君。加朝服拖绅，朱熹集注："病卧不能著衣束带，又不可以亵服见君，故加朝服于身，又引大带于上也。"绅，束腰的大带。

④"君命召，不俟驾行矣"，国君召见，来不及驾车立即走去。朱熹集注："急趋君命行出，而驾车随之。"

★朱熹注："此一节记孔子事君之礼。"

【10.15】
入太庙，每事问①。

①节重出，已见《八佾》篇。

【10.16】
朋友死，无所归。曰："于我殡。①"
朋友之馈，虽车马，非祭肉，不拜②。

①殡，殡葬。无所归，此必贫寒朋友，死无所归。于我殡，由我来料理殡葬。

②"朋友之馈"四句，朱熹集注："朋友有通财之义，故虽车马之重不拜。祭肉则拜，敬其祖考同于己亲也。"

★朱熹注："此一节记孔子交朋友之义。"

【10.17】
寝不尸，居不客①。

①寝不尸，谓睡觉不像死尸一样挺着。居不客，何晏集解本、朱熹集注本并作"居不容"，此从唐石经与陆德明《释文》。谓平时家居不像作客一样，比较随意和舒。阮元校勘引段玉裁说："居不客者，嫌其主之类于宾也；寝不尸者，恶其生之同于死也。"

★居不容，谓居家可以随便，不讲容仪。这话不正确，居家也应讲容仪，与外出只是程度上的差别，不能完全不讲。居家不像做客一样则完全正确。故应从唐石经作"居不客"，段玉裁的解释甚为合理。

因"居不客"朱熹本作"居不容"，故朱氏将此二句归入下文"记孔子容貌之变"一节。校定为"居不客"则不属于"容貌之变"，故单列一节。

【10.18】
见齐衰者，虽狎，必变①。
见冕者与瞽者，虽亵，必以貌②。
[见]凶服者式之，式负版者③。

有盛馔，必变色而作④。

迅雷风烈必变⑤。

①齐衰（zī cuī），丧服。参见《子罕》篇"子见齐衰者"章注。狎，相亲密者。变，变色，谓表情严肃。

②冕，贵族戴的礼帽。邢昺疏，"大夫冠也"。（应不限于大夫。）亵，平日亲昵者。必以貌，必以礼貌相待。以上两条与《子罕》篇"子见齐衰章"内容相同。

③"凶服"二句，何晏集解引孔安国曰："凶服，送死之衣物。负版者，持邦国之图籍。""凶服"之前应有"见"字。邢昺疏："式者，车上之横木。男子立乘，有所敬，则俯而冯式，遂以式为敬名。言孔子乘车之时，见送死之衣服、见持邦国之图籍者，皆冯式而敬之也。"冯，通"凭"，靠着。《礼记·檀弓下》："孔子过泰山侧，有妇人哭于墓者而哀，夫子式而听之。"凭式而敬之，凭式而听之，都表示出一种严肃的神情。

④盛馔（zhuàn），丰盛的菜肴。邢昺疏："作，起也。谓人设盛馔待己，己必改容而起，敬主人之亲馈也。"

⑤迅雷风烈必变，朱熹集注："迅，疾也。烈，猛也。必变者，所以敬天之怒。《记》曰：若有疾风迅雷甚雨则必变，虽夜必兴，衣服冠而坐。"引语见《礼记·玉藻》。

★朱熹注："此一节记孔子容貌之变。"

【10.19】

升车，必正立，执绥①。

车中，不内顾，不疾言，不亲指②。

①绥，手挽着上车的绳索。执绥，紧拉着车索。

②不内顾，不向后回顾。不疾言，不大声说话。不亲指，有车夫驾车，自己不指指点点。

★朱熹注："此一节记孔子升车之容。"

《乡党》是《论语》中内容独特的一篇。除中间插入"康子馈药""厩焚"两节与最后"色斯举矣"记述孔子旅途中的一件逸事外，全篇系记述孔子的日常生活习惯与待人待事的礼仪。开头主语"孔子"统贯全篇。

《述而》篇中有几章也是记述孔子平居生活内容的。如第四章"子之燕居，申申如也，夭夭如也"、第九章"子食于有丧者之侧，未尝饱也"、第十章"子于是日哭，则不歌"、第二十七章"子钓而不纲，弋不射宿"，按体例也应编入《乡党》篇。

【10.20】

色斯举矣，翔而后集。[子]曰："山梁雌雉，时哉时哉！"子路共之，三嗅而作。

★说"色斯举矣"章———

"色斯举矣"，何晏集解引马融曰："见颜色不善则去之。""翔而后集"，何晏集解引周曰："回翔审观而后下止。"邢昺疏："此言孔子审去就也。谓孔子所处，见颜色不善，则于斯举动而去之。将所依就，则必回翔审观而下止。此翔而后集一句，以飞鸟喻也。"朱熹注："言鸟见人之颜色不善则飞去，回翔审视而后下止。人之见机而作，审择所处，亦当知此。然上下必有缺文。"

"[子]曰：'山梁雌雉，时哉！时哉！'子路共之，三嗅而作。"何晏集解："言山梁雌雉得其时，而人不得其时，故叹之。子路以其时物故共具之。非其本意不苟食,故三嗅而作。作,起也。"邢昺疏:"梁,桥也。共,具也。嗅,谓鼻歆其气。作,起也。孔子行于山梁,见雌雄饮啄得所,故叹曰:此山梁雌雄,得其时哉!而人不得其时也。子路失指,以为夫子云时哉者,言是时物也,故取而共具之。孔子以非己本意,义不苟食,又不可逆子路之情,故但三嗅其气而起也。"

这些注释有的近乎猜谜,简直不知所云;有的说得煞有介事,实不乏望文附会。兹取前人训解合理者并加以补充,综合疏解如下:

(一)色,《周礼·保章氏》"五云之物"郑玄注:"物,色也。"《犬人》"用牷物",郑司农注:"物,色也。"《周礼·小宗伯》"辨其名物"、《龟人》"各有名物"、"各以其物",贾公彦疏:"物,色也。""物色"连文,色亦物也。物色,色物,为形貌之意,引申有物品之义。"色斯举矣"之色,物也。由下文可知,文中"物"指一只鸟,。

(二)举,《吕氏春秋·论威》"兔起凫举"高诱注:"举,飞也。"《文选·西京赋》"鸟不暇举"薛综注:"举,飞也。"色斯举矣,就是发现一物突然飞了起来。

(三)翔而后集,用邢疏:那鸟"回翔审视而下止"。

(四)原文"曰"上脱"子"字。

(五)"山梁"即山脊,非指桥梁。屋脊架木曰屋梁,山脊有如屋脊故曰山梁。《汉乐府·雉子斑》"雉子斑如此,之于雉梁",与"山梁雌雄"所指正同。雉,野鸡。

(六)时,是也,亦此也。汉语"此、彼"常相通,故"时哉"可译为"这里",也可译为"那里"。

(七)子路共之,《艺文类聚·鸟部》《太平御览·羽族》并引作"子路拱之"。《尔雅·释诂》:"拱,执也。"此指捕捉。子路拱之,是子路去捕捉那只野鸡,并非子路为孔子供具。《吕氏春秋·审己》"子路揜雉而复释之",揜,捕捉。亦可证"子路拱之"指子路去捕捉那只野鸡。

(八)三嗅而作。三是虚数,表连续多次。刘宝楠引刘聘君曰:

"嗅当作狊，古阒反，张两翼也。"盖"狊"（音句 jú）形误作"臭"，俗又写作"嗅"。《尔雅·释兽》"兽曰衅，人曰挢，鱼曰须，鸟曰狊。"注："（狊），张两翅。"狊是鸟张两翼飞走之貌。作，起也，飞走。原文应作"三狊而作"，指那野鸡连连地张着翅膀飞走了。

理清了词义，全章即可贯通，说的是：

（有一次孔子同子路外出。）路旁一个东西突然飞起，回旋一阵又落了下来。孔子（高兴地）叫道："山梁上一只雌野鸡！在那里！在那里！"子路飞跑过去抓它，那野鸡迅速地张着翅膀飞走了。

本章记述了一个偶然的生活场面，间接表现了孔子师生和谐融洽的关系，甚至带有几分天真。孔夫子并不是老是道貌岸然，他同别人一样有着生活的情趣。这是《论语》里难得有的记录，因而非常宝贵。同什么孔子"审去就也"，"此人不得其时也"，子路供具而孔子不吃，"三嗅其气而起也"，都毫不相干。

本章与各章性质都不同，编者特地编在全篇的末了。由于文辞简略拙涩，很不顺畅，以致长期使注家不知所措。

先进第十一

本篇凡二十七章

【11.1】

子曰:"先进于礼乐,野人也;后进于礼乐,君子也。如用之,则吾从先进。①"

①进,指从事学习。野人,普通人,来自下层的人。君子,贵族,出身贵族的子弟。刘宝楠引宋氏翔凤"发微":"谓先进为士民有德者,登进为卿大夫自野升朝之人。后进谓诸侯卿大夫,皆世爵禄,生而富贵,以为民上,是谓君子。"从,《广雅·释诂一》:"从,使也。"使,亦用也。来自下层的人,不容易出仕为官,总是先学习而后遇机会出仕;这种人比较小心谨慎,忠于职守。贵族子弟大多承袭先人职位,年轻即可做官。孔子之意,谓先学习礼乐而做官的是那些来自下层的人,先出仕后来才学习礼乐的是卿大夫的子弟。孔子谓如用人,我宁可用先学礼乐来自下层的人。(本章文字颇难索解,前人解释极为分歧。兹采用刘宝楠正义而参以己意,然未敢以为是也。)

【11.2】

子曰:"从我于陈蔡者①,皆不及门也!②"

①从我于陈蔡者,指鲁哀公四年(前491)孔子厄于陈蔡之间相从之弟子。参见后《卫灵公》篇"在陈绝粮"章(15.2)注。陈,诸侯国名。周武王封虞舜后人妫满于陈。陈都宛丘,今河南淮阳县。陈湣公二十四年(鲁哀公十六年,前479)为楚所灭。见《史记·陈杞世家》。蔡,诸侯国名。周武王封弟叔鲜于管,封弟叔度于蔡。武王死,成王立。管叔蔡叔联合商纣之子武庚作乱。周公东征,杀武庚与管叔,流放蔡叔。蔡叔死后,成王复封蔡叔子胡于蔡。蔡国在今河南上蔡、新蔡等地。陈灭亡后三十三年,蔡亦为楚所灭。见《史记·管蔡世家》。

②不及门也,谓而今皆不在门下。朱熹集注:"孔子尝厄于陈蔡之间,弟子多从之者,此时皆不在门,故孔子思之;盖不忘相从于患难之中也。"也,犹"矣"。

★《史记·孔子世家》:鲁哀公四年,"吴伐陈,楚救陈,军于城父。闻孔子在陈蔡之间,楚使人聘孔子。孔子将往拜礼,陈蔡大夫谋曰:'孔子贤者,所刺讥皆中诸侯之疾。今者久留陈蔡之间,诸大夫所设行皆非仲尼之意。今楚,大国也,来聘孔子。孔子用于楚,则陈蔡用事大夫危矣。'于此乃相与发徒役围孔子于野,不得行,绝粮,从者病,莫能兴。孔子讲诵弦歌不衰。"后孔子使子贡使楚,"楚昭王兴师迎孔子,然后得免"。孔子于鲁定公十四年(前496)离开鲁国,在流连国外十三年间,曾四次受困。定公十四年孔子在卫国居十月,去卫适陈,被匡人围困。鲁定公十五年(前495),去曹适宋,宋司马桓魋欲杀孔子。鲁哀公二年(493)孔子去陈过蒲,蒲人止孔子。哀公四年(前491)厄于陈蔡之间,为时最久。《孔子世家》中叙述此次被围文字亦最多，其中有与子路、子贡、颜渊多人对话。是年孔子六十一岁。故孔子回忆此次围困，感慨良深。参见《卫灵公》篇"在陈绝粮"章（15.2）注。

【11.3】
德行：颜渊、闵子骞、冉伯牛、仲弓。言语：宰我、子贡。政事：冉有、季路。文学：子游、子夏①。

①德行，道德品行。文学，诗书礼乐等文献。颜渊，即颜回。闵子骞，即闵损。冉伯牛，即冉耕。仲弓，即冉雍。宰我，即宰予。子贡，即端木赐。冉有，即冉求。季路，即仲由。子游，即言偃。子夏，即卜商。

★此非孔子之言，系他人所记，极不全面，也并不准确。所列十人虽然重要，但孔门弟子中重要者并非只是十人。如曾参、有若，并不在此十人之下。如原宪字子思，颛孙师字子张，宓不齐字子贱，樊须字子迟等，也都是高足。弟子们各有所长是可能的，但不可能用四个方面截然分开。朱熹将本章与上一章连成一章，尤为不妥。

【11.4】
子曰："回也非助我者也，于吾言无所不说。①"

①非助我者也，貌似批评，实际是非常满意的话。说，同"悦"。朱熹集注："其辞若有憾焉，其实乃深喜之。"

【11.5】
子曰："孝哉闵子骞，人不间于其父母昆弟之言。①"

①何晏集解引陈群曰："言子骞上事父母，下顺兄弟，动静尽善，故人不得有非间之言。" 间（jiàn），间隙。不得有非间之言，谓闵子骞父母兄弟对他的称赞，人们都不怀疑，无任何间隙。

★孔子对弟子一律称名，本章对闵损却称字，这是极少的例外。刘宝楠解释说："闵子称字者，夫子述时人所称也。"

【11.6】
南容三复白圭，孔子以其兄之子妻之。

★《公冶长》篇云，子谓南容："邦有道，不废；邦无道，免于刑戮。"南容何以能够如此，本章提供了答案，就在于南容极其慎重，故"孔子以其兄之子妻之"。同一内容，两位记录者分记成了两章。参见《公冶长》篇"子谓南容"章（5.2）星评。

【11.7】
季康子问："弟子孰为好学？"孔子对曰："有颜回者好学，不幸短命死矣！今也则亡。①"

①季康子，见《为政》篇"季康子问"章（2.20）注。弟子孰为好学，《雍也》篇鲁哀公问过同样的问题，孔子作了同样的回答，繁简小有不同。参见该章（6.3）注。

【11.8】
颜渊死①，颜路请子之车以为之椁②。子曰："才不才，

亦各言其子也。鲤也死，有棺而无椁③。吾不徒行以为之椁。以吾从大夫之后，不可徒行也。④"

①颜渊死，《孔子世家》："鲁哀公十四年（前481）颜渊死。"《仲尼弟子列传》谓颜回"年二十九髪尽白，蚤死"。蚤，通"早"。《史记》索隐引《家语》颜回"三十二而死"。颜回死时实四十二岁，"三十二"为"四十二"之误。与孔子相对而言，仍可谓之"早死"。参见《为政》篇"吾与回言终日"章（2.9）注。

②颜路，即颜无繇。《仲尼弟子列传》："颜无繇，字路。路者，颜回父，父子尝各异时事孔子。"椁（guǒ），古代贵族的葬具"内棺外椁"，即里面的一重叫棺，外加一重加椁。颜回死了，颜路请求用孔子的车为椁。何晏集解引孔安国曰："（颜路）家贫，欲请孔子之车卖以为椁。"可能是将车改制成为椁。

③言，念也。鲤也死：鲤，孔子的儿子。《史记·孔子世家》："孔子生鲤，字伯鱼。伯鱼年五十，先孔子死。""才不才"四句：孔子说，有才也好，无才也好，每个人都痛惜自己的儿子。我的儿子死了就有棺而无椁。意思是说，尽管我的儿子不像颜回那样有才，毕竟是我的儿子，他死就没有用椁。

④以吾从大夫之后，《孔子世家》："定公以孔子为中都宰，一年，四方皆则之。由中都宰为司空，由司空为大司寇。"其时在定公九年。"定公十四年，孔子年五十六，由大司寇行摄相事。"所谓"以吾从大夫之后"，是一句表面自谦而实际表明自己的地位，意谓我也曾在大夫的行列，不能徒步而行，因此车不能给颜回为椁。

★（一）《史记》索隐引《家语》："孔子年十九，娶宋之开官氏之女，一岁而生伯鱼。"可知生伯鱼之时孔子年二十。时在鲁昭公十年（前532）。"伯鱼年五十，先孔子死"，时孔子年七十。其时当鲁哀公十三年（前482）。下一年即鲁哀公十四年（前481）颜回死时，伯鱼去世还不久，孔子馀痛尚在，故当颜路请求用孔子之车为椁时，他立即想到了自己的儿子"有棺而无椁"，并且伤心地说："才不才，亦各言其子也。"

又，《史记》索隐引《家语》曰：颜回"三十二而死"，"校其年，则颜回死时孔子年六十一。然则伯鱼死时，孔子且七十也。今此为颜回先伯鱼死，而《论语》曰颜回死，颜路请子之车，孔子曰'鲤也死，有棺而无椁'，或为设事之辞。"王肃《家语》的解释极为荒谬。第一，颜回"少孔子三十岁"，鲁哀公十四年前（前481）"颜渊死"，则死时年四十二。《家语》谓"三十二而死"，少算了十年。第二，由于计算错误，就说时"孔子年六十一"。孔子年六十一为鲁哀公四年（前491）。是年孔子与颜回等弟子正前往楚国，厄于陈蔡之间，王肃竟说颜回那年死了，让他早死了十年。第三，说"颜回先伯鱼死"，"颜路请子之车，孔子曰'鲤也死有棺而无椁'，或为设事之辞"。如果儿子明明活着，却说将来我儿子死了，也"有棺而无椁"，世界上哪会有这样的"设事之辞"？哪会有这样的父亲？而且他说还是孔夫子呢！

（二）"亦各言其子也"，注家多不训"言"字，注疏或翻译都含糊过去。按，"言"之为言念也。心有所思而口出声曰念。《法言·问神》："言，心声也。"《释名·释书契》："言，言其意也。"是"言、念"义通。句中"言"，思念也；引而伸之为痛惜、痛心之意。"亦各言其子也"，犹言亦各念其子也。颜路请求孔子的车为颜渊作葬具，孔子不肯，说我的儿子死了我都不用车为椁，自然也不能给颜渊。尽管你的儿子有才，我的儿子不才，但谁都是痛心自己的儿子的。

（三）仲由，字子路；由，行也：取行须在道路或行须走大路之意。颜无繇，也字路。颜无繇之"繇"，同"由"；名"无由（繇）"而字"路"，如何理解？按，"无繇（由）"之"无"为助词无义。《史记》索隐引《家语》云："颜由，字路。"则与"仲由，字子路"，实完全相同。

【11.9】
颜渊死,子曰:"噫!天丧予!天丧予!①"

【11.10】
颜渊死,子哭之恸②。从者曰:"子恸矣!③"
曰:"有恸乎?非夫人之为恸而谁为?④"

①噫,伤痛之声。天丧予,谓颜回之死,是天要我的命。
②恸,极其悲痛。
③子恸矣,谓夫子你太悲痛了。
④"有恸乎"二句,谓我太悲痛吗,不为这样的人悲痛还能为谁呢!

★上两章内容紧密相关,记录者分记成了两章;应该就是一章:

  颜渊死,子曰:"噫!天丧予!天丧予!"
  子哭之恸。从者曰:"子恸矣!"
  曰:"有恸乎?非夫人之为恸而谁为?"

【11.11】
颜渊死,门人欲厚葬之①。子曰:"不可。"门人厚葬之。子曰:"回也视予犹父也,予不得视犹子也。非我也,夫二三子也。②"

①厚葬，丰厚地安葬。朱熹集注："丧具称家之有无，贫而厚葬，不循理，故夫子止之。"

②"回也视予犹父"四句：犹，若也，如也。孔子谓颜回待我如父亲，而我却未能待他如儿子。因孔子的儿子薄葬，而颜回厚葬，所以这样说。孔子说，这不是我要这样，是弟子们办的。

【11.12】

季路问事鬼神①。子曰："未能事人，焉能事鬼？②"
曰："敢问死③。"曰："未知生，焉知死？④"

①季路，即子路。问事鬼神，问如何对待鬼神。
②"未能事人"二句，言人的事尚未能办好，怎能过问鬼神之事。
③敢问死，问死是怎么回事。"敢问"是一种谦辞，犹言大胆地问。
④"未知生"二句，谓生的事尚不清楚，怎么知道死的事。

★孔子的学说在于探讨实实在在的社会人生，不愿过问深微莫测的死生命运之谜。本章可与"夫子之言性命与天道不可得而闻也"合读。

《说苑·辨物》："子贡问孔子死人有知无知也。孔子曰：'吾欲言死者有知也，恐孝子顺孙妨生以送死也；欲言无知，恐不孝子孙弃不葬也。赐欲知死人有知将无知也，死徐自知之犹未晚也。'"这不太可能是孔子的话，但说得相当幽默。你想知道死人有知还是无知，你自己死了慢慢就会知道，到那时知道还不晚。（"恐孝子顺孙妨生以送死也"，妨，伤也，害也。如果孝子顺孙知道死者有知，恐怕他们伤害自己的生命以从死者。）

【11.13】

闵子侍侧,訚訚如也;子路,行行如也;冉有、子贡,侃侃如也①。子乐。[曰]:"若由也,不得其死然。②"

①闵子,闵子骞。"侍侧"二字,实总括闵子、子路、冉有、子贡四人。訚訚(yín)如也,恭敬而严正之貌。侃侃如也,和乐之貌。参见《乡党》篇"朝与下大夫言"一节(10.2)注。行行如也,何晏集解引郑玄曰,"刚强之貌"。

②子乐"之后,似漏"曰"字。"若由也"二句,谓像仲由这样,将来恐不得好死。

★(一)一章书涉闵子骞、子路、冉有、子贡四人,三人称其字,唯闵子骞独称闵子。记此文者必系子骞弟子,故对其师独用尊称。

(二)《论语》的记录是研究孔子最真实的资料,然所记也可能有不真实之处。孔子曰:"若由也,不得其死然。"弟子们侍侧,和乐融融。明明说"子乐",何以又突然冒出一句这样近似诅咒的话来。《论语》中子路与孔子相伴的场次特多,孔子做什么事都离不开子路,却又总看不上眼,总要说两句难堪的话,这是《论语》中最不谐调的声音。友人储庭焕曰:"本章原文并无'曰'字,'若由也不得其死然',似是他人硬加上去的。朱熹集注引尹氏曰:'子路刚强,有不得其死之理,故因以戒之。其后子路死于孔悝之难。'鲁哀公十四年,(前481),子路死于卫蒯聩之乱,好像孔子预见得绝对准确。这很可能由子路后来的结局,编书者给孔子虚构一句预言。其实孔子并非未卜先知,未必就真那么神秘,那么高绝。"

【11.14】

鲁人为长府①。闵子骞曰:"仍旧贯如之何?何必改作?②"子曰："夫人不言，言必有中。③"

①为长府，何晏集解引郑玄曰："长府，藏名，藏财货曰府。为，盖改作之。"藏，仓库。

②"仍旧贯"二句，何晏集解引郑玄曰："仍，因也。贯，事也。"意谓仍保持原样怎么样？何必劳民伤财去改作呢。

③夫，音扶（fú）。夫人，此人，指闵子骞。中，读去声（zhòng），中肯，合理。意谓此人不言则已，言必中肯。

【11.15】
子曰："由之瑟奚为于丘之门！①"

①瑟，弦乐器名。汉应劭《风俗通》引《黄帝书》："泰帝使素女鼓瑟而悲，帝禁不止，故破其瑟为二十五弦。"后世瑟二十五弦，弦各有柱，可上下移动以定声音的高低清浊。奚，何也。子路弹瑟，孔子说子路的瑟何必到我这儿来弹呢？弹瑟需要性情温文尔雅，子路性刚，瑟弹得不中听，故孔子这样批评。

【11.16】
门人不敬子路。子曰："由也升堂矣，未入于室也。①"

①门人，孔子的弟子。堂，堂屋。室，内室。升堂、入室，比喻修养学问的两个层次。朱熹集注："升堂、入室，喻入道之次第，言子路之学，已造乎正大高明之域，特未深入精微之奥耳。"

★ "由之瑟"章与"门人不敬子路"从来作为一章，谓孔子说了"由之瑟奚为于丘之门"，于此"门人不敬子路"。一句话即产生如此严重的后果，未免太过分，孔子的门人不致如此世故。子路琴技如何与子路其人如何，是两码事，不能混为一谈，故应分为两章。子路性格过于刚强，某个时候门人不敬子路，孔子为他作点解释。单作一章，要好理解得多，也更为自然。

【11.17】
子贡问："师与商也孰贤？①"
子曰："师也过，商也不及。②"
曰："然则师愈与？③"
子曰："过犹不及。④"

①师，即颛孙师，字子张。商，即卜商，字子夏。孰贤，谁更贤明。
②过、不及，指的是他们的思维方式与处事风格。过，总要过一点；不及，总要差一点。
③然则师愈与，那么颛孙师要强些吧。
④犹不及，过与不及是一样的缺点。

★是否"师也过，商也不及"，并不重要；重要的在于"过犹不及"这句千古名言。矫枉过正，往往把事情办坏，甚至造成灾难。

【11.18】
季氏富于周公①，而求也为之聚敛而附益之②。
子曰："非吾徒也。小子鸣鼓而攻之可也。③"

①季氏，冉有为"季氏宰"之季氏为季康子。周公，何晏集解引孔安国曰："周公，天子之宰卿士。"周初，周公旦封于鲁，通常说周

公即指周公旦。原来周公旦封鲁之后，其长子嗣为鲁君，其次子官于王朝为卿士，而且世世相承。本章"周公"即指周公旦后裔在朝之卿士，并非指周公旦。按，西周凡周公旦后裔在朝之卿士称周公，召公奭后裔在朝之卿士称召公。《史记·周本纪》"召公、周公二相行政，号曰共和"，此召公、周公即指召公奭、周公旦之后裔。富于周公，财富过于周公。《左传·哀公十一年》："季氏欲以田赋，使冉有访诸仲尼。仲尼曰：'丘不识也。'"实际仲尼反对，主张"施取其厚，事举其中，敛从其薄"，并指责季氏"贪冒无厌，则虽以田赋，将又不足"。哀公十二年："十二年春，王正月，用田赋。"可知季氏不断变换赋税形式，加重对人民的剥削，聚敛财富，故"富于周公"。

②求也为之聚敛而附益之，冉求为季氏宰，帮助季氏搜括人民，聚敛财富。附益，增益，增加。

③非吾徒也，不是我们这种人。小子，指其弟子。鸣鼓而攻之，敲起鼓来对他进行攻击。这是非常气愤的话。——本章所述，是哀公十一年（前484）孔子返回鲁国以后发生的事。

【11.19】

柴也愚，参也鲁，师也辟，由也喭①。

①柴，即高柴（前521—?）。《仲尼弟子列传》："高柴，字子羔，少孔子三十岁。"集解引郑玄曰："卫人。"愚，愚笨。参（shēn），曾参字子舆。鲁，迟钝。师，颛孙师字子张。辟，《大学》"人之所亲爱而辟焉"，朱熹章句："辟，犹偏也。"谓偏激，片面。由，仲由字子路。喭（yàn），粗莽。皇侃疏引王弼云："刚猛也。"朱熹集注："粗俗也。"

★说"柴也愚"章——

本章评论孔子的四位弟子,古代注家将此四句与下一章孔子评论颜回端木赐合为一章,邢昺疏"此章历评六弟子之德行中失也。"(中失,犹得失。)按,合为一章极为不妥。第一,对高柴、曾参、颛孙师、仲由的评论,原文并没有标明是孔子说的。第二,从语言结构与语言风格来看,前后两章完全不同。后面对颜回端木有一定的分析,而对前面四人只是简单地甚至是粗暴地指斥,不应是这位圣人的风格。第三,在简单粗暴地指斥的四人中并不都比后面两人差逊。特别是曾参,在孔子心目中可能不如颜回,但决不低于端木赐,决不是一个"愚"字即可了断。因此不应把两者混为一章。司马迁把两章内容全揽入《仲尼弟子列传》,但采取客观叙述的方式。在《仲尼弟子列传》中凡采取《论语》孔子的话,一般仍保持原有的"子曰"或"孔子曰",而评论颜回端木赐这一章中的"子曰"却没有了。似司马迁也感到涉及到这六位弟子的话,无法判断哪是孔子说的,哪不是孔子说的,干脆把"子曰"二字删掉,而采取客观转述的方式处理。

高柴,字子羔。《释文》:"《左传》作子羔,《家语》作子高,《礼记》作子皋,三字不同。"按,"柴"是"㹀"之借字。《说文》:"㹀(cī),羊名。"羔,小羊也;作"子羔"为是。

【11.20】

子曰:"回也其庶乎?屡空①。赐不受命,而货殖焉,亿则屡中。②"

①回,颜回。其庶乎,当时口语,犹今言差不多了,是赞美之辞。屡空,家中屡屡空乏,言甚贫穷。何晏集解:"言回庶几圣道,虽数空匮而乐在其中。"朱熹集注:"庶,近也,言近道也。屡空,数至空匮也。""言其近道,又能安贫也。"

②赐，端木赐。不受命，何晏集解："赐不受教命，惟财货是殖。"邢昺疏："唯务货财生殖蓄息也。"货殖，即经商，居积财货，经营生利。《书·仲虺之诰》"不殖货利"，伪孔传："殖，生也。"亿，通"臆"，意度，预测。屡中，常常猜中了，指经商中对行情的预测。子贡是中国最古最大的儒商。《史记·货殖列传》："子贡既学于仲尼，退而仕于卫，废著鬻财于曹鲁之间。七十子之徒，赐最为饶益。原宪不厌糟糠，匿于穷巷。子贡结驷连骑，束帛之币以聘享诸侯，所至国君无不分庭与之抗礼。"

★赐不受命，何晏解作"赐不受教命"。本章前一句表扬颜回，"屡空"而能安于贫贱，后文提到子贡参与"货殖"，与颜回对待生活的态度大不相同，孔子不太赞同，故曰"赐不受命"。朱熹集注："命，谓天命。"朱说非是。孔子罕言"命"，不会以子贡从事货殖为"不受天命"。俞樾《平议》，谓古代商贾皆由官主，而子贡"不受命于官，而自以其财市贱鬻贵，逐什一之利；是谓不受命而货殖。"俞说尤非。如果当时商业"皆由官主"，子贡又怎么可能自行其是？《史记》记管仲微时"尝与鲍叔贾，分财利多自与"。范蠡于灭吴之后，"候时转物，逐什一之利"，"致产数十万"，他们何曾"皆由官主"？

【11.21】

子张问善人之道①。子曰："不践迹，亦不入于室。②"

①善人之道，犹言善人走什么样的道路。一说，谓善人之道是什么。

②"不践迹，亦不入于室"，谓善人不踩着前人的旧迹，走自己的路，但力量有限，也就不能进入圣人之室。

★这一章很不好理解。何晏集解引孔安国曰："践，循也。言善人不但循追旧迹而已，亦少能创业，然亦不入于圣人之奥室。"邢昺疏："言善人不但循追旧迹而已，当自立功立事也。而善人好谦，亦少能创业，故亦不能入于圣人之奥室也。"原文是"不践迹"，注疏解作"不但循追旧迹而已"，与原文意思不同。孔注"亦少能创业，然亦不入于圣人之奥室"，前后句是转折关系；邢疏"亦少能创业，故亦不能入于圣人之奥室"，前后句是因果关系。一"然"一"故"，注与疏意思也不相同。

朱熹集注他自己只说了一句话："善人，质美而未学者也。"然后引程子曰："践迹，犹言循途守辙。善人虽不必践旧迹而自不为恶，然亦不能入圣人之室也。"又引张子曰："善人，欲仁而未至于学者也，欲仁虽不践成法，亦不蹈于恶，有诸己也。由不学，故无自而入于圣人之室也。"这是朱熹惯常采用的作法，当他觉得不好理解的时候，自己就不解释，请别人出面说话。程张这些说法，有什么根据，有几分符合孔子的愿意，实在无从得知。

孔广森《经学卮言》别创新说。他说："问善人之道则非问如何而可以为善人，当问善人当何以自处也。故子告以善人所行之道，当效前言往行以成其德；譬居入室，必践陈涂当户之迹而后循循然至也。"孔说得到刘宝楠大力赞同。照孔广森说，则孔子原文应作"不践迹，则不入于室"，然原文明作"不践迹，亦不入于室"，两者意思完全不同。

拙注大体按孔安国说勉为解释，未敢以为是也。

【11.22】

子曰："论笃是与，君子者乎？色庄者乎？[①]"

①笃，笃厚，笃实。与，许也，推许。色，犹言表象。庄，严正。

先进第十一 327

意谓看一个人，如果只看到他言论似乎笃实即加以推许是靠不住的，不知道他真是个君子，还是表面上装得严正。朱熹集注："但以其言论笃实而与之，则未知其为君子者乎，为色庄者乎？言未可以言貌取人也。"《卫灵公》篇，子曰："君子不以言举人"，与本章可以互参。

★本章必系对某人的评论。一定有具体的对象。然无法知其所论为谁。记录很不完整。

【11.23】

子路问："闻斯行诸？①"子曰：有父兄在，如之何其闻斯行之？②"

冉有问："闻斯行诸？"子曰："闻斯行之。③"

公西华曰："由也问闻斯行诸，子曰'有父兄在'；求也问闻斯行诸，子曰'闻斯行之'。赤也惑④，敢问？"子曰："求也退，故进之；由也兼人，故退之。⑤"

①闻斯行诸，听到（该勇为之事）就该行动吗？
②"有父兄在"二句，谓上有父兄，（要对他们负责，因此应该慎重，）怎么可能一听到就行动呢！
③闻斯行之，听到就应该行动。
④惑，疑惑，不理解。
⑤退，谦退。进之，指鼓励上进。兼人，有兼人之勇。退之，适当抑制。

★闻，闻什么？一定是针对某种应不应作的行为而言。由孔子说"有父兄在，如之何其闻斯行之"推测，那肯定相当危险或者要作出一定牺牲的行为。何晏集解引包咸曰："赈穷救乏之事。"包咸只是推测，且不准确;"赈穷救乏"只要条件允许,对父兄并无妨碍,有何不能"闻斯行之"?朱熹引张敬夫说"闻义固当勇为",比包咸所说要好,因为"义"可以指各种义。拙注基本上采用张敬夫之说,加了一些说明性的词语。勉为解释。

"求也退,故进之;由也兼人,故退之",是古代注家一致赞赏孔子因材施教的典型一例。其实很成问题。该不该"闻斯行之"要看事情的内容和性质。如果是可以"行"或者应该"行",但不行也无大干碍的事,那么"有父兄在"可以不必"闻斯行之"。如果关涉到国家民族的尊严或者广大人民的生死,也能说"有父兄在,如之何其闻斯行之"吗?

没有说明"闻"什么,是文章本身的欠缺。没有前提,不了解客观形势和具体内容,无论说"闻斯行之"或"如之何其闻斯行之"都没有根据,文章没有交代清楚。

【11.24】

子畏于匡,颜渊后。子曰:"吾以女为死矣。"曰:"子在,回何敢死?"

★子畏于匡,即鲁定公十四年(前496)孔子去卫适陈,中途被匡人围困事。详见《子罕》篇"子畏于匡"章(9.5)注。

【11.25】

季子然问:"仲由、冉求可谓大臣与?①"

子曰:"吾以子为异之问,曾由与求之问②。所谓大臣者,以道事君,不可则止。今由与求也,可谓具臣矣。③"

曰:"然则从之者与?④"

子曰:"弑父与君,亦不从也!⑤"

①季子然，人名。何晏集解引孔安国曰："子然，季氏子弟。"季子然问，仲由、冉求可以说是大臣吗。《仲尼弟子列传》："子路为季氏宰，季孙问曰：'子路可谓大臣与？'"发问者一作季孙家人，一作季孙本人，当以《论语》为是。

②子，指季子然。曾，乃也。"之"是助词，其作用是将宾语"由与求"提在动词"问"之前。"吾以子为异之问"二句：意谓我以为你是问的别人，竟然问的是仲由和冉求。

③具臣，何晏集解引孔安国曰："言备臣数而已。"孔子谓大臣须"以道事君"，做不到就应应辞职，今仲由冉求，备臣数而已；压根儿算不上大臣。

④然则从之者与，那么他们总是顺从主子的吧。

⑤亦，乃也。弑父与君亦不从也，谓如果他们的主子弑父弑君他们是不会顺从的。

★鲁国自宣公之世，即"公室卑，三桓强"（三桓为鲁桓公之后孟孙氏、叔孙氏、季孙氏）。宣公之时孔子尚未出生。在孔子一生中，鲁国都在三桓控制之下，季孙氏势力尤大。鲁昭公二十五年（前517）三家共攻昭公，昭公被迫出奔，三十二年（前510）死于晋国乾侯。晋国史臣蔡墨曾说，鲁国"政在季氏，于今四君矣"。（宣公、襄公、昭公、定公。）定公、哀公之世，季桓子、季康子相继当权。故孔子对季孙氏极为反感。鲁哀公十一年（前484）孔子自卫反鲁以后，仲由冉求为季氏宰，很有几件事使孔子不满。如季氏将伐颛臾，孔子指责冉有曰："求，无乃尔是过与！"如季氏富于周公，冉有为之聚敛，孔子曰："非吾徒也，小子鸣鼓而攻之可也！"对季子然的提问，孔子回答时带有强烈的反感情绪。"吾以子为异之问，曾由与求之问！"言外之意，他们根本不值得一问，你问的竟是他们。并明确地指斥他们不能"以道事君"。季子然问他们会不会顺从主子，决不是问他们会不会跟着主子弑父与君，而孔子竟然说"弑父与君，亦不从也"，语言极为尖锐。矛头实际是指向季氏的，颇含有警告的意思。

《雍也》篇"季康子问"章（6.8），季康子问仲由、冉求"可使从政也与"？孔子都给予充分肯定。谓"由也果，子从政乎何有？""求也艺，于从政乎何有？"本章季子然问："仲由、冉求可谓大臣与？"孔子却很不耐烦，认为他们"具臣"而已，总能算得大臣呢。《雍也》篇"季康子问"是在正常的情况下孔子对仲由冉求作的客观评价。本章季子然问时，孔子对仲由冉求的表现不满，说他们不能"以道事君"，说的是负气的话。平白无故突然提到"弑父与君，亦不从也"，那种激烈的情绪，灼然可见。

【11.26】

子路使子羔为费宰①。子曰："贼夫人之子。②"

子路曰："有民人焉，有社稷焉，何必读书，然后为学？③"子曰："是故恶夫佞者！④"

①羔，即高柴。费宰，费邑的长官。
②贼，害也。夫，读平声（fú）。贼夫人之子：害了人家的孩子。按，子路比高柴年长二十一岁，故高柴较之子路是年轻人。
③民人，人民。社稷，土神与穀神。《周礼·春官·大宗伯》"以血祭祭社稷"，郑玄注："社稷，土穀神。"《白虎通义·社稷》："人非土不立，非穀不食。""故封土立社，示有土也；稷，五穀之长，故立稷而祭之也。"历代封建王朝建国即立社稷。何晏集解引孔安国曰："言治民事神于此学习，亦学也。"子路之意，谓使子羔为费宰，让他去治理民众，祭祀神明，也是学习，何必一定要读书才算学问呢。
④恶（wù），厌恶。佞，口才。此用于贬义，犹言巧辩。如果子羔太年青，不经过学习便去任职未必恰当，但子路说的也有道理，犹

今言在实际工作中锻炼。孔子也不能说他绝对错误,就说我讨厌贫嘴利舌的人。

★子路只比孔子小九岁,性格又刚直。敢于抵触孔子。由于孔子是圣人,注释家们总是维护孔子,认为他说每一句话都绝对正确。孔子对子路实在抱有成见,对子路一言一行,总要加以指责。而子路似乎从不计较,对老师永远尊敬有加。其实孔子未必一点不错;人无完人,即使是圣人也不例外。

【11.27】

子路、曾皙、冉有、公西华侍坐①。

子曰:"以吾一日长乎尔,毋吾以也②。居则曰:'不吾知也。'如或知尔,则何以哉?③"

子路率尔而对曰④:"千乘之国,摄乎大国之间,加之以师旅,因之以饥馑;由也为之,比及三年,可使有勇,且知方也。⑤"夫子哂之⑥。

"求,尔何如?"

对曰:"方六七十,如五六十,求也为之,比及三年,可使足民;如其礼乐,以俟君子。⑦"

"赤,尔何如?"

对曰:"非曰能之,愿学焉。宗庙之事,如会同,端章甫,愿为小相焉。⑧"

"点,尔何如?"

鼓瑟希,铿尔,舍瑟而作⑨。对曰:"异乎三子者之撰。⑩"

子曰:"何伤乎⑪,亦各言其志也。"

曰:"莫春者,春服既成,冠者五六人,童子六七人,浴乎沂,风乎舞雩,咏而归。⑫"

夫子喟然叹曰:"吾与点也!⑬"

三子者出,曾皙后。曾皙曰:"夫三子者之言何如?"

子曰:"亦各言其志也已矣。"

曰:"夫子何哂由也?"

曰:"为国以礼⑭,其言不让,是故哂之。唯求则非邦也与?安见方六七十如五六十而非邦也者!唯赤则非邦也与?宗庙会同,非诸侯而何?赤也为之小,孰能为之大!⑮"

①曾皙(xī),《仲尼弟子列传》:"曾点,字皙。"何晏集解引孔安国曰:"皙,曾参父。"侍坐,陪坐。这四位弟子年龄差别很大。子路比孔子小九岁。曾皙是曾参之父,年龄不会很小。冉有比孔子小二十九岁,公西华小四十二岁。文章叙述,四人即按年龄为序。——曾点,字皙。点,黑也;皙,白也。点,污也;皙,洁也。两者相对,名与字表现为一种对立统一的观念。

②以,因,由于。一日,大概是当时的习惯语,说是"一日",实际犹言几天。一日长乎尔,犹言比你们大那么几天。尔,你;单称复指,你们。毋吾以也,朱熹集注:"勿以我年长而难言。"

③居,平居,犹平日。不吾知也,没有人了解我。何以,怎么样,指想干什么。

④率尔,朱熹集注,"轻遽之貌"。直快不假思索之貌。对曰,回答长上用"对曰"。

⑤乘(shèng),车一辆叫一乘。千乘之国,千辆兵车的国家,春秋时代一般的诸侯国。摄,皇侃疏,"迫也"。夹持之意。师旅,军队编制之名。朱熹集注:"二千五百人为师,五百人为旅。"加之以师旅,指外敌军事入侵。饥馑,饥荒。朱熹集注:"谷不熟曰饥,菜不熟曰

馑。"为，治也。比及，犹言等到。"三"是概数；三年，犹言三两年。方，何晏集解，"义方"。子路说，一个兵车千乘的诸侯国，夹持在几个大国之间，加上外敌侵犯，接着又发生饥荒，让我仲由去治理，等上两三年，即可使国民勇敢起来，而且懂得道义。

⑥哂，微笑，是那种讥诮性的微笑。

⑦方，方圆，指土地的范围。如，或也。足，朱熹集注，"富足也"。俟，等待。冉求说，方圆六七十里或五六十里的小国，让我冉求去治理。等上两三年，可使国民衣食丰足。至于礼乐教化，（我还办不到，）要等贤人君子才行。

⑧宗庙之事，即祭祀之事。如，刘宝楠正义："犹与也。"按，仍训为"或"亦可。会同，诸侯盟会。端章甫，何晏集解引郑玄曰："端，玄端也，衣玄端。冠章甫。"（玄端为礼服之名。衣玄端，即穿着玄端这种礼服。章甫是礼帽之名。冠章甫，即戴着章甫这种礼帽）。相，赞礼人员。公西华说，宗庙祭祀之事，或者诸侯盟会，我去当过小小的赞礼人员还可以。

⑨鼓瑟希，当前面的人问答之时，曾点却在弹瑟，听到孔子问他，才放缓弹瑟。铿尔，弹瑟结束时最后的音响。舍瑟，放下瑟来。作，起也。古人席地而坐，起是直起身子，不是站起。

⑩撰，何晏集解引孔安国曰："具也，为政之具。"意谓我和他们三人所具的志愿不同。

⑪何伤乎，谓谈一谈有什么害处。

⑫莫春，同"暮春"。春服，春衫。冠，读去声（guàn）。二十曰冠，冠者泛指成年人。浴，游水。沂，水名。源出山东邹县东北，西流经曲阜与洙水合，注入泗水。风，动词，吹吹风。舞雩（yú），邢昺疏："雩者，祈雨之祭名。"朱熹集注："舞雩，祭天祷雨之处。"咏而归，歌咏而回。

⑬喟然，叹息声，此为赞叹。与，许也，赞许。

⑭"为国以礼"二句，谓治理国家要讲究礼让，而子路不让。

⑮唯求则非邦也与，难道冉求说的不是为国的事吗，意即也是"为国"。与，读平声（yú）。宗庙会同，阮元校勘记谓皇侃本高丽本即作"宗庙之事如会同"，全用公西赤原话。"为国以礼"一段，邢昺疏全作孔子之语，"唯求""唯赤"二句都是孔子自己提出自己解答。朱熹则说："此亦曾晳问而夫子答也。"按，邢疏不误。孔子回答哂笑仲由的缘故以后，接着说，仲由说的是为国，难道冉求、公西赤就不是为国吗，冉求说"方六七十如五六十"怎么见得不是为国呢！公西赤说的"宗庙会同"怎么见得不是为国呢！如果公西赤只能为小相，谁又能为大相呢！如此理解，语言极其生动。按朱熹的说法，将"唯求""唯赤"二句当作曾晳提问，那曾晳就好像非常笨拙，文章也显得板滞。

★说"侍坐"章——

"侍坐"是《论语》中很有特色的一章，虽然同样是孔子同弟子的对话，但对话的人数颇多，文章篇幅也较长，结构相当完美，特别是通过每个人物的语言，相当充分地表现了各个人物的个性。一个个如闻其声，如见其形，成为一篇小具规模的散文，而不只是一段语录。

谈话由孔子开场，不似往时开口就只说道理，常常带点教训的味道，而在本章，说话缓缓悠悠，温文尔雅，而且相当谦和，显出一个慈祥师长的神态。

子路秉性刚强，"率尔而对"四个字即显示了他鲜明的性格。"千乘之国，摄乎大国之间，加以师旅，因之以饥馑"，多么危殆的局面，他竟然如此自信，三两年之内即可治理得"可使有勇，且知方也"。表现的甚至不叫自信，而是极其自负。

"夫子哂之"，仅仅四个字，更没有任何一个字作别的叙述或描写。而从后面三个人的对答中，知道这一哂对每个人都产生了影响。首先是没有人发言了，一片沉默，孔子不得不一个一个点名。

第一个被点名的是冉求。冉求是很有政事才能的，现在他何等小心。子路一开口就说他可以治好一个处境危难的"千乘之国",冉求却说他只能对付一个"方六七十如五六十"的小地方,使他们生活过得去,"如其礼乐,以俟君子",同子路的远大志向形成强烈对比;其实冉有的政治才能甚至军事才能都不下于子路。

公西华最年轻,也更加慎重,甚至有点战战兢兢,还没有谈想做什么,先申明"非曰能之,愿学焉"。学干什么呢,不过是做个小小的赞礼。

曾晳年长,他胸有成竹,当前面的人对话时,他却在从容地弹瑟,好像没回事,其实每一句他都认真听了,心里还一直在想夫子那一哂。他可不想到这个战乱纷纭的世界去显什么身手,所以他一点心理负担也没有,说出来无非是要过一种清闲淡雅的生活。"莫春者,春服既成,冠者五六人,童子六七人,浴乎沂,风乎舞雩,咏而归",自由自在,岁月优游,简直像诗一样的美。他当即就赢得了孔子的赞许。

曾晳是否真正跳出三界外,一点也不关世务?绝对不是,对前面三个人谈的志愿,他一直在思考,究竟哪样做好。所以他特地留到后面,向孔子请教。他注意到了孔子那一哂,很想了解子路到底对不对。

这一回孔子倒没有否定子路,他之所以"哂之",仅仅是因为子路"其言不让",对于子路治国的能力没有怀疑。《公冶长》篇孔子答孟武伯问就说子路"千乘之国,可使治其赋也"。然后孔子还对冉有公西华的答对进行了点评。冉有自己说"方六七十,如五六十,求也为之,比及三年,可使足民"。孔子答孟武伯,也说过冉求"千室之邑,百乘之家,可使为之宰也"。公西华如此小心谨慎,自认没有多大能力,孔子却肯定了他的才能。同样是答孟武伯,孔子就说公西华"束带立于朝,可使与宾客言也"。与本章对这几位弟子的评价都一致。

文章对每个人叙述性的话都不多,作者对曾晳有几句描写,再就是对子路用了"率尔"两个字,除此再没有叙述性或形容性文字,全通过各人的语言表现有各自的个性,神情。子路的率直,冉有的小心谨慎,公西华甚至有些诚惶诚恐,曾晳的从容不迫而实冷静深思,特别是孔子的谦和沉稳,全局在胸,都无不生动真实,跃然纸上。文学创作,对如何用人物的语言来表现人物的个性,都未尝不可以从中得到启发。

颜渊第十二

本篇共二十四章

【12.1】
颜渊问仁①。子曰:"克己复礼为仁②。一日克己复礼,天下归仁焉③。为仁由己,而由人乎哉?④"

颜渊曰:"请问其目。⑤"

子曰:"非礼勿视,非礼勿听,非礼勿言,非礼勿动。"

颜渊曰:"回虽不敏,请事斯语矣。⑥"

①问仁,谓如何才能做到仁,即如何才具有仁的修养。
②克己复礼,何晏集解引马融曰:"克己,约身。"又引孔安国曰:"复,反也。身能反礼,则为仁矣。"克己,克制自己,约束自己。《子罕》篇,颜渊谓夫子"博我以文,约我以礼","复礼"即"约我以礼",亦即用礼来约束自己。"克己"必须"复礼","复礼"才能"克己"。
③天下归仁,天下称之为仁。
④"为仁由己,而由人乎哉",同《述而》篇"仁远乎哉,我欲

仁斯仁至矣",句意相近。

⑤目,细目。"克己复礼"是总纲,下文"非礼勿视"四句即为细目。

⑥不敏,不聪敏,亦即迟钝,自谦之辞。事,奉行,实行。

【12.2】

仲弓问仁①。子曰:"出门如见大宾,使民如承大祭②。己所不欲,勿施于人③。在邦无怨,在家无怨。④"

仲弓曰:"雍虽不敏,请事斯语矣。"

①仲弓,即弟子冉雍。

②大宾,犹言贵宾。大祭,重大的祭祀。二句谓无论自身出门或役使民众,皆严谨诚敬。邢昺疏:"为仁之道,莫尚乎敬也。大宾,公侯之宾也;大祭,禘郊之属也。"

③"己所勿欲,勿施于人",谓自己不愿承受的事物,也不要加之于他人。

④"在邦无怨,在家无怨",无论在邦在家,都谓在仕宦之中。怨,仇也,仇怨。无怨。谓推己及人,待人诚敬,故无仇怨。

★《左传·昭公十二年》:"仲尼曰:古也有志,克己复礼,仁也。"则"克己复礼",系引用古代成语。古语只是源头,孔子作了具体的解释。在《论语》书中对"仁"的论述极其丰富。任何重大理论,都是先有诸多萌发,而后大匠出而集其大成。正如先有溪流河渠,而后汇成大江。孔子之"仁"学,也是总结前人而集其大成者。

又,《左传·僖公三十三年》晋臼季曰:"臣闻之,出门如宾,承事如祭,仁之则也。"则"出门如见大宾,使民如承大祭",亦原自臼季之言。但臼季说的"出门如宾"是自己如宾,孔子"出门如见大

颜渊第十二 339

宾"是如见外头的大宾。白季"承事如祭"的"承事"系泛指，孔子则特指"使民"；两者内容有所不同。

翟灝《四书考异》引《管子·小问》引语有"非其所欲，勿施于人，仁也"，翟灝与刘宝楠亦以为系古语，则未必是。管子其人固早于孔子，而《管子》其书则晚于《论语》，系战国后期或秦汉间人所作。"己所不欲，勿施于人"，只能是《小问》作者袭用《论语》，而非孔子引自古人。

"在邦无怨，在家无怨"，邢昺疏："言既敬且恕，若在邦为诸侯，必无人怨，在家为卿大夫亦无怨也。"刘宝楠正义："在邦，谓仕于诸侯之邦；在家，谓仕于卿大夫家也。"邢昺"为诸侯、为卿大夫"之"为"，事也，事奉之意；与刘宝楠以"仕于诸侯、仕于卿大夫"，意思相同。

又，邢昺解释"无怨"为"无人怨"是正确的。怨，仇也，即仇怨。无人怨，是说无他人怨我，即无仇怨。近人或理解为我无怨恨则甚为错误。杨伯峻先生译作"在工作岗位上不对工作有怨恨，就是不在工作岗位上也没有怨恨"即属误解。因"己所不欲，勿施于人"，以这种态度待人，故无论在邦在家都无仇怨，内容紧密相关。而自己在职还是下岗都无怨恨，与孔子论述如何待人毫无联系。

【12.3】

司马牛问仁[①]。子曰："仁者，其言也讱。[②]"

曰："其言也讱，斯谓之仁矣乎？"

子曰："为之难，言之得无讱乎？[③]"

①司马牛，即司马耕。《仲尼弟子列传》："司马耕，字子牛。"

②讱，《说文》，"顿也"。何晏集解引孔安国曰："讱，难也。"刘宝楠正义引郑注："讱，不忍言也。"可知"言也讱"，谓出言慎重之意。

③"为之难,言之得无讱乎",谓做到仁甚难,言之能不慎重吗。

【12.4】
司马牛问君子①。子问:"君子不忧不惧。②"
曰:"不忧不惧,斯谓之君子已乎?"
子曰:"内省不疚,夫何忧何惧?③"

①问君子,问怎样做一个君子,或作为君子为人如何。
②不忧不惧,无所忧虑,无所恐惧。亦即《子罕》篇,子曰:"仁者不忧,勇者不惧。"
③内省不疚,省察自己无所歉疚,即问心无愧之意。

【12.5】
司马牛忧曰:"人皆有兄弟,我独亡!①"
子夏曰:"商闻之矣:死生有命,富贵在天②。君子敬而无失,与人恭而有礼③,四海之内,皆兄弟也;君子何患乎无兄弟也?"

①亡,通"无"。
②商,子夏名商。"有命""在天",皆任其自然之意。
③敬而无失,生活中严肃而无失误。恭而有礼,待人恭敬而有礼。
④四海之内,犹言整个国家(的人)。子夏谓只要"敬而无失,与人恭而有礼",则四海之内的人皆是兄弟,君子何愁没有兄弟。

★小考司马牛——
古代注家,包括郑玄、何晏、邢昺、朱熹无例外都以为这个"问仁"、"问君子"、忧伤"人皆有兄弟我独亡"的司马牛是宋司马桓魋之弟,但解释却相当混乱。何晏集解引孔安国曰:"牛,宋人,弟子司马犁。"《史记》索隐:"孔安国亦云:'宋人,弟安子曰司马犁也。'牛是桓魋之弟,以魋为宋司马,故牛遂以司马为氏也。"朱熹将孔安国两注综合,曰:"司马牛,孔子弟子,名犁,向魋之弟。"刘宝楠表示怀疑,曰:"犁为宋桓魋弟,故曰宋人。《史记》仲尼弟子传,司马耕字子牛,是牛名耕不名犁;此注不知所本。"

鲁哀公三年(前492)孔子去曹適宋,宋司马桓魋(即向魋)曾经谋害孔子,后桓魋于宋景公三十六年(鲁哀公十四年,前481)叛乱失败。桓魋有个兄弟叫司马牛。但孔子弟子司马牛不会是桓魋之弟司马牛,两者不是同一个人。桓魋如此凶恶竟然要杀害孔子,如果其弟是孔子的学生却不加阻止,太不近人情。不过这还不能说明问题,最能说明问题的是——

第一,孔子弟子司马牛伤叹"人皆有兄弟,我独亡"。明明说他没有兄弟;而桓魋之弟司马牛兄弟甚多。桓魋之外,还有左师向巢,有子颀,有子车。郑玄解释说:"牛兄桓魋行恶,死亡无日,我为无兄弟。"邢昺疏语略同。这种曲解不能成立。即使"桓魋行恶",恶兄弟也是兄弟,不能说无兄弟,何况他有好几个兄弟,不只有"行恶"的桓魋一人。

第二,《左传》哀公十四年(前481)夏天桓魋叛乱之前,谁也不能预知其"死亡无日"。集解引孔安国曰:"牛兄桓魋将作乱,牛自宋来学,常忧惧。"此说尤为荒谬,好像是桓魋将要作乱司马牛才来从孔子就学的。桓魋叛乱失败之后"奔卫",其后又"奔齐"。作为桓魋之弟的司马牛"適齐",其后又"適吴,吴人恶之而反",走投无路,他连感叹桓魋"死亡无日"都来不及,即"死于鲁郭门之外",哪有时间、机会和心情跑到孔子门下来学习,而且诉说"人皆有兄弟,我独亡"?

第三,《史记·仲尼弟子列传》"司马耕字子牛",传仅记其"问仁""问君子",除此别无所记。如果司马牛从向魋叛乱,终"死于鲁郭门之外",司马迁不致无一字记录。

两"牛"分明不是同一个人。孔子弟子司马牛,姓司马,名耕。桓魋之弟司马牛,姓向,司马是官名。孔安国说他叫司马犁,两人姓名都不同。

【12.6】

子张问明①。子曰:"浸润之谮,肤受之愬,不行焉,可谓明也已矣②。浸润之谮,肤受之愬,不行焉,可谓远也已矣。③"

①明,心明,即见事明白。
②浸润,物受水逐渐渗透。谮(zèn),谗言,诬陷。浸润之谮,像水渗透一样渐渐侵入的谮言。何晏集解引郑玄曰:"谮人之言,如水浸润,渐以成之。"肤受,肌肤所受,喻极其急迫。愬(sù),邢昺疏,"亦谮也"。犹言诽谤,诬蔑。肤受之愬,急迫切身的诬蔑。孔子谓无论逐渐侵入的谮言,还是急迫切身的诬蔑,对你不起作用,可以说是见事明白了。
③远,见识高远。谓能做到谗言不入,诬蔑不行,不仅是见事明白,甚至可以见识高超了。

【12.7】

子贡问政①。子曰:"足食、足兵,民信之矣。②"

子贡曰:"必不得已而去,于斯三者何先?"曰:"去兵。③"

子贡曰:"必不得已而去,于斯二者何先?"曰:"去食④。自古皆有死，民无信不立。⑤"

①政，政务，指治理国家。
②足食，有充足的粮食，生活有保证。足兵，有充分的军备，安全有保证。民信之，使民信之，即取信于民。阮元校勘："皇本'民'上有'令'字。高丽本'令'作'使'。"据阮元校，原文应作"足食、足兵，使民信之"。
③斯三者，指足食，足兵，民信之。去兵，去掉军备。
④斯二者，指足食，民信之。去食，去掉粮食。
⑤民无信不立，如果民众对政府丧失信心，国家就站不住了。

★说"子贡问政"章——

本章如果只有第一段子贡问政，子曰："足食、足兵、民信之矣。"没有后面两段，反而更加完美。

第二段子贡问"于斯三者"就不妥。"足食、足兵"是为政治国经济军事两个方面的重大政务，"民信之"或"使民信之"是上述政治措施的目的和作用，不能和前二者平列。孔子回答"必不得已而去之"则"去兵"还说得过去。因为在没有外敌压境的情况下，首先要解决经济生活，只好把军事放后一点。

第三段子贡问"必不得已而去之，于斯三者何先"就没有道理。"足食"与"民信之"，前者是政治措施，后者是政治措施的目的和作用，不存在去什么的问题。如果民都死了，还有什么"信"立不立呢？

《论语》绝大多数章次孔子的论述哪怕只有几句话都周密严谨，而本章经不起推敲。何以造成这种谬误，不可理解。

【12.8】

棘子成曰①："君子质而已矣，何以文为？②"

子贡曰:"惜乎,夫子之说君子也!驷不及舌③。文犹质也,质犹文也④。虎豹之鞟犹犬羊之鞟。⑤"

①棘子成,何晏集解引郑玄曰:"旧说棘子成卫大夫。"郑玄曰"旧说",可知实不详其为何人。
②质,本质。文,文采,文饰,指礼仪等外部表现。以,用也。棘子成谓君子重在本质,何用那些外在文饰。
③夫子,指棘子成。惜乎,犹今言遗憾。谓夫子这样说君子太遗憾了。驷,四马驾的车子。舌,代指说出来的话。是说棘子成不该这样说,一言既出,驷马难追。
④"文犹质也"二句,谓本质和外在表现是一致的,不能分开。
⑤鞟(kuò),去毛的皮。此以动物的毛比喻外在表现,皮(鞟)比喻本质。如果去了毛,那么虎豹的皮与犬羊的皮就没有区别了;说明外在表现必不可少。——比喻很不准确。虎豹的皮和犬羊的皮即使去毛也还是有区别的;子贡先生大概没有解剖过动物。

★"文犹质也,质犹文也",犹所谓表象都是本质的,而本质总会表现出来。

【12.9】
哀公问于有若曰:"年饥,用不足,如之何?①"
有若对曰:"盍彻乎?②"
曰:"二,吾犹不足,如之何其彻也?③"
对曰:"百姓足,君孰与不足?百姓不足,君孰与足?④"

①年饥,年成饥荒。用不足,国家用度不够。如之何,对此怎

么办。

②盍，何不。彻，周代税制之一，即十分抽一的税率。何晏集解引郑玄曰："周法，十一而税谓之彻。"

③二，何晏集解引孔安国曰："二，谓什二而税。"即十分抽二。哀公谓我十分抽二尚不足用，怎么可能十分抽一。

④百姓，指民众。孰，何晏集解引孔安国曰："孰，谁也。"谓如果百姓用度够，君还同谁用度不够？如果百姓用度不够，君去同谁用度够？意谓只要百姓丰足，便天下太平，统治者不要过分聚敛，剥削百姓。

★饥荒年岁，鲁哀公按十分抽二的税，觉得用度不够；有若却叫他用十分抽一的税来解决问题。道理何在？饥荒年岁，统治者用十分抽二的税感到困难，老百姓无疑更加困苦。如果再加重剥削，便会天下大乱。反之，如果统治者在这种情况下适当节俭，减轻剥削，得到民心，天下便会安宁。道理就是如此。鲁哀公只考虑自己"用不足"，有若考虑的首先是"百姓足"。

【12.10】

子张问崇德辨惑①。子曰："主忠信，徙义，崇德也②。爱之欲其生，恶之欲其死。既欲其生，又欲其死，是惑也③。诚不以富，亦祇以异。④"

①崇德辨惑，尊崇道德，辨别惑乱。"崇"与"辨"相对，"德"与"惑"相对。由下文孔子的回答，知子张所问，系对待人怎样尊崇有德者，辨别惑乱者。惑乱，犹糊涂荒诞。

②"主忠信"之主，《学而》篇，郑玄注："主，亲也。"即亲近忠信之人。徙义，何晏集解引包咸曰："徙义，见义则徙意以从之。"即唯义是从。三句谓亲近忠信之人，唯有义之人是从，这就是"崇

德"。

③"爱之欲其生"五句，何晏集解引包咸曰："爱恶当有常，一欲生之，一欲死之，是心惑也。"邢昺疏："此章言人当有常德也。"即对人爱恶要有一定的原则；如果一时爱之欲其生，一时恶之欲其死，毫无原则，这就是惑乱。恶，音物（wù），憎恨。

④"诚不以富，亦祗以异"，《诗·小雅·我行其野》中诗句。诚，《诗》作"成"，两字通用。朱熹集传："虽实不以彼之富，而厌我之贫，亦祗以其新而异于故也。"原系男女婚姻之诗，指责对方变心并非由于贫富而是喜新厌旧，与本章内容不相干。程颐以为是错简。朱熹集注："旧说夫子引之以明欲其生死者，不能使之生死；如此诗所言，不足以致富，而适足以取异也。"显然朱子亦不得其解，故引用旧说，然很难说通。按，似取其反复无常之意。

【12.11】

齐景公①问政于孔子②。孔子对曰："君君，臣臣，父父，子子。③"

公曰："善哉！信如君不君，臣不臣，父不父，子不子，虽有粟，吾得而食诸？④"

①齐景公，齐国君，齐庄公异母弟，姓姜氏，名杵臼，前547到前490在位。见《史记·齐太公世家》。鲁昭公二十五年（前517），鲁国内乱，孔子适齐，时年三十五岁。

②问政，前有"子贡问政"，同是问政，由孔子对答，知所问内容不同：子贡所问，为治理国家之政；本章齐景公所问，为处理朝廷君臣关系之政。

③君君，第一个"君"是主语，国君；第二个"君"是谓语，要像个君。"臣臣、父父、子子"，照此类推。四句谓君要像君，臣要像

颜渊第十二　347

臣，父要像父，子要像子。何晏集解引孔安国曰："当此之时，陈恒制齐，君不君，臣不臣，父不父，子不子，故以此对。"

④善哉，好，对。信，诚也，真也。景公谓孔子说得好。如果真是君不像君，臣不像臣，父不像父，子不像子，即使有粮食，我能吃得着吗？时陈恒渐专齐政，景公有所感触，故善孔子之言。

★何晏集解引孔安国曰："言将危也，陈氏果灭齐。"按，齐景公与孔子对话之时，"陈恒制齐"还刚刚开始。后陈氏改为田氏，并终于夺取姜齐政权，变姜齐为田齐，是一百三十八年以后的事；孔子当时只是原则性地论述，不可能预见到那样遥远的结果。

【12.12】

子曰："片言可以折狱者①，其由也与？"子路无宿诺②。

①片言，明快果断的语言。邢昺疏："折，犹决断也。"折狱，判断狱讼。

②宿，犹先也。子路承诺了就必须兑现，故不预先作肯定的承诺（因为担心不能兑现）。并参见星评。

★说"片言可以折狱"——

"片言可以折狱者，其由也与！"何晏集解引孔安国曰："片，犹偏也。听讼必须两辞以定是非，偏信一言以折狱者，唯子路可。"孔安国之说甚为荒谬。世界上决没有偏信一言而可以断狱者。孔子自己分析问题就要"叩其两端而竭焉"，怎么可能赞许偏信一言而折狱呢！这一错误的训释竟然长期延续下来，朱熹甚至解"片言"为"半言"。半言即可决狱，哪有这种可能。

片言，当读如陆机《文赋》"立片言而居要"的片言，谓语言简要明快。孔子谓子路用极其简要明快的语言即可以折狱。原文谓子路自己"片言可以折狱"，不是说子路偏信他人"片言可以折狱"，解释者不应该改变原文的内涵。

本章后面附有"子路无宿诺"，与孔子的话连不起来。故陆德明《经典释文》说"或分此为别章"，没有必要。宿，读如《管子·地图》"宿定所征伐之国"之宿，尹知章注："宿，犹先也。"预先之意。这是记录者听了孔子称赞子路"片言可以折狱"之后，顺便记下了子路的处事风格：承诺了就必然兑现，没有充分把握的事就不预行作肯定的承诺。承诺与折狱事虽不同，但子路果断干脆的风格则一。

【12.13】

子曰："听讼吾犹人也。必也使无讼乎！①"

①听讼，听理诉讼，即审判官司。二句意谓听理诉讼我同他人一样能办，然而最重要的是政治清明，使社会和谐安定，根本没有争斗，没有诉讼。

★本章子曰："听讼吾犹人也，必也使无讼乎。"《汉书·刑法志》引孔子曰："古之知法者能省刑，本也；今之知法者不失有罪，末矣。"又曰："今之听狱者求所以杀之，古之听狱者求所以生之。"这后一段话《尚书大传》作子曰："今之听民者求所以杀之；古之听民者求所以生之，不得其所以生之之道乃刑杀。"《尚书大传》又引"子曰：'听讼虽得其指，必哀矜之。死者不可复生，绝者不可复续也。《书》曰：哀矜折狱。'"。审讯犯罪嫌疑人不是要尽量证明其有罪把他杀掉，而是要尽量搜索他无罪的证据看能否让他活着；只有确实有罪无法证明他无罪才加刑杀。而且即使嫌疑人确实有罪不得不刑杀也"必哀矜之"而不是高兴。这些仁人折狱听讼的格言,实在是治国安民的最佳境界;即使现代最科学最人道的法学理论也无以过之。真正的政治家都应记住孔子这些教导。侦破了多少案件,处决了多少罪犯,都是迫不得已的作为,绝非国家民族之福。社会公平,民人饶足,上不贪腐,下无盗贼,使之讼狱风清,才是太平景象。

("死者不可复生,绝者不可复续":《书·舜典》"五刑有服",孔氏传:"五刑:墨、劓、剕、宫、大辟。"大辟,斩首,死者不能复生也。墨,额上刺字,涂上黑色;劓,割鼻;剕,断足;宫,割生殖器:绝者不可复续也。)

【12.14】

子张问政。子曰:"居之无倦,行之以忠。①"

①问政,问做官如何行政。居,平居,平时。居之无倦,谓平时在岗即要勤劳不要怠惰;行之以忠,谓执行任务更要认真不要敷衍。《说文》:"忠,敬也。"《孝经·事君章》"进思尽忠",邢昺疏:"忠,敬也。尽心曰忠。"《子路》篇"子路问政"章(13.1)与本章内容一致,可以互参。

【12.15】

子曰:"博学于文,约之以礼,亦可以弗畔矣夫!"

★本章重出,见《雍也》篇第二十七章。

【12.16】

子曰:"君子成人之美,不成人之恶①;小人反是。②"

①成人之美，成全别人的好事。不成人之恶，不助长别人的恶行。
②小人反是，小人与此相反。

【12.17】

季康子问政于孔子。孔子对曰："政者，正也。子帅以正，孰敢不正?①"

①"政者，正也"，此以音训义。正，行正，即不邪。现代汉语仍有"行正"一词，即正正当当地作人，正正当当地做事。子，指季康子。帅，带头，率先。孰，谁。谓你能带头行正，还有谁敢不正。季康子当时为鲁国上卿，故孔子告诫他率先行正。

★说"季康子问政"章、"政者正也"章与"苟正其身矣"章——

本章："季康子问政于孔子。孔子对曰：'政者正也。子帅以正，孰敢不正!'"与《子路》篇中论同一问题的两章内容紧密相关。

《子路》篇第六章子曰："其身正，不令而行；其身不正，虽令不行。"（13.6）其身，即己身。谓自身行正，即使不用命令事情也行得通；自身不行正，即使命令百姓也不会听从。

还是《子路》篇，第十三章子曰："苟正其身矣，于从政乎何有?不能正其身，如正人何?"（13.13）苟，犹若也，犹言如果。从政，犹理政，为政。谓统治者如果自身行正，理政还有什么难呢?如果自身不正，怎能去正别人呢?"苟"如何如何，行文语气，显系紧承上文而来。

将这三章连在一起，就成为如下的一章——

季康子问政于孔子。孔子对曰："政者正也。子帅以正，孰敢不正！其身正，不令而行；其身不正，虽令不从。苟正其身矣，于从政乎何有？不能正其身，如正人何！"

这样组合，文气贯通，内容完整。"政者正也。子帅以正，孰敢不正"是总提；"其身正"四句从正反两面进行论述，"苟正其身矣"四句用反问进一步说明，与上章原本相连的语气甚明。这是鲁哀公十一年（前484）孔子自卫反鲁对季康子这位年青执政者的教导。

季康子问的是如何行政，孔子却大谈统治者应该"身正"，此中或大有深意。季康子即季孙肥，是季桓子的庶子。古代统治者的爵位，通常由嫡子继承。但季桓子生前没有嫡子。鲁哀公三年（前492）秋，季桓子病重，其嫡妻南孺子怀孕尚未生产。桓子嘱咐他的宠臣正常：如果将来南孺子生的是男孩，便上告哀公立以为嗣；如果是女儿，则爵位由季孙肥继承。季桓子死后，季孙肥继位，即季康子。后南孺子生的是男孩。正常即"载以如朝"，申告季桓子的遗言，"南氏生男，则以告于君与大夫而立之"。现在孩子出生，是男孩，应该立以为嗣。其时季康子已经在位，正常虽然上告哀公，但哀公并无实权，正常看到形势不对，便出奔卫国。鲁哀公使大夫共刘去探视那个男孩，已经被人杀死。《左传》没有记载凶手是谁，但那是不言自明的。可知季康子坐上这个宝座，也是充满了血腥的。身正与否，也就无从谈起。孔子说"子帅以正，孰敢不正?"不知季康子听了是何滋味。

前文齐景公问政事在鲁昭公二十五年（前517），孔子三十五岁；本章季康子问政在鲁哀公十一年（前484）孔子自卫回鲁以后，孔子已年近七十。两者相隔三十三年。

【12.18】

季康子患盗①，问于孔子。孔子对曰："苟子之不欲，虽赏之不窃。②"

①患，动词，忧也，苦也。患盗，苦于盗贼太多。
②苟，如果。欲，《说文》："贪也。"赏，赞赏，奖赏；此处有鼓励、怂恿之意。句意谓如果你不过分贪婪，民众即使怂恿他们偷盗，他们也不会去。答话颇有教训意味。

【12.19】
季康子问政于孔子曰："如杀无道，以就有道①，何如？"

孔子对曰："子为政，焉用杀？子欲善而民善矣②。君子之德风，小人之德草。草上之风必偃。③"

①无道，不走正道者，应即上章的"盗"。就，何晏集解引孔安国曰："就，成也。"有道，走正道者，即好人。杀无道以就有道，即杀坏人以成全好人。
②"子为政"三句，谓你理政，何必用杀，你要行善则民众也善。
③君子，指统治者。德，犹言行为。小人，指被统治者。上，动词，加上，吹上。偃，倒伏。三句谓，统治者行为如风，被统治者行为如草，草被风一吹必然倒伏。何晏集解引孔安国曰："亦欲令康子先自正。偃，仆也。加草以风，无不仆者；犹民之化于上。"

★以上两章内容紧密相关。官贪民盗，自古为然。《先进》篇所说"富于周公"的季氏，正是这个季康子。如此之富，肯定贪得无厌，民安得不为盗。季康子的主张就是杀，这正是一切贪暴统治者的主张。官贪则民盗，民盗则官杀；如此恶性发展，天下就必然大乱。历史上多少王朝的覆灭，无不是这种暴政发展的结果。"子为政，焉用杀？"

"苟子之不欲,虽赏之不窃。"如此语重心长地告诫,有几个贪暴的统治者愿意听取?青史悠悠,能不令人浩叹!

两章应是同一次对话。因记录语言不相衔接,不能并为一章。

【12.20】

子张问:"士何如斯可谓之达矣?①"

子曰:"何哉,尔所谓达者?"

子张对曰:"在邦必闻,在家必闻。②"

子曰:"是闻也,非达也。夫达也者,质直而好义③,察言而观色,虑以下人④。在邦必达,在家必达。夫闻也者,色取仁而行违,居之不疑⑤。在邦必闻,在家必闻。"

①达,通达。刘宝楠正义:"达者,通也。通于处人处己之道,故行之无所违阻。所谓忠信笃敬,蛮貊可行,即达义也。"

②"在邦必闻,在家必闻",何晏集解引郑玄曰:"言士之所在皆能有名誉。"邢昺疏:"闻,谓有名誉,使人闻之也。"

③质直而好义,质朴正直而好义。

④"察言而观色,虑以下人",何晏集解引马融曰:"常有谦退之志,察言语,观颜色,知其所欲,其志虑常欲以下人。"

⑤"在邦必达,在家必达",邢昺疏:"以其谦退,故所在通达也。"

⑥"色取仁而行违,居之不疑",何晏集解引马融曰:"此言佞人假仁者之色,行之则违,安居其伪而不自疑。"

★本章区别"达"与"闻"两个概念,亦两种品格。达者实在,闻者虚浮。达者处人处己,忠信笃敬,而行无违碍,所以通达。闻者色似仁人而行相违背。所以空有名声。《大戴礼·制言上》:弟子问于曾子曰:"士何如则可为达矣?"曾子曰:"不能则学,疑则问,欲行则比贤,虽有险道循行,达矣。今之弟子,病下人不知事贤,耻不知而又不问,欲作则其知不足。是以惑闇终其世而已矣,是谓穷民也。"("其知不足"之知,通"智"。)曾子所言亦必原于孔子,言语更为通俗。

【12.21】

樊迟从游于舞雩之下①,曰:"敢问崇德,修慝,辨惑。②"

子曰:"善哉问③。先事后得,非崇德与④!攻其恶,无攻人之恶,非修慝与⑤!一朝之忿,忘其身,以及其亲,非惑与!⑥"

①舞雩(yú),祭天祷雨之处。何晏集解引包咸曰:"舞雩之处,有坛墠树木,故下可游焉。"

②崇德,尊崇道德。修慝,何晏集解引孔安国曰:"慝,恶也。修,治也,治恶为善。"朱熹集注引胡氏曰:"慝之字,从心从匿,盖恶之匿于心者。修者,治而去之。"亦即修治内心的邪恶。辨惑,辨别惑乱。(惑乱,犹言荒诞,糊涂。)

③善哉问,犹言问得好。

④先事后得,何晏集解引孔安国曰:"先劳于事,而后得报。"按,先事后得,要从广阔的生活范围来理解,先努力工作,为社会作出贡献,而后取得成功,才可称之为"崇德"。朱熹注谓"先事后得,犹言先难后获也。为所当为而不计其功,则德日积而不自知矣"。

⑤攻其恶无攻人之恶:其,通"己",自己。朱熹集注:"专于治己而不责人,则己之恶无所匿矣。"

⑥"一朝之忿,忘其身以及其亲,非惑与":其,通"己"。亲,

指父母。谓遇事逞一时之忿怒，采取非理性的行动，造成严重的后果，不仅危害自身甚至危害父母，这不是非常荒诞吗？

★《颜渊》子曰："攻其恶无攻人之恶。"其，通己。谓暴露自己的过错而不攻击别人的缺点。《宪问》子曰："不患人之不己知，患其不能也。"其，亦己也，患己之不能也。皇侃疏本作"患己无能也"。《孟子·尽心上》"无为其所不为，无欲其所不欲"，两"其"字皆通"己"，与上两例相同。

【12.22】

樊迟问仁。子曰："爱人。"

问知。子曰："知人。"①

樊迟未达②。子曰："举直错诸枉，能使枉者直。③"

樊迟退，见子夏曰："乡也，吾见于夫子而问知④，子曰：举直错诸枉，能使枉者直，何谓也？"

子夏曰："富哉言乎⑤！舜有天下，选于众，举皋陶，不仁者远矣。汤有天下，选于众，举伊尹，不仁者远矣。⑥"

①"问知"之"知"，通"智"；"知人"之"知"，如字。问知（智），所问为用人之智，即如何用人，用什么人；故下文孔子说的就是如何用人。

②未达，没有懂。——本章樊迟两问。问仁，子曰："爱人"，樊迟懂了。问知（智），子曰："知人"，樊迟"未达"，故下文樊迟问，子夏答，说的都是何谓"知人"。

③"举直错诸枉"二句：举，用也。直，正直的人。错，通"措"，置也，弃置。枉，邪曲之人。意谓举用正直的人，弃置邪曲的

人，就可能使邪曲的人变得正直。或者有所感化，或者有所畏怯，因而改变其邪恶行为。参见《为政》篇"哀公问"章（2.19）注。

④樊迟退，从孔子处退出。乡（xiàng）也，犹言刚才。"见于"之见，音现（xiàn）。

⑤富哉言乎，谓孔子之言内容深厚丰富。

⑥选于众，在众人中选举。皋陶（yáo），舜之贤臣。远矣，远离。汤，商汤王。伊尹，汤之贤臣。举用贤人，不仁之人便离去了。子夏用实例说明"举直错诸枉"的道理。

★本章樊迟"问仁"，问的是如何行仁政。仁政，首先是"爱人"。这是孔子政治学说的基础。不爱人，仁政就无从谈起。"问知（智）"，问的是用人之"智"，即如何用人；因为行政最重要的是如何用人，用什么人。所以孔子回答"知人"。"爱人"的"人"，指所有的人。"知人"的"人"，专指所用的人，即官员。孔子回答，"举直错诸枉，能使枉者直"；意谓举用正直的人，能使邪曲的人变得正直。参见《为政》篇"哀公问"章（2.19）星评。

【12.23】

子贡问友①。子曰："忠告而善道之，不可则止，毋自辱焉。②"

①问友，问如何交友，亦即交友应取的态度。由孔子的回答推知，子贡问的是如朋友有错如何对待

②忠告，遇事负责任地如实告诉。道，通"导"，开导，引导。善道之，好好地开导。"不可则止"二句，谓如果朋友不听即停止，不要自讨没趣。

【12.24】

曾子曰:"君子以文会友,以友辅仁。①"

①君子"二句,谓君子以学问文章会聚朋友,通过朋友之间的研讨相互辅助成全仁德。

子路第十三

本篇共三十章

【13.1】

子路问政。子曰:"先之劳之。①"请益。曰:"无倦。②"

①先之劳之:所谓"先之"者,以身先之;所谓"劳之"者,以身劳之。亦即作为官长,要能带头,要能劳苦。馀详星评。

②请益,请讲多一点。无倦,不要懈怠,亦即要能坚持。

★说"先之劳之"——

先之劳之,何晏集解引孔安国曰:"先导之以德,使民信之,然后劳之。"朱熹集注引苏氏曰:"凡民之行,以身先之,则不令而行;凡民之事,以身劳之,则虽勤不怨。"按何晏所引孔安国之说是先引导民众,而后劳苦民众;亦即官长"先之",而后使民众"劳之"。按朱熹所引苏氏之说,是我身先之,我身劳之。按,孔说甚误,苏说为是。从语言结构上看,"无倦"明明是就我而言。《颜渊》篇"子张问政,子曰：'居之无倦，行之以忠。'"（12.14）行之以忠，亦即"以身先之，以身劳之"。而且同样说必须"无倦"。子张子路皆问政，孔子回答语言小有不同，内容完全一致。足证苏氏所说正确无误。——"先道之以德，使民信之，然后劳之"，表现的是居高临下的统治者角色；"凡民之行，以身先之"，"凡民之事，以身劳之"，则颇有点公仆的意味。

【13.2】

仲弓为季氏宰①，问政。子曰："先有司，赦小过，举贤才。②"

曰："焉知贤才而举之？③"

子曰："举尔所知，尔所不知，人其舍诸？④"

①仲弓，即冉雍。为季氏宰，为季氏家臣。

②有司，泛指一般官员。先有司，先于有司，谓严格要求自己，在官员中起带头作用。赦小过，谓宽容对待他人，不处分犯小过失的人员。举贤才，谓用人要选拔贤才。

③焉知贤才，怎么知道谁是贤才，何处有贤才。

④"举尔所知"三句，举用你所知道的，了解的；你不知道不了解的，别人会放过吗？意即用了贤才，别的贤才就会到来。

★战国时代，燕昭王欲报齐国之仇，愿"得贤士与共国，以雪先王之耻"，问郭隗如何才得贤士。郭隗曰："臣闻古之君人，有以千金求千里马者，三年不能得。涓人言于君曰，'请求之'。君遣之。三月得千里马，马已死，买其首五百金，反以报君。君大怒曰：'所求者生马，安事死马而捐五百金！'涓人对曰：'死马且买之五百金，况生马乎？天下必以王为能市马，马今至矣！'于此不能期年，千里之马至者三。今王诚欲致士，先从隗始，隗且见事，况贤于隗者乎？"这是有名的"千金市马骨"（原文作马首）的故事。见《战国策·燕策一》。这位郭隗先生很幽默，你要用贤士就从我开始吧，我都受到尊重，天下的贤士就会到来。燕昭王如此尊用郭隗，果然乐毅、邹衍、剧辛，大批贤士来到燕国，使燕国强大，大败齐军。这是孔子所谓"举尔所知，尔所不知，人其舍诸"的典型例证。

【13.3】

子路曰："卫君待子而为政①，子将奚先？②"

子曰："必也正名乎！③"

子路曰："有是哉，子之迂也，奚其正？④"

子曰："野哉由也⑤！君子于其所不知，盖阙如也⑥。名不正则言不顺，言不顺则事不成，事不成则礼乐不兴，礼乐不兴则刑罚不中，刑罚不中则民无所措手足⑦。故君子名之必可言也，言之必可行也⑧。君子于其言，无所苟而已矣。⑨"

①卫君，鲁定公十四年（前496）孔子去鲁适卫。在外十三年间，来往于卫、陈、蔡与楚国叶邑之间。鲁哀公二年（前493）卫灵公去世，卫出公继位。子路所说卫君，即卫出公。馀详星评。

②奚先，以何事为先。

③名，名分，尊卑爵位的名分。《左传·成公二年》"唯器与名不可以假人"，杜预注："名，爵号也。"《吕氏春秋·务本》"其名无不荣者"，高诱注："名者，爵位名也。"又，《富分》"不富名分"，高诱注："名，虚实爵号之名也。"《国语·晋语四》"信于名"，韦昭注："名，百官尊卑之号。"必也正名，意即一定是正名分。

④迂，迂阔。奚其正，犹言正什么呀。

⑤野，粗野无知。

⑥阙，同"缺"。谓君子对不懂的事物，就应缺疑，不要瞎说。此即《为政》篇孔子教训子路"知之为知之，不知为不知"之意。

⑦"名不正则言不顺"五句，谓名分不正，则言语不顺，言语不顺则事办不成，事办不成则礼乐无法兴起，礼乐无法兴起则刑罚没有准则，刑罚没有准则民众无所措手足，即不知该怎么行动。措，一作"错"，通用字。

⑧"故君子名之必可言也"二句，何晏集解引王肃曰："所名之事必可得而明言，所言之事必可得而遵行。"

⑨"君子于其言"二句，谓君子对于所言，不能苟且马虎。

★说孔子"正名"——

《史记·卫康叔世家》：卫灵公三十九年（鲁定公十四年，前496），太子蒯聩与灵公夫人南子有恶，欲杀南子，不果。灵公怒，迫使蒯聩出奔。四十二年（鲁哀公二年，前493）春，灵公欲立少子子郢，子郢不受。夏，卫灵公卒，夫人命子郢为太子，子郢不敢当，乃立孙辄，辄即蒯聩之子，是为卫出公。晋赵简子送蒯聩入卫，卫人以兵戎相拒。其时出公年幼，必不能自主，故《史记》称为"卫人"发兵击蒯聩。鲁哀公六年（卫出公四年，前489）孔子自楚由陈入卫。《史记·孔子世家》叙子路问"卫君待子而为政"于此次入卫之后，卫君即卫出公辄，孔子这篇"正名"论即针对卫国政局而发。刑昺疏："孔子自楚反乎卫。是时卫君辄父不得立在外，诸侯数以为让。而孔子弟子多仕于卫，卫君欲得孔子为政，故子路问之。"

卫灵公是一个荒淫的君主，夫人南子是一个淫荡的妇人。太子蒯聩欲杀南子，而南子是他名义上的母亲。出公辄继位为卫君，却发兵抗拒其父回国。这个朝廷真是君不君，臣不臣，父不父，子不子，一塌糊涂。孔子提出要"正名"，自是非常合理的。

但孔子如果真在卫国为政，他能采取什么行动呢？朱熹集注引胡氏曰："夫蒯聩欲杀母，得罪于父；而辄据国以拒父，皆无父之人也，其不可有国也明矣。夫子为政，而以正名为先，必将具其事之本末，告诸天王，请于方伯，命公子郢而立之，则人伦正，天理得，名正言顺，而事成矣。夫子告之之详如此，而子路终不喻也。"胡氏之说，是在卫君父子相残一千多年之后理学家凭空想说的大话，孔子当时也是"无所措手足"，他还在那里混了几年，无所事事，于鲁哀公十一年反回鲁国。

孔子的论断倒是正确的，这个国家"名不正"，"言不顺"，"事不成"，争夺不断，奔亡相继。卫出公立十二年之后，其父蒯聩设阴谋回国，夺取了君位，这番轮到儿子出公出奔，子路还在那场无谓的斗争中丧了命。

孔子"正名"之论虽为卫国政局而发，但确是孔子一贯的思想。所谓"正名"即正定名分。周武王克商，建立周王朝，大封宗室功臣，形成以周天子为中心，诸侯环绕的大一统格局。整个国家天子诸侯大夫士爵位尊卑不得逾越。自武王成王至周幽王为犬戎所灭，中间虽发生过几次大的变故，但总算维持了近四百年之久。周室东迁，进入春秋时代，王室衰微，诸侯强大，出现了大国争霸的局面。即使在这个时候，齐桓公晋文公这些大国霸主仍要借重周天子的名义。楚庄王问鼎中原，王孙满警告他，"周德虽衰，天命未改。鼎之轻重，未可问也"。到了孔子的时代，已是春秋末季，周天子已近于名存实亡，不仅大国纷争，诸侯内部也出现了大夫执政，甚至"陪臣执国命"的境况。孔子说："天下有道，则礼乐征伐自天子出；天下无道，则礼乐征伐自诸侯出。""天下有道，则政不在大夫；天下有道，则庶人不议。"（16.2）孔子"正名"的思想正是这个时代现实的反映。要正名，就必然反对僭越。孔子谓季氏，"八佾舞于庭，是可忍也，孰不可忍也"！（3.1）三家者以《雍》彻，子曰："相维辟公，天子穆穆，奚取于三家之堂！"（3.2）皆指斥三家的僭越行为。陈成子弑简公，孔子沐浴而朝，告于哀公曰："陈恒弑其君，请讨之！"（14.21）这一切言论和行动，都是孔子"正名"思想的体现。孔子试图维护旧的名分,亦即维护旧的政治秩序。——历史让孔子的认识只走到这一步;还要经过长期的混乱和争斗,旧的政治体制完全崩溃,到战国后期思想家们才不再有人维护旧的政治秩序,而寻求新的治国之道。

但即使到了后世,不管何时,一个国家,正名仍是必要的。任何时候,名分混乱,就意味着权力的混乱,社会就不可能安宁,国家就不可能稳定。尽管孔子当时没有可能解决现实的问题,但正名思想本身还是正确的。

【13.4】

樊迟请学稼。子曰:"吾不如老农。"请学为圃。曰:"吾不如老圃。①"

樊迟出。子曰:"小人哉,樊须也!上好礼,则民莫敢不敬;上好义,则民莫敢不服;上好信,则民莫敢不用情②。夫如是,则四方之民襁负其子而至矣③,焉用稼!"

①请学稼,请求学习种庄稼。学圃,学习园圃种蔬菜。老圃,老菜农。

②上,在上者,即统治者。好,读去声(hào)。好礼,讲礼,遵守行为规范。敬,肃也,恭也,严肃勤谨。义,宜也,即处事合理。信,诚信。情,实也,真也。用情,表现真诚。

③襁,襁褓,背小孩的布兜。襁负其子,用襁褓背着孩子。四方之民襁负其子而至,谓天下民众会背着自己的孩子来到,形容百姓会热烈拥戴。

★本章可与《卫灵公》篇,子曰:"君子谋道不谋食。耕也馁在其中矣,学也禄在其中矣。君子忧道不忧贫"章(15.32)合读。孔子站在士大夫的立场，所以指斥"请学稼""请学圃"的樊迟是小人。《书·无逸》曰："君子所其无逸，先知稼穑之艰难，乃逸则知小人之依。"（君子在位要不贪图安逸，首先要知道稼穑之艰难，处于安逸也知道小人的痛苦。）周公也要求君子不要贪图安逸，要知稼穑之艰难；让这些君子们学点稼穑实在没有害处，不解孔子何以如此强烈地表示反对。

但孔子论述统治者行政应取的态度还是正确的。"上好礼，则民莫敢不敬"，统治者遵守行为规范，不贪污腐败，不违法乱纪，则民莫敢不严肃认真。"上好义，则民莫敢不服"，统治者处事公正合理，则民莫敢不服从。"上好信，则民莫敢不用情"，统治者讲诚信，则民莫敢不真诚。

【13.5】

子曰："诵诗三百，授之以政，不达①；使于四方，不能专对②；虽多，亦奚以为？③"

①授之以政，谓授之以行政职务。达，通也。不达，办事不通。
②使于四方，出使到别的诸侯国。专，何晏集解，"犹独也"。不能专对，不能独立对答酬酢。
③奚，何。以，用也。为，表疑问的语气词。

★春秋时代，重视诗的功利目的，外交活动，会盟谈判，往往用诗句来委婉地表达所说的内容。邢昺疏："诗有国风、雅、颂，凡三百五篇，皆言天子诸侯之政也。古者使适四方，有会同之事，皆赋诗以见意。"《左传》中有大量这方面的记载。孔子的观点，即这种时代风气的反映。本章可与《为政》篇"诗三百，一言以蔽之"章（2.2）、《阳货》篇"小子何莫学夫诗"章（17.9）合读，可以了解孔子诗论的概貌。

【13.6】
子曰:"其身正,不令而行;其身不正,虽令不从。①"

①其,己。其身,即己身。

★本章内容与《颜渊》篇"季康子问政"章(12.17)紧相关联,参见该章星评。

【13.7】
子曰:"鲁卫之政,兄弟也。①"

①鲁卫之政,鲁国卫国的政治状况。兄弟也,犹如兄弟,言相差不远。

★"鲁卫之政,兄弟也",何晏集解引包咸曰:"鲁,周公之封;卫、康叔之封。周公康叔既为兄弟,康叔睦于周公,其国之政亦如兄弟也。"邢昺疏:"此章孔子评论鲁卫二国之政相似,如周公康叔之如兄弟也。"包咸、邢昺都以为是孔子赞赏鲁卫两国的政治,他们仍按照五百年前周公康叔的关系来看待春秋末季鲁国和卫国的政况,他们忽视了年代,也误判了现实。按,此必是鲁哀公十一年(卫出公九年,前484)孔子离开鲁国十三年之后自卫反鲁所说。时卫国父子相争,鲁国三桓擅权,政治同样混乱,故孔子说:"鲁卫之政兄弟也。"鲁卫之政,难兄难弟;决非赞美之辞,而是感叹之语。朱熹认识到了这一点,他说:"鲁,周公之后;卫,康叔之后。本兄弟之国,而是时衰乱,政亦相似,故夫子叹之。"

【13.8】
子谓卫公子荆"善居室①。始有，曰，'苟合矣。②'少有，曰：'苟完矣。③'富有，曰：'苟美矣。'④"

①卫公子荆，《左传·襄公二十九年》（前544），吴公子季札来聘。"適卫，说蘧瑗、史狗、史鰌、公子荆、公叔发、公子朝。曰：'卫多君子，未有患也。'"卫公子荆仅见于此，被称为卫之君子。鲁襄公二十九年（前544）下距鲁定公十四年（前496）孔子適卫四十八年。是年孔子五十六岁，有可能见过公子荆。善居室，善于对待居住条件，不奢侈，不苛刻。

②始有，刚刚有了住居。苟，刘宝楠正义："苟者，诚也，信也。"按，犹今言"够"也，是一种易于满足的语气。合，俞樾《平议》："合，犹足也。"苟合矣，犹言够满足了。

③少有，稍微富一些。完，完备。苟完矣，犹言够完备了。

④富有，财富更多了。苟美矣，犹言够完美了。始有，少有。富有，公子荆都满足。孔子至卫之时，卫国较为富庶，统治者奢侈贪腐，而公子荆较为俭约，故孔子予以赞许。

【13.9】
子適卫①，冉有仆②。子曰："庶矣哉！③"
冉有曰："既庶矣，又何加焉？④"曰："富之。⑤"
曰："既富矣，又何加焉？"曰："教之。⑥"

①子適卫，鲁定公十四年（前496）孔子"去鲁適卫"。
②冉有仆，何晏集解引孔安国曰："孔子之卫，冉有御。"即冉有为之驾车。

③庶矣哉，何晏集解引孔安国曰："庶，众也。言卫人众多。"

④加，皇侃疏，"益也"。又何加焉，对他们何所加益，即给他们做什么。

⑤富之，使他们富裕起来。

⑥教之，教育他们。

★本章只是孔子去鲁适卫途中他们师徒的一段对话，"富之""教之"也只寥寥四个字，反映的却是孔子极其重要的政治思想，是治国安民最根本的两个方面：一要保障民众的基本生活，二要使民众受到教育。先秦儒法道三大家：道家主张任其自然，反对扰乱百姓，却不赞成教育。老子曰："古之善为道者，非以明民，将以愚之。民之难治，以其智多。"（《老子》六十五章）竟然主张愚民！法家只讲如何统治，无须文化教育。韩非子曰："明主之国，无书简之文，以法为教；无先王之语，以吏为师。"（《韩非子·五蠹》）而孔子提倡教育。"博学于文，约之以礼"，既要学文化知识，又要讲道德修养。随着时代的发展，教育的内容自然不同。但重视教育永远是正确的。

【13.10】

子曰："苟有用我者，期月而已可也，三年有成。①"

①苟，犹若也。期月，邢昺疏："期月，周月也，谓周一年之十二月也。"亦即一年。可，谓基本可以；大有成就，则需要三年。

★《孔子世家》载此语于孔子第三次入卫之时。其时灵公老，怠于政，不用孔子。孔子喟然叹曰："苟有用我者，期月而已，三年有成。"孔子之所以几次往返于卫国，是很希望卫灵公能够用他，但始终未能如愿。

【13.11】

子曰:"'善人为邦百年①,亦可以胜残去杀矣②',诚哉是言也!③"

①为邦,即治国。为邦百年,治理国家一百年。
②胜残去杀,何晏集解引王肃曰:"胜残,残暴之人使不为恶也。去杀,不用刑杀也。"亦,犹"乃"也。胜,克也。谓善人为邦百年,乃可以克制残暴,不用刑杀。
③诚哉是言,何晏集解引孔安国曰:"古有此言,孔子信之。"

【13.12】

子曰:"如有王者,必世而后仁。①"

①王者,当指孟子所谓行"王道"者。必世而后仁,何晏集解引孔安国曰:"三十年曰世。如有受命王者,必三十年仁政有成。"

【13.13】

子曰:"苟正其身矣,于从政乎何有?不能正其身,如正人何?①"

①苟,诚也。从,《广雅·释诂》,"行也"。《老子》"故从事于道者",河上公注:"从,为也。"从正文,犹行政,为政。

★本章内容与《颜渊》篇"季康子问政"章(12.17)紧相关联,注见该章星评。

【13.14】

冉子退朝①。子曰:"何晏也?②"对曰:"有政。③"

子曰:"其事也。如有政,虽不吾以,吾其与闻之。④"

①冉子,冉求。朱熹集注本作"冉求"。退朝,何晏集解引周曰:"谓罢朝于鲁君。"

②晏,晚也。

③有政,有政务。

④事,指一般事务。以,用也。与,读去声(yù),参与。孔子谓冉求晚归,是因一般事务。如有政务,尽管已不用我,我还是要参与的。孔子将"政"与"事"严格区分。政,指重大政务;事,指一般事务。

★"如有政,虽不吾以,吾其与闻之",足证孔子决不是"不在其位,不谋其政"(8.14)。他关心国家的命运,虽不被任用,"有政"他还是要尽力"闻之"的。

【13.15】

定公问:"一言而可以兴邦①,有诸?"

孔子对曰:"言不可以若是其幾也②。人之言曰③:'为君难,为臣不易。'如知为君之难也,不幾乎一言而兴邦乎?④"

曰:"一言而丧邦⑤,有诸?"

孔子对曰:"言不可以若是其幾也。人之言曰:'予无乐乎为君,唯其言而莫予违也。⑥'如其善而莫之违也,不亦善乎?如不善而莫之违也,不幾乎一言而丧邦乎?⑦"

①一言而可以兴邦,一句话可以使国家兴盛。

②幾,微也;深微、微妙。定公问,有不有一言可以兴邦,孔子曰:言语不可能那么深微;意谓一句话不可能解决如此重大深微的问题。

③此处"人之言曰",是笼统地提到有人这么说。

④"为君难,为臣不易"四句,孔子谓人们常说为君难,为臣亦不易。如果知道"为君难"这句话,不是近于一言可以兴邦乎。

⑤一言而丧邦,一句话可以使国家灭亡。

⑥此处"人之言曰"是有作为国君的人这么说,我于为君也没有什么快乐,只有我的话没有人敢违抗才是最快乐的事。

⑦"如其善而莫之违"四句,谓作为国君,如果讲话正确他人莫敢违抗那当然好;如果讲话不正确而他人莫敢违抗,不是一句话有可能使国家灭亡吗?

★定公问:"一言而可以兴邦,有诸?"孔子对曰:"言不可以若此其幾也。"何晏集解引王肃曰:"幾,近也。"注家多从之。杨伯峻将孔子这句话翻译为"说话不可以像这样简单机械"。只能说要求一言可以兴邦,事情没有这样简单,不能说言语没有这样简单,更不能说语言没有那么机械。可知如此理解、如此翻译都不妥当。

朱熹集注:"幾,期也。言一言之间,未可以如此而必期其效。"朱熹说亦未为当。孔子说的是一句话不可能有那大的作用,而不是说如何取得效果。两者内涵不同。

按,《说文》"幾,微也",深微、微妙之意。孔子之意,谓想一言可以兴邦,要用一句话解决那么重大的问题,言语不可能那么深微,发挥那么大的作用。《易·系辞下》"颜氏之子其殆庶幾乎"李鼎祚引虞翻曰:"幾者,神妙也。"用"神妙"解释"庶幾"之"幾"未必合适。用来解释"言不可以若此其幾也"之"幾"倒非常之妙。孔子之意,就可以理解为言语不可能那么神妙。"神妙"与"幾微、深微、微妙"词义相通。

"'予无乐乎为君,唯其言之莫予违也'。如其善而莫之违也,不亦善乎?如不善而莫之违也,不幾乎一言而丧邦乎?"此等格言何等深刻。中国长期的封建社会,多少残暴的独裁者,"我生不有命在天","朕即国家",开口即为圣旨,谁也不敢致喙,"一言"不善即可以使整个国家陷于灾难,即可以使成百万成千万的人民丧失生命。独裁者越是权威强大,一言不善造成的灾难就越是巨大。重温孔子的教导,不能不使人感慨无限!

【13.16】

葉公问政①。子曰:"近者说,远者来。②"

①葉公,即沈诸梁。参见《述而》篇"葉公问孔子于子路"章(7.19)注。据《孔子世家》,鲁哀公六年(前489)"孔子自蔡如葉",葉公问政当在其时。

②说,通"悦"。"近者说"二句,谓为政要使近者喜悦,而使远者来归。必为惠政,近者才悦,远者才来。

【13.17】

子夏为莒父宰①,问政。子曰:"无欲速,无见小利②;欲速则不达,见小利则大事不成。③"

①莒(jǔ)父,鲁国邑名,地在今山东莒父西。宰,该邑长官。
②"无欲速"二句,谓办事不能求之过快,不能只看到小利。
③"欲速则不达"二句,谓求之过快即达不到目的,只看到小利即办不成大事。

★"无欲速,无见小利",两者要联系理解,皆就为政言之。无见小利,非指个人贪图钱财之类的小利,意谓不要追求快速见效的政绩,而要长远考虑,周密计划,才能成就大事。

"无欲速,无见小利;欲速则不达,见小利则大事不成。"此等格言,朴素而深刻;不仅为政如此,做任何事情都莫不如此。

【13.18】

叶公语孔子曰:"吾党有直躬者,其父攘羊而子证之。①"

孔子曰:"吾党之直者异于是:父为子隐,子为父隐,直在其中矣。②"

①党,行政区划之名,五百家为党。参见《乡党》篇注。吾党,犹言我们乡里。直躬,正直的人。攘(rǎng),窃取。证,《说文》,"告也",告发。《淮南子·氾论》"直躬其父攘羊而子证之",高诱注:"凡六畜自来而取之曰攘。"有顺手牵羊之意,其实质还是窃取。

②异于是,不同于你说的那样。"父为子隐"二句,谓父亲为子隐瞒,儿子为父亲隐瞒。直在其中矣,邢昺疏:"子苟有过,父为隐之,则慈也。父苟有过,子为隐之,则孝也。孝慈则忠,忠则直也,故曰直在其中矣。"

★本章孔子所谓"吾党之直者异于是"云云,也是孔子言论中最引起非议者之一。反对得最厉害的自然是法家。《韩非子·五蠹》云:"楚之有直躬,其父窃羊而谒之吏。令尹曰:'杀之!'以为直于君而曲于父,报而罪之。以是观之,夫君之直臣,父之暴子也。"在这个问题上,应该说,孔子的说法确实不对。那位"直躬"如有可能,最好是劝告甚或阻止父亲不要去攘羊,比"谒之吏"要好。"必也使无讼乎",比任何主张告发或反对告发都更为理想。

【13.19】
樊迟问仁。子曰:"居处恭①,执事敬②,与人忠③。虽之夷狄④,不可弃也。"

①恭,《说文》,"肃也";严肃庄重。居处恭,谓居住在家庄重严肃。

②敬,《公冶长》篇"其事上也敬",朱熹注:"敬,谨恪也。"《尔雅·释诂下》:"敬,谨敬也。"《史记·五帝本纪》"敬顺昊天",张守节正义:"敬,犹恭勤也。"综上诸训:敬,勤谨认真之意。执事敬,谓办理事务认真勤谨。

③忠,《述而》篇"文行忠信",刘宝楠正义:"中以尽心曰忠。"《季氏》"言思忠",刘宝楠正义:"忠者,诚实之谓。"诚实尽心。与人忠,谓对待他人尽心诚实。

④之,往也。夷狄,泛指少数民族地区。

★居处恭,要求自己庄重严肃;执事敬,办理事情认真勤谨;与人忠,对待他人忠实诚恳:三个方面概括了生活中应有修养的全部内容,语言也极为完美。

《颜渊》篇"樊迟问仁"(12.22)问的是执政如何实行仁政;《子路》篇"樊迟问仁"问的是个人如何修养仁德。由孔子的回答知两处"问仁"的内容不同。参见《颜渊》篇"樊迟问仁"章(12.22)星评。

【13.20】
子贡问曰:"何如斯可谓之士矣?①"

子曰:"行己有耻②,使于四方③,不辱君命,可谓士矣。"

曰:"敢问其次?"

曰:"宗族称孝焉④,乡党称弟焉。"

曰:"敢问其次?"

曰:"言必信,行必果⑤。硁硁然小人哉⑥!抑亦可以为次矣。"

曰:"今之从政者何如?⑦"

子曰:"噫!斗筲之人,何足算也!⑧"

① 士是先秦一个阶层。公卿、大夫、士,在统治者中属下层;士、农、工、商,在"四民"中属上层。一般有相当的"道艺",略近于后世的高层知识分子。孔子的回答中有"使于四方,不辱君命"之语,故刘宝楠正义曰:"士,谓已仕者也。"《大戴礼记·主言》"则大夫忠而士信",王聘珍解诂:"士,任事者也。"

② 行己,为动宾结构,行,犹施也。行己有耻,意谓施于自己以有耻之心;换言之,即以有耻之心约束自己。心怀有耻,则不会去干不正当之事。何晏集解引孔安国曰:"有耻者有所不为。"

③ "使于四方"二句,谓出使外国,能应对机敏,坚持原则,维护国家的利益与尊严,不使国君所命受辱。

④ "宗族称孝焉"二句,邢昺疏:"宗族,同宗族属也。善事父母为孝。宗族内亲,见其孝而称之。善事长上为弟。乡党差远,见其弟而称之也。"弟,读去声(tì)。

⑤ 果,朱熹集注,"必行也"。"言必信"二句,谓承诺的话一定落实,承诺的事一定办到。二句是一个意思。

⑥ 硁硁(kēng),轻轻敲击的声音,引申为小貌。何晏集解引郑玄曰:"硁硁,小人之貌。"抑亦可以为次矣,也算是其次的重要。

⑦今之从政者，现在的从政做官的人。

⑧噫，带有不屑意味的语气词。斗筲，斗是量粮食的器具，筲是装菜蔬的竹器。斗筲之人，喻其身不足道。故下文曰"不足算也"，犹言算不了什么。

★说"言必信，行必果，硁硁然小人哉"———

"言必信，行必果"，应该说是一种很好的品格，在《为政》篇孔子明明说"人而无信，不知其可也"，何以本章竟然说"言必信，行必果，硁硁然小人哉"？实在不好理解。如此注释家们便为之回护。朱熹说，"小人，言其识量之浅狭也"。杨伯峻说，"这是不问是非黑白而只管自己贯彻言行的小人呀"！这种回护没有道理。单从"言必信，行必果"这种表现判断，怎么知道其"识量浅狭"，又怎么知道其"不问是非黑白"呢？注释者无权增加原文所没有的内容，更无权给"小人"加上罪名。

孔子在另一章里对此作了解答。《卫灵公》篇，子曰："君子贞而不谅。"（15.37）贞，正也，指正道；谅，小信也；谓君子遵守正道而不拘泥小信。这话可以作为"言不必信，行不必果"的解答。

对"言必信，行必果"，孔子也并没有完全否定，仍认为是作为"士"应有的品格，但不是主要的，"抑亦可以为次"而已。在一般情况下，"言必信，行必果"还是应该肯定的。

《孟子·离娄下》所作的解答更为明白。孟子说，"大人者言不必信，行不必果，惟义所在"。孟子确定了一个前提，"惟义所在"，即在某种特定情况下，发现原来的承诺不符合"义"的原则，则"不必信，不必果"。

《孔子世家》载，孔子自陈適卫，过蒲，蒲人阻难孔子。赖弟子公良儒奋力争斗，蒲人恐惧，谓孔子曰："苟毋適卫，吾出子。"孔子应允，并与之盟。孔子得出，当即適卫。子贡曰："盟可负邪？"孔子曰："要盟也，神不听。"孔子与蒲人订了盟约，同意不去卫国，但出来以后立即去了卫国;理由是要挟下订的盟约,可以不遵守。这是孔子也用自己的行动对言不必信的解答。

近代帝国主义列强同殖民地国家订立的不平等条约,正应该按"惟义所在"的原则予以废除,因为都是不义的。

【13.21】

子曰:"不得中行而与之①,必也狂狷乎! 狂者进取,狷者有所不为也。②"

①中行,何晏集解引包咸曰:"行能得其中者。"孟子引作"孔子不得中道而与之",故朱熹释为"中道之人"。按,《尧曰》篇"允执厥中",皇侃疏:"中,谓中正之道也"。可知"中行"为走中正之道者。与,《述而》篇"吾无行而不与二三子者",刘宝楠正义:"与,犹示也,教也。"

②狂狷(juàn),孔子自己作了解释:"狂者进取,狷者有所不为也。"《孟子·尽心下》孟子曰:"孔子岂不欲中道哉,不可必得,故思其次也。"

【13.22】

子曰:"南人①有言曰:'人而无恒,不可以作巫医。'善夫!②""不恒其德,或承之羞!③"子曰:"不占而已矣。④"

①南人,何晏集解引孔安国曰,"南国之人"。当指楚人。鲁哀公五年(楚昭王二十六年,前490)楚昭王兴师迎孔子至楚。哀公六年,楚昭王卒,孔子自楚反卫。下文说到"巫医",巫医正是楚国的产物。

②"人而无恒"二句:而,如也。无恒,没有恒定的品格,变化

无常。巫医，降神卜卦又行医治病，是一种低贱的职业。《后汉书·许杨传》："及莽篡位，杨乃变姓名为巫医，逃匿他界。"二句谓人如果没有恒定的品格，连巫医也不能做。善夫，好啊。这是孔子赞许南人这两句话。

③"不恒其德"二句，《易·恒》爻辞。不恒其德，即其德不恒，亦即其品格变化无常。或，皇侃疏，"常也"，犹言总会。承，《说文》，"受也"。二句谓人如果变化无常，人们厌恶他，就总会受到羞辱。

④不占而已矣，意即这种人用不着占卦了，做什么巫医呢。

★本章第二个"子曰"疑为衍文。全章似应为如下句读：子曰："南人有言曰：'人而无恒，不可以作巫医。'善夫！'不恒其德，或承之羞'，不占而已矣。"意谓南人有这样的话，"人如果没有恒定的品格，不可以作巫医"，说得好啊！然后自己有引用两句《易经》的话，"人如果变化无常，就总会受到羞辱"，来证实南人的话甚为正确，并且说，这种人不用去占卦了，能做什么巫医呢。

【13.23】

子曰："君子和而不同，小人同而不和。①"

①和、同：朱熹集注："和者，无乖戾之心；同者，有阿比之意。"又引尹氏曰："君子尚义，故有不同；小人尚利，安得为和。"刘宝楠正义："和因义起，同由利生。义者宜也，各適其宜，未有方体，故不同因乎义，而非执己之见，无伤于和。利者人之所同欲也，民务于是，则有争心，故同而不和。此君子小人之异也。"——综上诸训，可知，以道义相处谓之和，以功利结合谓之同。

★《左传·昭公二十年》晏子评论齐景公佞臣梁丘据,分析了"和"与"同"的差别。公曰:"和与同异乎?"晏子曰:"和"如"济五味,和五声",此以调味、奏乐为喻,必须是五味调和,才有美味;五音和谐,才有音乐。具体到君臣关系,晏子曰:"君所谓可而有否焉,臣献其否以成其可。君所谓否而有可焉,臣献其可以去其否。是以政平而不干,民无争心。"意思是,对国家的政治事务,君认为正确者其中也可能有不正确者。臣应该指出其不正确者,使之更加正确。君认为不正确者其中也可能有正确者。臣应该指出其正确者,使之去掉不正确者。这样处理才恰到好处。这才叫"和"。而梁丘据这种佞臣,晏子说:"君所谓可,据亦曰可;君所谓否,据亦曰否。"意思是,君说正确,他也说正确,君说不正确,他也说不正确。这样随声附和,这就叫"同"。晏子的分析,说明"和"与"同"的区别。——晏子分析得具体明白。但晏子说的一个具体的方面,孔子所谓"君子和而不同,小人同而不和",应体现在人们相处的一切方面,内涵更为深广。

【13.24】

子贡问曰:"乡人皆好之,何如?"

子曰:"未可也。"

"乡人皆恶之①,何如?"

子曰:"未可也。不如乡人之善者好之,其不善者恶之。②"

①好(hào),喜爱。恶(wù),厌恶。

②善者,善良的人,好人。不善者,不善良的人,坏人。《公羊传·庄公十七年》注引本章,徐彦疏:"〔子贡问曰〕:'一乡之人皆好(hào)此人,此人何如?'子曰:'未可即以为善。何者?此人或者行

与众同,或朋党矣。'子贡又曰:'若一乡之人皆恶(wù)此人,此人何如?'子曰:'未可即以为恶(è)也。何者?此人或者行与众异,或孤特矣。不若乡人之善行者善之,恶(è)行者恶(wù)之。与善人同,复与恶(è)人异,道理胜于前,故知是实善。'"

【13.25】

子曰:"君子易事而难说也。说之不以道,不说也①。及其使人也器之②。小人难事而易说也。说之虽不以道,说也③。及其使人也,求备焉。④"

①事,事奉。说,通"悦",使他喜悦。君子易于事奉,因为他不苛求。难说,难以使他喜悦;因为如果不以其道,他不喜悦。

②及其使人也器之,到他用人的时候,按其才具使用;即根据其能力加以使用。

③小人难以事奉,因为他苛求。易说,容易使他喜悦,即使不以其道,他喜悦。

④及其使人也求备焉,到他用人的时候,不考虑对方的能力,客观的条件,而求全责备。

【13.26】

子曰:"君子泰而不骄,小人骄而不泰。①"

①泰,舒泰,矜持庄重之意。骄,骄纵傲慢。君子庄重矜持而不傲慢。小人骄纵傲慢而非庄重。

【13.27】

子曰:"刚、毅、木、讷,近仁。①"

①何晏集解引王肃曰:"刚,无欲。毅,果敢。木,质朴。讷,迟钝。故近仁也。"讷,《说文》,"言难也"。朱熹集注引杨氏曰:"刚毅,则不屈于物欲;木讷,则不至于外驰:故近仁。"所谓迟钝,是指其不外露,不表现,即杨氏所谓"不至于外驰"。

★"刚、毅、木、讷,近仁",谓具有这些性格特点,即近于仁。"近"字很有分寸,并非有此四者即是仁,近于仁而已。

【13.28】
子路问曰:"何如斯可谓之士矣?"
子曰:"切切偲偲,怡怡如也①,可谓士矣。朋友切切偲偲,兄弟怡怡。②"

①"切切偲偲"二句,何晏集解引马融曰:"切切偲偲(sī),相切责之貌。怡怡,和顺之貌。"
②"朋友"二句,邢昺疏:"偲偲,朋友以道义切磋琢磨,故施于朋友也。怡怡,和顺之貌,兄弟天伦,当相友恭,故怡怡施于兄弟也。"

【13.29】
子曰:"善人教民七年,亦可以即戎矣。①"

【13.30】
子曰:"以不教民战,是谓弃之。②"

①亦，犹乃也。即戎，从事军务，进行战争。按，教民，不单指军事训练，故邢昺疏云："使民知礼义与信，亦可以就兵戎攻战之事也。"七年，只是大致而言，故邢昺疏云："言七年者，夫子以意言之耳。"

②不教民，没有经过训练的民众。二句谓用没有经过训练之民进行战争，等于抛弃他们。因为不经过训练是不能打仗的。

★这两章内容紧密衔接，合之即为一章：

子曰："善人教民七年，亦可已即戎矣。以不教民战，是谓弃之。"

先言"教民七年"乃可"即戎"，后谓"以不教民战，是谓弃之"；从正反两面进行论述，说明必须"教民"方可"即戎"。

宪问第十四

本篇凡四十五章

【14.1】

宪问耻①。子曰："邦有道，穀；邦无道，穀，耻也。②"

"克、伐、怨、欲，不行焉，可以为仁矣？③"

子曰："可以为难矣，仁则吾不知也。"

①宪，原宪，字子思。《论语》中凡叙述语言，孔子弟子皆称字，本章原宪独称名。此必原宪自己的记录，编辑者原文照录。问耻，问什么叫耻辱。

②穀，何晏集解引孔安国曰，"禄也"。古代以穀作俸禄，故穀代指俸禄，亦代指任职为官。孔子谓国家有道之时任职为官，国家无道之时亦任职为官，是可耻的。

③克伐怨欲，何晏集解引马融曰："克，好胜人。伐，自伐其功。怨，忌，小怨。欲，贪欲也。"朱熹集注："克，好胜。伐，自矜（夸耀）。怨。忿恨。欲，贪欲。""可以为仁矣"之"矣"，同"乎"，疑

问助词。《仲尼弟子列传》即作"可以为仁乎"。

★本章子曰:"邦有道,穀;邦无道,穀,耻也",实际强调的是"邦无道,穀"。《泰伯》篇,子曰:"邦有道,贫且贱焉;邦无道,富且贵焉:耻也"(8.13),兼"邦有道、邦无道"言之。基本精神一致,语气有别。

【14.2】
子曰:"士而怀居,不足以为士矣。①"

①怀,安也。何晏集解:"士当志道不求安,而安其居,非士也。"按,怀居,与《里仁》篇"小人怀土"之意相近。

★《学而》篇,子曰:"君子食无求饱,居无求安。"(1.14)《里仁》篇,子曰:"士志于道而耻恶衣恶食者,未足与议也。"(4.9)本篇,子曰:"士而怀居,不足以为士矣。"这三章基本内涵紧密相关,应为一章。参见该两章注。

【14.3】
子曰:"邦有道,危言危行;邦无道,危行言孙。①"

①危,《广雅·释诂》,"正也";正当之意。行(xíng),行为,行动。孙,通"逊",顺也,卑顺谦抑。天下有道,政治清明,没有忌讳,可以正常地行动,也可以正常地言谈。天下无道,政治腐败,统治者凶残,人们行动可以正常,言谈却必须卑顺,以免触犯忌讳,带来祸患。

【14.4】

子曰:"有德者必有言,有言者不必有德。仁者必有勇,勇者不必有仁。①"

①朱熹集注引尹氏曰:"有德者必有言,徒能言者未必有德也。仁者必有勇,徒能勇者,未必有仁也。"

【14.5】

南宫适①问于孔子曰:"羿善射,奡盪舟,俱不得其死然②。禹、稷躬稼而有天下。③"夫子不答④。

南宫适出,子曰:"君子哉若人!尚德哉若人!⑤"

①南宫适(kuò),又作南宫括。参见《公冶长》篇"子谓南容"章(5.1)注。

②羿(yì)、奡(ào),何晏集解引孔安国曰:"羿,有穷国之君,篡夏后相之位。其臣寒浞杀之,因其室而生奡。奡多力,能陆地行舟,为夏后少康所杀。此二子者皆不得以寿终。"顾炎武《日知录》:"《竹书纪年》帝相二十七年浇伐斟鄩,大战于潍,覆其舟,灭之。《楚辞·天问》'覆舟斟鄩,何道取之?'正为此也。"王逸《天问》注引《论语》,"奡"作"浇"。"奡盪舟"与"浇伐斟鄩,大战于潍,覆其舟"当为同一事件。盪,此同"荡",摇动也。"奡盪舟"即摇荡其舟,并非孔安国所谓"能陆地行舟";今言划船仍叫荡船。按,夏后相为夏第四代君主。有穷国君羿灭夏后相而篡其位。羿又为其臣寒浞所杀。寒浞强占羿之妻室而生浇(奡)。当夏后相为羿所杀后,其妻怀孕逃归有仍,生子少康。少康长大后历经艰险,终灭寒浞之子,恢复夏政。《左传》襄公四年、哀公元年均有较详记述。(上述后羿为历史人物。《淮南子·本经》记:"尧之时十日并出,焦禾稼,杀草木,而民无所食。

猰貐、凿齿、九婴、大风、封豨、修蛇，皆为民害。尧乃使羿诛凿齿于畴华之野，杀九婴于凶水之上，缴大风于青丘之泽，上射十日而下杀猰貐，断修蛇于洞庭，禽封豨于桑林，万民皆喜，置尧以为天子。"《览冥》又以羿为姮娥之夫。"羿请不死之药于西王母，姮娥窃以奔月。"此羿为神话人物。）

③禹，即夏禹，帝舜时治洪水有功。见《史记·夏本纪》。稷，即后稷，帝舜时为农官。见《史记·周本纪》。躬稼，亲身从事农业劳动。而有天下，禹为夏之始祖，稷为周之始祖。

④夫子不答，何晏集解引马融曰："适意欲以禹稷比孔子，孔子谦，故不答也。"

⑤若人，这个人，指南宫适。"君子哉若人"二句，孔子赞赏南宫适之辞。何晏集解引孔安国曰："贱不义而贵有德，故曰君子。"

【14.6】

子曰："君子而不仁者有矣夫，未有小人而仁者也。①"

★本章之"君子"泛指一般有才德之人。孔子对"仁"的标准要求很高，不轻以"仁"许人，即使君子也不可能都是仁者，故曰"君子而不仁者有矣乎"，至于小人更未有仁者也。

杜国庠先生说："这里'君子'与'小人'对举，是指社会阶层的区别，不是指道德品格的高低。如果是指道德品格说，既是'君子'便没有'不仁者'了。"（《先秦诸子思想概要·孔子》）按，杜说甚为错误。孔子不轻以"仁"许人，即使是他的高足如仲弓、子路、冉有等人，也说"未知其仁"；但孔子决不会认为仲弓等人是小人，他们正是尚未达到高标准"仁"的君子，也属于"君子而不仁者"。足以证明本章对举的"君子、小人"是指道德品格的高低，非指社会阶层的区别。孔子说"君子而不仁者有矣乎"，杜先生却说"既是君子便没有不仁者了",与孔子说的恰好相反。

【14.7】
子曰:"爱之能勿劳乎?忠焉能勿诲乎?①"

①劳,王引之《经义述闻·通说上·劳》:"劳,亦勉也,谓爱之则当劝勉之也。"《说文》"勉,强也",段玉裁注:"凡言勉者,皆相迫之意。"此"劳"字正应释为"相迫之意",犹言严格勉励,严格要求。诲,教诲劝诫。爱之,对下而言;忠焉,对上而言。谓爱他就能不严格要求吗?忠于他就能不教诲劝诫吗?(劳,按常训为勤劳、劳苦亦通,谓爱之能不叫他勤劳吗,自亦可以,然不如训"勉"深切。)

【14.8】
子曰:"为命①,裨谌草创之②,世叔讨论之③,行人子羽修饰之④,东里子产润色之。⑤"

①为命,邢昺疏:"命,谓政命盟会之辞也。"(政命,疑当作"政令"。《大戴礼记·曾子制言下》"问禁请命",王聘珍解诂:"命,政令。")

②裨谌(bì chén),郑国大夫。草创,起草。

③世叔,即子大叔,郑国大夫游吉,子产死后,执郑国之政,位至上卿。讨论,邢昺疏:"讨,治也。裨谌既造谋,世叔复治而论之,详而审之也。"

④行人子羽,邢昺疏:"行人,掌使之官。子羽,公孙挥,亦郑大夫也。"

⑤东里子产,邢昺疏:"东里,郑城中里名,子产居东里,因以为号。修饰润色,皆谓增修使华美也。"子产,郑国著名政治家,为郑国

相，历仕郑简公、定公、献公、声公，郑赖以安。参见《公冶长》篇"子谓子产"章（5.16）注。

★本章所记极不完整。孔子论述郑国"为命"（制作政令盟会之辞）时大臣们草创、讨论、修饰、润色的过程，必定是对谁人问郑国如何"为命"的解答。而本章却只有解答之辞，而无提问之语。

按，本章与"子言卫灵公之无道"章（14.19）结构极为相似。该章云：

> 子言卫灵公之无道也，康子曰："夫如是，奚而不丧？"
>
> 孔子曰："仲叔圉治宾客，祝鲩治宗庙，王孙贾治军旅；夫如是，奚其丧！"

《左传·襄公三十一年》："子产之从政也，择能而使之。冯简子能断大事。子大叔美秀而文。公孙挥能知四国之为，而辨于其大夫之族姓、班位、贵贱、能否，而又善为辞令。裨谌能谋，谋于野则获，谋于邑则否。郑国将有诸侯之事，子产乃问四国之为于子羽，且使多为辞令。与裨谌乘以适野，使谋可否。而告冯简子，使断之。事成，乃授子大叔使行之，以应对宾客。是以鲜有败事。"由上述记载，可以推知孔子解答的问题，正是"郑国将有诸侯（盟会）之事"时如何"为辞令"。

用"子言卫灵公之无道"章类比，推想本章内容大致如下：

> 〔□□问"子产之为政也，郑国有诸侯之事，奚而鲜有败事？"〕
>
> 子曰："为命，裨谌草创之，世叔讨论之，行人子

羽修饰之，东里子产润色之。夫如是，奚有败事！"

后人无权为古人补作文章，但内容当原本如此。

【14.9】

或问子产，子曰："惠人也。①"问子西②，曰："彼哉！彼哉！③"问管仲④，曰："人也⑤。夺伯氏骈邑三百⑥。[伯氏]饭疏食，没齿无怨言。⑦"

①惠人，慈惠之人。《公冶长》篇："子谓子产有君子之道四焉：其行己也恭，其事上也敬，其养民也惠，其使民也义。"可为"惠人"诠释。

②子西，何晏集解引马融曰："子西，郑大夫。"邢昺疏："子西郑大夫者，按《左传》子驷之子公孙夏也。"按，公孙夏为子产同宗兄长。《左传·襄公十九年》："郑人使子展当国，子西听政，立子产为卿。"本章或人所问即其人。（按，春秋时代楚国另有两个子西：楚成王司马门宜申，字子西。见于《左传·僖公二十八年》。楚惠王令尹子西，为白公胜所杀者。见于《左传·哀公十六年》。孔子即于是年去世。）

③彼哉彼哉，犹言"他呀他呀"，是一种轻视的语气，谓其不足道。

④管仲，春秋时代著名政治家，为齐桓公相。参见《八佾》篇"管仲之器小哉"章（3.22）注。

⑤人也，犹言这个人呀。

⑥"夺伯氏之邑三百"三句，何晏集解引孔安国曰："伯氏，齐大夫。骈邑，地名。齿，年也。伯氏食邑三百家，管仲夺之，使至疏食而没齿无怨言，以其当理也。"按，《周礼·天官·大宰》"六曰夺

以馭其貧"，郑玄注："夺，谓臣有大罪，没入家财者。"可知所谓"夺伯氏骈邑三百"，系伯氏有罪，管仲执法，没其家财骈邑三百户，非管仲夺以为己有。孔安国所谓"以其当理"，理，治也，谓伯氏自认管仲治理得当，故没齿无怨言。伯氏何人，所犯何罪，其事不详。

⑦没齿，犹终身。"饭疏食，没齿无怨言"主语是伯氏，补"伯氏"二字使意思更明。

【14.10】

子曰："贫而无怨难，富而无骄易。①"

①朱熹集注："处贫难，处富易，人之常情；然人当勉其难，而不可忽其易也。"勉，勉励，劝勉。忽，轻忽，忽视。

★"贫而无怨难，富而无骄易"，话不能说得过于绝对。贫而无怨难，是确实的；富而无骄易，却未必。聪明的朱子意识到这一点，但是他不明说，却特别提醒，"然人当勉其难，而不可忽其易也"。

【14.11】

子曰："孟公绰为赵魏老则优，不可以为滕薛大夫。①"

①孟公绰，鲁国大夫。《左传·襄公二十五年》：齐崔杼帅师伐鲁。襄公患之。孟公绰曰："崔子将有大志，不在病我，必速归，何患焉！其来也不寇，使民不严，异于他日。"时崔杼在齐国专权，孟公绰谓崔杼帅师伐鲁，只是为了张大自己的权势，并不真想攻击鲁国，齐师之来不会为患。后崔杼果然回师而归。孟公绰事迹仅见于此。老，《左传·昭公十三年》"合诸侯而执其老"，杜预注："老，尊卿称。"优，有馀也。滕薛，两小国。赵魏其时虽名义上未称为诸侯，力量实远较滕薛强大。

下章孔子谓"公绰之不欲",可知孟公绰之为人,忠诚廉谨,而才具有限。可以处尊卿高位,未必有具体办事能力。滕薛虽为小国,作为大夫需处理内政外交大政。故孔子认为,孟公绰作为赵魏家臣之长则优有馀裕,而作为滕薛大夫则力量不足。曹操《求贤令》曰:"'孟公绰为赵魏老则优,不可以为滕薛大夫。'若必廉士而后可用,则齐桓其何以霸世!"这一代乱世之奸雄,他需要的是可以辅助他"霸世"的人才,而不一定是"廉士"。曹操的引用正有助于理解本章的旨意。

★孟公绰事迹见鲁襄公二十五年(前548),时孔子年方四岁。《仲尼弟子列传》谓"孔子之所严事"的人中就有孟公绰。孟公绰为孔子"严事"之时必以年过古稀。由襄公二十五年孟公绰断定崔杼帅齐军伐鲁实际上"不在病我",必会速归,可知其人还是有相当见地的。但孔子一定对他有所了解,因而认为他"为赵魏老则优,不可以为滕薛大夫。"其实孟公绰与所谓"赵魏老"还是"滕薛大夫"都毫无关系,孔子是在论述人担负的职务必须与其人的才能器宇相称时,以假定语气举孟公绰为例;其喻意比评论孟公绰本人重大得多。

【14.12】

子路问成人①。子曰:"若臧武仲之知②,公绰之不欲③,卞庄子之勇④,冉求之艺⑤,文之以礼乐⑥,亦可以为成人矣。⑦"曰⑧:"今之成人者何必然?见利思义⑨,见危授命,久要不忘平生之言,亦可以为成人矣。"

①成人,朱熹集注,"犹言全人"。按,犹今言完人。

②臧武仲,即臧孙纥。《左传·襄公二十三年》:臧孙纥因鲁内乱奔齐,"齐侯(齐庄公)将为臧纥田。臧孙闻之,见齐侯。与之言伐晋。对曰:'多则多矣,抑君似鼠。夫鼠昼伏夜动,不穴于寝庙,畏人

故也。今君闻晋之乱而后作焉。宁将事之，非鼠如何？'乃弗与田。仲尼曰：'知之难也。有臧武仲之知，而不容于鲁国，抑有由也，作不顺而施不恕也。'"时齐国崔杼专权，齐庄公自身难保，故臧孙纥不受其田，为避祸也。两年后齐庄公即为崔杼所弑，故孔子称其知。知，同"智"。按襄公二十三年（前550），孔子还不到两岁，此孔子后来评论。又，昭公七年（前535），孟僖子将死，召其大夫曰："礼，人之干也；无礼，无以立。吾闻将有达者曰孔丘，圣子之后也。……臧孙纥有言曰：'圣人有明德者，若不当世，其后必有达人。'今其将在孔丘乎？我若获没，必属说与何忌于夫子，使事之而学礼焉，以定其位。"故孟懿子与南宫敬叔师事仲尼。杜预注："（昭公）二十四年孟僖子卒；僖子卒时，孔丘年三十五年矣。"不知《左传》何以叙孟僖子之死于昭公七年。按，臧孙纥于孔子为前辈，孔子于臧孙或有知己之谊。参见《公冶长》篇"子谓南容"章（5.2）注。

③公绰，即孟公绰。不欲，谓其至诚尽职，无个人私欲。参见上章注。

④卞庄子，何晏集解引周曰："卞邑大夫。"《荀子·大略》："齐人欲伐鲁，忌卞庄子，不敢过卞。"《韩诗外传》卷十第十三章："卞庄子好勇。母无恙时，三战而三北。交游非之，国君辱之。卞庄子受命，颜色不变。及母死三年，鲁兴师，卞庄子请从。至见于将军曰：'前犹与母处，是以战而北也，辱吾身。今母没矣，请塞责。'遂走敌而斗，获甲首而献之，曰：'请以此塞一北。'又获甲首而献之，曰'请以此塞再北。'将军止之曰：'足！'不止，又获甲首而献之，曰：'请以此塞三北。'将军止之，曰：'足！请为兄弟。'卞庄子曰：'三北以养母也。今母殁矣，吾责塞矣。吾闻之，节士不以辱生。'遂奔敌，杀七十人而死。"（甲首，披甲者之首。）《史记·张仪列传·陈轸传》："卞庄子欲刺虎，馆竖子止之，曰：'两虎方且食牛，食甘必争，争则必斗，斗则大者伤，小者死，从伤而刺之，一举必有双虎之名。'卞庄子以为然，立须之。有顷，两虎果斗，大者伤，小者死，庄子从

伤者而刺之，一举果有双虎之功。"卞庄子，《战国策·秦策二》作管庄子。此卞庄子之见于史籍者，其人当为春秋中叶鲁国人。

⑤冉求，孔子弟子，参见《八佾》篇"季氏旅于泰山"章（3.6）注。艺，才艺。

⑥文，动词，何晏集解引孔安国曰："文，成。"文之以礼乐，谓以礼乐成全之。

⑦亦，乃也。

⑧曰，孔子又曰。

⑨见利思义，见到利益要想到道义，即所得利益是否合理。见危授命，见到危难敢于付出生命。按，见危授命，专指维护正义事业而言。久要不忘平生之言，何晏集解引孔安国曰："久要，旧约也。平生，犹少时。"按，要，"约"之假借。谓许久以前的约言一生都不忘却。

★任何事情，任何言语，都须有个限度。"过犹不及"，超过限度，就难以成立。《微子》篇周公之言曰："无求备于一人。"（18.10）本章孔子所论，要把不同类型杰出人物的特长全凑在一起才算"成人"，这样的所谓"成人"，世界上绝不存在。这种话尽管是孔子说的也没有意义。

【14.13】

子问公叔文子于公明贾曰①："信乎夫子不言不笑不取乎？②"

公明贾对曰："以告者过也③。夫子时然后言，人不厌其言；乐然后笑，人不厌其笑；义然后取，人不厌其取。④"

子曰："其然？岂其然乎？"

①公叔文子，何晏集解引孔安国曰："公叔文子，卫大夫公孙拔。文，谥。"按《左传·定公六年》"公叔文子老矣"，杜预注："文子，公孙发。"《礼记·檀弓下》"公叔文子卒"郑氏注："文子，卫献公之孙，名拔，或作发。"公明贾，朱熹集注："公明，姓；贾，名，亦卫人。"

②信乎，是真的吗？夫子，指公叔文子。

③以，此也。以告者过也，这是传告者的错误。

④"夫子"四句：夫子，指公叔文子。厌，嫌厌，厌恶。谓公叔文子该言之时然后言，故人不嫌其言；可乐之时然后笑，故人不嫌其笑；取之合理然后取，故人不嫌其取。

【14.14】

子曰："臧武仲以防求为后于鲁①，虽曰不要君，吾不信也。②"

①臧武仲，见前"子路问成人"章（14.12）注②。防，原臧武仲封邑。《左传·襄公二十三年》：臧武仲为孟孙所谮，出奔于邾。通过其同父异母长兄臧贾，请求为臧氏立后于防。表示"非敢私请，苟守先祀，无废二勋，敢不辟邑"。（意谓不敢为自己私请，而是为了先人的宗祀。如果立了后，不废祖臧文仲、父臧宣仲之祀，自己就辟邑远走。）臧贾使其弟臧为向鲁侯求立于防，贾为却请求立了自己。武仲如此出奔齐国。

②要，读平声（yāo），要挟。孔子认为臧武仲请求为臧氏立后于防，虽措辞委婉，实际是要挟鲁君。

【14.15】

子曰："晋文公①谲而不正②；齐桓公③正而不谲。④"

①晋文公（前697—前628），晋国君，名重耳，鲁献公之子。献公宠幸骊姬，逼太子申生自杀，重耳奔翟。在外流亡十九年，借秦穆公之力得反晋国，用狐偃、赵衰、先轸等为辅，尊周室，平王子带之乱，纳周襄王；城濮之战，大败楚军，遂继齐桓公之后成为霸主。在位仅仅九年。见《左传》僖公四年至三十二年与《史记·晋世家》。

②谲（jué）而不正，谲诈而不正派。何晏集解引郑玄曰："谲，诈也。谓召天子而使诸侯朝之。仲尼曰：'以臣召君，不可以训。'故书曰：'天王狩于河阳。'是谲而不正也。"朱熹集注："谲，诡也。"

③齐桓公（？—前643），齐国君，名小白，齐襄公之弟。襄公淫乱，小白惧祸奔莒。襄公被杀后，小白自莒回国即位，是为桓公。桓公任用管仲，进行改革，国力富强，以"尊王攘夷"为号召，九合诸侯，一匡天下，成为春秋第一霸主。在位四十三年。见《左传》庄公、闵公、僖公之世与《史记·齐太公世家》。

④正而不谲，正派而不诡诈。何晏集解引马融曰："伐楚以公义责包茅不入，问昭王南征不还，是正而不谲也"。

★说"晋文公谲而不正，齐桓公正而不谲"章——

齐桓公晋文公是春秋时代最先出现的两大霸主，当时周室衰微，齐桓晋文以"尊王攘夷"相号召，盟会诸侯，主宰天下，在春秋前期驰骋中国历史舞台上近半个世纪之久。孔子对这两位霸主作了完全不同的评价，说一个"谲而不正"，一个"正而不谲"。

孔子本人并没有提供证据，没有详加说明，证据都是注家说的，不妨分析一下这些证据。

《左传·僖公四年》，"春，齐侯以诸侯之师侵蔡，蔡溃，遂伐楚。楚子使与师言曰：'君处北海，寡人处南海，唯是风马牛不相及也，不虞君之涉吾地也，何故？'管仲对曰：'昔召康公命我先君大公曰：五侯九伯，女实征之，以夹辅周室。赐我先君履，东至于海，西至于河，南至于穆陵，北至于无棣。尔贡包茅不入，王祭不恭，无以缩酒，寡人是征。昭王南征而不复，寡人是问！'对曰：'贡之不入，寡君之罪也，敢不共给。昭王之不复，君其问诸水滨！'师进，次于陉。"这是春秋时代中原诸侯霸主与南方楚国第一次撞碰，双方都有所克制，结果订立召陵之盟。马融注以鲁僖公四年齐桓公伐楚，"责包茅不入，问昭王南征不返"，合乎"公义"，是孔子谓"齐桓公正而不谲"的根据。

鲁僖公四年（前656）齐桓公率中原九国之师向楚兴师问罪，要问楚国一个罪名实在太容易了。自西周以来几百年间，"汉阳诸姬，楚实尽之"，这个罪名就很现成。周平王三十一年（前740）楚武王熊通擅自称王，公然向周天子叫板，僭越之罪何等重大。然而如此之大的罪过，齐人都没有问，却问什么"尔贡包茅不入，王祭不恭"。大概在西周之初，楚国僻在荆南，微不足道，所谓苞茅入贡只是象征性地表示臣服而已。年代一久，也许早已荒废。反正问题不大，所以楚使认罪，表示愿意供给。再问"昭王南征而不复"，那是几百年前的往事，周王朝也从没有问过，齐人把这当作罪名更属荒唐，所以楚使决不买账，说"君其问诸水滨"。聪明的管仲代表齐师如此问罪，只能说明一个问题，即齐桓公率中原之师犯楚只是一种试探，并没有真与楚国一决雌雄的决心。所以最后以和平会盟的方式收场。可见召陵之盟无所谓正，也无所谓谲，实在不能作为"齐桓公正而不谲"的根据。

齐楚召陵之盟过后二十四年，即鲁僖公二十八年（前632），夏四月，晋文公联合齐宋秦三国之师大败楚军于城濮。是年冬，文公会九国诸侯于温。据《左传》记录，"是会也，晋侯召王，以诸侯见，且使王狩。仲尼曰：'以臣召君，不可以训！故书曰：'天王狩于河阳。'壬申，公朝于王所。"郑玄即以"晋侯召王"为孔子谓晋文公"谲而不正"的根据，并引用了《左传》原文。（温，即河阳。今河南温县。）

晋文公作为霸主，只是短短的几年。考查晋文公的全部表现，对周襄王实在是恪尽臣职。周襄王十七年，王子带作乱，周襄王出奔。襄王向晋文公告急，文公立即出兵平乱，杀王子带，迎襄王复位。三年之后，城濮之战，晋文公大败楚军。阻遏了楚国北进的势头。周襄王闻晋军获胜，亲自前往劳军。晋文公为作王宫于践土，向襄王献捷。《史记·晋世家》记述这次朝会，与《左传》行文有很大的不同，《史记》云："冬，晋侯会诸侯于温，欲率之朝周。力未能，恐其有畔者，乃使人言周襄王狩于河阳。壬申，率诸侯朝王于践土。孔子读史记至文公，曰'诸侯无召王''王狩河阳'者，《春秋》讳之也。"尽管司马迁也引了孔子的话，但他在叙述过程时为文公作了辩解。邢昺疏解郑玄注，说的更有意思。疏云："晋侯本意欲大合诸侯之师共尊事天子，以为臣之名义，实无觊觎之心。但于时周室既衰，天子微弱，忽然帅九国之师，将数十万众入京师以临天子，似有篡夺之说，恐为天子拒逆，或复天子怖惧弃位出奔，则诸侯心实尽诚，无辞可解。"正是在这种情况下，晋文公才请襄王狩河阳，率诸侯朝王于践土。邢昺所说，简直近乎为晋文公表明心迹，实在不能说他谲而不正。

齐桓公晋文公是春秋时代具有标志性的人物，他们在历史上所起的作用和性质都大体相同；孔子对这两位霸主却作了完全相反的评价，说"晋文公谲而不正，齐桓公正而不谲"，他如此左袒齐桓公，贬斥晋文公，不知其何所据而云然。

【14.16】

子路曰："桓公杀公子纠，召忽死之，管仲不死①。曰②，未仁乎？"

子曰："桓公九合诸侯，不以兵车③，管仲之力也！如其仁！如其仁！④"

【14.17】

子贡曰:"管仲非仁者与?桓公杀公子纠,不能死,又相之。"

子曰:"管仲相桓公,霸诸侯⑤,一匡天下⑥,民到于今受其赐。微管仲,吾其被发左衽矣⑦。岂若匹夫匹妇之为谅也,自经于沟渎而莫之知也?⑧"

①"桓公杀公子纠"三句:齐襄公淫乱无道,群弟怕连累受祸出奔。管仲召忽奉公子纠奔鲁,鲍叔牙奉小白奔莒。鲁庄公九年(前685),齐襄公被杀,齐人召小白于莒。鲁亦送公子纠回齐,并命管仲率军遮阻小白。管仲射中小白带钩,小白佯装射死。管仲驰报鲁军。待鲁军至齐,小白已先入即位,是为桓公。桓公遗书鲁国,令其杀公子纠,并押管仲召忽至齐。鲁人被迫杀公子纠,召忽自杀,管仲自请囚送齐国。桓公欲杀管仲,鲍叔说,君欲成霸主,非用管仲不可。桓公从之,遂重用管仲,终成就霸业。见《左传·庄公九年》与《史记·齐太公世家》。

②曰,此子路讲述桓公管仲事实之后,接着发问。

③九合诸侯,合,会也;句意谓多次与诸侯会盟。不以兵车,谓不靠使用武力。馀详星评。

④如,与也,许也。孔子不轻易以仁许人,包括管仲。朱熹集注:"管仲虽未得为仁人,而其利泽及人,则有仁之功矣。"按,朱说是。子路问管仲"未仁乎",孔子说"如其仁,如其仁",是一种随意的口气,犹言也算是他的仁吧。下章回答子贡问管仲"非仁者与",孔子既不说他是仁者,也不说他不是仁者,只是充分肯定他的功业。

⑤霸,朱熹集注,"长也"。霸诸侯,即为诸侯之长。

⑥一匡天下,何晏集解引马融曰:"匡,正也。天子微弱,桓公帅诸侯以尊周室,一正天下。"

⑦微，何晏集解引马融曰："微，无也。"被，通"披"；被发，即披发。衽（rèn），衣襟。披发左衽，先秦中原地区人束发，衣襟向右扣；戎狄人披发，衣襟向左扣。管仲辅佐桓公多次抵抗戎狄入侵，维护中原地区的安全。《史记·齐太公世家》记载：桓公"二十三年，山戎伐燕，燕告急于齐。齐桓公救燕，遂伐山戎，至于孤竹而还"。"二十八年，卫文公有狄乱，告急于齐。齐率诸侯城楚丘，而立卫君。"桓公自言："寡人南伐至召陵，望熊山；北伐山戎、离枝、孤竹，西伐大夏，涉流沙；束马悬车登太行，至卑耳山而还。"孔子谓如果没有管仲，则中原地会被夷狄侵占，我辈也会是披发衣襟向左扣，如同夷狄了。

⑧匹夫匹妇，泛指一般人。邢昺疏："匹夫匹妇，谓庶人也。"谅，邢昺疏，"信也"。朱熹集注："小信也"。自经，自缢。沟渎，犹沟壑。孔子谓管仲之所以不死，是胸怀大志，哪像一般庶人为小信自缢于沟壑而谁也不知道。《八佾》篇"管仲之器小哉"章（3.22），孔子认为管仲小器，既不俭，也不知礼；而答子路、子贡之问，却对管仲作了很高的评价。盖孔子按道德修养的标准，认为管仲没有达到仁人的高度；但论其功业，却至为巨大，故孔子给予充分的肯定。

★说"九合诸侯"，"一匡天下"——
九合诸侯：《管子·小匡》桓公曰："余乘车之会三，兵车之会六；九合诸侯，一匡天下。"《史记·齐太公世家》称曰："寡人兵车之会三，乘车之会六；九合诸侯，一匡天下。"《穀梁传·庄公二十七年》曰，齐侯"衣裳之会十有一"，"兵车之会四"。诸书所说，差别极大。单是兵车的数量就无一相同：《管子》说"兵车之会六"，《史记》说"兵车之会三"，《穀梁传》说"兵车之会四"，孔子却说"桓公九合诸侯，不以兵车"。按，"九"是虚数，言其多也。九合诸侯者，多次合诸侯也。注家或考证"九合"的时间和地点，根据不同的记录，结果治丝而益棼，总得不到一致。《左传·僖公二十六年》，齐孝公伐鲁，鲁使展喜犒师。展喜对孝公问，谓"桓公是以纠合诸侯而谋其不协"，称桓公"纠合诸侯"而不说"九合"，足证"九合"并非实数。

一匡天下，何晏集解引马融说，谓"天子微弱，桓公帅诸侯以尊周室，一正天下"，是正确的。但《史记·齐太公世家》正义谓"一匡天下"，指齐桓公"定襄王为太子之位也"。按，周惠王太子郑，其母早死。后母生叔带，有宠于惠王。鲁僖公七年惠王（前653）死，太子立，即周襄王。叔带引戎翟谋伐襄王。襄王向齐告难，齐桓公使管仲平定戎乱，定襄王之位。事见《左传》僖公七年、八年。《史记》正义谓即指此事。按，一个事件不足以概括为桓公"一匡天下"，应以马融说为是。

【14.18】

公叔文子之臣大夫僎与文子同升诸公①。子闻之曰："可以为文矣。②"

①公叔文子之臣大夫僎与文子同升诸公，何晏集解引孔安国曰："大夫僎本文子家臣，荐之使与己并为大夫，同升在公朝。"邢昺疏："诸，于也。公，朝也。"公叔文子，即公叔发。《礼记·檀弓下》"公叔文子"，郑氏注："文子，卫献公之孙，名拔，或作发。"

②可以为文矣，《礼记·檀弓下》卫灵公谥公叔发为贞惠文子，孔颖达疏："案谥法，爱民好与曰惠，外内用情曰贞，道德博闻曰文。既有道德，则能惠能贞。"据《左传》公叔文子卒与定公十三年。明年，即定公十四年（前496）孔子来卫国，得悉公叔发的事迹，赞赏其高尚品格，曰："可以为文矣。"参见下章星评。

【14.19】

子言卫灵公之无道也①,康子曰:"夫如此,奚而不丧?②"

孔子曰:"仲叔圉治宾客③,祝鮀治宗庙④,王孙贾治军旅⑤,夫如此,奚其丧!⑥"

①卫灵公,卫襄公"贱妾"之子,名元。襄公夫人无子,得立为嗣。卫襄公九年(前535)去世,灵公继位。灵公生活放荡,但能任用贤人,在位之时,国家相对安定。"子言卫灵公之无道",此鲁哀公十一年(前484)孔子回到鲁国后同季康公谈到卫灵公无道,时卫灵公已去世十年。

②奚而不丧,何以不亡。卫灵公在位长达四十二年(前534—前493),国家安定。

③仲叔圉,即孔文子。治,主持,办理。治宾客,即主持外交事务。参见《公冶长》篇"孔文子何以谓之文也"章(5.15)注。

④祝鮀,卫灵公太祝。治宗庙,即主持祭祀。参见《雍也》篇"不有祝鮀之佞"章(6.16)注。

⑤王孙贾,卫大夫。见《左传·定公八年》。治军旅,即主持军务。

⑥奚其丧,怎么会丧亡。何晏集解引孔安国曰:"言(卫灵公)虽无道,所任者各当其才,何为当亡。"鲁哀公二年(前493)夏天卫灵公去世。时孔子刚离开卫国。是年秋,季桓子卒,临终嘱咐其子季康子:"我即死,若必相鲁。相鲁必召仲尼。"季康子立,先召孔子弟子冉求。哀公十一年(前484)孔子回归鲁国。时季康子在鲁国执政,孔子言卫灵公无道,因其用人得力所以不亡,或亦有激励季康子任用贤才之意。

★ 话说卫灵公——

卫灵公是一个相当淫乱的国君，由于其臣僚得力，在位竟长达四十二年。《庄子·则阳》："仲尼问于大史大弢、伯常骞、狶韦曰：'夫卫灵公饮酒湛乐，不听国家之政；田猎毕弋，不应诸侯之际；其所以为灵公者何邪？'伯常骞曰：'夫灵公有妻三人，同滥而浴。史鳅奉御而进所，搏币而扶翼。其慢若彼之甚也，见贤人若此其肃也，是其所以为灵公也。'"（搏币而扶翼：搏，执也。币，帛，进见时的礼品。扶翼，扶持。史鳅进见时，卫灵公接其币帛并亲自扶持史鳅。）这虽是传闻故事，也不会完全无稽。卫灵公虽然生活放荡，对贤人却相当敬重。《左传·襄公二十九年》，吴公子季札至卫，见到蘧瑗（蘧伯玉）、史狗、史鳅（史鱼）、公子荆、公叔发（公叔文子）、公子朝，真可谓人才济济，季札非常赞赏，曰："卫多君子，未可患也。"到卫灵公继位之时，这些"君子"有的还在，而且灵公能尊重他们，这是卫灵公政权稳定的重要原因。季札说卫"未可患也"，孔子说卫灵公"奚其丧"，对卫国贤人的肯定正相一致。

《礼记·檀弓下》，"公叔文子卒，其子戍请谥。君曰：'昔者卫国凶饥，夫子为粥与国之饿者，是不亦惠乎？昔者卫国有难，夫子以其死卫寡人，不亦贞乎？夫子听卫国之政，修其班制，以与四邻交，卫国之社稷不辱，不亦文乎？故谓夫子贞惠文子。'"郑氏注："后不言贞惠者，文足以兼之。"公叔发卒后，卫灵公对他的品格和功绩作了全面性的总结，故谥为贞惠文子。作为君主，对为国家做过贡献的贤臣如此了解，并给予如此崇高的评价。也可见卫灵公虽放荡而并不昏庸，对贤臣确能任用而且极其尊重。

鲁定公十四年，孔子之所以一去鲁国即适卫国，除了因子路妻兄在卫国的关系外，更重要的就因为"卫多君子"，而卫灵公又能任用贤人。卫灵公待孔子实在也不错。孔子一到，卫灵公即问孔子"居鲁得禄几何？"孔子对曰："奉粟六万。"卫灵公即也给六万。孔子还是客座，竟然享受在鲁国一样的待遇。孔子在外十三年间，多次往返于卫国。第三次到卫国时，卫灵公亲自"郊迎"，规格够高的。孔子在卫国曾说："苟有用我者，期月而已，三年有成。"对卫灵公显然怀有希望。虽然卫灵公最终未能用孔子，孔子对这位放荡的国君，仍然给予了一定的评价，肯定他能任用贤人使国家得以安定。

【14.20】
子曰："其言之不怍，则为之也难。①"

①怍（zuò），《说文》，"惭也"，惭愧。其，犹若也，如果。意谓如果说话大言不惭，则行动起来很难成事。

★本章内容不完整，"其言之不怍"系承接上文语气。衔接第二十八章"君子耻其言而过其行"章（14.28）之后，内容联系紧密，恰为一章。参见该章星评。

"其言之不怍则为之也难"，何晏集解引马融曰："怍，惭也。内有其实则言之不惭，积其实者为之难。""难"为慎重之意。皇侃疏引王弼曰："情动于中而外形于言，情正实而后言之不怍。"《后汉书·皇甫规传》："孔子称'其言之不怍则其为之也难'，察皇甫规之言，其心不怍哉！其审己也则干禄，见贤则委位。故干禄不为贪而委位不求让，称己不疑伐而让人无惧情；故能功成于夷狄身全于邦家也。"上述解释与引用都以"不怍"为褒义。如此理解，以"不怍"谓有信心不畏怯，与《孟子·尽心下》"仰不愧于天，俯于怍于人"用法同。难，戒慎之意。"其言之不怍则行之也难"，两者不是因果关系，而是言与行并列的两个方面。则，而也，是并列连词。其言之不怍而行之也难，意谓内心充实，说话有胆量，不惭怍，而行动起来却很慎重。《大戴礼·曾子立事》："是故君子出言以鄂鄂，行事以战战。""出言以鄂鄂"即"言之不怍"，"行事以战战"即"行之也难"。

唐以前多用上述理解。宋代朱熹说："大言不惭，则无必为之志而不自度其能否矣，欲践其言，岂不难哉！"朱熹以"不怍"为贬义，"难"为难易之难。意谓说话大言不惭，态度轻率，行动起来就难。朱熹的解释远较前人之说顺畅。当我们认识到本章与"君子耻其言而过其行"为一章，更说明朱熹注准确无误。

【14.21】

陈成子弑简公①。孔子沐浴而朝②，告于哀公曰："陈恒弑其君，请讨之。"公曰："告夫三子③。"

孔子曰："以吾从大夫之后，不敢不告也④。君曰'告夫三子'者！⑤"

之三子告，不可⑥。

孔子曰："以吾从大夫之后，不敢不告也。⑦"

①陈成子，即田成子田常。《左传》作陈恒。鲁庄公二十二年（齐桓公十四年，前672），陈公子完奔齐。桓公使为工正，改姓田氏，即田敬仲。田氏在齐国逐步壮大，"其收赋税于民以小斗受之，其禀予民以大斗，行阴德于民"，以收买民心。敬仲七传至田乞，相齐悼公，专齐国之政。田乞卒，子田常立，是为田成子。鲁哀公十四年（前481）田成子弑齐简公。时上距陈完奔齐已一百九十二年。又百年之后，田太公和取代齐康公为诸侯，姜齐如此蝉变为田齐。

②沐浴而朝，朝见国君，斋戒沐浴以示恭敬。

③三子，指鲁三桓孟孙、叔孙、季孙。陈成子弑齐君，孔子请哀公出兵讨伐。时三桓专权，故哀公叫孔子"告夫三子"，犹言你去告知他们三家。

④"以吾从大夫之后"二句，孔子曾为"大司寇行摄相事"，故曰"吾从大夫之后"；现在虽不在位，仍有责任过问国家大事。自己有

责任这样做。

⑤君曰告夫三子者,这是孔子表示不满而又无可奈何的话。

⑥之,往也。前往告知三家,三家不可。

⑦"以吾从大夫之后,不敢不告也",之所以重复这句话,表示明知不起作用,我还是要尽到自己的责任。

★陈恒弑齐简公,孔子请哀公讨伐,《左传·哀公十四年》记述相对较详:"甲午,齐陈恒弑其君壬于舒州。孔丘三日齐(zhāi)而请伐齐,三。公曰:'鲁为齐弱久矣,子之伐之,将若之何?'对曰:'陈恒弑其君,民之不与者半,以鲁之众,加齐之半,可克也。'公曰:'子告季孙。'孔子辞。退而告人曰:'吾以从大夫之后也,故不敢不言。'"两者内容小有出入,基本上还是一致的。孔子无疑知识丰富,原则性也很强,但他对鲁军可以打败齐国的分析,很可能脱离实际。他提求讨伐陈恒,其实只是按他的原则尽到责任而已。这大概是孔子最后一次大的政治行为,两年后他就去世了。

【14.22】

子路问事君①。子曰:"勿欺也②,而犯之。"

①问事君,问事君应取什么态度。

②"勿欺也,而犯之",皇侃本作"勿欺之,而犯之"。而,犹宁也。二句谓对待君王不要欺骗他,宁可冒犯他。

★说"勿欺也,而犯之"——

"勿欺也,而犯之",何晏集解引孔安国曰:"事君之道,义不可欺,当能犯颜直谏。"朱熹集注引范氏曰:"犯非子路之所难也,而以不欺为难。子教先勿欺而后犯也。"注家都捉摸到原文的大致意思,解释却不得要领。关键在"而"字如何训解。

按,而,通"能"。《淮南子·原道》"行柔而刚,用弱而强",高诱注:"而,能也。""能"与"宁"一声之转,两字得通用。《诗·小雅·正月》"宁或灭之",《汉书·谷永传》引诗作"能或灭之"。此句"而"即应训"宁"。谓事君之道,"勿欺也,宁犯之",即宁可冒犯他,不要欺骗他。

范氏谓"犯非子路之所难也,而以不欺为难",此言极为错误。纵观《论语》书中所记子路言行,子路何曾有过任何欺骗行为?由于《论语》中孔子经常指斥子路,影响所及,致使有些注家对子路也怀有偏见,范氏之言即为突出的一例。对待古人,也不应无端诬蔑。

【14.23】
子曰:"君子上达,小人下达。①"

①上达、下达,何晏集解:"本为上,末为下。"皇侃疏:"上达者,达于仁义也。下达,谓达于财利,所以与君子反也。"邢昺疏:"本章言君子小人所晓达不同也。本为上,谓德义也;末为下,谓财利也。言君子达于德义,小人达于财利。"按,《礼记·大学》"德者本也,财者末也",此邢疏所本。

★ "君子上达,小人下达",文词过于简约,其本意很难索解。如果皇侃邢昺疏解不误,则与《里仁》篇"君子喻于义,小人喻于义"意思相近。但也只备一说。

【14.24】
子曰:"古之学者为己,今之学者为人。①"

①为己,为了修养自己。为人,为了向别人炫耀。

★《荀子·劝学》:"古之学者为己,今之学者为人。君子之学也,以美其身;小人之学也,以为禽犊。"(杨倞注:"禽犊,馈献之物也。")《北堂书钞》引《新序》云:"齐王问墨子曰:'古之学者为己,今之学者为人,何如?'对曰:'古之学者得一善言以附其身,今之学者得一善言务以悦人。'"(《广雅·释诂》:"附,益也。"增益。)《后汉书·桓荣传论》:"孔子曰:'古之学者为己,今之学者为人。'为人者,凭誉以显物;为己者,因心以会道。"这些解释,对如何"为己、为人"说得相当清楚。

【14.25】

蘧伯玉使人于孔子①,孔子与之坐而问焉,曰:"夫子何为?②"对曰:"夫子欲寡其过而未能也。③"

使者出,子曰:"使乎!使乎!④"

①蘧伯玉,即蘧瑗,卫大夫。《仲尼弟子列传》称"孔子之所严事;于周则老子;于卫,蘧伯玉。"孔子在卫曾"主蘧伯玉家"。孔子在外十三年,长期滞留卫国,子路妻兄颜浊邹与老友蘧伯玉是他生活上的主要依靠。

②夫子何为,当是问夫子情况如何。

③欲寡其过而未能也,此使者说蘧伯玉的情况,实际是代表蘧伯玉谦虚地表示自己欲少有过失而未能也。

④使乎使乎,此孔子对使者称赞之辞。从使者的回答中,孔子感到这位使者很理解蘧伯玉的为人风格,故孔子加以称赞。

★《庄子·则阳》曰:"蘧伯玉行年六十而六十化,未尝不始于是之而卒诎之以非也,未知今之所谓是之非五十九非也。"诎,通"黜",贬斥,否定。始于是之而卒诎之以为非也,即原先认为正确者后来又贬斥之以为错误。这也就是"化"的含义。《淮南子·原道》曰:"蘧伯玉年五十而有四十九非。"这些记载都带有寓言的性质,但不会是完全无据。蘧伯玉"欲寡其过而未能","行年六十而六十化","未知今之所谓是之非五十九非也",这些话不是说他不断犯错误,对事物没有自己的主见;而应理解为他对人生社会宇宙自然的思考,不断地重新认识自己,重新认识这个世界。春秋时代个人著述还没有形成风气,以致蘧伯玉没有留下著作,如果他哪怕只留下一些语录,内容一定都很可观,可惜没有。蘧伯玉比孔子年长,鲁襄公二十九年(前544)吴季札聘卫时,蘧伯玉已在卫廷任职,即得到季札的赞赏,其时孔子还不到八岁。鲁定公十四年(前496)以后孔子到卫国即住在他家里。其时上距襄公二十九年四十七八年,孔子已五十六七岁,蘧伯玉已是髦耋老人,是孔子所"严事"的老师。他们肯定有很深的交谊,但两人的思维方式人生态度有极大的不同。蘧伯玉对自己总是"始于是之而卒诎之",觉得自己"欲寡过而未能";孔子完全不然,他充满了自信,认为自己是"天生德于予",认为"文王既没文不在兹乎",公然自任为文王以来"文"的继承者和发扬者,这位大圣人在自己"严事"的老师面前是否也有所愧赧!

【14.26】
子曰:"不在其位,不谋其政。[①]"

[①]本章重出,已见《泰伯》篇(8.14)。

【14.27】
曾子曰:"君子思不出其位。[①]"

①曾子，曾参。君子思不出其位，谓君子思考不超出自己的职位。此语又见《易·艮》象辞。

★《论语注疏》以"子曰""曾子曰"为一章，朱熹分为两章。按，曾子之言同孔子之言有极大的距离。朱熹分两章为是。

孔子所谓"不谋其政"，谋为谋划参与之意。"不在其位"，在特定的情况下，不只是没有"谋其政"的责任，而且没有"谋其政"的权利。"思"则不同，为什么不可以思呢？作为一条普遍的原则，"不在其位，不谋其政"，未必正确。《泰伯》篇已有所分析，参见该章注。"思不出其位"，更是极大的错误。对人民社会的事务置若罔闻甚至对关系到国家民族的命运也漠不关心。这是我国民众最大的弱点，这是封建暴政残酷统治产生的结果，而后又造成封建暴政得以反复产生的土壤。有时候，一种荒诞而残暴的政策出来，许多为虎作伥之徒一哄而起，造成"滔滔者天下皆是也"的局面，大多数人浑浑噩噩，随波逐流；结果往往使千百万人民的生命遭到摧残，使壮丽的山河造成严重的破坏。长期的封建统治，这种教训已经够惨了。孔子主张"不在其位，不谋其政"，就很不合理，曾子竟然主张"思不出其位"更为荒谬，实在是不折不扣的奴隶哲学。

【14.28】
子曰："君子耻其言而过其行。①"

①耻，动词，以为耻。君子以"其言而过其行"为耻。

★本章与"其言之不怍"章（14.20）应是孔子的一段话，分记成了两章，连接即为一章：

子曰:"君子耻其言而过其行。其言之不怍,则为之也难。"

意谓君子以其言而过其行为耻;如果说话大言不惭,行动起来就难以成事。

【14.29】
子曰:"君子道者三,我无能焉:仁者不忧,知者不惑,勇者不惧。①"
子贡曰:"夫子自道也!②"

①君子道,犹言君子所行之道。"仁者不忧"三句已见《子罕》篇。作"知者不惑,仁者不忧,勇者不惧。"(9.29)知,通"智"。参见该章注。
②夫子自道,谓夫子是说他自己。

【14.30】
子贡方人①。子曰:"赐也贤乎哉?夫我则不暇。②"

①方人,议论别人的过错。
②"赐也贤乎哉"二句,谓子贡议论别人,你自己就很贤明吗,我可没那种闲工夫。(不去谈论别人的事。)这是孔子贬抑子贡的话。

★子贡方人,何晏集解引孔安国曰:"比方人也。"
《释文》:"方人,郑本作谤,谓言人之过恶。"是"方"为"谤"字之借。孙志祖《读书脞录》:"读《左传》襄十四年'庶人谤',正义云'谤，谓言其过失，使在上闻之而自改'，亦是谏之类也。昭四年传'郑人谤子产'，《国语》'厉王虐，国人谤王'，皆是言其实事，谓之为谤。但传闻之事有实有虚，或有妄谤者，今世遂以谤为诬类，是俗易而意异也，始悟'子贡谤人'之义如此。"刘宝楠曰："按《三国志·王昶传》戒子书曰：'夫毁誉，爱恶之原而祸福之机也，是以圣人慎之。孔子曰："吾之于人，谁毁谁誉？如有所誉，必有所试。"又曰："子贡方人。赐也贤乎哉！我则不暇。"以圣人之德犹当如此，况庸庸之德而轻毁誉哉！'以方人为毁，是亦读方为谤，用郑义也。"

按，孙、刘说是。但刘宝楠以孔注"比方人也"为误，则未必然。《汉书·贾山传》"公卿比谏"，师古注引李奇曰："或曰比方事类以谏也。"师古曰："比方是也。"当面正言为谏，背面传言为谤，均有批评讥议之意。朱熹注："方，比也。比方人物而较其短长。"比方人物而较其短长，当然也就有批评讥议之意。可知孔曰"比方人也"，郑作"谤人"，含义实相一致；但作"谤人"更易理解。

孙志祖的解释值得特别强调。只要是根据实事，"言其过失，使在上闻之而自改"，亦是谏之类也，谓之为谤，可知"谤"原无贬义。只有"妄谤者"，后世遂以为诬，如此"谤"才成为贬义词。

【14.31】

子曰："不患人之不己知，患其不能也。①"

①患，忧虑，担心。其，己也。谓不要担心别人不了解自己，而要担心自己无能。

★参见《学而》篇"不患人之不己知"章与《里仁》篇"不患莫己知"章注。

【14.32】

子曰:"不逆诈,不億不信①。抑亦先觉者,是贤乎!②"

①逆,犹逆料,预先料想。億,通"臆",臆度,主观臆测。抑,朱熹集注,"反语词"。先觉,犹言事先觉察,事先知道。贤,贤明,高明。《广韵·先韵》,"贤,善也。"本章也是对某个无端怀疑别人者的批评。前二句谓不要预先料想别人欺诈,不要主观臆想别人不诚信。总之是不要无端怀疑别人。后二句谓难道你是先觉者,就那么高明吗?馀详星评。

★本章邢昺疏:"此章戒人不可逆料人之诈,不可臆度人之不信也。抑,语辞也。言先觉者是□□□□□□□□所以非贤者。以诈伪不信之人为之臆度□□□□人故先觉者非为贤也。"邢疏对前两句的疏解甚为正确。疏文后半部分文字残缺,但意思大致可以捉摸,仍谓无端怀疑别人诈伪者并非贤者。朱熹集注:"逆,未至而迎之也。億,未见而意之也。诈,谓人欺己。不信,谓人疑己,抑,反语辞。言虽不逆不億,而于人之情伪,自然先觉,乃为贤也。"朱熹对前两句中词语训解不错,对全章旨意的理解却是错误的。"抑亦先觉者,是贤乎"为反问之辞,朱熹却解释为肯定之语,说"于人之情伪,自然先觉,乃为贤也",显然不对。"抑亦先觉者?是贤乎?"两句都是反问句,都要用问号。"是贤乎"反问句式尤为明显。"自然先觉,乃为贤也",不符合本章的语境,也不符合孔子的思想。任何人都不可能"自然先觉"。孔子自己就说"我非生而知之者",怎么又会提倡"自然先觉"呢?

联系"子贡方人"章来理解,可以断定本章也肯定是对谁的批评。一定是谁没有根据就说某人欺诈,某人不诚信。孔子告诉他:不要逆料别人欺诈,不要臆度别人不诚信;难道你是先觉者?你就那么贤明吗?

再进一步考察,本章与"子贡方人"章内容相关。《释文》谓"方人,郑本作谤,言人之过恶。"子贡言人之过恶,他"言"了别人什么过恶?从该章看不出来。孔子批评他"赐也贤乎哉",也没有涉及具体内容。从本章则可以得到答案。"逆诈",臆度"不信",无根据地怀疑别人欺诈,臆度别人不诚信,即子贡所"言人之过恶"。前章孔子曰:"赐也贤乎哉",与本章孔子曰:"抑亦先觉者,是贤乎",指责的语气相同。将两章联在一起,结合理解,就是如下的形式:

子贡方人。子曰:"赐也贤乎哉?夫我则不暇。不逆诈,不亿不信。抑亦先觉者?是贤乎?"

意思是说:子贡谤人,言人之过恶。孔子批评他,你自己就很贤明吧,我可没有那种闲工夫。接着孔子又说:不要逆料别人欺诈,不要臆度别人不诚信;难道你是先觉者,你就那么贤明吗?此本是一章,分割成了两章;将两章连结,内容衔接紧密。

【14.33】

微生亩①谓孔子曰:"丘何为是栖栖者与?无乃为佞乎?②"孔子曰:"非敢为佞也,疾固也。③"

①微生亩,何晏集解引包咸曰:"微生姓,亩名。"微生亩直呼孔子为丘,必是年高长者。其人生平不详。

②栖栖,忙忙碌碌不得安居之貌。邢昺疏:"栖栖,犹皇皇也。"佞,口才也。与,读平声(yú),疑问助词。微生亩谓孔子何以如此栖栖皇皇,到处奔走,是为了逞你的口才吗?

③疾，厌恶。固，固陋，顽固。孔子回答：不是敢逞口才，而是厌恶那些顽固分子。何晏集解引包咸曰："病世固陋，欲行以化之。"

★《孟子·滕文公》："公都子曰：'外人皆称夫子好辩，敢问何也？'孟子曰：'予岂好辩哉，予不得已也。'"与本章之意略同。

【14.34】

子曰："骥不称其力，称其德也。①"

①骥，《释文》"古之善马也。"称，赞赏。对良马，不是赞赏它的力气，而是赞赏它的品质。

★本章之要在其比喻意义。人也是如此，能力固然重要，而更重要的在其品格。朱熹集注引尹氏曰："骥虽有力，其称在德；有才而无德，则亦奚足尚哉！"

牲畜，和人一样，同样有资质的高下，有情感的差别。犬马尤其如此，传说中义犬奇骥故事特多。抗日战争时，一九三八年上海沦陷，一队骑兵与敌人奋力鏖战后全部牺牲。留下二十七匹战马。强盗们一下得到这么多骏马兴高采烈。没想到这些骐骥拒不投降，它们顽强地站在牺牲战士的遗体旁，"败马号鸣向天悲"。它们围成一圈，头向中间，臀部对着外围。敌人去牵取它们时，它们便愤怒猛踢。敌人毫无防备，当即被踢伤多人。凶恶的强盗们向他们开枪扫射。这些英勇的骏马咆哮着，打倒了又崛起，站起来又打到，最终全部牺牲；人马的鲜血流在一起！"骥不称其力，称其德也！"我们实在应该为这些英雄的骐骥竖一一座群雕。

【14.35】

或曰:"以德报怨何如?①"

子曰:"何以报德?以直报怨,以德报德。②"

①德,恩惠。报,回答,报答,对付。怨,仇怨。或人问以恩惠回答仇怨何如。

②直,公直,公正。孔子回答:如果以恩惠回答仇怨,那怎么报答恩惠?应该是以公直回答仇怨,以恩惠报答恩惠。

★《老子》第七十九章:"和大怨,必有馀怨。报怨以德,安可以为善。"("报怨以德",原错入六十三章;据上下文意,应移入七十九章。参见拙著《老子本原》。)安,乃也。按老子之意,平和地对待大怨,仍必有馀怨;只有以德报怨,乃可以为善。本章或人所问表现的即是道家的观念。

【14.36】

子曰:"莫我知也夫?①"

子贡曰:"何为其莫知子也?②"

子曰:"不怨天,不尤人③,下学而上达④,知我者其天乎!⑤"

①莫我知也夫,没有人理解我吧?
②何为,即为何。其,犹言那样地。
③怨,怨恨。尤,责怪,归咎。何晏集解引马融曰:"孔子不用于世而不怨天,人不知己,亦不尤人。"
④下学而上达,何晏集解引孔安国曰:"下学人事,上知天命。"
⑤"其天乎"之其,推测性副词,犹言"大概"。意谓理解我者

大概只有天吧。

★说"莫我知也夫"——

这句话不要理解为感叹语气,不能解作没有人理解我啊;而应理解为向子贡提问的语气。犹言"你看没有人理解我吧",后应用问号,不能用惊叹号。如理解为感叹语气,则成了感叹语、牢骚语,就有点"尤人"的意味了,与后文"不尤人"相矛盾。孔子如此问话,正是要引出"不怨天,不尤人"的话来。

【14.37】

公伯寮愬子路于季孙①。子服景伯以告②,曰:"夫子固有惑志③,于公伯寮,吾力犹能肆诸市朝。④"

子曰:"道之将行也与,命也;道之将废也与,命也。公伯寮其如命何!⑤"

①公伯寮,《仲尼弟子列传》有"公伯缭,字子周",集解引马融曰"鲁人"。索隐曰:"谯周云:'疑公伯缭是谮愬之人,孔子不责,而云其如命何,非弟子之流也。'今亦列比在七十二贤之数,盖太史公之误。"谯周之说固不无道理,但也不绝对;耶稣弟子中有犹大,孔子弟子中也不一定没有公伯寮。其人一定是依附季孙者。愬,谮毁。何晏集解引马融曰:"愬,谮也。"

②子服景伯,何晏集解引孔安国曰:"鲁大夫子服何忌也。"《左传·哀公三年》"子服景伯至",杜预注:"景伯,子服何也。"是子服景伯名何,不名何忌。公伯寮向季孙谮毁子路,子服景伯告知孔子。

③夫子,指季孙,即季桓子。固,《国语·晋语六》"臣固闻之",韦昭注:"固,久也。"固有惑志,犹言早有疑心。意谓由于公伯寮的谮毁,季孙对子路早有疑心。

④肆，何晏集解引郑玄曰："有罪既刑，陈其尸曰肆。"市朝，犹言市上，街头。《史记·孟尝君列传》"日暮之后过市朝者"，索隐："市之行列，有如朝列，因言市朝耳。"子服景伯谓对于公伯寮，吾"力"能将他干掉，陈其尸于市朝。馀详星评。

⑤"道之将行也与"三句：孔子谓吾之道能实现在于命运，吾之道被废弃也在于命运，公伯寮能把我的命运怎么样！即叫子服景伯不要采取行动。结果是他自己"去鲁适卫"。

★说"公伯寮愬子路于季孙"章——

"公伯寮愬子路于季孙"，他"愬"了什么？文章没有透露，但一定涉及非常严重的问题。以致引起了季孙对子路"有惑志"，而且子服景伯提出将他"肆诸市朝"，孔子也把问题提到"道"之将行将废的高度。"公伯寮其如命何"，这话的分量与"桓魋其如予何"、"匡人其如予何"相比，有过之而无不及；可见当时面临的形势何等严酷。由此可以推断，"愬子路于季孙"，"季孙有惑志"，矛头所指实际是孔子，要不然不致使孔子感到这般严重。

如此尖锐的矛盾，如此严重的事故，何晏集解所引"孔曰""郑曰"仍只作一般的训诂，丝毫不涉及事情的原委。朱子"或问"谓此必发生"在堕三都出藏甲之时"。朱熹这一见解极有价值，但他似乎心存疑虑，在其《论语》集注中只字不提；却引谢氏曰："虽寮之愬行亦命也，其实寮无如之何。愚谓言此以晓景伯安子路而警伯寮耳。"这样的话，不着边际。

尽管如此，朱熹答"或问"仍给我们以启发。

《孔子世家》谓鲁定公十四年（前496），"桓子受齐女乐，三日不听朝；郊，又不致膰俎于大夫"，孔子遂行，去鲁适卫。回避矛盾，出奔异国，孔子采取如此重大行动，其原因决不那样简单。考查一下鲁定公十四年孔子去鲁前几年间的活动，可以了解孔子与三桓特别是季桓子的矛盾以及他离开鲁国的真正原因。

鲁国自宣公以来，公室长期被三桓控制，季孙势力尤为强大。鲁定公无疑对季桓子非常反感，因而起用孔子。鲁定公九年（前501），"定公以孔子为中都宰，一年，四方皆则之。由中都宰为司空，由司空为大司寇"。定公十年（前500）春，鲁定公与齐景公会于夹谷。"孔子摄相事，曰：'臣闻有文事者必有武备，有武事者必有文备。古者诸侯出境，必具官以从；请具左右司马。'"去夹谷会盟时，令左右司马率军为后盾。这次会盟，孔子取得巨大胜利，迫使齐国归还了"所侵鲁之郓、汶阳、龟阴之田以谢过"。

在外交上对齐国取得胜利之后，孔子采取重大措施，着手整理内政。"定公十三年（前497）夏，孔子言于定公曰：'臣无藏甲，大夫毋百雉之城。'使仲由为季氏宰，将堕三都。于是叔孙氏先堕郈。季氏将堕费，公山不狃、叔孙辄率费人袭鲁。公与三子入于季氏之宫，登武子之台。费人攻之，弗克，入于公侧。孔子命申句须、乐颀下伐之，费人北。国人追之，败诸姑蔑。二子奔齐。遂堕费。将堕成，公敛处父谓孟孙曰：'堕成，齐人必至于北门。且成，孟氏之保鄣，无成是无孟氏也；我将弗堕。'十二月，公围成，弗克。"——矛盾错综复杂。叔孙氏郈邑被堕毁。季孙同意堕费，是因为费邑由叛臣公山不狃占据，遭到公山不狃的抗拒，经过激烈的战争，结果公山不狃失败奔齐。将堕孟孙的成邑，孟氏臣公敛处父武装对抗，鲁定公亲自围成，未能成功。

定公十四年（前496），孔子年五十六，"由大司寇行摄相事"，成为鲁定公的重臣。"与闻国政三月。"这是孔子在鲁国登上政治舞台的高峰，同时也是终点。

"由大司寇行摄相事"，主张"臣无藏甲，大夫毋百雉之城"，并采取行动，堕毁三桓的城邑，试图削弱三桓特别是季桓子的势力，这一切行动的执行者是以刚强果敢著称的子路。季孙与子路的矛盾最为尖锐无过于此时。因此"公伯寮愬子路于季孙"，使季孙"有惑志"的内容就可想而知了。季孙对孔子以削弱他们势力为目的的政策措施已无法容忍，矛盾发展到这一步，孔子和子路师徒的处境岌岌可危。以致子服景伯提出采取行动，将公伯寮"肆诸市朝"。何晏集解引郑玄曰："吾势力犹能辨子路之无罪于季孙，使之诛寮而肆之。"这只是郑玄的推想。原文"吾力犹能肆诸市朝"，明明说"吾力"能把他杀掉，陈其尸于市朝；而不是让季孙去杀掉。如果子服景伯真把公伯寮杀掉，后果不堪设想。季孙家族积累了上百年几代人的力量，加上孟孙叔孙的合援，无论是角逐于朝廷还是干戈相向于疆场，孔子师徒都不是敌手。孔子没有同意子服景伯的提议，显然是迫不得已的决定。孔子于定公十四年（前496）"去鲁適卫"，无疑是这一事件的结果，是孔子一生中采取的最重大步骤。《孔子世家》所谓季桓子"受齐女乐，三日不听朝；郊，又不致膰俎于大夫，孔子遂行"，其实只是一种借口，真正的原因是孔子在这场政治斗争中失败。《左传》有大量某某"出奔"的记录，定公十四年孔子"去鲁"实际也是"出奔"。这一去就是十三年，终季桓子之世孔子不回鲁国。前人所乐道的所谓孔子"周游列国"，是为这位圣人遮面子的话，其实是出外流亡。十三年间从未在哪个真有实力的诸侯国发挥过多大作用，始终只在这个孱弱的卫国转来转去。最后五年甚至无地可投，一直滞留在这个混乱不堪的小国。鲁哀公三年（前492）秋，季桓子病重，临终承认自己"获罪于孔子"，嘱咐他的继承人季康子待他死后召仲尼回国。这些都证明孔子当年离开鲁国时同季桓子矛盾之深。史籍缺乏必要的记载，赖"公伯寮"章提供的一点影迹，使我们得以追索历史的真相。

【14.38】

子曰："贤者辟世①，其次辟地②，其次辟色③，其次辟言。④"子曰："作者七人矣。⑤"

①辟，通"避"，皇侃本即作"避"。辟世，避开尘世，实际是离

开政治漩涡,隐居山林。何晏集解引孔安国曰:"世主莫得而臣。"朱熹集注:"天下无道而隐,若太公伯夷是也。"

②辟地,何晏集解引马融曰:"去乱国,適治邦。"

③辟色,朱熹集注:"礼貌衰而去。"

④言,朱熹集注:"有违言而后去也。"

⑤作者七人,这样做的已有七人。七人所指不详。古代注家按各人理解一一指实,结果言人人殊,孔子没有说明,注家无从知晓;无根据的猜测没有意义。

【14.39】

子路宿于石门。晨门曰:"奚自?①"

子路曰:"自孔氏。"

曰:"是知其不可而为之者与?②"

①石门,地名。晨门,早上开门的人。奚自,从哪儿来。

②是知其不可而为之者与,就是那位明知做不到却偏要去做的人吧。

【14.40】

子击磬于卫,有荷蒉而过孔氏之门者①,曰:"有心哉②,击磬乎!"既而曰:"鄙哉,硁硁乎③!莫己知也④,斯已而已矣。深则厉,浅则揭。⑤"

子曰:"果哉!末之难矣。⑥"

①磬(qìng),乐器名,有玉制、石制、金属制多种。荷蒉(kuì),背着草筐。

②有心哉,谓有心思。荷蒉者从磬声中听击磬人的心思。

③鄙,《孟子·万章下》"鄙夫宽",朱熹注:"鄙,狭陋也。"《文选·张平子〈东京赋〉》"鄙哉予乎",李善注:"鄙,固陋不惠。"硁硁(kēng),邢昺疏,"鄙贱貌"。朱熹集注:"硁硁,石声,亦专确之意。"鄙哉硁硁乎,是荷蒉人听到磬声的感受,觉得硁硁的磬声反映出击磬者的固陋。下句"莫己知也"即对"鄙哉硁硁"的诠释。

④莫己知也,没有人理解我。这是荷蒉人听出的击磬者的心思。斯已而已矣,已是这样就算了吧,这是荷蒉人认为击磬者应该如此。

⑤"深则厉,浅则揭",是《诗·邶风·匏有苦叶》中诗句。连衣裳涉水曰厉,提起衣裳涉水曰揭。原是爱情诗,呼唤隔河的情人涉水过来。如果水深,反正会浸湿衣裳,干脆连衣裳涉水;如果水浅,免得衣裳打湿,就提起衣裳过河。用作比喻,谓对待任何事务,要根据客观情况的难易,采取相应的方式处理。《邶风》也是卫风,荷蒉人是卫国人,故随意引用了这首民歌,认为孔子不必那么固执,"莫己知"就"莫己知",是这样也就罢了。朱熹集注:"(荷蒉人)讥孔子人不知己而不止,不能适浅深之宜。"

⑥果,决也。末,何晏集解,"无也"。孔子听到荷蒉的话,谓其人好果决,如果像他那样,自然什么事都不难了,反正都无所谓。朱熹集注:"叹其果于忘世,且其人之出处,若但如此,亦无所难矣。"

★卫国荷蒉人认为孔子"不知己而不止",与鲁国之晨门谓孔子"知其不可为之"是一个意思。这两章似乎随意的记录,其实颇有深意,表现了两种人生哲学的不同。表面上两者好像完全对立,究其实荷蒉人与晨门对孔子的是贬中有褒的:他们认为孔子对这个社会"知其不可",社会对孔子"人莫之知",则孔子就必非常人。值得注意的是,两章逸事的记录者对晨门与荷蒉者也不是完全否定的,他们讥评孔子,同时也认识孔子,也就非同一般。

【14.41】

子张曰:"《书》云:'高宗谅阴,三年不言。①'何谓也?"

子曰:"何必高宗,古之人皆然。君薨,百官总己以听于冢宰三年。②"

① "高宗谅阴,三年不言"二句:高宗,即殷宗武丁,任用傅说为相,修政行德,殷道复兴。见《史记·殷本纪》。《尚书大传·说命》:"《书》曰:'高宗梁闇,三年不言。'何为梁闇也?传曰:'高宗居凶庐,三年不言,此之谓梁闇。'"知此语出古本《尚书·说命》。《礼记·丧服四制》引作"高宗谅阴,三年不言"。《吕氏春秋·重言》:"高宗,天子也。即位谅闇,三年不言。"所引皆古本《说命》佚文。今《尚书注疏》中《说命》系伪古文《尚书》,篇中无此二语。而《无逸》中有"(高宗)作其即位,乃或亮阴,三年不言"。梁闇、谅阴、亮阴、谅闇,文字不同,皆居丧之意,其字义不详。二句谓殷高宗居丧,三年不言。不言,指不听政。

② 薨(hōng),天子死曰薨。己,朱骏声《说文通训定声》:"己是纪之本字。"纪,理也。总己,犹总理,即全部政事。冢宰,即大宰,为六卿之首,相当于后代之宰相。谓居丧期间不听政,何只是殷高宗,古人都如此。国君去世,百官全部政事听命于大宰三年。

★ "高宗谅阴,三年不言",而且"古之人皆然",既不合理,也不可能。新的国君即位,如果居丧三年不理国政,国事将不可收拾。(如新君年幼,有大臣摄政,又当别论。)古代守孝三年,这种礼制极不合理,实际上也大多流于形式。孔子弟子中即有人反对。宰我就说:"三年之丧,期已久矣。君子三年不为礼,礼必坏;三年不为乐,乐必崩。"(见《阳货》篇)实在有理。宰我的话,还可以补充一句:国君三年不听政，国必乱。子张问"高宗谅阴，三年不言，何谓也"，显然也是表示怀疑；只是他没有宰我那种勇气，宰我不仅公开反对，而且明确表示自己不执行，实在是一种革命行动。对这些脱离实际的礼仪，孔子的观念陈旧落后，是孔子思想中最为消极的部分。

【14.42】

子曰："上好礼①，则民易使也。"

①好，善也，崇尚。使，使用，役使。

★说"上好礼，则民易使也"——

刑昺疏："君上好礼，则民莫敢不敬，故易使也。"谓在上位者谦恭有礼，容易为民众所接受。但这只是表现形式，最根本的还在于统治者严格要求自己，遵守社会的行为规范。《颜渊》篇"子曰：克己复礼为仁。"克己复礼，正可以作为"好礼"的训释，克制自己，使之归于"礼"的约束；行为得体，处事得宜，不肆意妄为，不作威作福，更不贪污腐败，暴戾凶残，自然会赢得人民的尊敬，"则民易使也"。下章"修己以安百姓"与"上好礼，则民易使也"正相一致。

【14.43】

子路问君子①。子曰："修己以敬。②"

曰："如斯而已乎？"

曰："修己以安人。③"

曰："如斯而已乎？"

曰："修己以安百姓。修己以安百姓，尧舜其犹病诸！④"

①问君子，问如何做一个君子。

②修己，修养自己。敬，《说文》，"肃也"。《左传·闵公元年》"管敬仲"，孔颖达疏引《谥法》："夙夜勤事曰敬。"《大戴礼记·曾子大孝》"莅官不敬"，王聘珍解诂："敬，谓敬其事。"《荀子·强国》"故王者敬日"，杨倞注："敬，不敢慢也。"肃夜勤事，敬其事，不敢慢，可以作为本章"敬"的解答。

③安人，何晏集解引孔安国曰："人，谓朋友九族。"可知此"人"指生活、工作中相关的人。安，使之安定、安乐。

④百姓，指普通民众。尧舜其犹病诸，何晏集解引孔安国曰："病，犹难也。"谓"修己以安百姓"是君子的最高境界，即使尧舜做到也不容易。

★《雍也》篇子贡曰："如有博施于民而能济众，何如？可谓仁乎？"子曰："何事于仁，必也圣乎！尧舜其犹病诸！"（6.30）何晏集解引孔安国曰："若能广施恩惠，济民于患难，尧舜至圣犹病其难。"本章云："修己以安百姓，尧舜其犹病诸！"两者正可互参。

"百姓"一词，古籍中所指对象不一。《书·尧典》："百姓昭明，协和万邦，黎民于变时雍。"百姓指百官。只要他们光明正大，协和万邦，黎民就可以和谐安定；"百姓"为百官之意甚明。《诗·小雅·天保》："群黎百姓，徧为尔德。""群黎百姓"为同义平列。与后世"平民百姓"结构相同，平民也就是百姓。本章孔子谈"修己"的三个层次：由修养个人，到影响周围相关的人，到安定天下百姓；可知百姓即指民众。《宪问》"哀公问有若"章"百姓足，君孰与不足；百姓不足，君孰与足"（12.9）句中百姓是征税的对象，肯定是普通民众。

【14.44】

原壤夷俟①。子曰:"幼而不孙弟,长而无述焉,老而不死,是为贼。②"以杖叩其胫③。

①原壤夷俟,何晏集解引马融曰:"原壤,鲁人,孔子故旧。"朱熹集注:"原壤,孔子之故人,母死而歌,盖老氏之流,自放于礼法之外者。夷,蹲踞也。俟,待也。言见孔子来,而蹲踞以待之也"。蹲踞,两脚伸开坐着,是很随便的坐姿。原壤这样不很礼貌地坐在地上等待孔子。(《礼记·檀弓下》谓原壤为"孔子之故人",其母死,孔子助之治棺椁,原壤"登木"而歌。是一个不拘礼法的人。郑玄注谓"登木"以歌是"叩木以作音"。)

②幼,年少之时。孙,通"逊"(sùn)。弟,通"悌"(tì)。刘宝楠正义:"不孙弟者,言事长上不恭顺也。无述者,言无德为人所称述也。"贼,害也。老而不死是谓贼,谓老而不死是个祸害。

③胫,小腿。因原壤伸开腿坐着,故孔子用手杖敲敲他的小腿。

【14.45】

阙党童子将命①。或问子曰:"益者与?②"

子曰:"吾见其居于位也,见其与先生并行也。非求益者也,欲速成者也。③"

①阙党,党名。是孔子的故乡。《荀子·儒效》:仲尼"居于阙党,阙党之子弟罔不分,有亲者取多,孝弟以化之也"。(罔,即"网"字,捕鱼网。不,"罘"之借字,捕兔网。谓阙党之子弟捕鱼网兔都能公平分配,有父母者多取。)《孔子世家》:"孔子生鲁昌平乡陬邑",索隐:"孔子居鲁之邹邑昌平乡之阙里也。"将命,何晏集解引马融曰:"将命者,传宾客之语出入。"即守门为宾主传话。

②益,《广韵·昔韵》,"进也"。益者与,是求上进的人吧。

③"吾见其居于位"四句,孔子谓我看他坐的位置,看他和年长者并行,就知道他不是求上进的人,而是急于求成者。速成,不是说尽快提高修养,而是指急于追求地位。

卫灵公第十五

本篇凡四十二章

【15.1】

卫灵公问陈于孔子①。孔子对曰:"俎豆之事②,则尝闻之矣;军旅之事,未之学也。"明日遂行。

①卫灵公,卫国国君。参见《宪问》篇"子言卫灵公之无道"章(14.19)注。陈,通"阵",军阵,即指"军旅之事"。鲁定公十四年(前496),孔子适卫,此后多次往返卫国。《孔子世家》载卫灵公问陈于鲁哀公二年(前493)孔子将西见赵简子不果,复返回卫国之时。

②俎豆,两者皆礼器。祭祀时,俎用以陈列牲体,豆用以盛肉脯之类的食物。俎豆之事,即祭祀之事,代指礼仪事务。

★说"卫灵公问陈"章——

卫灵公问陈于孔子,孔子对曰:"俎豆之事,则尝闻之矣;军旅之事,未尝学也。"孔子"以诗书礼乐教",说他"军旅之事,未之学也"似乎也符合实际,故注家多信以为真。刘向《新序》谓"昔卫灵公问陈,孔子言俎豆,贱兵而重礼也",即相信孔子真不懂军事。邢昺疏并引《左传·哀公十一年》孔文子将攻大叔疾访于孔子,孔子同样回答"胡簋之事,则尝学之矣;甲兵之事,未之闻也",证实孔子确实不闻军事。

事实未必如此。孔子颇有军事头脑。鲁定公十年(前500)与齐景公会于夹谷,孔子摄相事,曰:"臣闻有文事者必有武备,有武事者必有文备。古者诸侯出疆,必具官以从。请具左右司马。"如此具左右司马。此会鲁国之所以取得胜利,与孔子事先安排的军事后盾在某种程度上具有决定性的作用。定公十三年(前497)公山不狃以费反叛,率费人袭鲁。孔子指挥平定了这场叛乱,打败公山不狃。孔子弟子中冉求最有军事才能。《左传》鲁哀公十一年(前484)春,齐国书帅师伐鲁,冉求为季氏宰,为季氏谋划御敌之策,井井有条,但季氏未能完全听取。与"齐师战于郊"(《孔子世家》作"战于郎"),由于孟孙叔孙不配合,未能取得全胜,唯冉求所帅左师"获甲首八十,齐人不能师"。齐军败走,冉求自请追击,季孙不许。这一战役,充分表现了冉求的军事才能。季康子问冉求:"子之于军旅,学之乎?性之乎?"冉求对曰:"学之于孔子。"冉求可能有推重孔子之意,但也不会是毫无根据。《左传·哀公十四年》:齐陈恒弑其君,孔子请予讨伐。哀公曰:"鲁为齐弱久矣,子之伐之,将若之何?"对曰:"陈恒弑其君,民之不与者半。以鲁之众,加齐之半,可克也。"孔子的分析虽未必正确,但谈的毕竟是军事。《子路》篇,子曰:"善人教民七年,亦可以即戎矣。"(13.29)又曰:"以不教民战,是谓弃之。"(13.30)这两章内容属于战略性考虑,与军事密切相关。孔子自然够不上军事家,但并非绝不闻"军旅之事"。

卫灵公问陈于孔子,时在鲁哀公二年,亦即卫灵公四十二年;其时已到了卫灵公的末日,卫国内部已混乱不堪,太子蒯聩流亡在外,压根儿不是"问陈"的时候。其时蒲公叔氏叛乱,卫灵公问"蒲可伐乎"，孔子极力主张讨伐，灵公并未采取行动。在卫灵公如此毫无作为的状态下"问陈"还有什么意义。这年夏天灵公即去世。灵公一死，卫国即乱得一塌糊涂。所以孔子当时说"军旅之事未之学也"，实在是冠冕堂皇的回答，搪塞得一点不露痕迹。注家都忽视了下文"明日遂行"，孔子回答卫灵公之后立即就走，说明了孔子对卫灵公已经完全失望，也可知孔子当时不屑回答的原因。

至于邢昺所引《左传·哀公十一年》孔子答孔文子，谓"甲兵之事未之闻也"更不足以说明问题。孔文子叫大叔疾"出其妻"，将自己的女儿嫁给他。大叔疾娶了孔文子之女，却又引诱前妻的妹妹，"而为之一宫，如二妻"。孔文子怒，欲攻打大叔疾，孔子曾加以劝阻。当孔文子问如何进攻大叔疾时，对这种肮脏不堪的勾当，孔子用得着为之出谋划策吗？说自己"甲兵之事未之闻也"，同样搪塞得十分高明。而且孔子拒绝孔文子之后也是立即"命驾而行"，不屑于理会孔文子的态度非常明显，怎么能够以此说明孔子不懂军事呢？

孔子回答卫灵公与回答孔文子在用词上还有细微的差别。对前者说"军旅之事未之学也"，对后者说"甲兵之事未之闻也"。卫灵公所问毕竟是国事，确乎是"军旅之事"；而孔文子与大叔疾纯属个人私憾，与国家军旅无关，故曰"甲兵之事"。

无论孔子对卫灵公还是对孔文子的回答，都只说明孔子的机敏，与真正闻不闻军事毫不相干。——对任何言语，如果脱离具体的背景，不顾说话的特定环境，不探讨说话者的心境，纯粹从词语上进行训解，必然会得到错误的结论。

至于《新序》所谓"贱兵而重礼"则极其错误。对于国家政治，"重礼"决不能"贱兵"。如果空谈"重礼"，而竟"贱兵"，亡国的灾难指日可待！

【15.2】

在陈绝粮①，从者病，莫能兴②。

子路愠见曰："君子亦有穷乎？"③

子曰："君子固穷，小人穷斯滥矣。"④

①在陈绝粮，鲁哀公四年（前491）孔子在陈蔡之间，将適楚，陈蔡大夫发徒役围孔子于野。

②从者，跟随的人，指孔子的弟子。病，因绝粮饿坏了。兴，起也。莫能兴，都起不来了。

③愠（yùn），恼怒。穷，困穷。

④固穷，坚守穷困。滥，泛滥，引申为淆乱，乱来。谓君子在穷困之时也能坚持操守，小人就会胡来。

★孔子"在陈绝粮"，《史记·孔子世家》有较详的记载：

孔子在陈蔡之间，楚使人聘孔子，孔子将往拜礼。陈蔡大夫谋曰："孔子贤者，所刺讥皆中诸侯之疾。今者久留陈蔡之间，诸大夫所设行皆非仲尼之意。今楚，大国也，来聘孔子。孔子用于楚，则陈蔡用事大夫危矣！"于是乃相与发徒役围孔子于野。不得行，绝粮。从者病，莫能兴，孔子讲诵弦歌不衰。

子路愠见曰："君子亦有穷乎？"孔子曰："君子固穷，小人穷斯滥矣。"

孔子知弟子有愠心，乃召子路而问曰："《诗》云：'匪兕匪虎，率彼旷野。'吾道非邪？吾何为于此？"子路曰："意者吾未仁邪？人之不我信也。意者吾未知邪？人之不我行也。"孔子曰："有是乎！由，譬使仁者而必信，安有伯夷叔齐？使知者而必行，安有王子比干？"

子路出，子贡入见。孔子曰："赐，《诗》云：'匪兕匪虎，率彼旷野。'吾道非邪？吾何为于此？"子贡曰："夫子之道至大也，故天下莫能容夫子。夫子盖少贬焉？"孔子曰："赐，良农能稼而不能为穑，良工能巧而不能为顺。君子能修其道，纲而纪之，统而理之，而不能为容。今尔不修尔道而求为容。赐，而志不远矣！"

子贡出，颜回入见。孔子曰："回，《诗》云：'匪兕匪虎，率彼旷野。'吾道非邪？吾何为于此？"颜回曰："夫子之道至大，故天下莫能容。虽然，夫子推而行之，不容何病，不容然后见君子！夫道之不修也，是吾丑也。夫道既已大修而不用，是有国者之丑也。不容何病，不容然后见君子！"孔子欣然而笑曰："有是哉，颜氏之子！使尔多财，吾为尔宰。"

于是使子贡至楚。楚昭王兴师迎孔子，然后得免。

【15.3】

子曰："赐也，女以予为多学而识之者与？[①]"

对曰："然，非与？[②]"

曰："非也，予一以贯之。[③]"

[①]赐，端木赐，字子贡。女，通"汝"，你。多学而识之，多所学习而且理解。参见《述而》篇"默而识之"章（7.2）注。

[②]然，是的。非与，难道不是吗？

[③]一以贯之，用一个基本的观念可以统贯。《里仁》篇"参乎"章（4.15）是孔子与弟子们同一次谈话。曾参对"一以贯之"作了解释，曰："夫子之道，忠恕而已矣。"参见该章星评。

【15.4】

子曰:"由,知德者鲜矣。①"

①由,仲由,字子路。鲜(xiǎn),少。知德者鲜矣,真懂得"德"的人是很少的。

【15.5】

子曰:"无为而治者,其舜也与①?夫何为哉?恭己正南面而已矣。②"

①无为而治,不亲自行动进行治理。其舜也与,大概只有舜吧。
②恭己,严格地要求自己。刘宝楠正义:"恭己,修己以敬也。"南面,古代以坐北朝南为尊位,故统治者朝见臣下皆南面而坐。正南面,即端坐"无为而治"。"无为而治"是其实质,"恭己正南面"是其表现形式。

★说"无为而治"章——

《为政》篇,子曰:"为政以德,譬如北辰,居其所而众星共之。"(2.1)、《子路》篇,子曰:"其身正、不令而行。"(13.6)本章,子曰:"无为而治者,其舜也与!夫何为哉,恭己正南面而已矣。"为政以德,重在"以德";不令而行,重在"身正";无为而治,重在"恭己"。以德,身正,恭己,其基本精神是一致的。孔子歌颂文武,崇拜周公,文武周公不都是大大的有为吗?正说明对孔子的言论,不能脱离具体的语言环境机械地理解。

由于《论语》是分散的零星的语录,不是系统的论述。孔子由说话当时的环境强调其一点,因此有不少的话只能取其精神实质,不能把它绝对化,"无为而治"即应取其"以德、身正、恭己",决不是无所作为，也绝不能无所作为。《子路》篇叙孔子至卫，曰："庶矣哉。"冉有曰："既庶矣，又何加焉？"曰："富之。"曰："既富矣，又何加焉？"曰："教之。"（13.9）如果无所作为，又怎么可能"富之"而又"教之"？同是《子路》篇，子曰："如有用我者，期月而已可也，三年有成。"（13.10）孔子其实强烈地希望有人"用我"，"用我"就必须有为，"无为"怎么可能"期月而已可也"，又怎么可能"三年有成"？这方面的语录比比皆是。

古代注家显然感觉到绝对"无为"不可能"治"，如此他们以善于用人来解释"无为"。何晏集解曰："言任官得其人，故无为而治。"邢昺并列举舜用禹、后稷、契、皋陶等二十二人，"皆得其人，故无为而治也"。注家显然从《说苑》宓子贱自言"我之谓任人"而单父治得到启发而云然。但本章的原意重在如朱熹所说的"圣人德盛而民化"，而不是说"任官得其人"；需知任官得人正是领导者"为"的一个重要方面。

朱熹的原话是："圣人德盛而民化，不待其有所作为也。"其实绝对无所作为毕竟是不行的，孔子云云只是强调大舜的"盛德"而已，对孔子的话也不能绝对化。

道家主张"无为"。老子一而曰："道之尊，德之贵，夫莫之命而常自然"；再而曰："辅万物之自然而不敢为"。老子"无为"的实质是因顺自然，体现在政治上就是不扰乱百姓。儒家强调"圣人"的感化作用，所谓"德盛而民化"。两者的政治哲学有质的不同。

【15.6】

子张问行①，子曰："言忠信，行笃敬②，虽蛮貊之邦行矣③。言不忠信，行不笃敬，虽州里行乎哉④？立则见其参于前也，在舆则见其倚于衡也，夫然后行。⑤"

子张书诸绅⑥。

①问行,问做人如何才行得通。朱熹集注:"犹问达之意也。"《颜渊》篇,子张问"士何如斯可谓之达矣",故朱熹谓"犹问达之意也"。

②忠,忠实。信,诚信。笃,笃厚。《泰伯》篇"笃信好学"朱熹集注:"笃,厚而力也。"敬,严肃。"言忠信"二句,谓说话则忠实诚信,行动则笃厚严肃。

③蛮貊(mò),南蛮北貊,泛指少数民族地区。谓"言忠信,行笃敬",即使在蛮貊之地也行得通。

④州里,何晏集解引郑玄曰:"万二千五百家为州,五家为邻,五邻为里。"此泛指本乡本地。行乎哉,行得通吗?谓"言不忠信,行不笃敬",即使在家乡本地也行不通。

⑤参(cān),《战国策·齐策二》"因与之参坐于卫君之前",高诱注:"参,三人并也。"《荀子·赋》"大参天地",《艺文类聚·天部上》引作"大齐天地"。是"参"为相并相齐之意。舆,车箱,代指车。衡,车辕上的横木。则,若也,如也。其,代指"言忠信、行笃敬"这种品格修养。"立则见其参于前也"三句,谓站立之时好像看到它并立在前面,在车上仿佛看到它靠在车衡上,(这样随时提醒自己,)就行得通了。

⑥绅,系在腰间的大带。书诸绅,将"言忠信,行笃敬"写在大带上。

★"言忠信,行笃敬,虽蛮貊之邦行矣;言不忠信,行不笃敬,虽州里行乎哉",可以说是"克己复礼"的具体化。难怪颛孙师要"书诸绅",作为品德修养严格要求的铭文。

"立则见其参于前也,在舆则见其倚于衡也",句中"则,若也,如也",作"如同、好像"讲。其,代指"言忠信、行笃敬",将抽象的概念形象化，在修辞上很有特色。

【15.7】

子曰："直哉史鱼！邦有道如矢，邦无道如矢①。君子哉蘧伯玉！邦有道则仕，邦无道则可卷而怀之。②"

①直，刚直。史鱼，即史䲡，卫国大夫。矢，箭。箭射出必直，"如矢"喻史鱼为人正直。谓史鱼在国家有道之时为人刚直，国家无道之时仍然刚直。

②蘧伯玉，即蘧瑗，字伯玉，卫国大夫。卷而怀之，朱熹集注："卷，收也。怀，藏也。"卷合收藏起来，喻韬晦隐藏之意。谓蘧伯玉在国家有道之时即出仕为官，国家无道之时即韬光隐晦。参见《宪问》篇"蘧伯玉使人于孔子"章（14.25）注。

★《韩诗外传》卷七："昔者卫大夫史鱼病且死，谓其子曰：'我数言蘧伯玉之贤而不能进，弥子瑕不肖而不能退。为人臣生不能进贤而退不肖，死不当治丧正堂，殡我于室足矣。'其子以父言闻。君造然召蘧伯玉而贵之，而退弥子瑕，徙殡于正堂，成礼而后去。生以身谏，死以尸谏，可谓直矣。"此史鱼"邦无道如矢"之一例。孔子如此赞赏其"邦有道如矢，邦无道如矢"，则史鱼之"直"不会只有此尸谏一事。

《左传》襄公二十九年（前544），吴季札适卫，称赞"卫多君子"，蘧瑗史䲡即在其列，其时孔子还不到八岁。鲁定公十三年（前497）载："初，卫公叔文子朝而请享灵公，退见史䲡而告之。史䲡曰：'子必祸矣，子富而君贪，罪其及子乎。'文子曰：'然。吾不先告子，是吾罪也。君既许我矣，其若之何？'史䲡曰：'无害，子臣，可以免。富而能臣，必免于难。'"臣，杜预注："言能执臣礼。"

鲁定公十四年（前496）孔子去鲁适卫时，史鱼可能还在世。至于蘧伯玉，《仲尼弟子列传》称其为孔子之所"严事"。他们的关系在师友之间；孔子在卫时，曾主其家。其时上距鲁襄公二十九年季札适卫时已近半个世纪，史鱼蘧伯玉都已高寿，于孔子为前辈，孔子对他们敬礼有加。史鱼以直著闻，"死以尸谏"；蘧伯玉"邦有道则仕，邦无道则可卷而怀之"。两人品格都很高尚，处世态度则有所不同。

【15.8】
子曰："可与言而不与言，失人；不可与言而与之言，失言①。知者不失人，亦不失言。②"

①失人，谓错过人才，没有尽到责任。失言，谓白费了语言，还可能起到负面作用。
②知，通"智"。

【15.9】
子曰："志士仁人，无求生以害仁，有杀身以成仁。①"

①无，不要。有，犹"宁"也。《左传·宣公十五年》："城下之盟，有以国毙，不能从也。"杜预注："宁以国毙，不能从也。"杜即以"宁"训"有"。

★"无求生以害仁，有杀身以成仁"，谓在关键时刻，不要贪生怕死而损害仁德，宁可牺牲生命而成全仁德。《孟子·告子上》："生，亦我所欲也；义，亦我所欲也。二者不可得兼，舍生而取义者也。"也是说关键时刻应取的态度。宋末民族英雄文天祥失败被俘，坚贞不屈。被害之后，其衣带上留有遗言："孔曰成仁，孟曰取义；唯其义尽，所以仁至。读圣贤书，所学何事；而今而后，庶几无愧！"这是遵循孔孟教导的典型，其坚持民族大节，成仁取义，何等从容！

【15.10】

子贡问为仁①，子曰："工欲善其事，必先利其器②。居是邦也，事其大夫之贤者，友其士之仁者。③"

①问为仁，问如何培养仁德。
②利其器，《汉书·梅福传》引作"厉其器"。厉，磨厉，使其锋利。二句谓，工人要做好他的工作，必先要磨快他的工具；此用作人需要朋友帮助的比喻。
③"事其大夫之贤者"二句，邢昺疏："大夫尊，故言'事'；士卑，故言'友'。大夫言'贤'，士言'仁'，互文也。"事，敬重，尊事。友，结交，亲近。句中"事、友"二字，词义相近，轻重有别，故邢疏曰"互文也"。

【15.11】

颜渊问为邦①，子曰："行夏之时②，乘殷之辂③，服周之冕④，乐则韶舞⑤。放郑声，远佞人；郑声淫，佞人殆。⑥"

①问为邦，问如何治理国家。
②时，指历法。行夏之时，用夏代的历法。夏历以建寅之月（夏历正月）为岁首，周历以建子之月（夏历十一月）为岁首。夏历春夏秋冬的季节切合自然现象，使用起来便于农业生产，故在周代，有的诸侯国仍用夏历，孔子因此也主张用夏历。秦用周历，汉武帝太初元年（前104）改用夏历，沿用至清末，近代虽用公历，而夏历不废。

③辂（lù），何晏集解引马融曰："殷车曰大辂。"刑昺疏："木辂也。"木辂比较质朴。《左传·桓公二年》："大路越席"，"昭其俭也"。（路，通"辂"。）乘殷之辂，即因其俭朴。

④冕，礼帽。周代礼帽较前朝华美。

⑤乐（yuè），乐舞。韶舞，舜乐。《八佾》："子曰：韶，尽美矣，又尽善也。"

⑥放，弃也。朱熹集注，"谓禁绝之"。郑声，郑国的音乐。远（yuàn），疏远。佞人，巧佞谄媚之人。淫，淫荡。殆，危险。

【15.12】

子曰："人无远虑，必有近忧。①"

①虑，思虑，谋划。忧，忧愁，忧患。谓人如果没有长远的考虑，定会很快发生忧愁的事；故为人生处世须有长远的考虑。何晏集解引王肃曰："君子当思患而预防之。"

★"忧虑"连文，"虑"亦可训忧。"人无远虑，必有近忧"，后世常用作如下旨意：谓人即使没有长远重大的忧虑，也定会有眼前的忧愁；是感慨人生的话。但其本意，还是说人应有长远的考虑，是重在预防之意。

【15.13】

子曰："已矣乎，吾未见好德如好色者也！①"

★已见《子罕》篇（9.18），本章多"已矣乎"一句。

【15.14】

子曰:"臧文仲其窃位者与①?知柳下惠之贤,而不与立也。②"

①臧文仲,鲁大夫臧孙辰(?—前617),曾历仕鲁庄公、闵公、僖公、文公四世。参见《公冶长》篇"臧文仲居蔡"章(5.18)注。窃位,窃踞职位,指居于其位,并不称职,却阻碍别人。

②柳下惠,邢昺疏:"展禽,名获,字禽,柳下是其所食之邑名,谥曰惠。"《微子》篇谓"柳下惠为士师"。《国语·鲁语上》"获闻之",韦昭注:"展禽,鲁大夫展无骇之后柳下惠也,字展禽也。""获,展禽之名也。"立,"己欲立而立人"之"立"。谓臧文仲明知柳下惠之贤,而不与立功立事也。(俞樾《平议》曰:"立,当读为位,古者立、位同字。"按,柳下惠为士师,"位"还是有的,只能未有与臧文仲同等之"位"。理解为"立"之本义,不"读为位"内涵更为丰富。训解古书,凡本义明确者不必另生异义。)

★说"知柳下惠之贤而不与立也"——

《左传·僖公二十六年》,齐孝公帅师伐鲁。"公使展喜犒师,使受命于展禽",即向展禽问计。展喜按照展禽所受机宜,出使齐师。齐侯曰:"鲁人恐乎?"对曰:"小人恐矣,君子则否。"齐侯曰:"室如悬磬,野无青草,何恃而不恐?"对曰:"恃先王之命。昔周公太公股肱周室,夹辅成王。成王劳之而赐之盟曰:世世子孙,无相害也。载在盟府,太师职之。桓公是以纠合诸侯而谋其不协,弥缝其阙而匡救其灾,昭旧职也。及君即位,诸侯之望曰:其率桓之功。我敝邑用不敢保聚,曰:岂其嗣世九年而弃命废职,其若先君何?君必不然。恃此以不恐。"齐侯乃还。《国语·鲁语上》记述了同一事件。"齐孝公来伐鲁,臧文仲欲以辞告,病焉,问于展禽。对曰:'获闻之,处大教小,处小事大,所以御乱也,不闻以辞。若为小而崇,以怒大国,使加己乱,乱在前矣,辞其何益!'文仲曰:'国急矣,百物唯其可者,将无不趋也。愿以子之辞行赂焉,其可(赂)乎?'展禽使乙喜(即展喜)以膏沐犒师。"大军压境,臧文仲简直手忙脚乱,无计可施。"欲以辞告"即想用说辞向齐孝公求情。"病焉",是说他感到为难,即没有这种能力。展禽认为说辞是没有用的。臧文仲就说那就用物"行赂"吧,"百物唯其可也,将无不趋也。愿以子之辞行赂焉",就是说国家什么都可以拿出来,但仍然要通过"子之辞"去向齐军"行赂"。那种急迫之情,如见其形。展禽则从容不迫,教展喜如何致辞。展喜因此在齐孝公面前不亢不卑,大义凛然,结果什么"物"也没有损失,一席话就免除了这场灾难。

《国语·鲁语上》还记述了展禽批评臧文仲祭祀海鸟的愚蠢行为。"海鸟曰爱居,止于鲁东门之外三日。臧文仲使国人祭之。展禽曰:'越哉,臧孙之为政也!夫祀,国之大节也。而节,政之所以成也。故盛制祀以为国典,今无故而加典,非政之宜也。'"然后说了一大篇"圣王之制祀"的道理,结论是"今海鸟至,己不知而祀之,以为国典,难以为仁且智矣。夫仁者讲功、而智者处物。无功而祀之,非仁也;不知而不能问,非智也"。展禽的批评相当严肃直率,而臧文仲竟然也服理。"文仲闻柳下季之言,曰:'信吾过也,季子之言不可不法也。'使书以为三策。"柳下季,即展禽,亦即柳下惠,一字"季"。

由上述事实,说明臧文仲确实"知柳下惠之贤",而且一般关系相处得也不错。所以"不与立",正因为知其贤而有所忌刻,因而不与称举,不愿与自己同列使之充分发挥作用,"己欲立"而不愿意"立人"。"臧文仲知柳下惠之贤而不与立也",与"公叔文子之臣大夫僎与文子同升诸公",形成鲜明对比,故孔子称赞公叔文子"可以为文矣",而批评臧文仲为"窃位者"。

《微子》篇记:"柳下惠为士师,三黜。人曰:'子未可以去乎?'曰:'直道以事人,焉往而不三黜;枉道以事人,何必去父母之邦？'"柳下惠大概有过许多起落，都能坦然处之。职位不算太高，却有极高的声誉。"直道以事人，焉往而不三黜？"对社会人生有清醒的认识。孟子曰："居下位，不以贤事不肖者，伯夷也。五就汤，五就桀者，伊尹也。不恶污君，不辞小官者，柳下惠也。三子者，其趋一也。一者何也？曰：君子亦仁而已矣，何必同。"（《孟子·告子下》）又曰："伯夷，圣之清者也。伊尹，圣之任者也。柳下惠，圣之和者也。孔子，圣之时者也，孔子之谓集大成。"（《孟子·万章下》）评论他人极为苛刻的孟夫子，竟然对柳下惠作如此之高的评价，将他同伯夷伊尹相提并论，可知"柳下惠之贤"到何等的高度。

关于柳下惠之"惠"，据《列女传》说，是他的妻子谥的："柳下惠死，门人将谥之。妻曰：'夫子之谥，宜为惠乎。'门人从以为谥。"惠者，仁也；惠者，爱也。春秋时代，战乱缤纷，杀戮相继，即使是才人隽士，也大都折腾奔走于车尘马足之间；柳下惠却从容淡定，冷静地面对这个纷纷扰扰的世界。而他却有如此相知的妻子，有如此仰慕他的门人：柳下惠，真天下之幸人也！

【15.15】

子曰："躬自厚而薄责于人，则远怨矣。①"

①躬，身也。躬自，犹自身。躬自厚而薄责于人，即于自身"厚责"，于人"薄责"；"责"字兼上下两者言之。严以责己，宽以待人，自然就没有仇怨。

【15.16】

子曰："不曰如之何如之何者，吾末如之何也已矣！①"

①不曰如之何，何晏集解引孔安国曰："不曰如之何者，犹言不曰

奈是何。"末，邢昺疏，"无也"。

★不曰如之何，犹言不说怎么办，意即不提出做的办法。全章意思是：一个人对什么事情总不说怎么办怎么办的，对这种人我也不知道怎么办了。与《阳货》篇，子曰："饱食终日，无所用心，难矣哉"（17.22），内容一致。

《荀子·大略》："天子即位，上卿进曰如之何，忧之长也。""如之何"用法近似。有些注家也引用《大略》这段文字，但解释错误，认为这是说：天子即位，上卿问他"怎么办"。如此理解，违背原文旨意。辅佐新天子的上卿一般都比较年长，富有经验；新天子一般都很年轻，没有经验。如果新天子刚即位，什么事情都去问他怎么办，不等于故意使他为难？原文是"上卿进曰如之何"，而不是"上卿问曰如之何"；即告诉他怎么办，而不是问他怎么办，"如之何"三字不应加引号。子曰："不曰如之何如之何者"，"如之何如之何"也不要加引号，以叙述语气出之为好。

【15.17】

子曰："群居终日，言不及义，好行小慧，难矣哉！①"

①好（hào），喜爱。小慧，犹言小聪明。谓许多人整天在一起，尽说些没意思的话，喜欢耍小聪明，对这种人难办。

【15.18】

子曰："义以为质①，礼以行之，孙以出之，信以成之。君子哉！②"

①义以为质，注疏本作"君子义以为质"。《释文》云："义以为

质,一本作'君子义以为质',是原本无'君子'二字。"《孝经·三才章》邢疏引无"君子"二字。臧琳《经义杂记》以有此二字者为衍文。按,后有"君子哉",则前不应有此二字。

②义,宜也,犹言合理。质,本也。孙,通"逊",谦逊。出之,何晏集解引郑玄曰:"孙以行之,谓言语。"信,诚信,信用。谓做事以合理的原则为本,按礼的规范进行,用谦逊的语言表达,以遵守信用来完成;这样,真是君子呀。

★本章必是对某位贤者的赞美,"君子哉!"显是针对特定对象的语气。记录者没记下赞许的对象,只记了孔子的赞语。

【15.19】
子曰:"君子病无能焉,不病人之不己知也。①"

①病,担心,发愁。意谓君子愁的是自己无能,不愁别人不知道自己。

★"君子病无能焉,不病人之不己知也"与《宪问》篇"不患人之不己知,患其不能也",意思完全相同。"病、患"为同义词。参见《学而》篇"不患人之不己知"章注。

【15.20】
子曰:"君子疾没世而名不称焉。①"

①疾,忧虑之意。没世,犹言至死。意谓君子最忧虑的是至死而名声不为人所称道。

【15.21】
子曰:"君子求诸己,小人求诸人。①"

①求,要求。谓君子严格要求自己,小人苛刻要求别人。

【15.22】
子曰:"君子矜而不争,群而不党。①"

①矜,矜持,庄重。争,争执,争斗。群,合群,结合群众。党,拉帮结派,结党营私。谓君子矜庄而不争斗,联系群众而不结党营私。

【15.23】
子曰:"君子不以言举人,不以人废言。①"

①"言举人"之言,指好话。举,推举,提拔,任用。"人废言"之人,指不善之人。废,废弃,否定。"人废言"之言,指正确之言。谓君子不因为人话说得好而举用,也不因人不好而否定他说的正确的话。

【15.24】
子贡问曰:"有一言而可以终身行之者乎?①"
子曰:"其恕乎!己所不欲,勿施于人。②"

①一言,一个词,或一句话。终身行之,终身奉行。
②欲,愿也。施,与也。谓自己不愿要的事物,不要推与他人,"己所不欲,勿施于人",即对"恕"的诠释,以己度人也。

★"己所不欲,勿施于人",二句已见《颜渊》篇"仲弓问仁"章(12.2)。

【15.25】

子曰:"吾之于人也,谁毁谁誉①?如有所誉者,其有所试矣②。斯民也,三代之所以直道而行也。③"

①毁,诋毁。誉,称誉。二句意谓我对于人,诋毁过谁称誉过谁呢?亦即既不随意诋毁他人,也不随意称誉他人。
②试,考察,验证。二句谓如有所称誉,一定是经过考察的。
③"斯民也"二句,朱熹集注:"斯民者,今此之人也。三代,夏商周也。直道,无私曲也。"刘宝楠正义谓"斯民,即三代之民"。

★本章前后两段,内容不一。前四句孔子明明说他自己如此。后两句一下扯到"斯民也,三代之所以直道而行也",与前段不相衔接,内容错乱。

【15.26】

子曰:"吾犹及史之阙文也①。有马者借人乘之。今亡矣夫。"

①阙文,存疑之文。何晏集解引包咸曰:"古之良史,于书,字有疑则阙之,以待知者。"以"阙文"为阙疑之文。然语意未完。

★"有马者借人乘之,今亡矣乎",与上文如何连系,不得其解。古人作过几种解释,都难以讲通。这是原记录不全,怎样解释都不行。兹即作"有疑则阙之"对待。不妄加解释。

【15.27】
子曰:"巧言乱德。小不忍则乱大谋。①"

①巧言,巧佞之言。乱德,扰乱人的操守。小不忍则乱大谋,小事不能忍受则扰乱大的谋划。朱熹集注:"巧言变乱是非,听之使人丧其所守。小不忍,如妇人之仁,匹夫之勇皆是。"

★小不忍,通常指"匹夫之勇"。朱熹竟将"妇人之仁"也包括在内。仔细思之,确是另一种"小不忍",朱文正理解甚为细致。

【15.28】
子曰:"众恶之,必察焉;众好之,必察焉。①"

①恶(wù),厌恶,诽伤,否定。好(hào),喜爱,赞扬,肯定。许多人厌恶的,为什么厌恶,是否真坏,必须考察;许多人赞扬的,为什么赞扬,是否真好,同样必须考察。

★"群众自有公论",这话在一般情况下是对的,但也不尽然。特别是在不公正的社会里,在一种权势控制或歪风覆盖之下,无原则地一边倒的情况比比皆是。孔子曰:"众恶之,必察焉;众好之,必察焉",确乎是至理名言,发人深省。

【15.29】
子曰:"人能弘道,非道弘人。①"

①道在于人去掌握,使之发扬光大;不去掌握它也就无所作为。

朱熹集注："弘，廓而大之也。人外无道，道外无人。然人心有觉，而道体无为；故人能大其道，道不能大其人也。"所谓"人心有觉，道体无为"，意即人有认识的能力，人掌握道乃能发挥作用；不存在脱离人而能有什么作用的道。《汉书·董仲舒传》载董仲舒贤良对策云："夫周道衰于幽厉，非道亡也，幽厉不繇也。至于宣王，思昔先王之德，兴滞补弊，明文武之功业，周道粲然复兴。"后引故孔子曰："人能弘道，非道弘人"也。又，《礼乐志》载平当说"衰微之学，兴废在人"，下亦引孔子曰："人能弘道，非道弘人。"朱熹之说，或受其启发。

【15.30】
子曰："过而不改，是谓过矣①。"

①犯了过错却不改正，就更是过错了。

★"过而不改，是谓过矣"，是不完整的记录。将此二句连在《学而》篇"君子不重则不威"章（1.8）"过则勿惮改"与《韩诗外传》卷三第十七章引孔子曰："过而改之，是不过也"之后，内容丰满完整。参见《学而》篇第八章星评。

【15.31】
子曰："吾尝终日不食，终夜不寝①，以思，无益，不如学也。"

①日，整天。终夜，通夜，食，吃喝。寝，睡觉。

★《荀子·劝学》曰："学不可以已。""吾尝终日而思矣，不如须臾之所学也。"即原于孔子之言。本章强调学的重要，空想不会有什么结果，"思而不学则殆"。但不是不要思，"学而不思则罔"，是必须在学的基础上"思"。

【15.32】

子曰："君子谋道不谋食①。耕也，馁在其中矣；学也，禄在其中矣②。君子忧道不忧贫。③"

①谋，谋求，考虑。道，道艺，学问。食，食用，概指生活。谓君子但谋求道艺而不考虑生活。

②馁（něi），饥饿。禄，俸禄。谓耕种只会挨饿，而学习可以做官得俸禄。

③忧，忧虑，发愁。谓君子只愁道艺学得如何而不愁生活贫苦。

★"谋道不谋食"，"忧道不忧贫"，颜回就是那样的典范，"一箪食，一瓢饮，在陋巷，人不堪其忧，回也不改其乐"。但"耕也，馁在其中矣；学也，禄在其中矣"，就很成问题。如果没有成千上万的农民去耕种，那些士大夫的"禄"从哪儿来？连邢昺都觉得这话不妥，他在疏解原文之后说："君子但忧道德不成，不忧贫乏也。然耕也未必皆饿，学也未必皆得禄；大判而言，故云耳。"虽仍是为之回护，但那种觉得不妥之感还是明显的。

友人储庭焕曰："本章如删改作子曰'君子谋道不谋食，忧道不忧贫'，则甚为精辟。"后人无权为圣人修改文辞，储君的戏笔倒真个"甚为精辟"。

【15.33】

子曰："知及之，仁不能守之，虽得之，必失之①。知及之，仁能守之，不庄以涖之，则民不敬②。知及之，仁能守之，庄以涖之，动之不以礼，未善也。③"

①知，通"智"，智力，才智。仁，仁道，仁政。谓对于天下国家，如果凭智力能得到，不能以仁政守住，即使得到，仍必然会失掉。

②庄，庄严，庄重。涖，同"莅"，莅临，对待。敬，《说文》，"肃也"，严肃认真；在本章实为敬服之意。"不庄以涖之，则民不敬"，谓不庄重地待民，则民不敬服。《为政》篇"季康子问"章（2.20）谓"临之以庄，则敬"，意思相同。

③动之，朱熹集注，"动民也"。与《学而》篇"使民以时"之"使民"实同义。礼，《礼记·仲尼燕居》："礼也者，理也。"《管子·心术》："礼者，谓有理也。""动之不以礼，未善也"，谓不合理地使民，也不完善。

【15.34】

子曰："君子不可小知而可大受也，小人不可大受而可小知也。①"

①知，《大戴礼记·本命》："审伦而明其别，谓之知。"犹今言考验。受，《说文》，"相付也"。谓对君子不可用小事去考验，而可以授以重任；小人不可授以重任，而可以用小事去考验。朱熹集注："盖君子于细事未必可观，而材德足以任重；小人虽器量浅狭，而未必无一长可取。"

【15.35】

子曰："民之于仁也，甚于水火；水火吾见蹈而死者矣，未见蹈仁而死者也。①"

①民,《雍也》篇"务民之义"朱熹集注:"民,亦人也。""民之于仁也"之"民"正同,亦人也。蹈,践,踏。本章之意,谓"仁"对于人比水火更重要,然而我只看到有死于水火者,却未有为追求仁道而牺牲者。

★蹈仁而死,与"杀身以成仁",内涵一致。

【15.36】
子曰:"当仁不让于师。"

★说"当仁不让于师"——

当仁不让于师,何晏集解引孔安国曰:"当行仁之事,不复让于师,言行仁急。"邢昺疏:"此章言行仁之急也。弟子之法,为事虽当让于师,若当行仁之事,不复让于师也。"刘宝楠更把"不让"明确地理解为来不及请示,曰:"此章是夫子示门人语。盖事师之礼必请命而后行;独当仁则宜急行,故告以不让于师之道,恐以展转误人生死也。"三者虽小有不同,但都有同样的错误。一是认为"师"专指孔子,二是认为凡"师"特别是孔子一定绝对正确,之所以"不让"只是因事急来不及请示。如此解释,严重地违背原文的意思;甚至将"让"曲解为"请命"。"让"绝无训为请命请示之意。按,本章"师"系泛指,自然也包括孔子本人在内。所谓"当仁",即唯仁是从之意,只要符合仁的原则就行事;而不是唯师是听,即使与"师"意见相左也"不让于师"。"吾爱吾师,吾更爱真理",与"当仁不让于师"精神一致。

【15.37】
子曰:"君子贞而不谅。①"

①贞而不谅，何晏集解引孔安国曰："贞，正；谅，信也。君子之人正其道耳，言不必小信。"邢昺疏："此章贵正道而轻小信也。"朱熹集注："贞，正而固也。谅则不择是非而必信。"按，贞，正也，指正道。谅，信也，指小信。谓君子坚守正道而不拘泥小信。参见《子路》篇子贡问"如何斯可谓之士"章（13.28）"言必信，行必果，硁硁然小人哉"注。

★《孟子·离娄下》，孟子曰："大人者，言不必信，行不必果，唯义所在。"信诺该不该遵守，孟子提了一个原则：唯义所在。亦即合不合理。不合理，与义相违，则言不必信，行不必果。《宪问》篇孔子论述管仲不为召忽死节，反而为桓公相时说，"管仲相桓公，霸诸侯，一匡天下，民到于今受其赐"，这是大义，是正道；"岂若匹夫匹妇之为谅也，自经于沟渎而莫之知也！"为"君子贞而不谅"提供了一个典型的实例。卫灵公四十二年（鲁哀公二年，前493），孔子自陈适卫，过蒲，蒲人止孔子。谓孔子曰："苟毋适卫，吾出子。"与之盟，出孔子东门。孔子遂适卫。子贡曰："盟可负邪？"孔子曰："要盟也，神不听。"因盟约是蒲人要挟孔子订的，故孔子不遵守。这是孔子本人"言不必信，行不必果"、"贞而不谅"的事例。

【15.38】
子曰："事君，敬其事而后其食。①"

①敬，《说文》，"肃也"。《史记·五帝本纪》"敬顺昊天"，张守节正义："敬，犹恭勤也。"谓事奉国君，先严肃勤谨地办事，然后受其俸禄。

【15.39】

子曰:"有教无类。①"

①有教无类,何晏集解引马融曰:"言人所在见教,无有种类。"邢昺疏:"类,谓种类。言人所在见教,无有贵贱种类也。"

★《述而》篇,子曰:"自行束修以上,吾未尝无诲焉";又曰"人絜己以进,与其絜也。不保其往也",即"有教无类"的事实。孔门如此之多的弟子,就出身言,固然有贵族子弟。如孟僖子之子孟懿子与南宫敬叔最为典型。但更有许多是普通民众。如颜回,极端贫穷,食不果腹,居于陋巷,死后买不起棺材。如冉雍,其父是"贱人"。如仲由,索隐引《尸子》谓为"卞之野人"。如原宪,《史记·游侠列传》谓"原宪间巷人也","终身空室蓬户,褐衣蔬食不厌"。孔子死后,"遂亡在草泽中"。这些都是孔门的高足,都来自下层民众。就地域言,自然以鲁国为多。但也有不少来自周边国家。如端木赐(子贡),卫人;言偃(子游),吴人;颛孙师(子张),陈人;公冶长,齐人。这些都可以作为"有教无类"的明证。

【15.40】

子曰:"道不同,不相为谋。①"

①道,犹言主张。主张不同,则不相与计议商量。

【15.41】

子曰:"辞,达而已矣。①"

①辞,文辞。达,顺畅,通达。谓文辞只要通达就可以了。亦即

准确地表达意思，便是最好的文辞。朱熹集注："辞取达意而止，不以富丽为工。"

★ "辞，达而已矣。"言语简单得不能再简单，然而实在是修辞学上的经典名言。对这句话的认识，无过于苏轼者。东坡《答王庠书》云："孔子曰：'辞，达而已矣。'辞而至于达，足矣，不可以有加矣。"

【15.42】

师冕见，及阶，子曰："阶也。"及席，子曰："席也。"皆坐，子告之曰："某在斯，某在斯。①"

师冕出，子张问曰："与师言之道与？②"子曰："然，固相师之道也。③"

①师冕，名冕的盲乐师。因师冕是盲人，孔子一一指点，到了台阶，就告诉他是台阶，到了坐席，就告诉他是坐席。"某在斯，某在斯"，告诉他在坐有哪些人，都坐在哪儿。
②与师言之道，同盲师说话的方式。
③相（xiàng），扶助，引导。相师，帮助盲师。

季氏第十六

本篇凡十四章

【16.1】

季氏将伐颛臾①。冉有季路见于孔子曰:"季氏将有事于颛臾。②"

孔子曰:"求!无乃尔是过与③?夫颛臾,昔者先王以为东蒙主④,且在邦域之中矣⑤,是社稷之臣也。何以伐为?⑥"

冉有曰:"夫子欲之,吾二臣者皆不欲也。⑦"

孔子曰:"求!周任有言曰⑧:'陈力就列,不能者止。⑨'危而不持,颠而不扶,则将焉用彼相矣⑩?且尔言过矣。虎兕出于柙,龟玉毁于椟中,是谁之过与?⑪"

冉有曰:"今夫颛臾,固而近于费⑫。今不取,后世必为子孙忧。"

孔子曰:"求!君子疾夫舍曰欲之而必为之辞⑬。丘也闻有国有家者,不患寡而患不均,不患贫而患不安。盖均无贫，和无寡，安无倾⑭。夫如是，故远人不服，则修文德以来之。既来之，则安之⑮。今由与求也相夫子，远人不服而不能来也，邦分崩离析而不能守也⑯；而谋动干戈于邦内⑰。吾恐季孙之忧，不在颛臾，而在萧墙之内也⑱。"

①季氏，冉有与季路同时为季氏臣，此季氏为季康子。伐，讨伐。颛臾，何晏集解引孔安国曰："颛臾，伏羲之后，风姓之国，本鲁之附庸，当时臣属鲁。季氏贪其土地，欲灭而取之。冉有与季路为季氏臣，来告孔子。"按，《左传·僖公二十一年》："任、宿、须句、颛臾，风姓也。实施大皞与有济之祀，以服事诸夏。"杜预注："颛臾在泰山南武阳县东北。"

②有事，有征伐之事，即指伐颛臾。

③无乃尔是过与，莫不是你的过错吧？尔，单指冉有，不包括子路。

④以为东蒙主，何晏集解引孔安国曰："使主祭蒙山。"

⑤在邦域之中，何晏集解引孔安国曰："鲁七百里之封，颛臾为附庸在域中。"

⑥"是社稷之臣"二句，何晏集解引孔安国曰："已属鲁，为社稷之臣，何用灭之为？"

⑦夫子，指季氏。欲之，即要攻伐颛臾。二臣，冉有与子路。孔子点名批评冉有，冉有却把子路拉到一起。

⑧周任，何晏集解引马融曰："周任，古之良史。"《左传·隐公六年》："周任有言曰：'为国家者，见恶如农夫之务去草焉。'"杜预注："周任，周大夫。"

⑨陈，施展。列，位也。止，停止，指辞去职位。二句谓能施展力量就任职，不能就应该辞职。

⑩颠，摔倒。相（xiàng），牵引盲人。"危而不持"三句，以牵引

盲人为喻,如果盲人遇到危险不去支持,可能摔倒时不去扶助,还要那牵引的人干什么。

⑪兕(sì),《仪礼·乡射礼记》"大夫兕中",郑玄注:"兕,兽名,似牛,一角。"应即犀牛。柙(xiá),关猛兽的栅槛。龟,指龟壳,古人用以卜卦,当作贵重之物。椟(dú),柜。此以守护兽槛与龟玉人员为喻,谓如果老虎犀牛从兽槛里逃走,龟壳玉器在柜子里毁坏,是谁的过错呢?

⑫固,强也。何晏集解引马融曰:"固,谓城郭完,兵甲利也。费,季氏邑。"

⑬疾,厌恶。舍,回避。意谓君子讨厌那种回避自己的贪欲而一定要找个借口的行为。

⑭有国有家者:国,指诸侯。家,指卿大夫。患,忧虑。寡,少也。"不患寡而患不均,不患贫而患不安",前一句《春秋繁露·度制篇》与《魏书·张普惠传》并引作"不患贫而患不均",类推则下一句当作"不患寡而患不安。"按,"不患贫而患不均"就财富多少言之,与后文"均无贫"相应,谓只要均平就不觉得贫穷;"不患寡而患不安"就人民多少言之,与后文"和无寡,安无倾"相应,只要和谐就不在于人的多少,就会安定而不致倾危。刘宝楠正义认为《论语》原文是"错综其文",俞樾《平议》认为两句中"寡"与"贫"两字互讹,应互换,即应作"不患贫而患不均,不患寡而患不安"。当以俞说为是。

⑮服,归顺。文德,指政教,仁义礼乐之类。来之,招致使之来。"故远人不服"四句,谓如果远方之人不归顺,则修明政教使之来归,来了就安抚他们。

⑯相,辅佐。邦分崩离析,国家分裂破碎。守,守护。

⑰谋,谋划。干戈,两种兵器,干,即盾,用于抵挡;戈,用于刺击。动干戈,即发动战争。邦内,指鲁国境内。

⑱萧墙,何晏集解引郑玄曰:"萧,谓肃也;墙,谓屏风。君臣相

见之礼,至屏而加肃敬焉。"不在颛臾而在萧墙之内也,谓季氏的用心实不在颛臾而在国家内部。

★《左传·僖公二十一年》:"任、宿、须句、颛臾,风姓也。"颛臾之名,《传》中仅此一见。而"邾""小邾"屡见,按,"邾"为"颛臾"的合音,"颛臾"二字相切即为"邾"。《左传》在鲁哀公时代有多次伐邾的记载。哀公十四年,"小邾射以句绎来奔。曰:'使季路要我,吾无盟矣。'使子路,子路辞。季康子使冉有谓之曰:'千乘之国,不信其盟,而信子之言;子何辱焉?'对曰:'鲁有事于小邾,不敢问故,死其城下可也。彼不臣而济其言,是义之也?由弗能。'"射,人名,小邾大夫。句绎,地名。射以句绎之地投奔季氏。要,约也。射提出要与子路相约,而不欲同鲁国盟誓。子路一诺千金,射肯定是要子路出面说话,使他的安全有保障。但子路不接受。说我不敢问为什么要与小邾进行战争,让我去战死在城下都可以,但我不愿与射相约。射以小邾之地来奔,是"不臣"的行为。如果我同他相约,就是赞成他的不义行为。这种事我仲由不能做。这段话充分表现了子路的性格,坚持原则,决不含糊。冉有与子路同为季氏臣,只可能在鲁哀公十一年(前484)孔子自卫返鲁以后。可知鲁哀公十四年(前481)"鲁有事于小邾"与"季氏将有事于颛臾",为同一事件。故此颛臾即小邾。《仲尼弟子列传》记"子路为蒲大夫,辞孔子",肯定是由于子路不接受与射相约的任务,而且态度坚定,得罪了季氏,不得不离开鲁国。——鲁定公十三年(前497)孔子使子路为季氏宰,试图削弱三桓的势力,与季桓子发生激烈矛盾。定公十四年孔子被迫去鲁适卫。季桓子于鲁哀公三年(前492)去世,季康子继位。哀公十一年孔子重回鲁国,冉有子路为季氏宰。鲁哀公十四年(前481),子路又为"鲁有事于小邾"与季康子发生矛盾,同样去鲁适卫。蒲为卫邑,子路此去实为卫大夫孔悝邑宰,临行孔子有所嘱咐。下一年子路即在卫国内乱中殉职。

季氏将伐颛臾，冉有、季路向孔子报告。孔子了解子路的性格，所以只点名批评冉有。冉有开头笼统地说，"夫子欲之，吾二臣者皆不欲也"，把子路同自己连在一起。而后又说，"今夫颛臾，固而近于费，今不取，后世必为子孙忧"，可知冉有实际是赞成的。"不欲"的只是子路。故季康子要冉有劝子路出面与小邾射相约，而子路坚决拒绝。冉有与子路虽同仕于季氏，同季氏的关系两人大不相同。季氏贪婪，冉有"为之聚敛"。季氏欲伐颛臾，冉有认为必要，而子路却不赞成。故冉有终仕于季氏，子路则不得不远走他乡。作者用如此精炼的文字将两人的态度神情，表现得如此真刻。孔子的大段讲话，也气力充盈，逻辑严谨。

《论语》大多是孔子的语录与同他人的对话，唯本章与《先进》篇"子路曾皙冉有公西华侍坐"章（11.26），虽同样是对话，篇幅相对较长，内容相当丰富。两章风格不同。"侍坐"章尔雅温文，气氛愉悦；本章氛围紧张，语言激烈，却同是相当优秀的散文。《论语》中，这两章与《微子》篇"楚狂接舆""长沮桀溺""荷蓧丈人"三章，成为战国时代百花齐放的诸子散文的先声。

【16.2】

孔子曰："天下有道①，则礼乐征伐自天子出②；天下无道③，则礼乐征伐自诸侯出。自诸侯出，盖十世希不失矣④；自大夫出，五世希不失矣；陪臣执国命⑤，三世希不失矣。天下有道，则政不在大夫。天下有道，则庶人不议。⑥"

①天下有道，政治清明，天下太平的时代。
②礼乐，制礼作乐，概指政治措施。征伐，概指军事行动。出，犹言进行。

③天下无道，政治腐败，天下混乱的时代。

④盖，约略之词，犹言大概。希，少也。盖十世希不失矣，大概十世很少有不失掉的。

⑤陪臣，家臣。执，控制，掌握。

⑥庶人，平民百姓。议，非议。

★"自诸侯出，盖十世希不失矣；自大夫出，五世希不失矣；陪臣执国命，三世希不失矣"，这是孔子根据当时他见到的情况说的，也只是约略言之。齐桓公称霸，历孝公、昭公、懿公、惠公、顷公、灵公、庄公、景公、悼公、简公，十一世；至简公为陈恒所弑。孔子曾请哀公进行讨伐。晋自文公称霸，历襄公、灵公、成公、景公、厉公、平公、昭公、顷公，凡九世，六卿专权。所以说"十世希不失矣"。鲁季孙家族，自季友专政，历文子、武子、平子、桓子；桓子为阳虎所执。所以说"五世希不失矣"。季氏家臣南蒯、公山弗扰、阳虎，当世即败，不曾三世。孔子大致述说当时的情况，并非准确的论断。孔子身后，进入战国，更加混乱，丧亡相继，十世五世三世之说，更没有意义。

【16.3】

孔子曰："禄之去公室五世矣①，政逮于大夫四世矣②，故夫三桓之子孙微矣。③"

①禄，爵禄。公室，指鲁君朝廷。禄之去公室，即爵禄不出自鲁君，亦即政不出于鲁君。何晏集解引郑玄曰："（孔子）言此之时，鲁定公之初。"按，《左传·文公十八年》：二月，文公去世。冬十月，东门襄仲杀文公嫡子恶，立庶子倭，是为宣公。从此鲁国政在大夫，爵禄不自君出；历宣公、成公、襄公、昭公、定公，故曰"禄之去公

室五世矣"。（恶，郑玄注作"赤"。倭，《史记·鲁世家》作"佞"。）

②逮，及也。鲁自宣公至定公，季文子、季武子、季平子、季桓子，先后相承执鲁国之政，故曰："政逮于大夫四世矣。"

③三桓，鲁桓公之子、庄公之弟三人："长曰庆父，次曰叔牙，次曰季友。"庆父之后称孟孙，又称仲孙；叔牙之后称叔孙；季友之后称季孙。称为"三桓"。微，衰微。三桓自宣公之后执鲁国之政，季孙氏势力最强。何晏集解引孔安国曰："（三桓）至哀公皆衰。"

★《左传·昭公二十五年》宋乐祁曰："（鲁国）政在季氏三世矣，鲁君丧政四公矣。"杜预注："（三世），文子、武子、平子。""（四公），宣、成、襄、昭。"又，《昭公三十二年》晋史墨曰："鲁文公薨，而东门遂杀適立庶，鲁君于是乎失国，政在季氏；于此君也，四公矣。"乐祁、史墨议论之时皆在昭公之世，昭公之后为定公；至定公之时"爵之去公室五世矣"。定公之时执政者为季桓子，其时"政逮于大夫四世矣"，故郑玄注、朱熹集注、毛奇龄《稽古篇》都推定孔子言此在定公之世。唯何晏集解引孔安国曰："（三桓）至哀公而衰"，则认为孔子言在哀公之时。按，孔子在哀公之时评议哀公之前的"禄之去公室五世""政逮于大夫四世"，也未尝不可。（东门遂，即东门襄仲。）

按，本章实紧承上章而言。孔子在论述天下有道、天下无道的普遍情况之后，对当前三桓的境况作出判断性的评说："禄之去公室五世矣，政逮于大夫四世矣，故夫三桓之子孙微矣。"按，季康子于哀公三年继位，于哀公二十七年卒，上距孔子之卒十一年。《鲁周公世家》记录哀公"二十七年春，季康子卒"，未记继位者为谁。下文曰："夏，哀公患三桓，将欲因诸侯以劫之。三桓亦患公作难，故君臣多闲。"又曰："悼公之时，三桓胜，鲁如小侯，卑于三桓之家。"至少悼公之时，三桓仍甚强大，孔子的判断并不准确。

【16.4】

孔子曰:"益者三友,损者三友①。友直,友谅,友多闻,益矣②。友便辟,友善柔,友便佞,损矣。③"

①益者,有益者。损者,有害者。"三友"之友,名词,朋友。后文"友直、友谅"等之友,动词,交友。
②直,正直者。谅,诚信者。多闻,见闻广博者。
③便(pián)辟,谄媚逢迎者。善柔,表面柔媚而实不诚信者。便(piān)佞,何晏集解引郑玄曰:"便,辩也。谓佞而辩。"巧于言辞华而不实者。详"君子有九思"章星评。

【16.5】

孔子曰:"益者三乐,损者三乐①。乐节礼乐,乐道人之善,乐多贤友②,益矣。乐骄乐,乐佚游,乐宴乐③,损矣。"

①益者,有意者。损者,有害者。乐(Lè),乐趣。
②节礼乐(yuè),调节于礼乐(yuè)。道人之善,说他人的好处。多贤友,多贤明之友。
③骄乐(lè),以骄矜为乐(lè)。佚游,没有节制的游荡。宴乐(lè),没有节制的饮宴。详"君子有九思"章星评。

【16.6】

孔子曰:"侍于君子有三愆①:言未及之而言谓之躁,言及之而不言谓之隐,未见颜色而言谓之瞽。②"

①侍，陪从。愆，过失，错误。
②躁，浮躁。隐，隐瞒。未见颜色，不看对方的脸色。瞽，盲目。详"君子有九思"章星评。

【16.7】
孔子曰："君子有三戒①：少之时，血气未定，戒之在色；及其壮也，血气方刚，戒之在斗；及其老也，血气既衰，戒之在得。②"

①戒，警惕，防备。
②色，女色。斗，争斗。得，贪求。详"君子有九思"章星评。

【16.8】
孔子曰："君子有三畏①：畏天命，畏大人②，畏圣人之言。小人不知天命而不畏也，狎大人，侮圣人之言。③"

①畏，敬畏。
②天命，自然的命运。大人，在上位者。
③狎，亲昵，狎弄。侮，轻慢。详"君子有九思"星评。

【16.9】
孔子曰："生而知之者，上也①；学而知之者，次也②；困而学之，又其次也③；困而不学，民斯为下矣④。"

①生而知之者上也，谓不用学习，天生就有知识，此为上等。
②学而知之者次也，通过学习即得知识，此其次也。

③困而学之又其次也。何晏集解引孔安国曰："困，谓有所不通。"指资质较低，学有所不通，仍坚持学习；此又其次也。

④困而不学，本来就资质低下，又不肯学习。民斯为下矣，那种人是最下的。

★说"生而知之者"章与"我非生而知之者"章——

本章论人的资质与知识之间的关系。"生而知之者上也"，这自然是上等的资质。但这种资质实际是不存在的，世界上绝没有"生而知之"的人，孔子自己也说他"我非生而知之者，好古敏以求之者也"。"学而知之者次也，困而学之又其次也"。全章旨意在于鼓励人们努力学习，无论哪种资质，都可以获得知识。《礼记·中庸》第二十章云，"或生而知之，或学而知之，或困而学之；及其知之一也"，作者是领会了孔子的意思的。只有"困而不学"者，那种人是最差的，"斯为下矣"。

"困而不学"之"困"，孔安国解释为"困，谓有所不通"是正确的。孔子是就人的资质言之，他把人的资质分为四等：一等"生而知之"，不用学便知之；二等"学而知之"，通过学习便知之；三等学甚困难，"有所不通"，但坚持学乃知之；四等最差，"困而不学"。朱熹集注用孔注，并说"言人之气质不同，大约有此四等"，理解也很正确。

现代有些学者将"困而不学"理解为在实践中遇到困难才去学，与原意不符。宋王应麟将其考据性大著称为《困学纪闻》，谦虚地谓自己资质不高，困而学之，以成此纪闻；并不是说他实践中遇到了困难乃来写此书。显然，他对"困而学之"的理解也是正确的。

"民斯在下矣"之"民"，邢昺疏："知困而不能学，此为下愚之民也。"下愚之民，似指普通百姓。刘宝楠正义："困而不学则蠢然罔觉，斯为材质之最下者，不得为士类矣。"他说得比较含糊，只说"不得为士类矣"，大概也说是普通民众。杨伯峻更明确地说"老百姓就是这种最下等的了"。"民"字的本义确系指下层民众,《说文》:"民,众萌也。"但在先秦典籍中"民"常与"人"同义。《诗·大雅·生民》"厥初生民",朱熹集传:"民,人也。"《书·皋陶谟》"自我民明畏",孙星衍今古文注疏:"民者,人也,统贵贱言之。"《论语》本章论人资质的高下与求知的程度,并非论不同等级的人的资质;"民斯为下矣"之民,正应训"人也,统贵贱言之"。民即"困而不学"的那种人。朱熹集注:"言人之气质不同,大约有此四种。"又引杨氏曰:"生知,学知,以至困学,虽其质不同,及其知之一也。故君子惟学之为贵,困而不学,然后为下。"理解都正确无误。将"民斯为下矣"之"民",解释为"下愚之民",翻译为"老百姓",都是错误的。

本章与《述而》篇"我非生而知之者,好古敏以求之者也"内容衔接,参见该章星评。

【16.10】

孔子曰:"君子有九思①:视思明,听思聪②,色思温,貌思恭③,言思忠,事思敬④,疑思问,忿思难⑤,见得思义⑥。"

①思,思考,想到。

②"视思明,听思聪",看思看明白,听思听清楚。邢昺疏:"目睹为视,见微为明";"耳闻为听,听远为聪"。《庄子·外物》:"目彻为明,耳彻为聪。"

③色,颜色。貌,《书·洪范》"一曰貌",孔颖达疏:"貌是容仪举身之大方也。"《穀梁传·桓公十四年》"察其貌,而不察其形",范宁注:"貌,姿体。"可知"色"指其脸色,"貌"指其体态。"色思温,貌思恭",谓脸色想到要温和,体态想到要谦恭。

④敬,《说文》,"肃也"。"言思忠,事思敬",说话要想到忠诚信

实，做事想到要严肃认真。

⑤忿，怒；难，患也。"疑思问，忿思难"，与人交接，有疑惑之时要问清楚，生气之时要自我控制，要想到有无后患。

⑥义，宜也。见得思义，见有所得时要想到得之是否适宜。

★本篇"益者三友"章、"益者三乐"章、"侍于君子有三愆"章、"君子有三戒"章、"君子有三畏"章、"君子有九思"章，这些章次很值得怀疑。前此诸篇，孔子言谈中偶有对句或者排比，都内容严谨。语言顺畅；而此五章的数字排比句单板拙劣，内容大多很不严谨。

（一）直者（正直者）、谅者（诚信者）、多闻者，并不能包括所有的"益友"。正直者必诚信，诚信者必正直，没有必要分作两类。便辟、善柔、便佞，也不能包括所有的"损友"。而且三者性质相近，称为三种"损友"也不恰当。

（二）节礼乐、道人之善、多贤友，并不能包括所有的"有益之乐"，而且三者逻辑上不能平列。骄乐，佚游，宴乐，也不能包括所有的"有损之乐"。三者性质相近，也不宜分为三乐。

（三）"侍于君子有三愆：言未及之而言谓之躁，言及之而不言谓之隐，未见颜色而言谓之瞽"，全是那种阿谀逢迎者的体会，说这种经验的"孔子"哪还像个孔子！侍于君子如此提心吊胆，同《宪问》篇子路问事君子曰："勿欺也，而犯之"的态度完全相反。

（四）君子有三戒：少之时，"戒之在色"；及其壮也，"戒之在斗"；及其老也"戒之在得"。如果爱色，好斗，贪得，都需要存心去"戒"，还像个什么君子？这种低层次的劝戒，不应出于孔子之口。再说爱色、好斗、贪得，怎能按年龄划分？"年少之时"就不好斗？"及其壮也"就不爱色？也不贪得？如此划分毫无道理。

（五）君子有三畏：畏天命？"夫子之言性命与天道不可得而闻也"，天道与天命基本同义，孔子怎么会要君子畏天命？"狎大人，侮圣人之言",也不应是君子的行为,用不着孔子来告诫。

(六)君子有九思,按"视、听、色、貌、言、事、疑、忿、得"九个内容排比,逻辑上不能平列,所说内容亦甚低俗。此等告诫,不会是孔子之言。因此评论孔子,不能以这些章次为准。

【16.11】

孔子曰:"见善如不及,见不善如探汤①。吾见其人矣,吾闻其语矣②。隐居以求其志,行义以达其道③。吾闻其语矣,未见其人也。④"

①不及,赶不上。探汤,探进了沸水。二句谓,见到善良,立即追求,好像自己总赶不上;见到不善良,立即避开,好像探进了沸水。

②"吾见"二句,谓我看到了这样的人,我也听到了这样的话。

③"隐居"二句,谓在污浊的社会就隐居以求保全自己的志气,在清明的社会就做合于义之事以实现自己的主张。与孟子"穷则独善其身,达则兼善天下"意思相近。

④"吾闻"二句,谓我听到这样的话,却没有看到这样的人。

★《论语》前此诸篇,孔子说话,凡回答鲁定公、鲁哀公、齐景公、卫灵公与季康子,用"孔子对曰"(其中回答季康子有一例用"孔子曰",两例用"子曰");与陈司败、与叶公、与微生亩等诸人对话,用"孔子曰"(与叶公有一例用"子曰");另外《泰伯》篇"舜有臣五人"章也用"孔子曰"。除此之外,凡记录孔子之言,以及孔子与弟子或一般人(如林放、王孙贾、季子然、子服景伯、原壤夷)对话,一律用"子曰"。唯《季氏》篇全用"孔子曰"。必是某个有点特殊的人所作的记录,编辑者照原件编入。朱熹对孔子的言行绝对不敢疵议,他也认为"大抵此书后十篇多阙误"。本篇所谓"益者三友,损者三友""益者三乐,损者三乐""侍于君子有三愆""君子有三戒""君子有三畏""君子有九思",语言呆板机械,前此诸篇都没有这种语式,且极不严谨,这些章次都值得怀疑。

【16.12】

齐景公有马千驷,死之日,民无德而称焉①。伯夷叔齐饿于首阳之下,民到于今称之②。□□□□□□③,其斯之谓与。

①齐景公,齐庄公异母弟杵臼,崔杼杀庄公,立以为齐君。在位五十八年(前547—前490)。景公三十一年(鲁昭公二十五年,前517),鲁国内乱,孔子適齐,景公曾问政于孔子。有马千驷,一驷四马,千驷即四千匹。景公是一位奢靡的国君。《史记·齐太公世家》谓"景公好治宫室,聚狗马,奢侈,厚赋重刑"。死之日,齐景公五十八年(鲁哀公五年)死去,时孔子已六十三岁。民无德而称焉,民众认为他没有什么德行可以称述。

②伯夷叔齐,商末孤竹君之二子,相互让位,遂一起出逃。投奔西伯(周文王),时西伯已死,武王伐纣。伯夷叔齐扣马而谏,曰:"父死不葬,爰及干戈,可谓孝乎?以臣弑君,可谓仁乎?"后武王已平殷乱,天下宗周。伯夷叔齐耻之,义不食周粟,采薇而食之;终饿死于首阳山。见《史记·伯夷列传》。民到于今称之,人民到现在仍称颂他们。

③□□□□□□,此处缺漏一句,必须是前面有一句引文,或者评论判断之类的话,后面才说"其斯之谓与"。照《子罕》篇《唐棣之华》章缺漏句例处理,究竟缺何字句,不得而知。

★本章开头没有"孔子曰",可能是漏此三字,也可能是他人所说。朱熹曰:"盖阙文耳,大抵此书后十篇多阙误。"

【16.13】

陈亢问于伯鱼曰①:"子亦有异闻乎?②"

对曰:"未也。尝独立,鲤趋而过庭③。曰:'学诗乎?'对曰:'未也。''不学诗,无以言。④'鲤退而学诗。他日,又独立,鲤趋而过庭。曰:'学礼乎?'对曰:'未也。''不学礼,无以立。⑤'鲤退而学礼。闻斯二者。"

陈亢退而喜曰:"问一得三⑥,闻诗,闻礼,又闻君子之远其子也。⑦"

①陈亢,字子禽。《学而》篇有"子禽问于子贡"章(1.10)。伯鱼,孔子之子孔鲤,字伯鱼。《史记》索隐引《家语》:"伯鱼之生,鲁昭公使人遗之鲤鱼。夫子荣君之赐,因以名其子也。"

②闻,《说文》,"知闻也"。异闻,特别的知闻,指不同于一般的教导。朱熹集注:"亢以私意窥圣人,疑必阴厚其子。"

③未,没有。尝独立,指孔子曾独自立在庭中。趋,快步走过。"趋而过"是表示敬意。

④"不学诗"二句,谓不学诗就不会说话。因《诗三百》中内容丰富,当时士人说话常引用诗句。

⑤"不学礼"二句,谓不学礼就无法在社会上立身。《泰伯》篇"兴于诗"章(8.8):"立于礼",何晏集解引包咸曰:"礼者所以立身。"

⑥问一得三,问一句话得三种知识。

⑦君子之远其子,谓君子对待自己的儿子并非有特殊的对待。

【16.14】

邦君之妻①,君称之曰夫人,夫人自称曰小童;邦人称之曰君夫人,称诸异邦曰寡小君②;异邦人称之亦曰君夫人。

①邦君,指诸侯国君。
②邦人,本国人。称诸异邦,对外国人称(其君夫人)。

★本章只是说明当时对国君夫人如何称呼。为何特别有此一章,不知其故。朱熹集注引吴氏曰:"凡语中所载如此类者,不知何谓。或古有之,或夫子尝言之,不可考也。"

阳货第十七

本篇凡二十六章

【17.1】
　　阳货欲见孔子①，孔子不见。归孔子豚，孔子时其亡也而往拜之。遇诸涂②。谓孔子曰："来！予与尔言③。曰，怀其宝而迷其邦④，可谓仁乎？曰，不可⑤。好从事而亟失时⑥，可谓知乎？曰，不可。日月逝矣，岁不我与。⑦"
　　孔子曰："诺⑧，吾将仕矣。"

①阳货，《左传》《史记》并作"阳虎"。何晏集解引孔安国曰："阳货，阳虎也。季氏家臣，而专鲁国之政，欲见孔子使仕。"
②归，通"馈"，赠送。豚，小猪。时，犹"伺"也，窥伺。亡，不在家。涂，路上。《孟子·滕文公下》："阳货欲见孔子而恶无礼，大夫有赐于士，不得受于其家，则往拜其门。阳货瞰孔子之亡也而馈孔子蒸豚，孔子亦瞰其亡也而往拜之。当是时，阳货先，岂得不见。"瞰，窥伺。由《孟子》知所馈者为蒸熟的小猪。阳货送一条蒸小猪给孔子，孔子伺其外出而往拜谢，不料回来路上碰见了阳货。

③尔，汝，指孔子。

④宝，喻学问道艺。怀其宝而迷其邦，谓孔子胸怀学问道艺，却不出仕，是自迷于邦国。曰，为调换语气之词，犹今言"欸"（ě）。

⑤"可谓仁乎？曰，不可""可谓知乎？曰，不可"，句中两"曰"字也是调换语气之词。连用这种语气，是阳货自问自答，表现出阳货拿腔作势的形态。

⑥好，读去声（hào），喜也，爱也。亟，数也，屡也。好从事而亟失时，谓孔子本爱出仕为官而又总是丧失时机。

⑦日月，代指时光。与，犹待也。二句谓时光逝去，年岁不等待人。

⑧诺，应答之辞。

★说"阳货欲见孔子"章——

阳货"谓孔子曰"一段，两处"曰，不可。"清以前注家都以为是孔子的回答。邢昺疏，前"曰不可者，此孔子谦逊言如此者不可谓之仁也"，后"曰不可者，此亦孔子谦逊言如此者不可谓之知也"。清初毛奇龄《毛诗稽求篇》引明郝敬云："前两'曰，不可'皆是货自为问答以断为必然之理。""至'孔子曰'以下才是孔子语。孔子答语只此，故记者特加'孔子曰'三字以别之。"郝毛之说甚是。其中三个"曰"字皆语气词，非言曰之"曰"。犹现代人说语，口气转换之时，插一声"欸"。

怀其宝而迷其邦，古今注家都认为"迷其邦"指国家迷乱。邢昺疏："知国不治而不为政，是使迷乱其国也。"朱熹集注："怀宝迷邦，谓怀藏道德，不救国之迷乱。"如此注解非是。此时之阳货控制季氏，自专国政，正志得意满，自以为是，他不会认为国家政事迷乱。此其一。其二，按语气，"怀其宝而迷其邦"，主语都是"尔"，指孔子。如解作孔子怀宝，而国家迷乱，则语言混乱。其三，注家之所以将"迷"理解为国家迷乱，是认为孔子圣人决不会迷惑。需知这是阳虎的话,并非孔子之言;阳虎自作高明,认为孔子又想做官,又不出仕,是自迷于国。

"阳货欲见孔子"也是《论语》中相当特别的一章。人物性格鲜明,语言极其生动。阳货是"陪臣执国命",是孔子最反感的人物。《史记·孔子世家》记录孔子年少之时曾受到阳货的羞辱:"季氏飨士,孔子与往。阳虎绌曰:'季氏飨士,非敢飨子也!'孔子由是退。"可知阳货比孔子年长得多,又权势煊赫,故孔子不愿招惹。《论语》中孔子同各种人交往对答都严肃认真,对阳货却采取回避敷衍态度。阳货玩弄权术,"瞰孔子之亡也而馈孔子蒸豚",孔子"亦瞰其亡也而往拜之"。不料冤家路窄,回来路上却碰着了阳货。阳货对孔子说话,居高临下,拿腔作势,两次说"曰,不可",都含有指责教训的意味。在阳货自问自答的过程中,孔子不置一辞,但仿佛看到孔子貌似谦恭而实冷淡的神情;末了说一声"诺,吾将仕矣",完全只是应付而已。

鲁定公八年(前502)阳货伙同公山不狃作乱,欲尽杀三桓嫡子,更立阳虎所善庶子以代之,阳货并妄图自己取代孟孙氏。三桓共攻阳货。定公九年,阳货失败,出奔齐国,而后又奔晋国赵氏。阳货欲见孔子,是在孔子入仕之前。阳货同他说话,用一种貌似关切而实为教训的口气,企图拉拢孔子。定公八年之后,"定公以孔子为中都宰","由中都宰为司空,由司空为大司寇"。驱除了阳货,孔子才在鲁国从事了首尾六年的仕宦生涯。

【17.2】
子曰:"性相近也,习相远也。①"

【17.3】
子曰:"唯上知与下愚不移。②"

①性，人先天的本性。习，后天的染习。

②知，通"智"。上知，即《季氏》篇之"生而知之者"。下愚，即《季氏》篇之"困而不学"者。移，变易。

★二、三两章内容紧密相连，合之即为一章：

子曰："性相近也，习相远也；唯上知与下愚不移。"

孔子谓人先天的本性是相近的，后天在生活的染习中便相远了。但这只就一般人而言，"生而知之"的上智与"困而不学"的下愚，生来的本性是不变的。

孔子说的前两句，无疑是正确的。他认为人性生来有一定的差别，但相距不远。生活在不同的环境，受到不同的影响，习性便会变易。所以孔子强调教育的重要。后一句就很成问题。"生而知之"的上智是不存在的，孔子本人也说"我非生而知之者"；也就不存在移不移的问题。他又认为有一种"困而不学"的下愚，把这部分人的本性绝对化，作为一种理论是有害无益的。

战国时代，"孟子道性善"。孟子曰："人性之善也，犹水之就下也；人无有不善，水无有不下。"荀子道性恶。荀子曰："人之性恶，其善者伪也。"他们都能举出一些事实来支持各自的理论。他们把"性善""性恶"绝对化，都不如孔子说的"性相近也，习相远也"更为实在。大师们都强调教育，孔子提出为政需"富之"而后"教之"；教之主张"有教无类"。孟子主张通过教育发扬人的善性，荀子主张通过教育改变人的恶性；孟荀论性善性恶则异，主张教育则同，可谓殊途而同归。

【17.4】

子之武城,闻弦歌之声。夫子莞尔而笑①,曰:"割鸡焉用牛刀?②"

子游对曰:"昔者偃也闻诸夫子曰:'君子学道则爱人,小人学道则易使也。'"

子曰:"二三子③!偃之言是也,前言戏之耳。"

①武城,邢昺疏:"鲁邑名。"言偃,字子游,为武城宰。弦,代指琴。弦歌之声,表示以礼乐进行教化。莞尔,微笑貌。

②割鸡焉用牛刀,邢昺疏:"鸡乃小牲,割之当用小刀,何用解牛之大刀;以喻治小(邑)何须用大道。"

③二三子,孔子称其学生或其他随从者。

【17.5】

公山弗扰以费畔,召,子欲往①。子路不说,曰:"末之也已,何必公山氏之之也?②"

子曰:"夫召我者,而岂徒哉③?如有用我者,吾其为东周乎!④"

①公山弗扰,《左传》《史记》并作公山不狃。畔,通"叛",背叛。《史记·孔子世家》:鲁定公八年(前502)"公山不狃不得意于季氏,因阳虎作乱。欲废三桓之適,更立其庶孽阳虎素所善者。遂执季桓子,桓子诈之,得脱。定公九年,阳虎不胜,奔于齐。是时孔子年五十。公山不狃以费畔季氏,使人召孔子。"孔子欲往,"子路不说"。按,此事系传闻之误,详见星评。

②说,通"悦"。不说,不高兴,实即反对。"末之也已"二句,

谓没地方去就算了，何必去公山氏那儿呢！

③徒，空也。而岂徒哉，难道是空去一趟吗？意即将有所为也，即下文之"吾其为东周乎"。

④为东周，何晏集解："兴周道于东方，故曰东周。"孔子虽如此解释，"然亦卒不行"。

★说"公山弗扰以费畔，召，子欲往"章——

这是《论语》中很成问题的一章。

照《史记·孔子世家》的叙述，鲁定公八年（前502）公山不狃即因阳虎作乱，阳虎失败奔齐，公山不狃即以费畔，使人召孔子，孔子欲往。《左传·定公八年》叙公山不狃同阳虎作乱，与《孔子世家》所述基本相同，却没有公山不狃以费畔，召孔子，孔子欲往之事。

其后到定公十三年（前497）夏，孔子使仲由为季氏宰，将堕三都。"季氏将堕费，公山不狃、叔孙辄率费人袭鲁，公与三子入于季氏之宫，登武子之台。费人攻之，弗克，入于公侧。孔子命申句须、乐颀下伐之，费人北。国人追之，败诸姑蔑。二子奔齐，遂堕费。"这一战役，孔子亲自指挥，打败了公山不狃。（《左传》与《孔子世家》所记内容基本相同，但《左传》记其事于定公十二年。）

《左传》与《史记》都明明记载公山不狃"率费人袭鲁"，孔子亲自指挥将其打败，迫使他出奔齐国。本章却说"公山不狃以费叛，召，子欲往"。同一时间，同是公山不狃以费叛，两处记载却完全相反。孔子既讨伐这个叛贼，又应召欲往，这怎么可能。司马贞《史记索隐》即表示怀疑，谓"检《家语》及孔氏之书，并无此言，故桓谭亦以为诬也"。赵翼《陔馀丛考》、崔述《洙泗考信录》疑本章所记不可信。

刘宝楠反对赵翼崔述对《论语》的怀疑，对孔子欲应公山不狃之召一事强行解释。刘氏认为定公八年"阳虎欲去三桓，将享桓子于蒲圃而杀之"，其时公山不狃"正为费宰而阴观成败于其际，故畔形未露；直至九年始据邑以叛，然犹曰张公室也"。刘宝楠之说绝对不能成立。无论《左传》还是《史记》都明明白白记述定公八年公山不狃即"因阳虎"而"欲去三桓"("因"是依靠、凭借之意),怎么可能说公山不狃只是"阴观成败"而"畔形未露"呢?谓公山不狃"据邑以叛然犹曰张公室也",是刘宝楠想象之词;无论《左传》还是《史记》所记公山不狃的一切行为中都找不到这个叛贼欲"张公室"的影迹。

本章后面有"佛肸召,子欲往"章。公山弗扰召孔子,孔子欲往,与佛肸召孔子,孔子欲往,两者性质虽不同,但两者的基本情节是相同的。都是某以某邑畔,召孔子;孔子欲往,子路反对,孔子进行辩解。当是同一事件之传闻异辞。要不然,故事情节何以如此相同。根据事实,揆诸情理,应是佛肸以中牟畔召孔子是真实的;而后讹传为公山弗扰召孔子是不真实的。后来的编辑者将真实事件与传闻故事都编进了论语。故赵翼崔述认为传闻故事不可信。朱熹认为"大抵此书后十篇多阙误";公山弗扰召孔子或即属于重大"阙误"之一例。刘宝楠之说,是痴信《论语》全都绝对准确,故曲为解释。世界上不存在绝对没有错误的书,《论语》也不例外。

【17.6】

子张问仁于孔子①。孔子曰:"能行五者于天下,为仁矣。"

"请问之。"

曰:"恭、宽、信、敏、惠②。恭则不侮,宽则得众,信则人任焉,敏则有功,惠则足以使人。③"

①问仁,此问如何行仁政。

②恭,《说文》,"肃也";庄重。宽,宽厚。信,诚信。敏,勤敏。惠,慈惠。

③不侮,不受侮辱,亦即受到尊重。得众,得群众拥戴。人任焉,

人们信任。有功,有成效。足以使人,足以使用人。

★ "子张问仁于孔子,孔子曰",按前此诸篇记述孔子与弟子问答的方式,应作"子张问仁,子曰"。本章如此记述,前此没有这种句式,而与《尧曰》篇"子张问于孔子曰"类似。

【17.7】

佛肸召①,子欲往。

子路曰:"昔者由也闻诸夫子曰:'亲于其身为不善者②,君子不入也。'佛肸以中牟畔③,子之往也,如之何?"

子曰:"然,有是言也。不曰坚乎,磨而不磷?不曰白乎,涅而不缁④?吾岂匏瓜也哉⑤?焉能系而不食?"

① 佛肸(bì xī),何晏集解引孔安国曰:"晋大夫赵简子之邑宰。"《孔子世家》:"佛肸为中牟宰。赵简子攻范、中行,伐中牟。佛肸畔,使人召孔子。孔子欲往。"中牟,古地名,在今河南鹤壁。按,《左传·哀公五年》:"夏,赵鞅伐卫,范氏之故也,遂围中牟。"可知佛肸之召孔子,必在哀公五年(前490)。
② 亲于其身为不善者,《孔子世家》作"其身亲为不善者"。后者语意更为顺畅。《尔雅·释诂上》:"身之为言人也。"其身亲为不善者,谓其人为亲自作不善之事者。君子不入,何晏集解引孔安国曰:"不入其国。"
③ 畔,通"叛"。佛肸以中牟畔,指畔赵简子。详见星评。
④ "不曰坚乎"四句,何晏集解引孔安国曰:"磷,薄也。涅,可以染皂者也。言至坚者磨之而不薄,至白者染之于涅中而不黑;君子虽在浊乱,不能污也。"比喻道德修养高深的人即使同"亲为不善

者"在一起也不会同流合污。

⑤匏瓜,即瓠子,又叫葫芦。有些葫芦味苦,不能食用,老化以后,外皮坚硬,里面空干,从前乡下用来盛种子之类的东西。完整的可以系在身上浮水渡河。《国语·鲁语下》:"夫苦匏不材,于人共济而已。"韦昭注:"共济而已,佩匏可以渡水也。"《庄子·逍遥游》:"今子有五石之匏,何不虑以为大樽而浮于江湖。"孔子谓难道我像匏瓜吗,我怎能挂在那儿不吃东西!言自己需要出仕,需要俸禄维持生活。

★说"佛肸召,子欲往"章——

本章有些史实不清楚,注家的解释也不一致。"佛肸以中牟畔",孔安国曰:"晋大夫赵简子之邑宰。"邢昺疏亦云:"佛肸为晋大夫赵简子之中牟邑宰,以中牟畔,来召孔子,孔子欲往。"然翟灏《四书考异》曰:"简子挟晋侯以攻范、中行,佛肸为范、中行家邑宰,因简子致伐距之;于晋为畔,于范、中行犹为义也。"刘宝楠正义:"《史记·孔子世家》,佛肸为中牟宰,赵简子攻范、中行,伐中牟,佛肸畔,使人召孔子云云,是中牟为范、中行邑,佛肸是范、中行之臣;于时为中牟宰而赵简子伐之,故佛肸即据中牟以畔也。"——据孔安国、邢昺说,佛肸为晋赵简子中牟之邑宰;据翟灏、刘宝楠说,佛肸为范、中行之邑宰。

《左传·哀公五年》:"夏,赵鞅伐卫,范氏之故也,遂围中牟。"杜预注:"卫助范氏故也。"江永《春秋地理考实》云:"中牟尝属赵氏矣,而此时属卫,岂因佛肸畔而中牟遂属卫与?"据《左传》行文的语气,翟灏推测,中牟后又属卫。

三说不同,但佛肸以中牟畔,反对赵简子,则是相同的。

佛肸以中牟畔,召孔子,孔子欲往,事在鲁哀公五年(前490)。哀公五年孔子尚在卫国,卫灵公老,怠于政,不用孔子。其时孔子希望有人用他,曾曰"苟有用我者,期月而已,三年有成",所以佛肸召他也愿意前往。这与公山弗扰以费畔，召孔子，孔子欲往，情况完全不同。公山弗扰伙同阳货，畔逆季氏，同时也是畔逆鲁国；而佛肸以中牟畔，是站在卫国一方，反畔赵简子。两者性质完全不同。故孔子不会应公山弗扰之召。而欲应佛肸之召，怀着"苟有用我者，期月而已，三年有成"的希望，也就可以理解。

《左传》未有佛肸召孔子，孔子欲往的记载，《孔子世家》也没有下文，大概也是"然亦卒不行"。

【17.8】

子曰："由也，女闻六言六蔽矣乎？①"

对曰："未也。"

"居！吾语女②。好仁不好学，其蔽也愚③；好知不好学，其蔽也荡④；好信不好学，其蔽也贼⑤；好直不好学，其蔽也绞⑥；好勇不好学，其蔽也乱⑦；好刚不好学，其蔽也狂。⑧"

①言，一个词，此实指一种德行。蔽，弊病。

②居，坐下。何晏集解引孔安国曰："子路起对，故使还坐。"语，告诉。

③好，读去声（hào），喜爱。愚，《说文》，"戆也"，憨直。仁者憨厚，不学则可能上当。朱熹集注："愚谓可陷可罔之类。"

④知，通"智"，智慧。"好知"而不学就成为耍小聪明，就可能失去控制，即所谓"荡"。何晏集解引孔安国曰："荡，无所适守也。"

⑤信，诚信。贼，伤害。讲诚信，如果机械地理解，不择是非地遵守，则可能受到伤害。参见《卫灵公》篇"君子贞而不谅"注。

⑥直，直率。绞，本义为两绳纠紧，引申为纠结之意。过于直率，不知掌握分寸，会使人受到刺激而发生纠纷。故皇侃疏："绞，犹刺

也。"《泰伯》篇"恭而无礼"章（8.2）："直而无礼则绞。"

⑦勇，勇敢。乱，搅乱，胡来。逞勇如不知控制，就可能胡来。《泰伯》篇"恭而无礼"章："勇而无礼则乱。"

⑧刚，刚强。狂，狂妄，狂躁。过于刚强，就会变得狂躁。

★任何德性，需要通过学习来提高认识，加强理解，才能恰到好处。如果机械地对待，就会产生负作用。朱熹注曰："六言皆美德，然徒好之而不学以明其理，则各有所蔽。"

【17.9】
子曰："小子何莫学夫诗①？诗，可以兴②，可以观③，可以群④，可以怨⑤；迩之事父⑥，远之事君；多识于鸟兽草木之名。⑦"

①小子，指弟子。夫（fú），指示词。邢昺疏："莫，不也。孔子呼门人曰，何不学夫诗也。"诗，指诗三百。

②兴，朱熹集注，"感发志意"。谓诗能引发感情。《泰伯》"兴于诗"章（前8.8）："兴于诗"，朱熹集注："兴，起也。诗本性情，有邪有正。其为言既易知，而吟咏之间，抑扬反复，其感人又易入。故学者之初，所以兴起其好善恶恶之心而不能自已者，必于此而得之。"《孟子·尽心下》"闻者莫不兴起也"，朱熹集注："兴起，感动奋发也。"

③观，观察社会人生。何晏集解引郑玄曰："观风俗之盛衰。"

④群，联系群众。何晏集解引孔安国曰："群居相切磋。"

⑤怨，怨刺。何晏集解引孔安国曰："怨刺上政。"《广雅·释言》"讥，怨也"，王念孙疏证："怨，与讥刺同意。"

⑥迩，近也。"迩之事父"二句，谓学诗可以懂得近则事父远则事

君的道理。

⑦多识于鸟兽草木之名，谓学诗可以得到许多动物植物方面的知识。《诗经》涉及鸟兽草木非常之多。三国吴陆玑著有《毛诗草木鸟兽虫鱼疏》。（陆玑，字元恪，吴郡人，官乌程令。古籍有引作陆机者，误。）

★《季氏》篇"陈亢问于伯鱼"章（16.13）子曰："不学诗，无以言"，则"可以兴，可以观，可以群，可以怨"之后加一条"可以言"，孔子的诗学观就较为全面了。

【17.10】

子谓伯鱼曰①："女为《周南》《召南》矣乎②？人而不为《周南》《召南》，其犹正墙面而立也与？③"

①伯鱼，孔子之子孔鲤，字伯鱼。
②女，通"汝"。朱熹集注："为，犹学也。《周南》《召南》，诗首篇名，所言皆修身齐家之事。"
③正墙面而立，朱熹集注："言即其至近之地，而一物无所见，一步不可行。"

【17.11】

子曰："礼云礼云，玉帛云乎哉？乐云乐云，钟鼓云乎哉？①"

①"礼云礼云"二句，何晏集解引郑玄曰："玉，圭璋之属；帛，束帛之属。言礼非但崇此玉帛而已，所贵者乃贵其安土治民。""乐云乐云"二句，何晏集解引马融曰："乐之所贵者移风易俗，非谓钟鼓

而已。"

★本章孔子实只提出问题，谓礼的本质并不在玉帛钟鼓这些外在形式。《八佾》篇"人而不仁如礼何？人而不仁如乐何？"（3.3）即对问题的回答。两章应为一章。合在一起，意思清楚明白。参见该章星评。

【17.12】

子曰："色厉而内荏①，譬诸小人②，其犹穿窬之盗也与！③"

①色，颜色。厉，严厉，威严。内，内心。荏，柔弱，怯弱。色厉而内荏，外表似乎很威严，内心却很怯弱。

②譬诸小人，以小人为譬。

③穿窬（yú），何晏集解引孔安国曰："穿，穿壁；窬，窬墙。"《释文》，一本作"逾"。则"窬"乃"逾"之假借，跳越。穿窬之盗，挖壁洞跳围墙的盗贼。

【17.13】

子曰："乡原①，德之贼也。②"

①原，同"愿"。《泰伯》篇"狂而不直"章（8.16）："侗而不愿"，朱熹集注："愿，谨厚貌。"诚谨宽厚之意，为褒义词。"乡愿"之"愿"，特指那种貌似谨厚却没有原则不辨是非的老好人，具贬义。

②贼，害也。德之贼，即有害于德者。朱熹集注："乡原，乡人之原者也。盖其同流合污，以媚于世。故在乡人之中，独以原称。夫子以其似德非德，而反乱乎德，故以为德之贼而深恶之。"

★《孟子·尽心下》对"乡原"的特点有精彩的叙述:"非之无举也,刺之无刺也。同乎流俗,合乎汙世,居之似忠信,行之似廉洁,众皆悦之,自以为是,而不可与入尧舜之道。故曰德之贼也。"

【17.14】
子曰:"道听而途说①,德之弃也。②"

①道,路;途,亦路也。道听而途说,路上听来未经证实的讯息,又在路上传说。

②弃,《说文》,"捐也"。德之弃,是捐弃道德者。皇侃疏:"若听之于道路,道路即为人传说,必多谬妄。所以为有德者所弃也,亦自弃其德者也。"

【17.15】
子曰:"鄙夫可与事君也与哉①?其未得之也,患得之②;既得之,患失之。苟患失之,无所不至矣。③"

①鄙夫,鄙陋之人。可与事君也哉,能同他一起事奉国君吗。

②得之,指得到官位钱财之类。患,担心。何晏集解:"患得之,患不能得之;楚俗言。"集解之意谓"患得之",即"患不能得之",系"楚俗语"。

③无所不至,何晏集解引郑玄曰:"言其邪媚无所不为。"即什么阴谋诡计邪恶行为都干得出来。

★"其未得之也,患得之;既得之,患失之",《荀子·子道篇》孔子曰:"小人者,其未得也,则忧不得;既已得之,又恐失之。"王符《潜夫论·爱日篇》："孔子疾夫未之得也，患不得之；既得之，患失之者。"注家因此疑《论语》原文"患得之"当作"患不得之"，有人主张补"不"字。按，原文未必漏字。引用者是转述意思，并非引用原文。其未得之也，患得之；既得之，患失之，行文顺畅。没有得到时，很着急能不能得到；已经得到时，很担心会不会失掉。两种心理都可以谓之"患"，不宜补字。

【17.16】

子曰："古者民有三疾，今也或是之亡也①。古之狂也肆，今之狂也荡②；古之矜也廉，今之矜也忿戾③；古之愚也直，今之愚也诈而已矣。④"

①民，人也。疾，缺点，毛病。或，推测之词，犹言也许。是，指古者民之"三疾"。亡，无也。

②狂，狂放。朱熹集注："狂者，志愿太高。"肆，何晏集解引包咸曰："肆，极意敢言。"朱熹集注："肆，谓不拘小节。"荡，放荡。何晏集解引孔安国曰："荡，无所据。"朱熹集注："荡，则踰大闲矣。"（踰大闲，超越了大的规范。）句意谓古之狂者只是志意太高，敢于极言，今之狂者放荡无所不为。

③矜，矜持。廉，有廉隅。忿戾，恶厉暴躁。朱熹集注："矜者持守太严，廉谓棱角峭厉。忿戾，则至于争矣。"句意谓古之矜庄者只是有棱角，今之矜持者态度暴躁恶厉。

④愚，愚钝，痴愚。愚也直，由于愚钝，不懂得适当委婉，因而显得过于质直。愚而诈，谓貌似愚钝而实心存欺诈。

【17.17】

子曰："巧言令色，鲜矣仁。"

★此章重出，已见《学而》篇。

【17.18】
子曰："恶紫之夺朱也①，恶郑声之乱雅乐也②，恶利口之覆邦家者。③"

①恶（wù），厌恶，憎恶。紫之夺朱，何晏集解引孔安国曰："朱，正色。紫，间色之好者。恶其邪而夺正也。"
②郑声，郑国地方的俗乐。《卫灵公》篇"颜渊问为邦"章（15.11），子曰："放郑声，远佞人；郑声淫，佞人殆。"雅乐，正乐。
③利口，犹言强嘴利舌，巧佞之言。覆，倾败。朱熹集注引范氏曰："利口之人，以是为非，以非为是，以贤为不肖，以不肖为贤人，君苟悦而信之，则国家之覆也不难矣。"

★本篇第二十四章，子贡问"君子亦有恶乎？"孔子回答"有恶"。该章记录了孔子说的四"恶"，本章三"恶"应是同一次说的，并入该章，即为一章。参见该章星评。

【17.19】
子曰："予欲无言。"
子贡曰："子如不言，则小子何述焉？①"
子曰："天何言哉？四时行焉，百物生焉，天何言哉？②"

①述，传述。

②"天何言哉"四句,谓天说过什么,春夏秋冬四时照常运转,世间百物照常生长,天说了什么呢?

★"天何言哉?四时行焉,万物生焉,天何言哉?"似与老子"天地相合以降甘露,民莫之令而自均"相同。其实是不同的。老子云云,是其"道常无为而无不为"哲理的体现,一切任其自然,不用任何作为。孔子所说是比喻性的,与《为政》篇"为政以德,居其所而众星共之"(2.1)、《子路》篇"其身正,不令而行"(13.6)一致。为政以德,需要"德";其身正,需要"正"。即为人处事,一切行为都要合乎道德,正直无邪,也就必然有所作为;与老子"无为"哲学性质不同。

【17.20】
孺悲欲见孔子,孔子辞以疾①。将命者出户,取瑟而歌,使之闻之②。

①孺悲,何晏集解,"鲁人也"。辞以疾,辞以因病不见。
②将命,传命,为宾主传话。瑟,弦乐器。"取瑟而歌"二句,辞以疾不见,却取瑟而歌,特地让他听到,表明并非有疾,是故意不见。

★《礼记·杂记下》:"恤由之丧,哀公使孺悲之孔子学士丧礼;士丧礼于是乎书。"恤,丧仪,此动词;恤由之丧,为仲由(子路)举行丧礼。按,哀公十五年(前480)卫国发生内乱,卫太子蒯聩发动政变,夺取其子卫出公君位,出公奔鲁。时仲由与高柴(子羔)并仕于卫,仲由在内乱中战死。孔子闻卫乱,曰:"柴也其来,由也死矣!"赖《杂记下》"恤由之丧"四个字的记载,知孔子曾为仲由举行丧礼。孔子肯定受到严重刺激,没有多久即因病去世。孺悲欲见孔公肯定在鲁哀公十一年（前484）孔子自卫回鲁之后，十五年（前480）子路去世之前。

【17.21】

宰我问："三年之丧①，期已久矣②。君子三年不为礼，礼必坏；三年不为乐，乐必崩③。旧谷既没，新谷既升，钻燧改火，期可已矣。④"

子曰："食夫稻，衣夫锦⑤，于女安乎？"

曰："安。"

"女安，则为之！夫君子之居丧，食旨不甘⑥，闻乐不乐，居处不安，故不为也。今女安，则为之！"

宰我出，子曰："予之不仁也⑦！子生三年，然后免于父母之怀。夫三年之丧，天下之通丧也。予也有三年之爱于其父母乎！"

①三年之丧，据传古代父母去世，守孝三年。《礼记·三年问》："三年之丧，人道之至文者也，夫是之曰至隆。是百王之所同，古今之所壹也。未有知其所由来者也。孔子曰：'子生三年，然后免于父母之怀。三年之丧，天下之达丧也。'"守孝期间，不得应考，不得任官，不得嫁娶，不得进行娱乐活动等等。

②"期已"之期（jī），为期，期限。已，太。期已久矣，为期太久了。

③礼，礼仪。乐（yuè），音乐。坏、崩，皆败坏之意。

④钻燧改火：燧，钻木取火的工具。古代钻木取火，不同的季节，钻取不同的木。何晏集解引马融曰："《周书·月令》有更火之文。春取榆柳之火，夏取枣杏之火，季夏取桑柘之火，秋取柞楢之火，冬取

槐檀之火。一年之中，钻火各异木，故曰改火。""旧穀既没，新穀既升，钻燧改火"，即指一年的过程。"期可"之期，一年。期可已矣，一年就可以了。

⑤稻，指稻米，古代北方稻米比稷黍等要珍贵。锦，丝织品，较麻制品贵重。"食夫、衣夫"之"夫"，读平声（fú）。女，通"汝"。安，心安。

⑥旨，美食。甘，甜美。"闻乐"之乐（yuè），音乐。"不乐"之乐（lè），快乐。

⑦予，宰我之名。通丧，即《三年问》之"达丧"。天下通行的丧礼。

★三年之丧，不知起于何时，《礼记·三年问》也说"未有知其由来者也"。古人父母之丧，必须回家守孝，不能任官，是事实。但是否真正按规定"守制"很成问题；大多是虚应故事，徒具形式。如果真守三年（按，实际按规定只有二十五个月。《礼记·三年问》："三年之丧，二十五月而毕。"）那就真如宰我所说，"君子三年不为礼，礼必坏；三年不为乐，乐必崩"。其实远不止如此，如果真守制三年，许多事情都做不成。父母去世之后，矢忠尽责，发扬父母生前正当的事业，为国家为民族做出贡献；严格要求自己，不败坏父母的声名，便是对父母最好的纪念，是最好的孝道。在要不要实行"三年之丧"这个问题上，宰我远比孔子的主张合乎情理。参见《公冶长》篇"宰予昼寝"章（5.10）星评"且说宰我"。

【17.22】

子曰："饱食终日，无所用心，难矣哉①！不有博弈者乎，为之，犹贤乎已。②"

①终日,整天。无所用心,不用任何心思,实际是什么也不干。难矣哉,对这种人难办。

②博弈,朱熹集注:"博,局戏也。弈,围棋也。"刘宝楠正义:"弈但行棋,博以掷采而后行棋。后人不行棋而专掷采,遂称掷采为博。"贤,胜。已,止也。二句谓不是有博弈活动吗,即使干那种事,也胜过什么也不干。

★朱熹引李氏曰:"圣人非教人博弈也,所以甚言无所用心之不可尔。"

【17.23】
子路曰:"君子尚勇乎?①"
子曰:"君子义以为上②。君子有勇而无义为乱,小人有勇而无义为盗。③"

①尚,通"上",崇尚,重视。
②义以为上,以义为上。
③"君子有勇"二句,谓君子有勇而无义就会作乱,小人无勇而无义就会作强盗。

★本章之"君子、小人"指统治阶层与下层民众。"义以为上",是反对"无义"之勇;故曰"君子有勇而无义为乱,小人有勇而无义为盗"。

【17.24】
子贡问曰①:"君子亦有恶乎?②"
子曰:"有恶:恶称人之恶者③,恶居下而讪上者④,

恶勇而无礼者，恶果敢而窒者⑤。曰⑥，赐也有恶乎？"

"恶徼以为知者⑦，恶不孙以为勇者⑧，恶讦以为直者。⑨"

①子贡问曰，《论语注疏》本无"问"字，此从皇疏本。凡弟子问孔子皆作"问曰"，本章不应例外。

②"有恶"之恶（音物 wù），憎恶。下文"恶称人、恶居下、恶勇、恶果敢""恶徼、恶不孙、恶讦"之恶，并同。

③称，《吕氏春秋·当染》"必称此二士也"，高诱注："称，说也。""称人之恶"之恶（音 è），坏也。称人之恶，说别人的坏处。

④《论语注疏》此句作"恶居下流而讪上者"，"流"字衍文。阮元校勘："汉石经无'流'字。案，皇疏云：'又憎恶为人臣下而毁谤其君上者也。'邢疏云：'谓人居下位而谤毁在上，是以恶之也。'是皇、邢两本亦无'流'字。[惠栋]《九经古义》云："当因《子张》篇"恶居下流"涉彼而误。《盐铁论》大夫曰"文学居下而讪上"，《汉书·朱云传》云"小臣居下而讪上"，是汉以前皆无'流'字。"讪，毁谤。恶居下而讪上者，谓憎恶居下位而毁谤在上位者。

⑤窒，何晏集解引马融曰："窒，塞也。"犹言顽固不通。

⑥曰，此转换语气之词。参见"阳货欲见孔子"章（17.1）星评。

⑦徼，何晏集解引孔安国曰："徼，抄也。抄人之意以为己有。"犹今言抄袭。朱熹集注："徼，伺察也。"知，通"智"。

⑧孙，通"逊"。不孙，不谦逊，凶狠。

⑨讦（jié），发人隐私。

★子贡问："君子亦有恶乎？"孔子曰："有恶。"本章孔子说四"恶"，第十七章孔子说了三"恶"，与本章应是同一次谈话。两章合之即为一章：

> 子贡问曰："君子亦有恶乎？"
>
> 子曰："有恶。恶称人之恶者，恶居下而讪上者，恶勇而无礼者，恶果敢而窒者，恶紫之夺朱也，恶郑声之乱雅乐也，恶利口之覆邦家者⑥。曰，赐也有恶乎？"
>
> "恶徼以为知者，恶不孙以为勇者，恶讦以为直者。"

【17.25】
子曰："唯女子与小人为难养也，近之则不孙，远之则怨。①"

①唯，只有。孙，通"逊"。不孙，不和顺，无礼纠缠。邢昺疏："言女子与小人皆无正性难畜养。所以难养者，以其亲近之则多不孙顺，疏远之则好生怨恨。"

★ "唯女子与小人为难养也"，把女子和小人并在一起，颇有点歧视女性之谦。邢昺也觉得不妥。故在疏解原文之后，加了两句："此言女子举其大率耳。若其禀性贤明若文母之类，则非所论也。"照邢说只有极少数如"秉性贤明若文母之类"的女子不在"难养"之列，绝大多数女子还是"难养也"。如此解释丝毫未能排除原文的荒谬。此话很可能是孔子针对某个特定的女性说的。话故意说得很笼统，好像说所有的女子都如此，实际上特有所指。中国古代女性没有地位，在一个男权社会，那种宠妾之类畜养性的女性，"难养"是常见的事实。如卫灵公所"养"的南子，在娘家宋国时即与公子宋朝通奸，嫁到了卫国，为卫灵公所宠爱，竟然又召宋朝来卫国。说这样的女子"难养也"就并不过分。如果作为对待妇女的普遍性原则绝对是错误的。

【17.26】

子曰："年四十而见恶焉，其终也已。①"

①见恶（wù），被人厌恶。已，止也。年至四十仍被人厌恶，其一生也就完了。何晏集解引郑玄曰："年在不惑而为人所恶，终无善行。"

★"年四十而见恶焉，其终也已"，话说得过于绝对。人被"见恶"的情况各不相同。即使确是品格卑下，中年以后改恶从善者也不罕见。或另有隐情无端被社会"见恶"者就更属冤屈。在那种畸形社会无辜蒙冤者比比皆是。言不可不慎，对被"见恶"者也应加以劝诫与激励，而不应以"其终也已"四个字将其彻底否定。这与《子罕》篇，子曰："四十、五十而无闻焉，斯亦不足畏也已"同样不妥而更为严重。

微子第十八

本篇凡十一章

【18.1】

微子去之，箕子为之奴，比干谏而死①。孔子曰："殷有三仁焉！"②

① "微子"三句：何晏集解引马融曰："微、箕，二国名，子爵也。微子，纣之庶兄，箕子、比干，纣之诸父。微子见纣无道，早去之。箕子佯狂为奴。比干以谏见杀。"《吕氏春秋·仲冬纪·当务》："纣之同母三人，其长曰微子启，其次曰中衍，其次曰受德；受德乃纣也，甚少矣。纣母之生微子启与中衍也，尚为妾，已而为妻而生纣。纣之父纣之母欲置微子启以为太子，太史据法而争之，曰，'有妻之子，而不可置妾之子'，纣故为后。"《当务》之说，甚为离奇。《史记·殷本纪》云："帝乙长子曰微子启，启母贱，不得嗣。少子辛，辛母正后，辛为嗣。"明微子与辛并非同母。司马迁应自有所据。辛立，即商纣王。《史记·宋微子世家》云："微子开者（按，微子名启，汉人避汉景帝刘启讳，改称开），殷帝乙之首子而帝纣之庶兄也。纣既

立，不明，淫乱于政，微子数谏，纣不听。"纣曰："我生不有命在天乎？"太师少师乃劝其出亡。"周武王伐纣克殷，微子乃持其祭器造于军门，肉袒面缚，左牵羊，右把茅，膝行而前以告。于此武王乃释微子，复其位如故。"周武王封纣子武庚，后武庚作乱，周公诛武庚，命微子代殷后，国于宋；微子乃成为宋之始祖。《宋微子世家》又云："武王既克殷，访于箕子。"箕子乃作《洪范》。"于此武王乃封箕子于朝鲜而不臣也。"又云："王子比干者，亦纣之亲戚也。见箕子谏不听而为奴，则曰：'君有过而不以死争，则百姓何辜！'乃直言谏纣。纣怒曰：'吾闻圣人之心有七窍，信有诸乎？'乃遂杀王子比干，刳视其心。"

②殷有三仁，何晏集解："仁者爱人。三人行异而同称仁，以其俱在忧乱宁民。"

【18.2】

柳下惠为士师，三黜①。人曰："子未可以去乎？"曰："直道而事人，焉往而不三黜？枉道而事人，何必去父母之邦？"②

①柳下惠，即展禽。参见《卫灵公》篇"臧文仲其窃位者与"章（15.14）注。士师，何晏集注，"典狱之官"。三黜（chù），多次撤职罢官。

②直道，正直之道。事人，事奉他人（指统治者）。焉往，何往。枉道，邪曲之道，谄媚逢迎之类。父母之邦，犹言祖国。

【18.3】

齐景公待孔子曰①："若季氏，则吾不能，以季孟之间待之②。曰，吾老矣，不能用也。"孔子行。

①齐景公，齐国君。参见《颜渊》篇"齐景公问政于孔子"章（12.11）注。

②以季孟之间待之，何晏集解引孔安国曰："鲁三卿季氏为上卿，孟氏为下卿，下卿不用事；言待之以二者之间。"《史记·孔子世家》："孔子年三十五，而季平子与郈昭伯以斗鸡故，得罪鲁昭公，昭公帅师击平子。平子与孟氏、叔孙氏三家共攻昭公，昭公师败，奔于齐，齐处昭公乾侯。其后顷之，鲁乱。孔子適齐，为高昭子家臣，欲以通乎景公。""景公止孔子曰：'奉子以季氏，吾不能，以季孟之间待之。'齐大夫欲害孔子，孔子闻之。景公曰：'吾老矣，弗能用也。'孔子遂行，反乎鲁。"

★鲁昭公二十五年（前517），鲁国内乱，孔子適齐。时孔子三十五岁，谓齐景公即欲"以季孟之间待之"，是记事者故意抬高孔子。其时孔子只是一个普通的"士"，齐国不可能给与如此之高的待遇。

【18.4】
齐人归女乐①，季桓子受之②，三日不朝，孔子行③。

①归，馈送。阮元校勘：郑本即作馈。女乐（yuè），歌舞伎。

②季桓子，即季孙斯。自鲁定公五年（前505）至哀公二年（前493）为鲁上卿。

③孔子行，孔子去鲁適卫。

★孔子去鲁，《史记·孔子世家》有较详的叙述："定公十四年（前496）孔子年五十六，由大司寇行摄相事。""齐人闻而惧。""于是选齐国中女子好者八十人，皆衣文衣而舞《康乐》，文马三十驷，遗鲁君。陈女乐文马于鲁城南高门外。季桓子微服往观再三，将受，乃语鲁君为周道游，往观终日，怠于政事。子路曰：'夫子可以行矣。'孔子曰：'鲁今且郊，如致膰乎大夫，则吾犹可以止。'桓子卒受齐女乐，三日不听政；郊，又不致膰于大夫，孔子遂行。"前往卫国。

去鲁適卫，是孔子一生中采取的一次重大的行动，决不会是如此简单。

鲁定公九年（前501）鲁国挫败了阳虎叛乱。"其后以孔子为中都宰。一年，四方皆则之；由中都宰为司空，由司空为大司寇。"定公十年（前500）春，孔子以"摄相事"的身份，随从定公会齐景公于夹谷，取得重大的外交胜利。定公十三年（前491）夏，孔子向定公献策："臣无藏甲，大夫无百雉之城。"意即大臣不应有私家的军队，大夫的封邑不应有"百雉"的城墙。（百雉即九百方丈。）如此使子路为季氏宰，决定堕毁三桓的城。堕毁了叔孙的郈城，平定了公山不狃、叔孙辄的叛乱之后又堕毁了季孙的费城。由于孟孙家公敛处父军事反抗，孟孙的成城未能堕毁。定公十四年（前496），孔子由大司寇摄相事，"与闻国政三月"。从其"家无藏甲"，堕毁三都的政策主张，矛头所向，无一不是削弱三桓特别是季孙的势力，直接和三桓特别是季孙发生激烈冲突。定公十四年孔子"去鲁適卫"，实际上是在同季孙的斗争中失败离开鲁国；所谓"齐人归女乐，季桓子受之，三日不朝，孔子行"，只是表面的原因，甚至只是一种借口；或者是记录者有意为这位大圣人顾全一点面子。参见《宪问》篇"公伯寮愬子路于季孙"章（14.36）星评。

孔子適齐（前517）与孔子適卫（前496），中间相隔二十一年，《论语》都将两事编在一起。

【18.5】

楚狂接舆歌而过孔子曰[①]："凤兮！凤兮！何德之衰[②]？

往者不可谏,来者犹可追③。已而,已而,今之从政者殆而。④"

孔子下,欲与之言。趋而避之,不得与之言⑤。

①楚狂接舆,何晏集解引孔安国曰:"接舆,楚人,佯狂而来,歌,欲以感切孔子。"感切,感动之意。

②"凤兮凤兮"二句,何晏集解引孔安国曰:"比孔子于凤鸟。凤鸟待圣君乃见,非孔子周行求合,故曰衰。"凤,传说中祥瑞之鸟。参见《子罕》篇"凤鸟不至"章(9.9)注。

③谏,邢昺疏,"止也"。追,《玉篇》,"及也",追及。二句接舆讽谏孔子,谓已往的事情无法谏阻,无法纠正,未来的行动还来得及。"衰"与"追"叶韵。

④已,止也。已而已而,犹言算了算了。今之从政者,指执政者,统治者。殆,危也。"已"与"殆"叶韵。三"而"字皆语尾助词。

⑤下,下车。趋,急走。趋而避之,急走回避,不欲与孔子对话。

★接舆其人,屡见于战国典籍。《庄子·逍遥游》:"肩吾问于连叔曰:'吾闻言于接舆,大而无当,往而不返,吾惊怖其言,犹河汉而无极也。大有径庭,不近人情焉。'"《人间世》:"孔子適楚,楚狂接舆游其门。"《应帝王》亦有"肩吾见狂接舆"事。《庄子》所记多为寓言,但接舆其人必是真实的,战国时人们尚在传说。《荀子·尧曰》篇曰:"比干剖心,孔子拘匡;接舆避世,箕子佯狂。"《战国策·秦策三》范雎曰:"箕子、接舆,漆身而为厉,被发而为狂,无益于殷楚。"《楚辞·涉江》曰:"接舆髡首兮,桑扈赢行,忠不必用兮,贤不必以。"这些称引,接舆竟然和比干、箕子等人相并。

所有称引者似都把接舆作为人名。"接"是姓,《史记·田敬仲完世家》齐宣王稷下学士中有接予。曹之升《四书摭馀说》曰:"《论语》所记隐士皆以其事名之。门者谓之晨门，杖者谓之丈人，津者谓之沮、溺，接孔子之舆者谓之接舆，非名亦非字也。"谓接舆为接孔子之舆者。训解不同，但不影响对内容的理解。

《庄子·人间世》记孔子適楚，楚狂游其门，曰："凤兮凤兮，何如德之衰也！来世不可待，往世不可追也。天下有道，圣人成焉；天下无道，圣人生焉；方今之时，仅免刑焉。福轻乎羽，莫之能载；祸重乎地，莫之知避。已乎已乎，临人以德；殆乎殆乎，画地而趋。迷阳迷阳，无伤吾行；却曲却曲，无伤吾足！"刘宝楠曰："此当是《接舆歌》原文，《论语》节引之耳。"刘说非是。《论语》所述是当时现实的记录，《人间世》云云是后世的再创作，刘说恰好是源流倒置。两者的基本精神一致，都是讽喻孔子不要同统治者合作，但后者对社会现实的揭发要深刻得多。从孔子到庄子，时间过去了一百多年，这个人间世更不像人间世了。接舆先生也更加狂了。"来世不可待，往世不可追也"，他感叹自己看不到清明的时代，而"方今之时，仅免刑焉"，连生存都没有保障，远不是孔子当年"今之从政殆而"的景况了。"迷阳迷阳，无伤吾行；却曲却曲，无伤吾足！"世路崎岖，已到了步步艰难的程度了。《庄子》的"接舆歌"假借接舆的名义，唱的其实是作者自身的感受。参见拙著《庄子本原·人间世》"楚狂接舆"章注。

《人间世》接舆歌"来世不可待，往世不可追也"，与《论语》接舆歌"往者不可谏，来者犹可追"，句式相似，好像只颠倒了一下顺序。其实内容大不相同。《论语》中之接舆讽谏孔子，"往者、来者"就孔子本身言之，谓孔子已往奔走求合的行为无法谏止，因为已经过去；未来的行动犹可追及，没有必要到处求统治者任用了。《人间世》中的"来世、往世"就前后的时代言之，谓未来清明的时代等不来，已往清明的时代追不及，刚好碰上当今暴虐污浊的时代，"方今之时，仅免刑焉"，因此不必那样汲汲皇皇地奔波，还不如避世隐居的好。戴望《论语注》曰："往，往世。谏，正也。言祸乱相寻已往，不可以礼义正之。来,来世也。言待来世之治犹可追耶,明不可追。"这是用《人间世》的歌辞去解释《论语》的辞义,把《论语》中的"往者、来者"改换成为《人间世》的"来世、往世",把两对完全不同的词语混为一谈。刘宝楠谓戴氏之说"至确";恰恰相反,戴氏之说"甚误"。

【18.6】
长沮、桀溺①,耦而耕②,孔子过之,使子路问津焉③。

长沮曰:"夫执舆者为谁?④"子路曰:"为孔丘。"曰:"是鲁孔丘与?"曰:"是也。"曰:"是知津矣。⑤"

问于桀溺,桀溺曰:"子为谁?"曰:"为仲由。"曰:"是鲁孔丘之徒与?⑥"对曰:"然。"曰:"滔滔者天下皆是也,而谁以易之⑦?且而与其从辟人之士也,岂若从辟世之士哉。⑧"耰而不辍⑨。

子路行以告。夫子怃然曰⑩:"鸟兽不可与同群,吾非斯人之徒而谁与⑪?天下有道,丘不与易也。⑫"

①长沮、桀溺:长,高大;桀,强健。沮,《广雅·释诂一》,"湿也"。溺,《广雅·释诂二》,"渍也";浸渍。此以外貌称其人,因两人在劳动,一人高大满身汗湿,一人强健也被汗水浸渍。元初金履祥《论语孟子集注考证》:"长沮桀溺,名皆从水。子路问津,一时何自识其姓名,谅以其物色名之,如荷蒉、晨门、荷蓧丈人之类。盖二人耦耕于田,其一人长而沮洳,一人桀然高大而涂足,因以名之。"

②耦(ǒu),何耦集解引郑玄曰:"耜广五寸,二耜为耦。"耜,即耒耜,一种农具。耦而耕,二人用耒耜一起耕地。

③津,渡口。问津,问渡口在何处。

④夫（fú），人称代词，犹言那。执，操持。舆，车。朱熹集注："执舆，执辔在车也。盖本子路御而执舆，今下问津，故夫子代之。"

⑤是，通"自"。何晏集解引马融曰："言数周流，自知津处。"是马融以"是"通"自"。是知津矣，是一句带有刺意的话，言孔子常年在外奔走，应自知渡口在何处。

⑥徒，徒侣。与，读平声（yú），疑问助词。（徒，注家或训为门徒。在本句中固亦可通，但训为徒侣更好。桀溺并不把孔子师徒看得多么神圣。"是孔丘之徒与"，犹言你是孔丘那一伙吧。带有轻蔑的口气。训为徒侣，也与后文"吾非斯人之徒"句中"之徒"训释一致。）

⑦滔滔，大水泛滥弥漫之貌，喻社会动乱。《晋书·王尼传》王尼谓"沧海横流，处处不安也"，正可作"滔滔者天下皆是也"的注脚。以，与也，给与。易，治也。桀溺谓社会动乱纷纷，天下皆如此，谁去给与治理？又，易，变易也，改易也。谁以易之，解作谁去改变，亦通；与谁去治理，内涵一致。

⑧"且而"之而，通"尔"，指子路。辟，通"避"，避开。辟人之士，指孔子，避开那些暴虐统治者，所以到处奔走。避世之士，指长沮、桀溺他们自己一类的人士，避开整个恶浊的社会，实指避开统治者，隐居山林。《宪问》篇，子曰："贤者避世。""与其……岂若……"表取舍关系的关连词，与现代汉语"与其怎样，不如怎样"句式相同。桀溺谓子路，尔与其跟从避人之士到处奔走，何如跟从避世之士隐处山林呢？

⑨耰，平土。辍，止也。耰而不辍，桀溺说完之后，不停地平整土地，显得满不在乎。

⑩怃（wǔ）然，怅然自失之貌。

⑪鸟兽不可与同群，谓不能隐处山林，此针对"辟世"而言。斯人之徒，指天下之人，也包括一般统治者。与，相与。孔子谓我不同天下之人在一起又去和谁在一起呢？谓自己不能避世。

⑫"天下有道"二句，谓如果天下有道，我孔丘就不会去参与

治理。

【18.7】

子路从而后,遇丈人,以杖荷蓧①。

子路问曰:"子见夫子乎?"

丈人曰:"四体不勤,五谷不分,孰为夫子?②"植其杖而芸③。子路拱而立④。止子路宿,杀鸡为黍而食之,见其二子焉⑤。

明日,子路行以告。子曰:"隐者也。"使子路反见之⑥,至则行矣。

子路[反,子]曰⑦:"不仕无义⑧。长幼之节不可废也,君臣之义如之何其废之⑨!欲洁其身而乱大伦⑩。君子之仕也,行其义也⑪。道之不行,已知之矣。⑫"

①丈人,拄杖之老人。蓧(diào),何晏集解引包咸曰:"蓧,竹器。"《史记》集解引包氏曰:"蓧,草器名也。"两训皆可。称"竹器"者指其材料,竹编之器也;称"草器"者指其用途,盛草之器也。以杖荷蓧,用手杖背着竹筐。

②四体,手足四肢。不勤,不劳动。五谷,禾黍稷稻麦,实泛指谷物。不分,分不清。孰,何也。丈人谓孔子四体不勤,五谷不分,何为夫子?馀详星评。

③植,立也。芸,除草。丈人来地里除草,来时"以杖荷蓧",到达目的地后,将手杖插在地里,即动手除草。

④拱而立,拱手而立。恭敬之貌。

⑤黍,小米。食(sì)之,请他吃。见(xiàn)其二子焉,将其

二子与子路见面。

⑥行以告，走来将情况告知孔子。使子路反见之，孔子叫子路回头再去看那丈人。

⑦"子路反，子曰"，原文作"子路曰"，以"不仕无义"一段为子路之言。朱熹集注云："福州有国初时写本，'路'下有'反，子'二字，以此为子路反而夫子言之也。未知是否。"按，有此二字为是。朱文正这一发现非常珍贵，写本必有所据，不会无故增此二字。此其一。其二，强调"君臣之义"，强调"君子之仕也行其义也"，与《论语》书中孔子的思想一致。其三，"道之不行，已知之矣"与《礼记·中庸》孔子曰："道之不行也，我知之矣"，内容与句式都完全相同。其四，"子路反，子曰"，与前章"子路行以告，夫子怃然曰"，句式相同。其五，从文章结构上看，长沮桀溺章，写子路汇报情况后，孔子立即发表意见，作为回答。荷蓧丈人后面这段话同样是子路汇报情况后，孔子发表自己的意见。两章叙述形式相同。如果不作"子路反，子曰"，文章就有很大欠缺。既然孔子"使子路反见之"，子路回来向孔子汇报丈人已"行矣"，而孔子无任何反应，不合情理。幸亏朱熹发现了宋初有写本作"子路反，子曰"，整段文章才完美。朱熹明知"路"下有"反，子"二字是正确的，也明知这是孔子之言，要不然他就不必提到福州那个"国初时写本"。但朱熹按他一贯的谨慎，加一句"未知是否"。——友人储庭焕曰："如果国初福州真有那个写本，能有那个写本的人定非常人，何以不说明其人是谁？写本的根据又来自哪儿？朱熹看到了为什么不问清楚？事实明明是朱熹断定这是孔子的话，但找不到根据，如此编造了福州国初时有那个写本。朱熹的推想合乎情理。他撒了个聪明的谎，我们还是感谢他。"

⑧不仕无义，不出仕为官是不合理的。

⑨"长幼之节"二句：谓长幼尊卑之节尚不可废弃，君臣之义怎么能废弃呢。

⑩欲洁其身而乱大伦，谓避世之士欲洁身自好而不顾君臣之义的

伦理。此紧承上句揭示废弃君臣之义的错误。

⑪"君子之仕也"二句,谓君子出仕为官,是履行君臣之义的职责。

⑫"道之不行也"二句,孔子谓社会情况如此,"道"行不通,由此可以知道了。

★ (一) 说"四体不勤,五谷不分"——

"四体不勤,五谷不分,孰为夫子?"话本明明白白,并不深奥,偏偏就产生了许多异解。宋吕本中《紫微杂说》、清朱彬《经传考证》、宋翔凤《论语发微》都说"四体不勤,五谷不分"是荷蓧丈人"自谓",即说他自己。刘宝楠也赞成他们的说法。这位丈人可能上了年纪,但并没有精神失常,子路问他看到夫子没有,他有什么必要无缘无故说自己"四体不勤,五谷不分"?而且他明明在劳动,怎么"不勤"呢?俞樾《平议》则说:"两'不'字并语词。'不勤',勤也;'不分',分也。"并举了不少'不'字系语词的词例,来证成其说。俞曲园知识渊博,他的"平议"不乏新颖之见。但俞氏颇爱炫渊逞博,往往故作高深,谓"四体不勤,五谷不分"之"不"为语词即极为荒谬。子路问他看到夫子没有,他有什么必要无缘无故自我表白一通说我四体十分勤劳,五谷分得清楚呢?如此解释,同前后文也完全联系不上。邢昺疏则说这两句话是丈人责备子路。疏曰:"丈人责子路云:'不勤劳四体,不分殖五谷,谁为夫子而来问我求索邪!'"朱熹同意邢昺之说,认为是丈人责备子路"不事农业而从师远游也"。邢、朱之说也是错的。前后三章,楚狂接舆、长沮桀溺、荷蓧丈人,这些隐者们无论讽喻、批评、指责,全是针对孔子的,注家不应分散主体。显然,孔子名气很大,一提到这些隐者就知道他。子路问:"子见夫子乎?"荷蓧丈人立即反问:"四体不勤,五谷不分,孰为夫子!""孰"不应训"谁",而应训"何"。"孰为夫子"即何为夫子。意谓四体不劳动,连五谷都分不清,算个什么夫子!——历代注家之所以有这样那样错误的解释，出于一种共同的心理状态，对孔夫子怎么能够如此大不敬，竟然说他"四体不勤，五谷不分"？须知这是那些隐者们的话，在他们心目中，孔子并不是圣人。

（二）说楚狂接舆、长沮桀溺、荷蓧丈人三章——

这前后三章在《论语》中别具一格，也颇为重要。楚狂接舆、长沮桀溺、荷蓧丈人，都是隐者，属于道家者流。他们的人生哲学和政治态度，都与孔子相悖。孔子汲汲皇皇，流连奔走于宋卫陈蔡之间，寻找自己的出路，希图实现自己的政治主张，自谓"苟有用我者，期月而已可也，三年有成"。而他们隐处山林，不与统治者合作。桀溺曰："滔滔者天下皆是也，而谁以易之？"可知其对天下大局之混乱有清楚的认识但无可奈何，因而采取"辟世"的态度。三章中隐者对孔子的批评基本一致，但对孔子的态度各不相同。楚狂接舆对孔子的评价实际很高，他以凤鸟比喻孔子，"何德之衰"是一种惋惜的语气，他讽喻孔子"往者不可谏，来者犹可追"，劝孔子不要这样仓皇奔走，因为在这个时代那些"从政者"是危险的。长沮、桀溺对孔子态度冷落。子路向他们问津时，长沮认为孔子既然到处奔走，应该"是知津矣"。桀溺劝子路不要从"辟人之士"，而要从"辟世之士"，"耰而不辍"，对子路问津不予理会。荷蓧丈人直接指责孔子，"四体不勤，五谷不分"，对孔子予以否定。但看到子路恭敬地"拱而立"，他也改变态度，留子路住宿，"杀鸡为黍而食之"，招待相当热情。

《论语》中弟子们记录孔子的言行，都表现为对孔子的崇敬，这三章所记，却是隐者们对孔子的批评与否定，似乎与全书旨意不符。其实不然。孔子听到这些非议，觉得自己道之不行，虽未免怃然自失，但并无强烈反感。听到接舆的讽喻，他即下车欲与之言，接舆"趋而避之，不得与之言"。当子路转告长沮、桀溺的话，孔子说："鸟兽不可与同群，吾非斯人之徒而谁与？"得知荷蓧丈人的批评，他说："不仕无义，长幼之节不可废也，君臣之义如之何废之！"他以坚定的口气宣扬自己的主张，不受对方丝毫的影响。记录者仍然是满怀崇敬来记录孔子的言论的。

"滔滔者天下皆是也,而谁以易之?"是桀溺对那个时代所发的感慨,也是那个时代向天下的政治家、思想家提出,需要他们回答的问题。

这三章是《论语》中颇为精粹的叙事散文,不同于一般的语录。双方人物的个性都鲜明突出,文章结构也相当缜密。

【18.8】

逸民①:伯夷、叔齐②、虞仲③、夷逸、朱张④、柳下惠、少连⑤。子曰:"不降其志,不辱其身,伯夷、叔齐与!⑥"谓"柳下惠、少连,降志辱身矣,言中伦,行中虑,其斯而已矣。⑦"谓"虞仲、夷逸,隐居放言,身中清,废中权⑧。我则异于是,无可无不可。⑨"

①逸民,皇侃疏:"谓民中节行超逸不拘于世者也。"《汉书·律历志》"举逸民",颜师古注:"逸民,有德而隐处者。"

②伯夷、叔齐,殷末孤竹君之二子,因互相让位一起出逃。周武王伐纣,伯夷、叔齐叩马谏阻。武王已平殷乱,天下宗周。伯夷、叔齐义不食周粟,遂饿死于首阳山。见《史记·伯夷列传》。

③虞仲,《史记·周本纪》:"古公有长子曰太伯,次曰虞仲;太姜生少子季历。季历娶太任,皆贤妇人,生昌,有圣瑞。古公曰:'我世当有兴者,其在昌乎。'长子太伯、虞仲知古公欲立季历以传昌,乃二人亡如荆蛮,文身断髮,以让季历。古公卒,季历立,是为公季。公季卒,子昌立,是为西伯,西伯曰文王。"又,《吴太伯世家》:"吴太伯,太伯弟仲雍,皆周太王之子,而王季历之兄也。季历贤,而有圣子昌。太王欲立季历以及昌,于是太伯、仲雍二人乃奔荆蛮,文身断髮,示不可用,以避季历。季历果立,是为王季,而昌为文王。太

伯之奔荆蛮，自号勾吴，荆蛮义之，从而归之千余家，立为吴太伯。太伯卒，无子，弟仲雍立。仲雍卒，子季简立。季简卒，子叔达立。叔达卒，子周章立。是时周武王克殷，求太伯仲雍之后，得周章。周章已君吴，因而封之，乃封周章弟虞仲于周之北故夏虚，是为虞仲，列为诸侯。"据《周本纪》，太伯之弟曰虞仲。据《吴太伯世家》，太伯之弟曰仲雍；仲雍曾孙周章之弟曰虞仲。何以有两个虞仲？司马贞《史记》索隐解释云："周章之弟亦称虞仲者，盖周章之弟字仲，始封于虞，故曰虞仲。则仲雍本字仲，而为虞之始祖，故后代亦称虞仲；所以祖与孙同号也。"《论语》之虞仲，即太伯之弟仲雍。虞仲后虽为君，其出亡之时则为逸民。

④夷逸，刘宝楠引《尸子》云："夷逸，夷诡诸之裔。或劝其出仕，曰：'吾譬则牛，宁服轭以耕于野，不忍被绣入庙而为牺。'"朱张，仅见于《汉书·古今人表》。

⑤柳下惠，即展禽。详《卫灵公》篇"臧文仲其窃位者"章（15.14）注。少连，《礼记·杂记下》孔子曰："少连大连善居丧，三日不怠，三月不解，期悲哀，三年忧。东夷之子也。"何晏集解引包咸曰："此七人皆逸民之贤者。"

⑥降，损也，贬损。辱，屈辱。二句谓不贬损自己的意志，不屈辱自己的身份。《孟子·公孙丑上》："伯夷，非其君不事，非其友不友。不立于恶人之朝，不与恶人言；立于恶人之朝，与恶人言，如以朝衣朝冠坐于涂炭。推恶恶之心，思与乡人立，其冠不正，望望然去之，若将浼焉。是故诸侯虽有善其辞命而至者，不受也；不受也者，是亦不屑就已。"孟子所论，可作为"不降其志，不辱其身"的注释。

⑦降志辱身，贬损意志，屈辱身份。《孟子·公孙丑上》："柳下惠，不羞污君，不卑小官。""遗佚而不怨，阨穷而不悯。"孟子所论，可作为"降志辱身"的注释。中（zhòng），符合。伦，义理；朱熹集注："伦，义理之次第也。"二句谓言语合于义理，行动经过思虑。

⑧放言，放肆直言。身，《释名·释形体》："身，伸也。""身、

伸"二字声同义通。上文"言"与"行"相对,此处"伸(身)"与"废"相对。伸指用世,废指不用世。二句谓用世则合于清正廉明的品格,不用世则合于行权变通的原则。

⑨异于是,不同于这些人。无可无不可,没有什么可以,也没有什么不可以。《孟子·万章下》:"可以速则速,可以久则久,可以处则处,可以仕则仕,孔子也。"孟子所述,可作为"无可无不可"的诠释。

【18.9】

太师挚適齐,亚饭干適楚,三饭缭適蔡,四饭缺適秦^①,鼓方叔入于河,播鼗武入于汉,少师阳、击磬襄,入于海^②。

①古代天子与诸侯国君用饭时演奏音乐,太师为乐官之长,其后依次是亚饭、三饭、四饭。挚、干、缭、缺,分别是太师、亚饭、三饭、四饭之名。"太师挚"四句,谓太师挚出奔齐国,亚饭乐师干逃往楚国,三饭乐师缭去了蔡国,四饭乐师缺到了秦国。

②播鼗(táo),朱熹集注:"播,摇也。鼗,小鼓,两旁有耳,持其柄而摇之,则旁耳自还击。""鼓方叔"三句,谓鼓师方叔入于河内,播鼗师武入于汉滨,少师阳、击磬师襄远走于海也(海岛或海滨)。

★本章述说太师挚等乐官纷纷逃逸,必是所在朝廷发生重大变故,乐师们仓皇奔走作鸟兽散。前面没有"子曰",也就并非孔子所说。所述没有说明原于何处。究竟为何时发生的事,注家们解说相差甚远。何晏集解引孔安国说:"鲁哀公时礼崩乐坏,乐人皆去。"竟认为发生在鲁哀公时。《汉书·古今人表》列太师挚、亚饭干、三饭缭、四饭缺、鼓方叔、播鼗、少师阳、击磬襄于殷末周初之时。颜师古注："自师挚以下八人皆纣时奔走分散而去。郑玄以为周平王时人，非也。"《汉书·礼乐志》云："故书序：'殷纣断弃先祖之乐，乃作淫声，用变乱正声以说妇人。'乐官师瞽抱其祭器而奔散，或适诸侯，或入河海。"颜师古注全引《论语》本章，并云："此志所云乃《古今人表》所叙，皆谓是也。"或以殷商之时没有齐、楚、秦、蔡这些国名，颜师古解释说："云诸侯者，追系其地，非为当时已有国名。"清代毛奇龄《稽求篇》则认为殷商时有这些国名，周人因其旧名。综观诸家之说，太师挚等乐官逃散，当发生于商纣王之时。

【18.10】

周公谓鲁公曰①："君子不施其亲②，不使大臣怨乎不以③，故旧无大故则不弃也④；无求备于一人。⑤"

①周公，即周公旦，周武王之弟，辅佐武王灭商，建立周王朝。武王死后又辅佐成王。周公有大功于国，封于曲阜，是为鲁公。周公辅佐在朝，子伯禽就封，此鲁公即指伯禽。

②施，《释文》作"弛"，二字通用，疏远。不施其亲，不疏远亲族。

③以，用也。怨乎不以，抱怨不被信用。

④故旧，故交旧友。大故，严重过错。何晏集解引孔安国曰："大故，谓恶逆之事。"不弃，不忘记，不遗弃。

⑤备，完备，全面。人各有所长，也各有所不足，应发挥各人的长处，而不要求全责备。

【18.11】

周有八士：伯达、伯适、仲突、仲忽、叔夜、叔夏、季随、季骐。

★八士,周何时人,何许人,注家说法不一,实已不可考。八士按"伯、仲、叔、季"排列,当是一家兄弟。又,"达"与"适"(kuò),"突"与"忽","夜"与"夏","随"与"骐",皆叶韵。注家疑为四对双胞胎。何以要录入《论语》也不可解。

子张第十九

本篇凡二十五章

【19.1】
子张曰①:"士见危致命②,见得思义③,祭思敬④,丧思哀⑤,其可已矣。"

①子张,即孔子弟子颛孙师。
②致命,朱熹集注:"谓委致其命,犹言授命也。"见危致命,遇到危难之时敢于献出生命。馀详星评。
③义,宜也。见得思义,见有所得,要想到是否适宜,应不应该。
④祭思敬,祭祀思尽其虔诚。
⑤思哀,丧事思尽其哀思。

★词语在特定的语言环境,约定俗成,有其特定的内涵。"见危致命"之危,即特指在正义事务危难之时,决非凡"危"皆要致命。邢昺有见于此,疏解乃确定了一个范围,曰:"见君有危难,不爱其身,致命以救之。"邢疏之说,原于《学而》篇子夏曰"事君能致其身",

然子夏之言不能套用于"士见危致命"。子夏说的是为臣事君的责任，并非指特定情况下的"见危致命"。本章"士见危致命"并没有确定环境，也没有设定条件，就很不妥当。第一，"见危致命"的外延与内含都极为深广，祖国，人民，社会，山河万里，亲朋戚属，甚至世界，合于义的事务，没有穷尽，怎能只是为"君"呢？第二，君看什么样的君，危看怎么样的危，不能什么君之危都要为之致命。齐庄公私通大夫崔杼之妻，被崔杼杀掉，许多齐臣从之丧命。晏子来到崔氏门外，从人问他是否为之死难，晏子回答说："君为社稷死，则死之；为社稷亡，则亡之。若为己死，为己亡，非其私昵，谁敢任之！"晏平仲比邢昺先生高明，他决不糊里糊涂冤里冤枉去送掉性命。

【19.2】
子张曰："执德不弘，信道不笃，焉能为有？焉能为亡？①"

①执，执守。弘，大也。笃，厚也。亡，通"无"。邢昺疏："言人执守其德不能弘大，虽信善道不能笃厚；人之若此，虽存于世何能为有而重，虽没于世何能为无而轻，言于世无所轻重也。"

【19.3】
子夏之门人问交于子张①。
子张曰："子夏云何？②"
对曰："子夏曰：'可者与之，其不可者拒之。'③"
子张曰："异乎吾所闻④：君子尊贤而容众，嘉善而矜不能⑤。我之大贤与，于人何所不容？我之不贤与，人将拒我，如之何其拒人也？⑥"

①子夏,即孔子弟子卜商。门人,弟子。问交,问该交游什么人。

②子夏云何,子夏怎么说的。

③可者,指贤者,能者。与,与之相交。不可者,不贤者,不能者。拒,拒绝,不与之相交。

④异乎吾所闻,我听到的不同。

⑤尊贤,尊重贤者。容众,容纳一般群众。嘉,嘉许。《说文》:"嘉,美也。"《诗·豳风·东山》"其新孔嘉",郑玄笺:"嘉,善也。"矜,哀怜。《方言》卷一:"矜,哀也。齐鲁之间曰矜。"《书·泰誓上》"天矜于民",孔安国传:"矜,怜也。"嘉善,嘉许贤能的人。矜不能,怜惜不能的人。

⑥"我之大贤与"五句,谓如果我是大贤,有什么人不能容纳;如果我不贤,别人将拒绝我,怎么可能拒绝别人呢!

★朱熹曰:"子夏之言迫狭,子张讥之是也。但其所言,亦有过高之弊。盖大贤虽无所不容,然大故亦所当绝;不贤固不可以拒人,然损友亦所当远。学者不可不察。"朱熹注《论语》,对孔子的言论,绝不敢置一辞,对孔子弟子他就敢于批评了。其实朱熹的批评也未必正确。"大贤固无所不容,大敌亦所当绝",所谓"交",当然指交友,不会是交敌,不存在"大敌"交或绝的问题。查考朱熹的整个"集注",会发现他对孔子的言辞,也有怀疑或不理解之处。碰到这种情况,他自己就不说话,而引用他人的话来对付。原来这位徽国文公也玩弄他不便或不愿明言的策略,"学者不可不察"。

【19.4】

子夏曰:"虽小道,必有可观者焉,致远恐泥,是以君子不为也①。"

①虽，即使。小道，指一般百工技艺。必有可观，一定有其可观之处。泥，沉溺。致远恐泥，从事久了恐沉溺进去。

★本章必有上文，"虽小道"显系承接上文语气。将本章与第七章"百工居肆以成其事，君子学以致其道"连接，内容紧密相关。参见该章星评。

【19.5】
子夏曰："日知其所亡，月无忘其所能①，可谓好学也已矣。"

①亡，读如"无"。能，犹得也。二句谓每天要学会一定的未知的知识，每月不要忘却已经学到的知识。

【19.6】
子夏曰："博学而笃志①，切问而近思②，仁在其中矣。"

①博学，广博地学习。笃，厚也，实也。何晏集解引孔安国曰："广学而厚识之。"志，皇侃疏，"识也"。
②切问，恳切地向他人请教。近，亦切也。近思，迫切认真地思考。

【19.7】
子夏曰："百工居肆以成其事，君子学以致其道①。"

①百工，凡百工人。肆，百工造作器物之所。邢昺疏："谓官府造

作之处。"致,至也。致其道,邢昺疏:"君子勤于学则能至于道也。"

★本章与"虽小道"章(19.4)内容紧密相关。但两者不是由于简牍分割,而是两位记录者不同的记录,故两章语气衔接不上,需加上承接字句才能组合——

子夏曰:"百工居肆以成其事,君子学以致其道。〔百工之事〕,虽小道必有可观者焉;致远恐泥,是以君子不为也。"

"小道"必指上文百工之事,与君子之"道"对应,加四个字,前后就衔接了。后人无权给经典加减字句,但内容必系如此。子夏站在君子的立场,认为百工有百工之事,君子有君子之事。小人之事为小道。尽管小道亦必有可观,然致远恐泥,是以君子不为也。

【19.8】
子夏曰:"小人之过也必文。[1]"

[1]过,过失,错误。文,饰也,掩饰。

【19.9】
子夏曰:"君子有三变:望之俨然,即之也温,听其言也厉。[1]"

[1]俨然,庄重,威严。即,接近。温,和蔼。厉,严肃。

★本章子夏之言甚不严谨。人的风格应该自然，无须有意去"变"。再说各有各的风格，不可能每个君子都相同；如果规定每个君子都应该如此，更属错误。

【19.10】
子夏曰："君子信而后劳其民①；未信，则以为厉己也②。信而后谏［其君］③；未信，则以为谤己也。④"

①信，信任，此指得到信任。《荀子·王制》"信其友敌之道"，杨倞注："信，谓使人不疑。"劳其民，劳苦其民。
②厉，《书·梓材》"予罔厉杀人"，江声集注音疏："厉，虐也。"如果未取得民众信任而劳苦民众，民众以为是虐待他们。
③谏，直言规诫。原文作"信而后谏"，应作"信而后谏其君"；漏"其君"二字。邢昺疏曰"若为人臣，当先尽忠于君，待君信己，而后可谏君之失"，可知邢昺所见有此二字。劳其民，谏其君，前后两段才相称。
④谤，毁谤。如果未取得君主的信任而规谏君主的过失，君主以为是毁谤他。

★本章两段：前段对百姓而言，取得信任，才能"劳其民"；后段对君上而言，取得信任，才能"谏其君"。

【19.11】
子夏曰："大德不逾闲①，小德出入可也。②"

①大德，犹言大节。逾，超越。闲，栏栅，引申为规范，界限。大德不逾闲，谓大节必须遵守，不能超越规范。

②小德,犹言小节。出入可也,可出可入,亦即可以随便一点。

【19.12】

子游曰:"子夏之门人小子①,当洒扫应对进退,则可矣,抑末也。本之则无,如之何?②"

子夏闻之,曰:"噫③!言游过矣!君子之道,孰先传焉,孰后倦焉,譬诸草木,区以别矣④。君子之道,焉可诬也⑤?有始有卒者,其惟圣人乎!⑥"

①子游,即孔子弟子言偃。门人小子,即弟子。

②洒扫应对进退,指清洁环境、迎宾待客之类的一般事务。末,小节事务,本,主要的根本的学问。子游谓子夏之弟子,对这些小事是可以的,但那只是次要的小事,根本的学问却没有,那怎么能行。

③噫,感叹之词。

④"孰先传焉"四句:传,传授;倦,研习。谓哪种知识先传授,哪种学问后研习,如同草与木一样有所分别。馀详星评。

⑤"君子之道"二句,谓君子之道的传授,自有先后,怎能同时兼习。

⑥"有始有卒者"二句,谓有先有后地进行教学,大概只有圣人能办到。馀详星评。

★(一)说"孰先传焉,孰先倦焉"——

"孰先传焉,孰后倦焉",包咸曰:"言先传业者必先厌倦,故我门人先教以小事,后将教以大道。"邢昺疏:子夏"恐门人闻大道而厌倦,故先教以小事,后将教以大道也"。包咸、邢昺之说甚为荒谬。如果教大道而会厌倦,则教诲的作用何在?所谓大道的价值又何在?

朱熹说:"倦,如诲人不倦之倦。言君子之道,非以其末为先而传之，非以其本为后而倦教，但学者所至，自有先后。"朱氏亦未得要领，其训释与原话合不上辙。

前人理解"倦"字，全是望文生义。

按，"倦"字与"勌、勧"二字皆通。《集韵》："勌，勤力也，或作勧。"《广韵》："勌，或作倦。"《类编》："勧，勉也。"努力进行之意。"孰先传焉，孰后倦焉"，"传"与"倦（勌）"互文。子夏之意，谓哪种学问先传授，哪种学问后进行，自有一定的次第，自然是先小事而后大道。句中"倦"（勌）字此义遗忘已久，遂使子夏之言，千古不得其解。

（二）说"君子之道，焉可诬也"——

"君子之道，焉可诬也"，何晏集解引马融曰："君子之道，焉可使诬言我门人但能洒扫而已。"这样解释，则子夏和子游就有点对骂的味道，不符合他们的关系，孔子的高足不至如此没有修养。

按，《汉书·薛宣传》："昔孟公绰优于燕魏而不宜滕薛，故或以德量，或以功举，君子之道，焉可怃也。"末二句即引用《论语》，"诬"作"怃"。是"诬"为"怃"之借字。苏林注："怃，同也，兼也。"子夏之言，谓君子之道，传习自有先后，焉可同时兼习。

（三）说"有始有卒"——

"有始有卒者，其唯圣人乎"，何晏集解引孔安国曰："始终如一，唯圣人耳。"后世注家多从孔说，以有始有卒即有始有终。如此解释于词义是通的，于文意则不顺。子夏说的是传习的先后，不是说能否坚持始终。

按，始，先也。卒，后也。有始有卒，不同于通常说的有始有终，而是说传习君子之道有先有后，也就是"孰先传焉，孰先倦焉"，自有次第。"君子之道，焉可诬也！有始有卒者，其唯圣人乎！"将四句话连起来讲，就是君子之道，怎么可能同时兼习；有先有后，大概只有圣人可以办到吧。——因为子夏是解释他自己的教学方式，如果说成"有始有卒者，惟圣人乎"就有点说自己是圣人的意味；所以他加一个

"其"字，使语气委婉一点。

【19.13】
子夏曰："仕而优则学，学而优则仕。^①"

①优，朱熹集注，"有馀力也"。《说文·人部》："优，饶也。"段玉裁注："引申之，凡有馀皆曰饶。"则"优"亦有馀也。二句谓，出仕有馀力就学习，学习有馀力就出仕。朱熹曰："仕与学，理同而事异。故当其事者，必先有以尽其事而后可及其馀。然仕而学，则所以资其仕者益深；学而仕，则可以验其学者益广。"

【19.14】
子游曰："丧致乎哀而止。^①"

①致，犹尽也。谓丧礼尽其哀伤之情而已，不必过分地大操大办。

★丧致乎哀而止，《八佾》篇"林放问"章（3.4），子曰："礼与其奢也宁俭，丧与其易也宁戚。"《礼记·檀弓上》子路曰："吾闻诸夫子，丧礼与其哀不足而礼有馀也，不若礼不足而哀有馀也。"《孝经·孝纪行章》子曰："孝子之事亲也，居则致其敬，养则致其乐，病则致其忧，丧则致其哀，祭则致其严。"皆可以互参。

【19.15】
子游曰："吾友张也为难能也，然而未仁。^①"

①张，即颛孙师，字子张。难能，难得，很不错。谓子张很不错，然而未达到仁的境界。

【19.16】

曾子曰①:"堂堂乎张也,难与并为仁矣。②"

①曾子,孔子弟子曾参。
②堂堂,矜大貌。句意谓子张过于自尊,而难以同他一起达到仁的境界。馀详星评。

★堂堂,何晏集解引郑玄曰:"言子张容仪盛而于仁道薄也。"邢昺疏:"堂堂,容仪盛貌。"朱熹集注:"堂堂,容貌之盛。言其务外自高,不可辅而为仁。"由于子张容仪盛就难与为仁,实在说不过去,"容仪盛"并不涉及本质。郑玄、朱熹都意识到这一点,所以郑玄于"容仪盛"之后带上了"于仁道薄",朱熹在"务外"之后带上"自高";但仍都训"堂堂"为容貌之盛。

按,《古文苑·班固〈十八侯铭〉》"堂堂张敖"章樵注:"堂堂,矜大貌。"矜大,即自尊自大之意。曾子之意,谓子张自尊自大,故"难与并为仁矣";说的是子张的态度,而不在于他的仪容。

【19.17】

曾子曰:"吾闻诸夫子,人未有自致者也①,必也亲丧乎!"

①自致,朱熹集注:"致,尽其极也,为人之真情所不能自己者。"意谓在通常情况下人不能尽量抒发自己的感情,一定只有父母去世时会是如此。

【19.18】
曾子曰:"吾闻诸夫子:孟庄子之孝也,其他可能也,其不改父之臣与父之政,是难能也。①"

①孟庄子,即仲孙速,孟献子仲孙蔑之子。谓孟庄子之孝,其他方面别人可能做到,他不改变父亲的臣僚和父亲的政治措施,最是难能可贵。

★孟庄子"不改父之臣与父之政,是难能矣",与《学而》篇,子曰:"三年无改于父之道,可谓孝矣"相合,可知该章孔子所赞扬者就是孟庄子。孟庄子之父孟献子卒于鲁襄公十九年(前554)八月。孟庄子继位;在位仅仅四年,卒于襄公二十三年(前550)八月,其时孔子才一岁。后来孔子一定是了解到孟献子、孟庄子父子相承的善道才加以赞扬。

何晏集解引马融曰:仲孙速"在谅阴之中,父臣及父政虽有不善者不忍改也"。邢昺疏也跟着说:鲁大夫仲孙速"其在谅阴之中,父臣父政虽有不善者不忍改之也,是他人难能也"。按,马融之说甚误,如果孟庄子"父臣父政虽有不善"全都不改,绝不是值得称道的事,因而决不可信。必然是不改其父之善政,孔子才会赞扬他"可谓孝矣"。参见《学而》篇"父在观其志"章(1.11)"三年无改于父之道可谓孝矣"注。

【19.19】
孟氏使阳肤为士师①。问于曾子②,曾子曰:"上失其道,民散久矣③。如得其情,则哀矜而勿喜!④"

①孟氏,孟孙氏。阳肤为士师,何晏集解:"阳肤,曾子弟子。士

师，典狱之官。"

②问于曾子，阳肤问于曾子，怎样做好士师。

③上，指统治者。散，离散，流散。"上失其道"二句，谓统治者践踏道德规范，贪婪暴虐，人民离心离德，四散流亡，已经很久了。

④矜，矜怜。"如得其情"二句，谓如在审问中了解到那些犯人何以犯罪的实情，要哀怜他们而不要感到高兴。

★国乱则民散，官贪则民盗。统治者越是贪婪腐败，人们犯罪者也就越多；社会上无官不贪，老百姓犯法者也就遍地皆是。曾子曰："上失其道，民散久矣，如得其情，则哀矜而勿喜。"《尚书大传》子曰："今之听民者求所以杀之；古之听民者求所以生之，不得其所以生之之道乃刑杀。"又曰："听讼虽得其指，必哀矜之。死者不可复生，绝者不可复续也。《书》曰：哀矜折狱。"此皆仁人之言，虽千古而不磨！参见《颜渊》篇"听讼吾犹人也"章（12.13）注。

【19.20】

子贡曰："纣之不善，不如是之甚也①。是以君子恶居下流，天下之恶皆归焉。②"

①纣，殷商最后的君主。不善，即罪恶。《史记·殷本纪》记载了纣大量的罪恶，在儒家典籍中，商纣与夏桀并称为历史上暴君的典型。子贡认为，纣王的罪恶不会那么厉害。

②"恶居"之恶（wù），不愿意。下流，地位低微或背有许多恶名的人。"天下之恶"之恶（è），罪恶。"是以"二句，谓君子不愿处于下流的地位，因为居于下流的地位，天下所有的罪恶都会加在他身上。

★人一旦失势，居于下流，背上恶名，便"天下之恶皆归焉"。自古至今，皆莫不如此。而后世尤为严重；特别是许多冤假错案背上恶名者，同样"天下之恶皆归焉"，命运尤为悲惨。端木赐似洞见了几千年的恶俗。孔子曰："赐也始可以言诗矣"；更应该说，"赐也始可以言法矣"。

【19.21】

子贡曰："君子之过也，如日月之食焉①：过也，人皆见之；更也，人皆仰之。②"

①过，过失，错误。食，通"蚀"。日月之食，即日蚀、月蚀。
②更（gēng），改正。"过也"四句，谓君子不搞阴谋诡计，有过错也是明的，故人皆看得见；改正了，则人皆敬仰。

【19.22】

卫公孙朝问于子贡曰①："仲尼焉学？②"

子贡曰："文武之道，未坠于地，在人③。贤者识其大者，不贤者识其小者，莫不有文武之道焉④。夫子焉不学？而亦何常师之有？⑤"

①卫公孙朝，何晏集解引马融曰："公孙朝，卫大夫。"翟灏《四书考异》："春秋时鲁有成大夫公孙朝，见《昭二十六年传》；楚有武城尹公孙朝，见《哀十七年传》；郑子产有弟曰公孙朝，见《列子》。记者故系'卫'以别之。"
②仲尼焉学，谓仲尼学问如此丰富，从哪里学来。
③文武之道，周文王、武王的文化传统。坠，《书·仲虺之诰》"民坠涂炭"，蔡沈集传："坠，陷也。""文武之道"三句，谓周文王、

武王之道，并没有掉入地下，而是分散在人间。

④识，知也。"贤者"三句，谓贤者知道大的学问，一般人知道小的知识，没有不是文武之道。

⑤常师，固定的老师。"夫子焉不学"二句，谓夫子何处不学习，哪有什么固定的老师。

【19.23】

叔孙武叔语大夫于朝曰①："子贡贤于仲尼。②"子服景伯以告子贡③。

子贡曰："譬之宫墙④，赐之墙也及肩，窥见室家之好。夫子之墙数仞，不得其门而入，不见宗庙之美，百官之富⑤。得其门者或寡矣⑥。夫子之云，不亦宜乎！⑦"

①叔孙武叔，何晏集解引马融曰："鲁大夫叔孙州仇。武，谥。"语（yù），谈论。语大夫于朝，在朝堂上谈论各位大夫。

②贤于，胜过。谓子贡胜过孔子。

③子服景伯，即子服何。参见《宪问》篇"公伯寮"章（14.36）。

④宫，《尔雅·释山》"大山宫小山，霍"，郭璞注："宫，谓围绕之。"宫墙，房屋的围墙。譬之宫墙，即用围墙作比喻。

⑤及肩，只有肩膀那么高。室家，住居。仞，长度单位，八尺曰仞。数仞，几丈高。官，《周礼·秋官·士师》"二曰官禁"，郑玄注："官，官府也。"《汉书·贾谊传》"所学之官也"，颜师古注："官，谓官舍。"百官，言官舍之多。富，多也。

⑥得其门者或寡矣，得进入夫子之门可能很少。

⑦夫子之云，此夫子指叔孙武叔。不亦宜乎，因得入孔子之门者太少，所以叔孙武叔说出这样的话不正合适吗！子贡此言带有刺意，

谓叔孙武叔见识浅薄，说出那样无知的话也就不足为怪。子贡自知远不能与孔子相并，根本用不着说明，却用一句俏皮话表现出来；措辞甚为聪颖。

【19.24】

叔孙武叔毁仲尼①。子贡曰："无以为也②！仲尼不可毁也。他人之贤者，丘陵也，犹可逾也；仲尼，日月也，无得而逾焉③。人虽欲自绝，其何伤于日月乎？多见其不自量也。④"

①毁，诋毁。
②无以为也，谓不能这样作。
③逾，逾越，越过。
④自绝，谓自绝于日月，比喻自绝于仲尼。多见其不自量，朱熹集注："多，与祇同，適也。不知量，谓不自知其分量。"后三句是对叔孙武叔的批评。

【19.25】

陈子禽谓子贡曰①："子为恭也②，仲尼岂贤于子乎？"

子贡曰："君子一言以为知③，一言以为不知，言不可不慎也。夫子之不可及也④，犹天之不可阶而升也。夫子之得邦家者，所谓立之斯立，道之斯行，绥之斯来，动之斯和⑤。其生也荣⑥，其死也哀。如之何其可及也？⑦"

①陈子禽，即陈亢，已见《学而》篇"子禽问于子贡"章。
②子为恭也，谓你是为了表示对孔子的恭敬吧。

③一言，一句话。知，通"智"。言不可不慎，谓说话不可不慎重。意谓陈子禽说"仲尼岂贤于子"是不智，这样说话太不慎重。

④及，赶上。阶，梯也。"夫子之不可及也"二句，谓夫子之不可能赶上，就像天不可能搭个梯子就可以升上去。

⑤之，如也。邦，诸侯之国；家，卿大夫之家。立，站立。道，通"导"，引导。绥，安也，安抚。来，归附。动，朱熹集注，"谓鼓舞之也"。子贡谓夫子如得成为诸侯或成为卿大夫，对于百姓，那真是让他们站立就能站立，引导他们前进就能前进，安抚他们就会归附，鼓舞他们就会和谐团结。

⑥"其生也荣"二句，谓孔子生时百姓对他尊崇，死后百姓为之哀悼。朱熹集注："荣，谓莫不尊亲；哀，谓如丧考妣。"

⑦如之何其可及也，谓孔子如此伟大，别人怎么可能比得上。

★《子张》篇二十五章，是孔子五位高足子张、子夏、子游、曾子、子贡的言论。在孔子弟子中，颜回、子路、仲弓、有若，地位不在子张等五人之下，其中颜回尤为高足，何以没有他们的言论？盖其时颜回等人早已去世，本篇必是子张等五人弟子的记录。五人中子张、子夏、子游、子贡，都称字，唯独曾参称曾子，并有曾子弟子阳肤"问于曾子"事，可知最后是曾子弟子所编辑。

尧曰第二十

本篇凡七章——古代注家将"尧曰"至"宽则得众"五段文字合为一章。这五段内容各别，各自独立，故分为五章。合后两章，共七章。

【20.1】

尧曰："咨！尔舜①！天之历数在尔躬②，允执其中③。四海困穷，天禄永终。④"

舜亦以命禹⑤。

①尧与舜，传为古代圣明的君主，《尚书》即以《尧典》开篇，记载尧舜两代的事迹。尧年老后即禅位与舜，史称"禅让"。尧曰，朱熹集注："此尧命舜而禅以帝位之辞。咨，嗟叹声。"尔，通"汝"。尔舜，呼舜之名，示郑重之意。

②历数，《书·洪范》"五纪：一曰岁，二曰月，三曰日，四曰星辰，五曰历数。"孔颖达疏："算日月行道所历，计气朔早晚之数，所以为一岁之历。"本指天体运行、节气更替的顺序，用以比喻天命帝王相继的次第。何晏集解："历数，谓列次也。"躬，身也。天之历数在

汝躬,谓现在天命在汝身上。

③允,实也。执,持也,操持,犹言掌握。厥,其也。中,正也,正道。皇侃疏:"谓中正之道也。"允执厥中,谓要实实在在地掌握中正之道。简易言之,即要行正道,不走邪路。

④禄,天赐的福禄。"四海困穷"二句,为假定语气,谓如果政治上失误,让四海之人困穷,则天赐予尔之福也会永远断绝。朱熹集注:"四海之人困穷,则君禄亦永绝矣;戒之也。"此为韵语,躬、中、穷、终,四字叶韵。

⑤禹,夏禹。以治洪水有功,后舜亦禅位与禹,成为夏王朝的始祖。舜亦以命禹,舜禅位与禹时,也将尧命舜之辞命禹。

★"天之历数在尔躬,允执其中。四海困穷,天禄永终"四句,为尧命舜之辞,当为古史佚文。伪古文《尚书》将其分散搅入《大禹谟》。帝曰:"予懋乃德,嘉尔丕绩。天之历数在汝躬,汝终陟元后。人心惟危,道心惟微;惟精惟一,允执厥中。"又曰:"钦哉!慎乃有位,敬修其可愿。四海困穷,天禄永终。"

【20.2】

[汤]曰①:"予小子履敢用玄牡,敢昭告于皇皇后帝②:有罪不敢赦。帝臣不蔽,简在帝心③。朕躬有罪,无以万方;万方有罪,罪在朕躬。④"

①曰,下文有"予小子履",何晏集解引孔安国曰:"履,商汤名。此伐桀告天之文。"则"曰"上必有"汤"字。汤,传为帝喾子契之后。契封于商,姓子氏。契传十四世至汤。汤名履,又称天乙、成汤。时夏桀无道,暴虐荒淫,汤伐桀,建立商王朝。见《史记·殷本纪》。契始封于商,后盘庚迁殷,故商又称殷。

②予小子履，商汤自称。敢，谦词。玄牡，黑色公牛。昭告，明白地祷告。何晏集解引孔安国曰："殷家尚白，未变夏礼，故用玄牡。皇，大。后，君也。大大君帝，谓天帝也。"皇皇后帝，犹言伟大的天帝。

③有罪，有罪者，指夏桀。帝臣，天帝的臣仆，兼指各种人。简，朱熹集注，"阅也"。阅，视也，察也。三句谓，对有罪的夏桀我不敢擅自赦免，天帝臣仆（的善恶）我不敢隐蔽，因为这一切都明察在天帝心里。

④躬，我自身，商汤自指。以，及也，连及。万方，指天下百姓。四句谓如果我成汤有罪，不要牵累天下百姓；如果天下百姓有罪，罪都在我成汤。

★"有罪不敢赦"以下五句：前三句说明讨伐夏桀的原由，后四句表明自身行政的态度。然两者之间似有缺文。

何晏集解引孔安国说，谓本章为商汤"伐桀告天之文"，疑为《尚书·汤誓》佚文。《国语·周语上》内史过告周襄王引后四句作"余一人有罪，无以万夫；万夫有罪；在余一人"，即明说"在《汤誓》曰"。今本《汤誓》无此四句。伪古文《尚书》将内容揽入《汤诰》。曰："敢用玄牡，敢昭告于天上天神后，请罪有夏。"又曰："尔有善，朕弗敢蔽。罪当朕躬，弗敢自赦。惟简在上帝之心。其尔万方有罪，在予一人；予一人有罪，无以尔万方。"

成汤这段祷告上帝之文也见于其他典籍。《墨子·兼爱下》："汤曰：惟予小子履，敢用玄牡，告于上天后曰：今天大旱，即当朕身。履未知，得罪于上下。有善不敢蔽，有罪不敢赦，简在天心。万方有罪，即当朕身；朕身有罪，无及万方。"《吕氏春秋·季秋纪·顺民》："昔者汤克夏而正天下。天大旱，五年不收。汤乃以身祷于桑林。曰：余一人有罪，无及万夫；万夫有罪，在余一人。无以一人之不敏，使上帝鬼神伤民之命。"《墨子》与《吕氏春秋》并以为商汤祷旱求雨之文,文字较《论语》更为顺畅。

【20.3】

周有大赉,善人是富①。"虽有周亲,不如仁人②。百姓有过,在予一人③。谨权量④,审法度⑤,修废官⑥,四方之政行焉。兴灭国,继绝世⑦,举逸民⑧,天下之民归心焉。"

①周,传周为后稷之后。后稷名弃,为帝喾元妃姜原所生。及为成人,遂好农耕,教民稼穑,尧举为农师。舜封弃于邰,号曰后稷,别姓姬氏,在陶唐、虞、夏之际,皆有令德。后稷之子不窋末年,夏后氏政衰,不窋失其官,奔于戎狄。不窋之孙公刘虽在戎狄之间,复修后稷之业,百姓归之,周道之兴自此始。公刘之子庆节立国于豳(bīn,今陕西旬邑县西南)。庆节九传至古公亶父,复修后稷公刘之业,积德行善,国人皆戴之。古公亶父为避夷狄迁于岐山之下。古公卒,少子季历立。季历之子姬昌为西伯,即周文王。时商纣王无道,西伯阴行善,诸侯皆来归顺。文王死后,子周武王伐纣,建立周王朝。见《史记·周本纪》。赉(lài),何晏集解,"赐也";赏赐。富,《诗·大雅·瞻卬》"何神不富",毛传:"富,福也。"《书·洪范》"二曰富",孙星衍今古文注疏:"富也者,福也。"二句谓,周有重大封赏,赐福于善人。(注家多以富为财富,训为福,内涵更为充实,财富自亦包括在内。)前两章为"尧曰、(汤)曰",本章"善人是富"之后也应有"武王曰"。自称"予一人",显系帝王口气。此"予一人",只可能是周武王。

②"虽有周亲"之周,朱熹集注,"至也"。二句谓,虽有至亲之人,不如仁德之人。何晏集解引孔安国曰:"亲而不贤不忠则诛之,管蔡是也。仁人,谓箕子、微子,来则用之。"管叔鲜、蔡叔度,是周武

王的弟弟。周武王死后，成王年少，周公摄政，管叔、蔡叔伙同纣子武庚作乱，周公乃诛管叔，放蔡叔。箕子，纣之叔父。微子，纣之庶兄。周武王克殷，微子乃持祭器造于军门。周公诛武庚后，封微子于宋。又，武王克殷后，访于箕子，乃封箕子于朝鲜。孔安国谓至亲不贤不忠则诛之，"管蔡是也"，仁人来则用之，"谓微子、箕子"。作为例子来说明这两句话未尝不可。但原文是在普遍意义上说的。"周有大赉"应是武王克殷后封赏功臣，而周公平管叔、蔡叔之乱是成王时事。

③予一人，周武王自称。"予一人"，是上古帝王自称之词，连诸侯都不能用。《史记·孔子世家》载孔子死，鲁哀公诔曰："旻天不吊，不慭遗一老，俾余一人以在位，茕茕余在疚。"子贡认为哀公"非礼"。集解引服虔曰："天子自谓'一人'，非诸侯所当名也。""百姓有过"二句，谓百如有过失，乃我一人之过。本章称述周武王克殷之后的功德，中间插入周武王自我表白的话。然《墨子·兼爱中》谓，"昔者武王将事泰山隧。传曰：'泰山，有道曾孙周王有事。大事既获，仁人尚作。以祗商夏，蛮夷醜貉。虽有周亲，不若仁人。万方有罪，维予一人。'此言武王之事。"中间同样有"虽有周亲"四句，而以为是周武王东巡祷告泰山之语。按，墨子只是根据传闻而云然，再说反正都是例行公文，两处都如此说说也未尝不可。

④谨，谨敕，犹整顿。谨权量，何晏集解引包咸曰："权，秤也。量，斗斛。"权，衡器。量，量具。

⑤审，审定。法度，《汉书·律历志》："《虞书》曰'乃同律度量衡'，所以齐远近立民信也。自伏戏画八卦，由数起，至黄帝尧舜而大备。三代稽古，法度章焉。周衰官失，孔子陈后王之法曰：'谨权量，审法度，修废官，举逸民，四方之政行矣。'颜师古注："权，谓斤两，量，斗斛也。法度，丈尺也。"宋朱熹集注："法度，礼乐制度皆是。"按朱注，法度，实指法令制度，与师古注异。

⑥修，修复。修废官，修复废弛的官府职能。

⑦"兴灭国，继绝世"，朱熹集注："兴灭继绝，谓封黄帝尧舜夏

商之后。"《史记·周本纪》：周武王克殷之后，"追思先圣王，乃褒封神农之后于焦，黄帝之后于祝，帝尧之后于蓟，帝舜之后于陈，大禹之后于杞"。

⑧举，推举，选用。逸民，有德而遗佚之士。举逸民，朱熹集注："举逸民，谓释箕子之囚，复商容之位。"《史记·周本纪》周武王克殷之后，"命召公释箕子之囚"，"表商容之闾"。《殷本纪》："商容贤者，百姓爱之，纣废之。"按，上引《汉书·律历志上》以"谨权量"以下文字为"孔子陈后王之法"。又，《公羊传·昭公三十二年》何休注引孔子曰："谨权量，审法度，修废官，四方之政行焉"，将这几句作为孔子之言，不知是否另有所据。

★伪古文《尚书·泰誓中》曰："受有亿兆夷人，离心离德；予有乱臣十人，同心同德。虽有周亲，不如仁人。天视自我民视，天听自我民听。百姓有过，在予一人。"其中"虽有周亲"二句与"百姓有过"二句，即采自本章。"天视自我民视"二句采自《孟子·万章上》。《孟子》原文明说"《泰誓》曰"，可知《尚书》本有《泰誓》篇，秦代亡佚，后伪造古文《尚书》者，将此三组六句，揽入伪《泰誓》篇。

上三章皆尧舜商周佚文，何以录入《论语》，不得其解。

【20.4】
所重民：食、丧、祭①。

①本章辑录者未标明何人之言。所重民，国家所重的民事。朱熹集注引《尚书·武成》："重民五教，惟食丧葬。"谓所重于民者：粮食，丧事，祭祀。重食，所以养其生；重丧，所以送其死；重祭，所以尽其思念。(《武成》原文曰："重民五教：惟食丧祭，惇信，明义，

崇德，报功，垂拱而天下治。"以"食丧祭"为五教之一。)

★本章何晏集解断作"所重：民、食、丧、葬"，引孔曰："重民，国之本也。重食，民之命也。重丧，所以尽哀。重祭，所以致敬。"将"民、食、丧、祭"四者平列。按，民为人，食、丧、祭，三者为事，不应平列。此从朱子断句，有《尚书·武成》佐证，较孔氏所断合理。

【20.5】
宽则得众，信则民任焉，敏则有功，公则说①。

①宽，宽厚。宽厚则得群众拥戴。信，诚信。诚信则得人们信任。敏，勤敏则行事有功效。公，公正。说，通"悦"。公正则百姓悦服。

★此孔子之言。《阳货》篇"子张问仁"章（1.76），孔子曰："恭则不侮，宽则得众，信则人任焉，敏则有功，惠则足以使人。"内容小有不同，这是不同记录的结果，也可能是孔子说同一问题，此处说的与彼处说的不完全相同，但基本一致。汉石经无"信则民任焉"。孔子说同一问题，在几篇中重复出现而小有不同，《论语》书中颇不为少。又，"信则民任焉"，《阳货》篇作"信则人任焉"，一字有别，内涵并无不同。《书·皋陶谟》"自我民明畏"，孙星衍今古文注疏："民者，人也，统贵贱言之。"《诗·大雅·生庄》"厥初生民"，朱熹集传："民，人也。"《小雅·小旻》"匪先民是程"，孔颖达疏："民者，人之大名。"《左传·昭公二十五年》"民之行也"，孙颖达疏："民，谓人也。"《说文·民部》王筠句读："民，亦人之通称。"民、人通用，典籍所在多有。

【20.6】

子张问于孔子曰:"何如斯可以从政矣?①"

子曰:"尊五美,屏四恶②,斯可以从政矣。"

子张曰:"何谓五美?"

子曰:"君子惠而不费③,劳而不怨④,欲而不贪⑤,泰而不骄⑥,威而不猛。⑦"

子张曰:"何谓惠而不费?"

子曰:"因民之所利而利之,斯不亦惠而费乎⑧?择可劳而劳之,又谁怨⑨?欲仁而得仁,又焉贪⑩?君子无众寡,无小大,无敢慢,斯不亦泰而不骄乎⑪?君子正其衣冠,尊其瞻视,俨然人望而畏之,斯不亦威而不猛乎?⑫"

子张曰:"何谓四恶?"

子曰:"不教而杀谓之虐⑬;不戒视成谓之暴⑭;慢令致期谓之贼⑮;犹之与人也,出纳之吝谓之有司。⑯"

①从政,行政,从事治理。
②尊五美,尊崇五种美德。屏四恶,屏除四种恶政。
③惠而不费,施惠于人,自己却无所耗费。
④劳而不怨,劳动百姓,百姓却不怨恨。
⑤欲而不贪,有正当的欲求而并不贪腐。
⑥泰,《子罕》篇"今拜乎上,泰也",皇侃疏:"泰,骄泰也。"引申为矜持之意。泰而不骄,矜持而不骄傲。《子路》篇,子曰:"君子泰而不骄,小人骄而不泰。"
⑦而不猛,威严而不凶猛。
⑧"因民之所利而利之"二句,谓就人民有利的事情使之得利,而官府并不用耗费,不就是"惠而不费"吗?历史上有所谓"以酬代

赈"可作为例证。饥荒年岁开发某项工程，招募民众前来劳动，民众有报酬渡过饥荒，得到实惠，官府又无需耗费钱粮进行赈济。这是"惠而不费"的实例。

⑨择可劳而劳之又谁怨，谓选择人民可以劳动的事情，如时机恰当、条件适合等等，让人们劳动，他们还怨恨谁呢？这不是"劳而不怨"吗？刘宝楠正义："劳民，如治沟洫及耕敛之类，又农隙讲武事兴土功，并是择而劳之。"

⑩欲仁而得仁又焉贪，谓欲行仁政又怎会贪腐。

⑪"君子无众寡"四句，谓君子对人无论多少，无论小大，小大实指地位高低，都不敢怠慢，那不是"泰而不骄"吗？

⑫正，犹言整齐。尊，高也。瞻视，指眼神。《国语·周语下》谓晋厉公"视远步高"，四字与"尊其瞻视"，神态相似。俨然，庄严貌。"君子正其衣冠"四句，谓君子整齐衣冠，高仰眼神，体态威严人们望而畏怯：那不是"威而不猛"吗？

⑬虐，《说文》，"残也"。不教而杀谓之虐，对民众不进行教育，待他们犯了事就加以杀害这是残害，是虐杀。《荀子·宥坐》孔子曰："上失之，下杀之，其可乎？不教其民而听其狱，杀不辜也。"

⑭视成，视察其成效。不戒视成谓之暴，谓事先并未告诫而要视察其成效叫做残暴。《荀子·宥坐》孔子曰："不教而责成功，虐也。"

⑮贼，害也。慢令致期谓之贼，开始怠懈地通知，而后突然限期完成，叫做贼害。朱熹集注："缓于前而急于后以误其民，是贼害之也。"

⑯"犹之与人也"三句，朱熹集注："犹之，犹言均之也。均之以物与人，而于其出纳之际，乃或吝而不果，则是有司之事，而非为政之体；所与虽多，人亦不怀其惠也。"有司，指普通办事人员，地位卑微。语意谓同是给人财物，出手却很悭吝，没有君子气派。馀详星评。

★朱熹谓《论语》"后十篇多阙误",而《尧曰》篇阙误尤甚。前三章辑录了尧舜禅位之时与商汤周武建国之初简要的史料,皆未著来原。"所重"章未标明何人所言。"宽则得众"章系孔子之言亦未标明"子曰"。"子张问"章一开头就是"子张问于孔子曰",而不是"子张问曰",显系后来所记,而非当时记录。该章表面看来与前面诸篇孔子师徒问答相似。然而所谓"尊五美"这些排比句,内容庞杂,逻辑混乱,是否孔子之言很可怀疑。

《论语》孔子语录中的排比句,大都中心明确,语言顺畅。如《学而》篇,子曰:"视其所以,观其所由,察其所安,人焉廋哉!"如《公冶长》篇:"子谓子产,有君子之道四焉:其行己也恭,其事上也敬,其养民也惠,其使民也义。"如《泰伯》篇,子曰:"恭而无礼则劳,慎而无礼则葸,勇而礼则乱,直而无礼则绞。"如《子路》篇,子曰:"上好礼则民莫敢不敬,上好义则民莫敢不服,上好信则民莫敢不用情。"如《宪问》篇,子曰:"仁者不忧,知者不惑,勇者不惧。"等等。所有这些排比句,都内容集中,概念明确,逻辑严谨。

而本章所谓"尊五美"则大不一样。第一,子张问的是如何从政,孔子所答"五美"中的"惠而不费,劳而不怨"属于如何使民,确系从政的内容;而"欲而不贪,泰而不骄,威而不猛",属于君子的修养或风度:两者内容不同。第二,"惠而不费"是我惠民而我不费,"劳而不怨"是我劳民而民不怨;两者结构不一致。第三,"欲而不贪,泰而不骄,威而不猛"中,"欲"与"贪","泰"与"骄","威"与"猛",皆一一对应,词义紧密相关。每句前一字取其褒义,"欲"指正当欲求,"泰"引申为矜持之义,"威"为威严之意;后一字则取其贬义,"贪"为贪婪,"骄"为骄傲,"猛"为凶猛。三句句法一致,结构严密。但后文孔子对这些命题的解释却极其混乱。谓孔子曰:"欲仁而得仁,又焉贪?""欲而不贪"之"欲"是与"贪"相对而言的,怎么能与"欲仁而得仁"扯到一起,两者说的不是同一内容。"欲而不贪"之"欲"是名词,"欲仁而得仁"之"欲"是动词,词性也不同。又,孔子曰:"君子无众寡,无小大,无敢慢。"这只能说是君子待各个阶层的人态度谦恭,与骄泰之"泰"也不是一个概念。三,孔子曰:"君子正其衣冠,尊其瞻视,俨然人望而畏之。"这很有点"猛"了,怎能说是"斯不亦威而不猛乎"?君子之"威"应是其修养的自然体现,是一种风仪,一种境界。《学而》篇,子曰:"君子不重则不威";《为政》篇,子曰:"临之以庄则敬",都说明孔子之意谓君子之"威"原于自身的庄重,即使衣着平常,视瞻慈善,也仍然是"威"的,而不应该是"正其衣冠,尊其瞻视",在人前摆个架势,使他们看到害怕。如果孔子本人也是"正其衣冠,尊其瞻视",俨然人望而畏之,那么这位大圣人就太不圣人了。

这是本章主要的一段,内容如此之混乱,不会是孔子之言。《论语》中孔子的语录,是弟子们记录,由再传弟子最后编定的。何晏集解叙谓古论"分《尧曰》下章'子张问'以为一篇,有两《子张》",可知在古论语中,本章是单独的一篇,必然是后来塞进去的。即使孔子当时同子张谈过"如何斯可以为政"的话,也是后来追记,根据极不准确的回忆甚至加上自己的理解,因而造成如此之混乱。

【20.7】

孔子曰:"不知命①,无以为君子也;不知礼,无以立也②;不知言③,无以知人也。"

①"知命"之命,应即"五十而知天命"之天命,亦"道之将行也与,命也;道之将废也与,命也"之命。知命,谓了解这个时代与自身的际遇,既不放弃自己的使命,也不强求。何晏集解引孔安国曰:"命,谓穷达之分。"

② "不知礼"二句，谓不知礼则无法立身于社会。《季氏》篇"陈亢问于伯鱼"章（16.13），孔子亦曰："不学礼，无以立。"

③知言，谓辨析人的言语，而了解其为人。何晏集解引马融曰："听言则别其是非也。"朱熹集注："言之得失，可以知人之邪正。"

附 录

关于孔子诛少正卯问题

（一）

孔子诛少正卯的记载首见于《荀子·宥坐》："孔子为鲁摄相，朝七日而诛少正卯。门人进问曰：'夫少正卯鲁之闻人也，夫子为政而始诛之，得无失乎？'孔子曰：'居！吾语女其故。人有恶者五，而盗贼不与焉，一曰心达而险，二曰行辟而坚，三曰言伪而辩，四曰记丑而博，五曰顺非而泽，此五者有一于人，则不得免于君子之诛，而少正卯兼有之。'""此小人之桀雄也，不可不诛也。"后来有关诛卯的故事皆源于此。司马迁用一句话将诛卯事件揽入《孔子世家》，曰：定公十四年孔子由大司寇摄相事，"诛鲁大夫乱政者少正卯"。到汉人更加以炒作。王充《论衡·讲瑞篇》曰："少正卯在鲁与孔子并。孔子之门，三盈三虚，唯颜回不去。"故事说得越来越玄。

"文革"中"批林批孔"，"学者们"发现了历史上有两名反孔英雄，武的名为柳下跖，文的就看中了少正卯。柳下跖应该叫盗跖，见《庄子·盗跖篇》。这位"人民英雄"的伟大业绩是"从卒九千人，横行天下，侵暴诸侯，穴室抠户，驱人牛马，取人妇女，贪得忘亲，不顾父母兄弟，不祭先祖。所过之邑，大国守城，小国入保，万民苦之"。而且还有一项嗜好，"脍人肝而脯之"，干脆吃人。对这位英雄，现在仍然崇拜的人可能不多，可以姑置不论。少正卯则不同，当年赵纪彬教授对他进行了深入的论证，不能等闲视之。在那场空前浩大的"批林批孔"运动中，赵纪彬教授出版了两部大著，一曰《论语新探》，二曰《关于孔子诛少正卯问题》①。当年全国发表的成千上万批孔的文章，就像遮盖苍穹的乌云，经拨乱反正的清风一吹，也就自然消散；赵教授的大著则不同，它是以学术的面孔出现的，堂皇而又深奥，因而仍有讨论的必要。特别是《史记·孔子世家》确实提到了诛卯事件，有根可据，也就更不容回避。"批林批孔"是一场政治斗争，中国共产党中央自有结论，将来的历史学家会去研究，不在本文讨论的范围；本文探讨的只是少正卯，只是所谓少正卯的思想理论，只是"关于孔子诛少正卯问题"。

早在赵纪彬教授之前，杨荣国教授就在其大著孔子《杀少正卯和反对法治》中，给少正卯戴上了一顶"革新派人士"的桂冠，说"少正卯大概是反对这行将腐朽了的礼治，而要施行适应时代要求的法治的一人，和郑国的邓析差不多"。赵纪彬教授出来加以证实，在其《关于孔子诛少正卯问题》的大著中，考证"少正卯确有其人，孔子杀之亦实有其事"。证明孔子杀少正卯是"先秦儒法两个对立学派斗争的发端，而尤为揭露当前尊孔逆流反动实质的一大关键"。赵纪彬先把儒法斗争上提到春秋时代，一下又把它下拉到两千多年以后的一九七三年。所谓"尤为揭露当前尊孔逆流反动实质的一大关键"，似乎他在一九七三年写这本小册子的"当前"存在着一股具治有"反动实质"的"尊孔逆流"！

赵纪彬教授的研究方法很有特色，他只要使用连锁式的文字通假，就轻而易举的给少正卯制订出了一整套"革新"理论。经他证明："心达而险"，就是说少正卯"力求掌握政权，以自己的世界观改造世界，而倾覆奴隶主世袭贵族的邦家"。"行辟而坚"，"就是说少正卯的政治实践,是固守刑辟观点,以捍卫商贾及广大个体私有者阶层的利益"。"言伪而辩",就是说少正卯"将奴隶主世袭贵族的是非标准,颠倒过来"。"记丑而博","即少正卯的著作为关于对立斗争的论述","乃是充满劳动人民变革精神的朴素对立统一理论"。"顺非而泽","义即顺从批判现实的思想和言论,而又加以润泽提高","使之赋有更大的革命威力"。最后,这位教授得出结论:"法家先驱者少正卯战斗力量的源泉,来自'烝民'和'小人'。""先秦思想战线上的儒法斗争过程,是从孔夫子诛少正卯到秦始皇焚书坑儒,此一思想史过程,反映人民斗争的伟大胜利。"少正卯竟然可以和秦始皇相提并论,焚书坑儒竟然属于"人民斗争的伟大胜利",赵教授的研究成果何等辉煌!

经这位教授先生发掘,人们到二十世纪七十年代才恍然大悟,原来两千五百年前的春秋末季,中国的天空里曾升起过一颗政治思想的明星:少正卯!少正卯不仅是"来自烝民和小人"的"变革思想家","坚定地站在商贾阶层的立场上""倾覆奴隶主世袭贵族邦家"的"法家先驱者",而且还是一位其著作"充满劳动人民变革精神的朴素对立统一理论"的大师!

(二)

看一看赵纪彬对少正卯那些伟大理论从语言文字的角度所作的解释,更能认识他的研究方法非同一般的特色。

"心达而险"的"达"本是通达的意思,并不深奥。赵纪彬却说什么"达与挑为连语",而"挑又作叏",叏(tāo)字"训牛行迟缓从容之貌","又有轻薄不耐劳苦之义",又"表示农作物的萌生",又"表示事物的运动无阻"……这样无边无际地转来转去,最后得到结论:"心达而险","揭示少正卯积极要求掌握政权,企图用自己的世界观改造世界"。试问:考索"叏"字的训诂作为"达"字的含义,与以吏部尚书的显赫家世作为隔壁王婆婆的履历有什么区别?而"牛行迟缓从容之貌""轻薄不耐劳苦之义""农作物的萌生""事物的畅通无阻"等等彼此互不相关的内容与少正卯"要求掌握政权"哪有半丝半缕的联系?

赵纪彬对"行辟而坚"的"辟"字的解释也很典型。他先引《方言》:"南楚凡骂佣贱……或谓之辟;辟,商人丑称也。"还说"'辟'又作'僻',引申为'邪辟'之义"。又说:"'辟'字又训'法',古名刑辟"。"所以'辟'字既是'商人'之称,又是'刑法'之名"。然后由"刑法"之名扯到《左传》昭公六年郑国的刑书,由刑书扯到郑国的邓析事件,又扯到谁杀邓析的问题,又扯到孔子与子产在礼制与刑辟问题上"不同的策略"。最后的结论:"行辟而坚",就是说少正卯要"捍卫商贾及广大个体私有者阶层的利益。"试问:孔子在东鲁说话(假定这话真是孔子说的),怎么可能使用南楚的方言?"辟"字既是"商人"之称,又为"邪辟"之意,还有"刑辟"之义,一个词在一个短语里怎么会同时表示几个彼此互不相干的概念?"行辟而坚"的"辟"如果不看作形容词而解成名词"商人","行辟而坚"即"行为商人而又顽固"这成什么话?还有最主要的一点,少正卯"捍卫商贾及广大个体私有者阶层的利益",教授先生能否在典籍中找得出任何根据,哪怕是只言片语?

再如,"言伪而辩"的"伪"就是虚假,本来不难理解。赵纪彬却偏要说:"伪"就是"为";"为"字《说文》训为"母猴",罗振玉又发现甲骨文的"为"是"手牵象"。这位无比渊博的学者从"母猴"和"手牵象"中得到"明显地启示":"动物的爪和人的手,同为原始的劳动工具。"因此,"'为'字是指农业手工业劳动"。然后又从"为"转到"伪",从"伪"扯到"伪言",说"人为言乃非法之言"——这很奇怪,"言伪"的"伪"在这里为什么就是"为",作者并没有说出任何理由。"言伪"与"母猴"或"人牵象"又有什么关系?"动物的爪和人的手,同为原始的劳动工具",这种高论出自何经何典?这些烦琐无聊的考证对说明少正卯的"革新理论"哪有丝毫的裨益?

还有,"记丑而博"就是记的东西又丑又多。荀子指斥子思、孟轲"闻见杂博"也是这个意思。但赵纪彬却硬要说"记"是指少正卯的著作,而且"少正卯著作的思想内容,为古代朴素的对立统一理论"。教授先生肯定拜读过少正卯先生的大著,要不然就不会这么了解。然而历史上什么地方有过少正卯一个字的著作,赵纪彬竟然如此清楚他的著作"为古代朴素的对立统一理论"!《宥坐》原文是清清楚楚的:"人有恶者五……此五者有一于人,则不免于君子之诛;而少正卯兼有之。"前边的"人"是泛指;"此五者有一于人"是假定语气,是说任何人有其中一项就该杀;最后才说到少正卯五项俱全,所以不可不诛。如果照这位教授的话,"记"是少正卯的专著,那么前面的话怎么说得通呢?

赵纪彬的全部"研究"就是这样通来假去,东拉西扯,论据之间,不需要任何逻辑联系,就可以得出结论;如此少正卯就成了"法家先驱者","变革思想家",完成了"对立统一理论",简直成了卡尔·马克思的先行者!

当年在评法批儒的斗争中,赵纪彬教授在学术界并不缺乏同声相应的战友。还是杨荣国教授,他在《简明中国哲学史》[②]中对《荀子·宥坐》所述五条作了同样精辟的解释。杨先生说:"心达而险",就是少正卯"通达古今,了解事物变化,要求新兴封建势力在鲁国掌权。""行辟而坚",就是少正卯"不遵守奴隶制的所谓正道行事,主张法治,坚持要实行社会革新。""言伪而辩",就是少正卯"强调人为的力量,为地主阶级要推翻奴隶主的言论辩解,把革命道理讲得头头是道"。"记丑而博",就是少正卯"广泛搜集奴隶制统治的丑恶行为,用大量材料论证社会变革的必要性"。"顺非而泽",就是少正卯"大力支持反对奴隶制的言论,并且总结提高,对群众有很大的煽动力"。赵纪彬教授耗费九牛二虎之力,通过九曲十八弯的文字通假论证得来的少正卯的革命理论,杨荣国教授却不费吹灰之力,仿佛越过二千五百年的时空在少正卯先生的座前,亲聆面受,所以不需要任何考证分析,就把尊师的革命理论说得清清楚楚,明明白白。当然这些高论与

《荀子·宥坐》中涉及少正卯的那五句二十个字同样没有一丝一号的联系；这与赵纪彬教授倒是完全相同的。

（三）

《宥坐》并非荀子本人的著作，唐人杨倞早就指出《宥坐》以下五篇为"荀子及弟子们所引记传杂事"。清人崔述谓《宥坐》"盖申韩之徒重刑名者所托"，不是没有道理的。

从前人们认为诛卯事件之不足征信，是因为它不见于《论语》《左传》《国语》等较为可信的儒家著作和史籍。这是一条重要的理由。赵纪彬反对这条理由，说这是儒家"从尊孔出发"而"讳言其事"。这种反驳绝对站不住脚。只要那些"儒家"认为没有杀错，那么他立了大功，"从尊孔出发"则要大加歌颂，怎么倒要"讳言其事"呢？周公也是儒家尊崇的人物，周公诛管叔，杀武庚，有哪一个儒家为他"讳"过呢？

诚然，所谓较为可信的著作并不一定都可信，而传闻杂事也不一定不可信。信与不信都必须具体分析，都必须提出必要的理由。诛卯事件之不足征信，不仅在于它不见于孔子当时以及其后两百多年间的有关著作，而出于战国后期的"记传杂事"；史料的可靠性就很成问题。不过这也不很重要，孤立的史料也不一定不可信。更重要的还在于《宥坐》中"孔子"究竟是一个什么样的"孔子"，是哪家哪派的"孔子"？《宥坐》中"孔子"指斥少正卯的五条罪状，真是赵纪彬所说的儒家在批判法家，还是法家在批判儒家？

法家的时代，特别是后期法家的时代，已到了诸子争鸣的晚期，天下分裂的局面趋于统一。新兴的法家理论，强调绝对的专制和集权，对待与之敌对的思想，异于先前诸子的互相辩论和攻讦，而干脆主张镇压。诛卯传说正体现了这种极端的理论。

少正卯致杀的罪由是所谓"五恶"，即"心达而险，行辟而坚，言伪而辩，记丑而博，顺非而泽"。反对这五者，不是儒家所反对的法家的观点，而恰恰是法家一贯反对的有异于法治的言论，是法家强加给儒家的罪名。

《管子》是具有代表性的法家著作。其《法禁》篇云："行辟而坚，言伪而辩，术非而清，顺恶而泽者，圣王之禁也。"用语与《宥坐》指斥的"五恶"非常相近，内容实质完全一致。这是法家对儒家的批判，而绝非儒家对法家的批判。

《商君书》也是具有代表性的法家著作。在其《去强》篇中说："国有礼有乐，有诗有书，有善有修，有孝有弟，有廉有辩，国有十者，上无使战，必削至亡。"在其《靳令》篇中把"礼乐、诗书、修善、孝弟、诚信、贞廉、仁义、非兵、羞战"称为"六虱"。都在必须消灭之列。这些内容如果揆诸"五恶"，那么，"礼乐、诗书、仁义"是异于法治的思想，精通它们就是"心达而险"；"修善孝弟、诚信贞廉、非兵羞战"就是异于法治的行为，坚持它们就是"行辟而坚"；谈论它们，熟悉它们，顺从它们，就是"言伪而辩，记丑而博，顺非而泽"：都是应该反对的。这同样是法家对儒家的批判，而绝非儒家对法家的批判。

荀子是从儒家营垒中出来的，他的思想虽仍属儒家，但有很重的法家倾向。他在《非十二子篇》中用激烈的语言，批判十二家学者"饰邪说，文奸言，以枭乱天下"。并且指出："知而险，贼而神，为诈而巧，言无用而辩，辩不惠而察，治之大殃也。行辟而坚，饰非而好，玩奸而泽，言辩而逆，古之大禁也。"这段话包含了《宥坐》中"五恶"全部内容而说得更为详尽。特别应该指出的是，荀子批判的是子思、子张、子游、子夏以及孟轲等大批儒家人物，而赵纪彬却硬要证明被指斥的这些内容是"法家先驱者"的"变更理论"！又，《荀子·非相》篇的结束一段也很可注意。它说："听其言则辞辩而无统，用其身则多诈而无功，上不足以顺明王，下不足以和齐百姓，然而口舌之均，噡唯则节，足以为奇伟偃却之属：夫是之谓奸人之雄，圣王起所以先诛也，然后盗贼次之。"这里面隐然包含着一个诛卯故事的内容：诛卯故事的"小人之桀雄"，这里称之为"奸人之雄"，"君子"在这里换成了"圣王"；"奸人之雄"或"小人之桀雄"的罪过，同样都在"盗贼"之上。这段话只要加一句某圣王杀某奸人之雄，就成了一个完整的诛卯式的故事。荀子的"奸人之雄"当诛的理论出现在前，记录诛杀"小人之桀雄"少正卯故事的《宥坐》篇产生在后，诛卯故事的传说性质不是非常明显吗？

韩非总结并发展了法家学说。他坚决反对诸如"仁义""廉爱之说"、"慈惠""贞信之行"、"微妙之言"、"文学之士"等等一切和法治相抵触的思想、行为和言论；他把"称先王之道以籍仁义，盛容服而饰辩说，以疑当世之法而贰人主之心"的"学者"，"为设诈称，借于外力，以成其私而遗社稷之利"的"言谈者"，通通视为蠹虫而主张彻底清除（《五蠹》）。韩非所反对的这些，如果用"五恶"去衡量，那么，通晓所谓"仁义""廉爱之说"的思想就是"心达而险"，坚持所谓"慈惠""贞信之行"的做法就是"行辟而坚"，而使用"微妙之言"去谈论、记述、顺从那些东西就是"言伪而辩，记丑而博，顺非而泽"；而清除它们即是"不免于君子之诛"。

考查上述商管荀韩的言论，充分证明，诛卯故事所体现的思想是法家的思想，诛卯故事中"孔子"的语言是法家的语言；诛卯故事中的"孔子"不是鲁国那个姓孔名丘字仲尼的儒家创始人，而是法家人士塑造出来发表法家言论采取法家行动的人物形象。赵纪彬用"孔子诛少正卯"故事来攻击孔子，是担水走错了码头，本想打伤对手却打破了自家祖宗的脑袋。

如上所述，《宥坐》中的"孔子"是一个虚构的形象，装在他脑子里的思想是法家的思想；那么少正卯之为子虚乌有也就不言而喻。何来的少正卯确有其人，孔子杀之亦实有其事？

司马迁作《史记·孔子世家》有所疏忽，用"诛鲁大夫乱政者少正卯"一句话把《宥坐》中孔子诛少正卯故事揽入孔子传中，还称少正卯为"鲁大夫"。春秋时代诸侯国诛杀一名大夫是重大事件,在《春秋》经上大书某国杀其大夫者达三十三次之多。如僖公十年书"晋杀其大夫里克",僖公三十年书"卫杀其大夫元咺",宣公十三年书"晋杀其大夫先縠",成公十八年"齐杀其大夫国佐"。而少正卯如此"桀雄",《春秋》并没有书"鲁杀其大夫少正卯";《春秋》是孔子本人修订的,更足以证明诛卯故事纯属战国时人的传说,而决非实有其事。

(四)

为什么体现法家思想的故事却要塑造一个儒家的"孔子"来充当主角,由他来发表法家言论呢?

这现象似乎不可理解,但只要浏览一下战国时代的非儒著作特别是法家和道家著作就不会感到奇怪了。在那些著作里,"孔子"经常出面。作者们有时让他唱副净,让他发表仁义之说,然后作为靶子加以抨击;有时让他装红脸,借他的口发挥作者自己的思想。道家让他阐扬道家学说,法家让他发表法家言论。这些"孔子"都不是春秋时代鲁国真实的孔丘,特别是红脸的"孔子"更纯系虚构。下面我们从《韩非子》中略举数例,来看一看后一类型的"孔子"。

《内储说上》:"殷之法刑弃灰于街者。子贡以为重,问之仲尼,仲尼曰:'知治之道也。……夫重罚者人之所恶也,而无弃灰人之所易也。使人行之所易而离所恶,此治之道。'"——这个故事表现的思想是:对轻过用重刑是"知治之道"。这是纯粹的法家理论而决非儒家思想。

同篇:"鲁人烧积泽,天北风,火南倚,恐烧国。哀公惧,自将众趣救火,左右无人,尽逐兽而火不救。乃召问仲尼,仲尼曰:'夫逐兽者乐而无罚,救火者苦而无赏,此火之所以无救也。'哀公曰:'善。'仲尼曰:'事急,不及以赏,救火者尽赏之,则国不足以赏于人,请徒行罚。'哀公曰:'善。'于是仲尼乃下令曰:'不救火者比降北之罪,逐兽者比入禁之罪！'令下未遍，而火已救矣。"——这个故事表现的思想是：役使人民，宁不行赏而必须行罚。这只能是法家政策而决非儒家之道。

《外储说右上》：季孙使子路为郈令，役使民众开长沟。民众饥饿，子路用自己的俸粮熬点粥给民众吃。孔子知道了，叫子贡去把粥泼掉，把炊具打毁。子路怫然大怒，揎拳而入，质问孔子。孔子告诉他："女之食之，为爱之也。夫礼，天子爱天下，诸侯爱境内，大夫爱官职，士爱其家；过其所爱曰侵。今鲁君有民而子擅爱之，是子侵也，不亦诬乎？"孔子的话还未说完，季孙的使者就来了，斥责孔子指使弟子熬粥给民众吃，是有意夺民。孔子因而被迫出走。这个故事的虚构性是显而易见的，历史上的孔丘从来没有因为弟子熬了粥给民工吃而被迫流亡的记载。在"评法批儒"运动中这个故事被许多文章加以引用，说明孔子仁爱的虚伪性。其实他们"忽视"了一点，他们批判的不是历史上的孔子，而恰好是批判他们顶礼膜拜的韩非。故事表现的思想是：民属于最高统治者所专有，施惠同行罚一样是最高统治者的权力，臣下行之便是"侵夺"。

这些故事的主角都是"孔子"，但这些"孔子"发表的言论却是极端的法家思想。这些"孔子"就都是虚构的形象，与真实的孔丘毫不相干，他发表的议论与《论语》中的"子曰"也迥然两样——《宥坐》中杀卯的"孔子"正是这样的"孔子"，《宥坐》中"孔子"的思想言论也正是这样的思想言论。杀卯故事之不足信也就不言而喻。

注：

①赵纪彬《郑于孔子诛少正卯问题》，人民文学出版社，1973年。
②杨荣国《简明中国哲学史》，人民文学版社，1973年。

附记：本文原作于一九七五年八月，当时未能发表。四十年之后小加修订，刊于《湖北师范学院学报》二〇一五年第二期。

后　记

　　明清时代科举考试命题如果取自《论语》，必须遵用朱熹集注。民国时代没有科举考试了，一般人读《论语》仍然是朱熹集注本。我小时候在私塾里读这部书，"先生讲，学生听"，他说的什么并不理解，但久而久之，毕竟留下了深刻的印象。年纪大一点，当我认真研读《论语》之时，觉得书中似乎也有一些问题。朱熹出于对孔子的崇敬，从不对《论语》中孔子之言有任何批评。后来仔细阅读他的集注，发现了一个很有趣的现象，原来朱熹对《论语》某些章次、对孔子某些言论并不是一点没有疑义。聪明的朱文正公采取了"巧妙"的方式表现他的存疑态度。凡是碰到他难以解释或不愿解释的章句，他自己就不说话，而采取他人的说法对付。这种情况书中颇不为少。他有时也采取委婉地补充的方式表达自己的意见。举个简单的例子，《宪问》篇子曰："贫而无怨难，富而无骄易。"朱熹注曰："处贫难，处富易，人之常情；然人当勉其难而不可忽其易也。"表面上看他只是补充而已，显然他觉得孔子说得过于绝对，便稍加拨正却丝毫不露痕迹。朱熹集注中采用这种注释方式的很有一些。

　　朱熹如此慎重，出于意外，他竟说了一句前此的经学家都不敢说的话，他说《论语》"后十篇多阙误"。啊，《论语》也有"阙误"，而且是朱熹说的！就是这句话，对我很有启发。朱熹说的"阙误"包括哪些内容不必管它，对我的作用是解除了思想上的束缚：原来《论语》也可以怀疑。思想放开了，如此多年来，感到书中这么多"子曰"没有个顺序，前一章后一章没有什么联系，实在相当混乱。再进一步，书中某些词语或章句的注解是否正确，孔子的话是否也有错误，直至篇章中是否也有赝品，都产生了某些疑惑。

由于《论语》是多人分散的记录，孔子逝世几十年之后才编纂成书，当时又无先例可资借鉴，故其编排非常混乱。历代注释家大多重视文字训诂——这当然非常重要，正是他们的指引使后人得以读懂这部经典——但是他们大多忽视语言的特定环境，又很少注意书中章次之间的联系，也就造成许多误解。我对这些问题进行了较为深入的探讨。和朱夫子不同的是，凡有疑点就直接提出来，加以分析，明确地表述自己的理解。当然我还是采取慎重的态度，给自己制订了严格的规定："充分尊重前人的注释，不轻疑，但也不轻信，一切按实事求是的原则对待。凡提出新的解释，词义则必有训诂来源，内容则必有事实根据，务使文词更为顺畅，并尽可能提供旁证。"把理由都说清楚，如果我的理解错误，也让别人容易发现，以便得到纠正。

本人在职期间，冗务繁多，没有相对完整的时间从事著述，对《论语》的评注，也迟迟未能动笔。只是见缝插针，将自己有关《论语》本书及其注疏中一些疑点，仔细琢磨之后，写成短文。先后写了一百几十则，统名之曰"论语管窥"，分散发表在各种杂志上。二〇〇二年退休以后，才得以整理过往几十年间积累的资料，编辑成书。仍认为对《论语》不能轻易对待，因此将评注《论语》放在评注其他古籍如《老子》《庄子》等书之后。其后耗费了几年的光阴，才完成这部书稿；前此写的"管窥"全揽入了本书的星评。

  书虽然完稿了，心中总未免惴惴不安。自知水平有限，发掘的内容固然不少，产生的错误也必然很多，为此我祈望学者专家与广大读者批评指正。

  同乡同学曾世竹先生满怀热忱为本书作序，又蒙中州古籍出版社不嫌浅薄采用这部书稿，特别是责编张弦生先生给予了很大帮助，修正了书稿中不少错误，谨一并表示衷心的感谢。

黄瑞云

二〇一七年十一月二十四日于湖北师范大学